Die Soziale Pflegeversicherung: Eine Generationenbilanz

13.09.09

Liebe Margret,

falls es Dir im entbleidenden Moment mal langweilig werden sollte ...  !

Alles Liebe

Jasmin

Sozialökonomische Schriften
Herausgegeben von Bert Rürup

Band 33

PETER LANG
Frankfurt am Main · Berlin · Bern · Bruxelles · New York · Oxford · Wien

Jasmin Häcker

Die Soziale Pflegeversicherung: Eine Generationenbilanz

PETER LANG
Internationaler Verlag der Wissenschaften

Bibliografische Information der Deutschen Nationalbibliothek
Die Deutsche Nationalbibliothek verzeichnet diese Publikation
in der Deutschen Nationalbibliografie; detaillierte bibliografische
Daten sind im Internet über <http://www.d-nb.de> abrufbar.

Zugl.: Freiburg (Breisgau), Univ., Diss., 2007

Gedruckt auf alterungsbeständigem,
säurefreiem Papier.

D 25
ISSN 0172-1747
ISBN 978-3-631-57457-7
© Peter Lang GmbH
Internationaler Verlag der Wissenschaften
Frankfurt am Main 2008
Alle Rechte vorbehalten.

Das Werk einschließlich aller seiner Teile ist urheberrechtlich
geschützt. Jede Verwertung außerhalb der engen Grenzen des
Urheberrechtsgesetzes ist ohne Zustimmung des Verlages
unzulässig und strafbar. Das gilt insbesondere für
Vervielfältigungen, Übersetzungen, Mikroverfilmungen und die
Einspeicherung und Verarbeitung in elektronischen Systemen.

Printed in Germany 1 2 3 4 5 7

www.peterlang.de

Vorwort

Drei Dinge helfen, die Mühseligkeiten des Promovierens zu tragen:
Die Hoffnung, der Schlaf und das Lachen.

[Frei nach IMMANUEL KANT]

Die vorliegende Dissertation entstand während meiner Zeit als wissenschaftliche Mitarbeiterin am Institut für Finanzwissenschaft I der Albert-Ludwigs-Universität Freiburg im Breisgau und wurde im März 2007 vom Promotionsausschuss der Wirtschafts- und Verhaltenswissenschaftlichen Fakultät angenommen. Ich möchte allen danken, die diese Arbeit möglich gemacht haben.

Mein uneingeschränkter Dank gilt meinem Doktorvater Prof. Dr. Bernd Raffelhüschen, der die Anregung zu diesem Thema gab, mich über die Jahre fachlich begleitete und die Fertigstellung der Arbeit in vielfältiger Weise förderte. Bedanken möchte ich mich auch bei Prof. Dr. Dr. h.c. Hans-Hermann Francke für die Übernahme des Zweitgutachtens. Ein besonderes Dankeschön gilt außerdem Matthias Heidler, der sich stets und geduldigst allen kleineren und größeren Pflegeproblemen angenommen hat, sowie Ulrich Benz für unzählige wissenschaftliche und unwissenschaftliche Diskussionen. Darüber hinaus danke ich allen übrigen Kollegen, nämlich Emily Dang, Oliver Ehrentraut, Stefan Fetzer, Tobias Hackmann, Christian Hagist, Pascal Krimmer, Stefan Moog, Jörg Schoder, Olaf Weddige, sowie allen am Institut beschäftigten studentischen Hilfskräften und Ingeborg Häfner.

Schließlich möchte ich auch meinen Eltern, Otto und Heide Häcker, von ganzem Herzen für all ihre Unterstützung danken. Ihnen ist diese Arbeit gewidmet.

Freiburg, im Dezember 2007

Jasmin Häcker

Inhaltsverzeichnis

1 Einleitung   1

2 Absicherung des Pflegerisikos in Deutschland   5
2.1 Situation vor Einführung der Sozialen Pflegeversicherung 6
    2.1.1 Pflegefallregelungen 6
    2.1.2 Ausgaben- und Empfängerzahlentwicklung der Hilfe zur Pflege von 1970 bis 1994 11
    2.1.3 Diskussion über die Absicherung des Pflegerisikos 13
2.2 Einführung der Sozialen Pflegeversicherung 15
    2.2.1 Institutionelle Ausgestaltung 15
    2.2.2 Ausgaben- und Empfängerzahlentwicklung der Sozialen Pflegeversicherung seit 1995 19
    2.2.3 Entwicklung der Hilfe zur Pflege seit 1995 22

3 Isolierte Generationenbilanz der Sozialen Pflegeversicherung   25
3.1 Methodik der Generationenbilanzierung 25
    3.1.1 Methodische Darstellung 27
    3.1.2 Nachhaltigkeitsindikatoren 30
    3.1.3 Beitragssatzprojektion 33
    3.1.4 Kritikpunkte an der Methodik 35
3.2 Datengrundlage 38
    3.2.1 Demographie 39
    3.2.2 Budget 43
    3.2.3 Profile 45
    3.2.4 Wachstums- und Diskontrate 47
3.3 Ergebnisse 48
    3.3.1 Isolierte Generationenbilanz für das Basisjahr 2004 48
    3.3.2 Nachhaltigkeitsindikatoren und Beitragssatzprojektion 52
    3.3.3 Sensitivitätsanalyse 55
        3.3.3.1 Demographie 55
        3.3.3.2 Wachstums- und Diskontrate 58

4 Interne Rendite der Sozialen Pflegeversicherung   61
4.1 Konzept zur Messung der internen Rendite 62
4.2 Ergebnisse 63
    4.2.1 Interne Rendite bei exogenem Beitragssatz 64
    4.2.2 Interne Rendite bei endogenem Beitragssatz 67
    4.2.3 Rückzahlung des Einführungsgeschenks 69
4.3 Sensitivitätsanalyse 73
4.4 Zusammenfassende Betrachtung 75

5 Determinanten der Pflegeausgaben 77
5.1 Veränderungen in der Inanspruchnahme von Pflegeleistungen 78
    5.1.1 Determinanten der Leistungsinanspruchnahme 78
    5.1.2 Entwicklung des Pflegepotentials und der Leistungsinanspruchnahme . . 83
        5.1.2.1 Hochrechnung des Pflegepotentials 83
        5.1.2.2 Veränderungen in der Leistungsinanspruchnahme 88
    5.1.3 Nachhaltigkeitsanalyse 94
    5.1.4 Sensitivitätsanalyse 101
5.2 Ausweitung des Pflegebegriffs auf Demenzkranke 102
    5.2.1 Stärkere Berücksichtigung Demenzkranker: PflEG-2 103
    5.2.2 Hochrechnung der Zahl Demenzkranker 104
    5.2.3 Nachhaltigkeitsanalyse 108
    5.2.4 Sensitivitätsanalyse 110
5.3 Dynamisierung der Pflegeleistungen 111
    5.3.1 Baumol'sche Kostenkrankheit und Pflegesektor 112
    5.3.2 Dynamisierungsrate der Leistungen der Hilfe zur Pflege für den Zeitraum 1970 bis 1994 117
    5.3.3 Nachhaltigkeitsanalyse 122
    5.3.4 Sensitivitätsanalyse 127
5.4 Zusammenfassende Betrachtung und "Best-Guess-Szenario" 128

6 Intergenerative Verteilungseffekte von Finanzierungsreformen der Sozialen Pflegeversicherung 131
6.1 Umlageprinzip als langfristiges Finanzierungsverfahren 132
    6.1.1 Bürgerversicherungsmodell 132
    6.1.2 Bürgerpauschalenmodell 140
    6.1.3 Modell der Rürup-Kommission 152
    6.1.4 Vergleich der Reformmodelle 157
6.2 Kapitaldeckungsprinzip als langfristiges Finanzierungsverfahren 160
    6.2.1 Modell der Herzog-Kommission 161
    6.2.2 Auslaufmodell 170
    6.2.3 Modell des Kronberger Kreises 177
    6.2.4 Vergleich der Reformmodelle 183
6.3 Zusammenfassende Betrachtung 185

7 Resümee und Ausblick 189

A Tabellen 195

B Abbildungen 203

Literaturverzeichnis 211

Tabellenverzeichnis

1	Pflegefallregelungen vor Einführung der SPV	10
2	Leistungen der SPV im Überblick	17
3	Varianten der 10. koordinierten Bevölkerungsvorausberechnung	40
4	Altenquotient im Jahr 2004, 2025, 2050, 2075 und 2100	42
5	Isoliertes Budget der SPV für das Basisjahr 2004 und das Jahr 2005	44
6	Isoliertes Budget der SPV und verwendete Profile	46
7	Nachhaltigkeitsindikatoren und Beitragssatzentwicklung bei alternativen demographischen Szenarien	57
8	Nachhaltigkeitsindikatoren und Beitragssatzentwicklung bei alternativen Zins-Wachstums-Kombinationen	59
9	Strukturmerkmale der Pflegepersonen	82
10	Bevölkerung in Privathaushalten nach dem Familienstand und nach (Potential-)Erwerbsquoten	86
11	Szenarien zur Entwicklung des Pflegepotentials	89
12	Entwicklung des Anteils der Empfänger unterschiedlicher Pflegearrangements für die Jahre 2004 bis 2050	92
13	Nachhaltigkeitsindikatoren bei einer Veränderung in der Inanspruchnahme von Pflegeleistungen	100
14	Entwicklung der Zahl Demenzkranker im Zeitraum 2007 bis 2050	107
15	Nachhaltigkeitsindikatoren bei Umsetzung des PflEG-2-Vorschlags	109
16	Durchschnittliche jährliche Dynamisierungs- und Wachstumsraten	121
17	Dynamisierungsszenarien	122
18	Beitragssatzentwicklung der SPV bei Annahme einer stationären Bevölkerung in unterschiedlichen Dynamisierungsszenarien	123
19	Nachhaltigkeitsindikatoren bei unterschiedlicher Dynamisierung der Leistungen	126
20	Budget der Bürgerversicherung für das Jahr 2007	135
21	Nachhaltigkeitsindikatoren der Bürgerversicherung	137
22	Budget der Bürgerpauschale und sozialer Ausgleich für das Jahr 2007	143
23	Nachhaltigkeitsindikatoren der Bürgerpauschale	146
24	Budget des Rürup-Kommissions-Modells für das Jahr 2007	154
25	Nachhaltigkeitsindikatoren des Rürup-Modells	155
26	Einnahmenumfang alternativer Reformkonzepte im Jahr 2007	158
27	Budget des Herzog-Kommissions-Modells für das Jahr 2007	165
28	Budget des sozialen Ausgleichs im Herzog-Kommissions-Modell im Jahr 2030	167
29	Budget des Auslaufmodells für das Jahr 2007	173
30	Budget des Kronberger-Kreis-Modells für das Jahr 2007	179
A.1	Interne Rendite der SPV bei alternativen Bevölkerungsvarianten	195
A.2	Interne Rendite der SPV bei alternativen Wachstumsraten	196
A.3	Entwicklung des relativen Pflegepotentials und des Anteils der Empfänger unterschiedlicher Pflegearrangements bei unterschiedlichen Bevölkerungsvarianten	197

A.4 Nachhaltigkeitsindikatoren bei einer Veränderung in der Inanspruchnahme von Pflegeleistungen bei unterschiedlichen Bevölkerungsvarianten 198

A.5 Entwicklung der Zahl Demenzkranker im Zeitraum 2010 bis 2050 unter verschiedenen Bevölkerungsvarianten 200

A.6 Nachhaltigkeitsindikatoren bei Umsetzung des PflEG-2-Vorschlags unter verschiedenen Bevölkerungsvarianten 201

A.7 Nachhaltigkeitsindikatoren bei unterschiedlichen Dynamisierungsraten der Leistungen unter verschiedenen Bevölkerungsvarianten 202

Abbildungsverzeichnis

1	Anteil der Pflegeausgaben der jeweiligen öffentlichen Haushalte an den Gesamtpflegeausgaben im Jahr 1991	9
2	Ausgaben der HzP im Zeitraum 1970 bis 2004	11
3	Zahl der Empfänger von HzP im Zeitraum 1970 bis 2004	13
4	Ausgaben und Einnahmen der SPV im Zeitraum 1995 bis 2005	20
5	Zahl der Leistungsbezieher der SPV im Zeitraum 1995 bis 2005	21
6	Bevölkerungsbestand im Jahr 2004, 2025, 2050, 2075 und 2100	41
7	Entwicklung des Pflegequotienten im Zeitraum 2004 bis 2100	43
8	Produktivitätswachstum und Langfristzinssätze im Zeitraum 1970 bis 2004	48
9	Durchschnittliche alters- und geschlechtsspezifischen Beitrags- und Leistungsprofile in der SPV im Basisjahr 2004	49
10	Generationenbilanz der SPV im Basisjahr 2004 im exogenen Beitragssatzszenario	51
11	Beitragssatzprojektion der SPV für die Jahre 2004 bis 2060	53
12	Generationenbilanz der SPV im Basisjahr 2004 im exogenen und endogenen Beitragssatzszenario und bei NEQ	54
13	Barwert der Nettobeitragszahlungen der Jahrgänge 1930 bzw. 1925 bis 1895	65
14	Interne Rendite der SPV der Jahrgänge 1925 – 2030 bei exogenem Beitragssatz	66
15	Interne Rendite der SPV der Jahrgänge 1925 – 2030 bei endogenem Beitragssatz	68
16	Renditeniveau zukünftiger Jahrgänge im Vergleich zum internen Renditeniveau des im Projektionsjahr 0-Jährigen unter endogener Beitragssatzanpassung	69
17	Die Rückzahlung des Einführungsgeschenks	70
18	Vergleich der zu zahlenden Pflegebeiträge in Rahmen eines kapitalgedeckten Systems und im Rahmen der SPV einer im Projektionsjahr 20-jährigen Frau bzw. eines im Projektionsjahr 20-jährigen Mannes	72
19	Entwicklung des Anteils an Verheirateten und nicht- ehelichen Lebensgemeinschaften	80
20	Entwicklung der Potentialerwerbsquote der Frauen	83
21	Entwicklung des absoluten Pflegepotentials für die Jahre 2004 bis 2050	87
22	Entwicklung des relativen Pflegepotentials (Pflegepotential je Geldleistungsempfänger) für die Jahre 2004 bis 2050	88
23	Entwicklung der Empfängerzahlen unterschiedlicher Pflegearrangements	93
24	Ausgabenentwicklung unterschiedlicher Pflegeleistungen	96
25	Gesamtausgaben- und Beitragseinnahmenentwicklung der SPV	97
26	Gesamtausgabenentwicklung der SPV bei Angleichung der ambulanten und stationären Pflegesätze	99
27	Beitragssatzentwicklung der SPV bei Umsetzung des PflEG-2-Vorschlags	110
28	Empirische Relevanz der Baumol'schen Kostenkrankheit und ihrer Implikationen	116
29	Alters- und geschlechtsspezifische ambulante und stationäre Leistungsprofile der Jahre 1970 und 1985	118
30	Dynamisierungs- und Wachstumsraten der ambulanten und stationären Pflegeleistungen und des BIP pro Kopf für den Zeitraum 1970 bis 1994	120

31	Beitragssatzprojektionen sowie (reales) Leistungsniveau der SPV in unterschiedlichen Dynamisierungsszenarien	124
32	Beitragssatzentwicklung der SPV im "Best-Guess-Szenario"	130
33	Beitragssatzentwicklung der SPV durch Ausweitung des Versichertenkreises und unter der Bürgerversicherung	138
34	Reforminduzierte Mehr- und Minderbelastung pro verbleibendem Lebensjahr (Annuität) durch die Bürgerversicherung	140
35	Entwicklung der Bürgerpauschale	147
36	Entwicklung des Prämiensubventionsbedarfs und des Umsatzsteuersatzes bei endogener Bürgerpauschalenanpassung	148
37	Reforminduzierte Mehr- und Minderbelastung pro verbleibendem Lebensjahr (Annuität) durch die Kopf- und Bürgerpauschale – ohne sozialen Ausgleich	149
38	Reforminduzierte Mehr- und Minderbelastung pro verbleibendem Lebensjahr (Annuität) durch die Bürgerpauschale – mit sozialem Ausgleich	151
39	Beitragssatzentwicklung im Status quo und unter dem Reformvorschlag der Rürup-Kommission	155
40	Reforminduzierte Mehr- und Minderbelastung pro verbleibendem Lebensjahr (Annuität) durch das Rürup-Kommissions-Modell	156
41	Vergleich reforminduzierter Mehr- und Minderbelastung pro verbleibendem Lebensjahr (Annuität) von unterschiedlichen umlagefinanzierten Reformkonzepten ohne sozialen Ausgleich – exogenes Beitragsszenario	159
42	Vergleich reforminduzierter Mehr- und Minderbelastung pro verbleibendem Lebensjahr (Annuität) von unterschiedlichen umlagefinanzierten Reformkonzepten mit sozialem Ausgleich– endogenes Beitragsszenario	160
43	Entwicklung der kohortenspezifischen kapitalgedeckten Prämie im Rahmen des Herzog-Modells	163
44	Entwicklung des kollektiven Kapitalstocks im Herzog-Kommissions-Modell	166
45	Notwendiger jährlicher Umsatzsteuersatz zur Finanzierung des Subventionsbedarfs im Modell der Herzog-Kommission	168
46	Reforminduzierte Mehr- und Minderbelastung pro verbleibendem Lebensjahr (Annuität) durch das Herzog-Modell – ohne und mit sozialem Ausgleich	169
47	Entwicklung der kohortenspezifischen kapitalgedeckten Prämie sowie der Kopfpauschale im Rahmen des Auslaufmodells	172
48	Notwendiger jährlicher Umsatzsteuersatz zur Finanzierung des Subventionsbedarfs im Auslaufmodell	175
49	Reforminduzierte Mehr- und Minderbelastung pro verbleibendem Lebensjahr (Annuität) durch das Auslaufmodell – ohne und mit sozialem Ausgleich	176
50	Entwicklung der kohortenspezifischen kapitalgedeckten Prämie im Modell des Kronberger Kreises	178
51	Notwendiger jährlicher Umsatzsteuersatz zur Finanzierung des Subventionsbedarfs im Modell des Kronberger Kreises	181
52	Reforminduzierte Mehr- und Minderbelastung pro verbleibendem Lebensjahr (Annuität) im Modell des Kronberger Kreises – ohne und mit sozialem Ausgleich	182
53	Entwicklung des Prämiensubventionsbedarfs im Herzog-Kommissions-Modell, im Auslaufmodell und im Kronberger-Kreis-Modell	184
54	Vergleich reforminduzierter Mehr- und Minderbelastung pro verbleibendem Lebensjahr (Annuität) von unterschiedlichen kapitalgedeckten Reformkonzepten	185
B.1	Leistungen der Arbeitslosenversicherung (*ALVLeist*)	203
B.2	Beitrag zur GRV (*RVBeitr*)	203
B.3	Beitrag zur GKV (*KVBeitr*)	204

B.4	Leistungen der GRV (*RVLeist*)	204
B.5	Ambulante Leistungen der SPV der Pflegestufe I (*PflegeAmbu1*)	204
B.6	Ambulante Leistungen der SPV der Pflegestufe II (*PflegeAmbu2*)	205
B.7	Ambulante Leistungen der SPV der Pflegestufe III (*PflegeAmbu3*)	205
B.8	Stationäre Leistungen der SPV der Pflegestufe I (*PflegeStat1*)	205
B.9	Stationäre Leistungen der SPV der Pflegestufe II (*PflegeStat2*)	206
B.10	Stationäre Leistungen der SPV der Pflegestufe III (*PflegeStat3*)	206
B.11	Einser	206
B.12	Beitrag zur GKV bei Unterstellung unterschiedlicher Frauenerwerbsquoten (*KV-BeitrFEQ*)	207
B.13	Kapitalsteuer (*KapSt*)	207
B.14	Beitrag zur GKV von Beamten, Selbständigen sowie übrigen Arbeitnehmern (*KV-BeitrRest*)	207
B.15	NullEins	208
B.16	Lohnsteuer (*LohnSt*)	208
B.17	Prämiensubvention im Bürgerpauschalenmodell (*PraemSubPauschale*)	208
B.18	Prämiensubvention im Bürgerpauschalenmodell unter Berücksichtung einer speziellen Überforderungsgrenze für Rentner (*PraemSubPauschaleRent*)	209
B.19	Umsatzsteuer (*USt*)	209
B.20	Prämiensubvention im Herzog-Modell (*PraemSubHerzog*)	209
B.21	Prämiensubvention im Auslaufmodell (*PraemSubAuslauf*)	210
B.22	Prämiensubvention im Kronberger-Kreis-Modell (*PraemSubKronberg*)	210

Abkürzungsverzeichnis

a.F.	alte Fassung
BeamtVG	Beamtenversorgungsgesetz
BhV	Beihilfeverordnung des Bundes
BIP	Bruttoinlandsprodukt
BMG	Bundesministerium für Gesundheit
BMGS	Bundesministerium für Gesundheit und Soziale Sicherung
BSHG	Bundessozialhilfegesetz
BVG	Bundesversorgungsgesetz
EVS	Einkommens- und Verbrauchsstichprobe
GKV	Gesetzliche Krankenversicherung
GRG	Gesundheits-Reformgesetz
GRV	Gesetzliche Rentenversicherung
HibL	Hilfe in besonderen Lebenslagen
HzP	Hilfe zur Pflege
KDA	Kuratorium Deutsche Altershilfe
LAG	Lastenausgleichsgesetz
MDK	Medizinischer Dienst der Krankenkassen
NEL	Nicht-eheliche Lebensgemeinschaft
PEA	Personen mit eingeschränkter Alltagskompetenz
PflEG	Pflegeleistungs-Ergänzungsgesetz
PflegeVG	Pflegeversicherungsgesetz
PPV	Private Pflegeversicherung
RVO	Reichsversicherungsordnung
SGB	Sozialgesetzbuch
SPV	Soziale Pflegeversicherung
SVR	Sachverständigenrat

Symbolverzeichnis

B_t^{SPV}	Explizites Vermögen der SPV im Basisjahr t
β	Produktivitätswachstumsrate (Baumol)
$c_{s,k}$	Überlebenswahrscheinlichkeit der Generation k im Jahr s
d	Dynamisierungsrate der Pflegeleistungen
EQ	Erwerbsquote
g	Wachstumsrate
$ga_{t,k}$	Generationenkonto der Generation k zum Basisjahr t
$h^i_{s,s-k}$	Beitragszahlung bzw. Transfererhalt des Beitrags- bzw. Transfertyps i eines Individuums vom Alter $s-k$ im Jahr s
H^i_s	Makroökonomisches Beitrags- bzw. Transferaggregat des Beitrags- bzw. Transfertyps i im Jahr s
ir_k	Interne Rendite der Generation k
IPL	Implizite Verschuldung der SPV
L_i	Arbeitskräftepotential in Sektor i
LE	(Rest-)Lebenserwartung
$LTCQ$	Pflegeausgabenquote
$mb_{t,k}$	Mehrbelastung pro verbleibendem Lebensjahr
$N_{t,k}$	Barwert aller über den Lebenszyklus zu leistenden Nettobeitragszahlungen einer Generation k zum Basisjahr t
NEQ	Nachhaltige Einnahmenquote
NAQ	Nachhaltige Ausgabenquote
NHL	Nachhaltigkeitslücke
p_i	Preis des Sektors i
$P_{s,k}$	Kohortenstärke der Generation k im Jahr s
$POTGES_{s,i}$	Gesamtpflegepotential der Altersgruppe i im Jahr s
$PHILFE_i$	Pflegebereitschaft der Altersgruppe i
$POTGAT_{s,i}$	Partnerpflegepotential für die Altersgruppe i im Jahr s
$POTKIND_{s,i}$	Kinderpflegepotential für die Altersgruppe i im Jahr s
$PZUS_{s,i}$	Wahrscheinlichkeit des Zusammenlebens im Jahr s
ψ_t	Mehrbelastung zukünftiger Generationen
q_s	Anpassungsfaktor des Beitragssatzes im Jahr s
r	Diskontrate
w	Nominallohn
Y_i	Output des Sektors i
$z_{s,k}$	Durchschnittliche Nettobeitragszahlungen der Generation k im Jahr s
$z^b_{s,k}$	Durchschnittliche Beitragszahlungen der Generation k im Jahr s
$z^{tr}_{s,k}$	Durchschnittliche Transfererhalte der Generation k im Jahr s
$\zeta^i_{t,t-k}$	Relative altersspezifische Zahlungs- bzw. Transferposition des Beitrags- bzw. Transfertyps i im Basisjahr t

Kapitel 1

Einleitung

"Die beste Nachricht seit Jahrzehnten. Der deutsche Sozialstaat ist um eine Errungenschaft reicher: Am 1. Januar 1995 kommt die Pflegeversicherung."[1]

Als im Jahr 1995 die Soziale Pflegeversicherung (SPV) nach langwieriger Diskussion als fünfter Sozialversicherungszweig zur Absicherung des Risikos der Pflegebedürftigkeit eingeführt wurde, schienen alle bis zu diesem Zeitpunkt bestehenden sozial- und finanzpolitischen Probleme, die sich aus der Regelsicherung bei Pflegebedürftigkeit innerhalb der Sozialhilfe ergaben, auf einen Schlag gelöst. Durch die Einführung einer neuen Finanzierungsinstanz "SPV" sowie deren Ausgestaltung als Umlageverfahren konnte die sofortige Versorgung der Bestandsfälle und der risikonahen Fälle sichergestellt werden. Dass damit das Finanzierungsproblem aber nur auf eine sehr unbefriedigende Weise gelöst wurde, hätte allen Beteiligten angesichts der zum Zeitpunkt der Systemimplementierung hinlänglich bekannten demographischen Entwicklung klar sein müssen: Die demographische Entwicklung schlägt sich zunehmend (negativ) in der Finanzierung nieder. Die gegenwärtig schon vorliegenden (nicht demographiebedingten) Finanzierungsprobleme der SPV, die bereits zu einem fast vollständigen Verzehr ihrer Demographiereserve geführt haben, werden sich noch um ein Vielfaches verschärfen.

Derzeit beziehen in der Bundesrepublik Deutschland etwa 2 Millionen Menschen Leistungen der SPV. Zwar beschränkt sich die Pflegebedürftigkeit nicht auf die Altenbevölkerung, doch tritt sie überwiegend im Alter auf. Angesichts des in allen westlichen Industrieländern weit verbreiteten Phänomens einer zunehmenden Überalterung der Bevölkerung – verursacht durch rückläufige Geburtenraten bei gleichzeitig steigender Lebenserwartung –, zeichnet sich in Zukunft ein Rückgang an (aktiven) Beitragszahlern bei gleichzeitig steigender Zahl an Pflegefällen ab.

Während in einem kapitalgedeckten System weder die Entwicklung der erwerbstätigen Beitragszahler noch die Zunahme der Anzahl der Pflegefälle eine maßgebliche Rolle spielt, da jeder für die von ihm selbst zukünftig in Anspruch genommenen Leistungen vorsorgt, kommt es aufgrund der auf dem Umlageprinzip basierenden Finanzierungsform der SPV mit steigendem Anteil älterer und damit tendenziell pflegebedürftiger Menschen an der Gesamtbevölkerung und mit abnehmendem Anteil erwerbstätiger Beitragszahler zu einer immer größeren Spreizung von Einnahmen und Ausgaben. Diese muss entweder durch Ausgabensenkungen oder Beitrags-

---

[1] Blüm (1994), S. 1.

1. Einleitung

satzerhöhungen geschlossen werden. Neben dem rein demographischen Effekt muss außerdem Einflüssen wie dem Trend zur kostenintensiveren professionellen Pflege sowie überproportional steigenden Preisen für Pflegeleistungen Rechnung getragen werden – Faktoren, die eine Erhöhung der durchschnittlichen Leistungsausgaben pro Pflegefall induzieren.

Unabhängig davon, ob zur Behebung des Finanzierungsproblems der SPV eine Politik der Ausgabensenkung oder Beitragssatzsteigerung verfolgt wird, kommt es aufgrund eines reduzierten Leistungsniveaus bei gleichen Beiträgen bzw. aufgrund steigender Beiträge für das gleiche Leistungsniveau zu einer intergenerativen Ungleichbehandlung und sogleich zu einer intergenerativen Umverteilung der Konsummöglichkeiten heute lebender Generationen zu Lasten künftiger Generationen. Jedwede intergenerativ umverteilende Politik ist jedoch als nicht nachhaltig zu identifizieren.[2] Der finanzielle Aspekt der Nachhaltigkeit – bezogen auf die SPV – ist zentraler Untersuchungsgegenstand dieser Arbeit.

Die vorliegende Nachhaltigkeitsstudie zur SPV basiert auf dem für die Messung fiskalischer Nachhaltigkeit zugrundegelegten Konzept der Generationenbilanzierung, welches Anfang der 1990er Jahre von den amerikanischen Ökonomen Auerbach, Gokhale und Kotlikoff entwickelt wurde.[3] Als langfristiges Analyseinstrument erlaubt die Generationenbilanzierung einerseits die Beurteilung der Tragfähigkeit der vorherrschenden Fiskalpolitik; sie beantwortet andererseits auch Fragen zur intergenerativen Ausrichtung der Fiskalpolitik. Mit ihrer Hilfe lässt sich quantifizieren, welche fiskalische Last durch die gegenwärtige Politik auf zukünftige Generationen geschoben wird. Ferner lassen sich Aussagen darüber treffen, welche Politikmaßnahmen notwendig sind, um eine intergenerative Balance herzustellen, und wie diese Maßnahmen die verbleibende fiskalische Last der heute Lebenden über ihren Lebenszyklus beeinflussen.

Anfänglich stets auf das gesamtstaatliche System bezogen, widmet sich die Generationenbilanzierung zunehmend auch der isolierten Analyse einzelner staatlicher Subsysteme, hierunter vor allem den staatlichen Gesundheits- und Alterssicherungssystemen.[4] Aufgrund ihrer speziellen Ausprägung von altersbezogenen Leistungstransfers sind diese Systeme – im Unterschied zu den Zahlungsströmen eines Steuersystems – besonders stark von der demographischen Entwicklung betroffen. Dies macht eine isolierte Betrachtung vor allem für die Bestimmung des Anteils der gesamtstaatlichen impliziten Schuld, der auf das betrachtete Subsystem entfällt, sowie für die Beurteilung des Wirkens von Reformen sinnvoll. Basierend auf der Anwendung der Methodik der Generationenbilanzierung auf parafiskalische Systeme wird in der vorliegenden Arbeit eine isolierte Generationenbilanzierung der SPV durchgeführt. Es soll der Frage nachgegangen werden, inwiefern eine dauerhafte Aufrechterhaltung der gegenwärtigen Pflegepolitik möglich ist, bzw. in welchem Umfang alternative oder kompensatorische Maßnahmen notwendig sind, um eine intergenerativ ausgewogene und damit nachhaltige Entwicklung der SPV zu gewährleisten.

---

[2]Die heutige Definition von "nachhaltiger Entwicklung" (sustainable development) wurde Ende der 1980er Jahre von der Brundtland-Kommission (vgl. WECD (1987)) festgelegt. Sie bezeichnet eine Entwicklung, welche es heutigen Generationen erlaubt, ihre Bedürfnisse zu befriedigen, ohne dabei zukünftige Generationen in der Befriedigung von deren Bedürfnissen einzuschränken.
[3]Vgl. Auerbach, Gokhale und Kotlikoff (1991, 1992, 1994).
[4]Siehe hierzu u.a. Boll et al. (1994).

1. Einleitung

Die Arbeit ist im Weiteren in sechs Kapitel gegliedert. Zu Beginn wird im zweiten Kapitel die Situation vor Einführung der SPV sowie die Entwicklung hin zum aktuellen Status quo skizziert. Unter den Pflegefallregelungen vor Einführung der SPV liegt das Augenmerk insbesondere auf der Sozialhilfekategorie *Hilfe zur Pflege* (HzP), die wesentlichen Anstoß zur Diskussion über die Absicherung des Pflegerisikos gab. Die Beschreibung der SPV umfasst deren institutionelle Ausgestaltung sowie die Entwicklung in der Empfängerzahl und die Entwicklung der Einnahmen und Ausgaben seit dem Jahr 1995.

Zur Messung der finanziellen Nachhaltigkeit der SPV wird im dritten Kapitel das für die Analyse verwendete Instrumentarium der Generationenbilanzierung vorgestellt. Dazu erfolgt zunächst eine theoretische Abhandlung der Methodik der Generationenbilanzierung sowie eine Beschreibung der verwendeten Nachhaltigkeitsindikatoren, bevor die für die Analyse erforderliche Datenbasis dargestellt wird. Im Rahmen einer ersten Nachhaltigkeitsuntersuchung wird anschließend überprüft, ob und in welchem quantitativen Ausmaß das parafiskalische System SPV nachhaltig ist.

Mittels des im vierten Kapitels eingeführten Konzepts der internen Rendite, ebenfalls ein Maß der intergenerativen Umverteilung, soll dreierlei ermittelt werden: Erstens, wie hoch sich der Einführungsvorteil jener Generationen beziffert, die bei Einführung der SPV bereits zu den Jahrgängen im fortgeschrittenen Alter gehörten und damit kaum Beiträge geleistet haben. Zweitens soll mit Hilfe des Konzepts der internen Rendite aufgezeigt werden, welche Jahrgänge in welchem Ausmaß an der Tilgung der impliziten Schuld der SPV beteiligt sind. Drittens wird festzustellen sein, welche Kohorten die Rückzahlung des sogenannten "Einführungsgeschenks" leisten müssen.

Neben der reinen demographischen Komponente existieren, wie bereits erläutert, weitere Faktoren, die Erhöhungen in den Pflegeausgaben hervorrufen. Gegenstand des fünften Kapitels ist es, diese Determinanten zu spezifizieren und ihre Auswirkungen auf die Nachhaltigkeit der SPV zu analysieren. Konkret werden dabei Veränderungen in der Inanspruchnahme von Pflegeleistungen betrachtet, die durch einen – seinerseits ebenfalls, wenn auch indirekt demographiebedingten – Rückgang im familialen Pflegepotential ausgelöst werden. Hiermit verbunden ist die verstärkte Inanspruchnahme professioneller Leistungen, was für die SPV in der gegenwärtigen Systemausgestaltung die Substitution "günstiger" häuslicher Pflege durch "teure" professionelle ambulante oder stationäre Pflege bedeutet. Des weiteren wird untersucht, welche Ausgabensteigerungen mit einer breiteren Fassung des Pflegebegriffs und den damit intendierten Leistungsausweitungen verbunden sind. So wird der SPV momentan die mangelnde Berücksichtigung Demenzkranker bei der Gewährung von Pflegeleistungen vorgeworfen, was in den vergangenen Jahren bereits ansatzweise zu beheben versucht wurde und nun endgültig behoben werden soll.[5] Ferner gilt es, im fünften Kapitel zu quantifizieren, welcher Dynamisierung der Leistungen es bedarf, um in der SPV einen Realwerterhalt der Versicherungsleistungen zu gewährleisten. Bedingt durch die Tatsache, dass der Pflegesektor der sogenannten "Kostenkrankheit" personalintensiver Dienstleistungen unterliegt und damit überproportionalen Preisanstiegen ausgesetzt ist, wäre ei-

---

[5]Siehe hierzu Bundesregierung (2005), S. 106 ff.

ne Leistungsdynamisierung notwendig, die über dem allgemeinen Produktivitätsfortschritt liegt. Die Dynamisierungsrate soll aus vergangenen Daten der HzP ermittelt werden und eine Aussage darüber ermöglichen, welche Konsequenzen die Realisierung einer kaufkraftstabilisierende Leistungsindexierung für die Ausgabenentwicklung der SPV hat.

Im sechsten Kapitel werden die unterschiedlichen gegenwärtig in der Diskussion stehenden Reformkonzepte der SPV im Hinblick auf die Neugestaltung der Einnahmenseite und ihres jeweils zugrundegelegten Finanzierungsverfahrens analysiert. Im Mittelpunkt der Betrachtung stehen die durch sie induzierten intergenerativen Verteilungswirkungen. Hierbei wird der Frage nachgegangen, inwiefern es dem jeweiligen Reformvorschlag gelingt, die impliziten intergenerativen Transfers und damit die intergenerative Umverteilung zu begrenzen.

Mit einem Resümee und Ausblick im siebten Kapitel schließt die Arbeit.

Kapitel 2

Absicherung des Pflegerisikos in Deutschland

Mit der Verabschiedung des Pflegeversicherungsgesetzes (PflegeVG) am 26. Mai 1994 endete eine etwa zwanzig Jahre andauernde Diskussion über die Frage der Absicherung des Pflegerisikos in Deutschland. Bis zu diesem Zeitpunkt war der Pflegefall für den Großteil der Bevölkerung ausschließlich nachrangig im Bundessozialhilfegesetz (BSHG) geregelt. Die Tatsache, dass die Kosten bei Pflegebedürftigkeit im Allgemeinen zu hoch waren und daher individuell aus dem laufenden Einkommen und/oder Vermögen nicht getragen werden konnten, führte im Fall der Pflegebedürftigkeit häufig zur Sozialhilfeabhängigkeit. Diese sozialpolitisch unerwünschte "soziale Nivellierung" und die aus finanzpolitischer Sicht unerwünscht "[...] hohen und ständig steigenden Ausgaben der Sozialhilfe, die die Finanzkraft der Sozialhilfeträger, insbesondere der Kommunen, [überforderte]"[6], waren Anstoß des langen, überwiegend finanzpolitisch motivierten Diskussionsprozesses, der im PflegeVG seinen Ausgang fand.

In den nachstehenden Abschnitten wird die Situation vor und nach Einführung der Sozialen Pflegeversicherung (SPV) bis dato beschrieben.[7] Dabei liefert Abschnitt 2.1 zuerst einen Überblick über jene Pflegefallregelungen, die vor Inkrafttreten der SPV existierten. Aufgrund ihrer herausragenden Rolle bei der Absicherung des Pflegerisikos sowie zur Veranschaulichung des Ausmaßes des finanz- und sozialpolitischen Problems wird die Entwicklung der Ausgaben und der Zahl der Leistungsbezieher im Rahmen der Sozialhilfekategorie *Hilfe zur Pflege* (HzP) aufgezeigt. Ein Abriss über die Debatte vor Einführung der SPV dient der Abrundung des aufgezeigten Weges bis hin zum PflegeVG. Abschnitt 2.2 umfasst die wesentlichen Grundzüge der institutionellen Ausgestaltung der SPV. Mit Darlegung der Ausgaben- und Empfängerzahlentwicklung seit dem Jahr 1995 wird auf die in der SPV vorliegenden Probleme verwiesen sowie gleichzeitig der Grundstein für alle weiteren Berechnungen die SPV betreffend gelegt. Das in diesem Abschnitt erneute Aufgreifen der Ausgaben- und Empfängerzahlentwicklung der HzP seit dem Jahr 1995 soll eine Abschätzung darüber ermöglichen, inwiefern mittels der Errichtung der SPV ein Herauslösen der finanz- und sozialpolitischen Probleme aus der HzP erreicht wurde.

---

[6]Vgl. Deutscher Bundestag (1993), S. 61 f.
[7]Im Folgenden wird einheitlich der Begriff der Sozialen Pflegeversicherung verwendet wie er der gesetzlichen Formulierung entspricht.

2.1 Situation vor Einführung der Sozialen Pflegeversicherung

2.1.1 Pflegefallregelungen

Während eine freiwillige private Pflegeabsicherung in den seltensten Fällen vorlag, existierten vor Einführung der SPV eine Reihe von Pflegeleistungen, die auf unterschiedliche staatliche Sicherungssysteme verteilt waren.[8] Einkommens- und vermögensunabhängig war das Pflegerisiko allerdings nur durch jene staatlichen Systeme abgesichert, deren Leistungen im Fall der Pflegebedürftigkeit eine Art Schadensersatzcharakter hatten. Der Gewährung dieser Pflegeleistungen lag eine bestimmte Ursache zugrunde, wodurch Haftpflichtansprüche geltend gemacht werden konnten. Lediglich der Personenkreis der Beamten war im Fall der Pflegebedürftigkeit durch die beamtenrechtliche Beihilfe weitgehend abgesichert.[9] Durch die geringe Zahl privat Pflegeversicherter und die enge Eingrenzung staatlicher Absicherungen war der im Pflegefall anspruchsberechtigte Personenkreis zahlenmäßig jedoch sehr klein und die Mehrzahl aller Pflegebedürftigen hatte keinen oberhalb der Sozialhilfe angesiedelten Schutz gegen das Lebensrisiko Pflegebedürftigkeit. Erst im Jahr 1989, als der Diskussionsprozess bereits eine Phase unterschiedlicher Gesetzesanträge zum Einstieg in eine umfassende Pflegefallregelung durchlaufen hatte, wurden im Rahmen des Gesundheits-Reformgesetz (GRG) Pflegeleistungen für Schwerpflegebedürftige in den Leistungskatalog der gesetzlichen Krankenversicherung (GKV) aufgenommen. Diese Regelung, die alle gesetzlich Krankenversicherten und damit rund 90 Prozent der Bevölkerung umfasste, vergrößerte den anspruchsberechtigten Personenkreis derjenigen, die im Pflegefall Leistungen ohne Einkommensanrechnung gewährt bekamen. Allerdings deckten diese Leistungen nach dem Recht der GKV nur teilweise den notwendigen Bedarf an Hilfe. Das Gros der Pflegebedürftigen war damit weiterhin auf die eigenen Mittel bzw. – sofern diese ausgeschöpft waren – auf das BSHG angewiesen.

---

[8]In Deutschland kamen private Pflegekranken- und Pflegerentenversicherungen erstmals im Jahr 1985 auf den Markt, vgl. Hinschützer (1992), S. 54, 136. Die Gründe für den relativ späten Marktauftritt von Pflegeversicherungsverträgen können dabei zum einen auf eine für die zur Risikoberechnung von Pflegeversicherungen unzureichende Datenlage sowie die mangelnde Erfahrung mit derart risikobehafteten Versicherungsprodukten zurückgeführt werden, zum anderen können sie der Unsicherheit bzgl. des Nachfrageverhaltens nach Pflegeversicherungen, insbesondere was die Absicherungsbereitschaft pflegeferner Jahrgänge betrifft (für eine theoretische Abhandlung hierüber siehe Meier (1999)), zugeschrieben werden. Dabei bedarf es genau dieses Personenkreises mit seiner relativ langen Beitragszahlungsdauer, um das Gesamtrisiko zu minimieren und die Finanzierung der Pflegeversicherung sicherzustellen, vgl. Hinschützer (1992), S. 55 f. Siehe hierzu auch Cutler (1993b). Laut PKV (1989), S. 22, und PKV (1994), S. 26, lag die Zahl der mit einer privaten Pflegekrankenversicherung versicherten Personen Ende 1987 bei 46.270 und erreichte Ende 1993 einen Stand von 297.000. Die Frage, warum sich Individuen – sofern keine Versicherungspflicht vorliegt – nicht gegen das Pflegerisiko absichern, wird in der Literatur unterschiedlich beantwortet. Laut Pauly (1990), BMF (1990), Buchholz und Wiegard (1992) und Sloan und Norton (1997) trägt die Möglichkeit des Rückgriffs auf Sozialhilfe zur fehlenden Eigenvorsorge bei. Pauly (1990) und Zweifel und Strüwe (1996, 1998) argumentieren ferner, dass Eltern durch den Nicht-Abschluss einer Versicherung verhindern wollen, dass ihre Kinder den Anreiz verlieren, die Pflege selber zu erbringen. Meier (1996) hingegen verweist auf Fälle, in denen Ersparnis und Pflegeversicherung Substitute sind, dass Sparen von den Individuen aber vorgezogen wird, da es im gesunden Zustand einen höheren Nutzen stiftet.

[9]Eine Berücksichtigung der Pflegebedürftigkeit und der Pflege fand und findet darüber hinaus auch im Einkommensteuerrecht (§ 33b EStG) statt. Hierauf sowie auf die soziale Sicherung von Pflegepersonen wird im Weiteren allerdings nicht näher eingegangen.

2. Absicherung des Pflegerisikos in Deutschland

Im Folgenden werden die einzelnen vor Inkrafttreten des PflegeVG geltenden (staatlichen) Pflegefallregelungen mit den zu diesem Zeitpunkt geltenden Paragraphen kurz skizziert.[10] Unter der aktuellen Gesetzeslage treffen diese nun entweder eine entsprechende Regelung unter Berücksichtigung des SGB XI oder sie sind mit dem PflegeVG komplett entfallen. Tabelle 1 auf Seite 10 liefert dazu nochmals eine Übersicht. Die Betrachtung des Bundessozialhilfegesetzes (BSHG) – oder genauer, die im Bedarfsfall und für die Pflegebedürftigkeit geschaffene Sozialhilfekategorie der *Hilfe zur Pflege* (HzP) – erfolgt vergleichsweise etwas detaillierter als die anderen Regelungen aufgrund seines im Pflegefall vorliegenden Regelleistungscharakters.

Entschädigungsregelungen. In die Kategorie der Entschädigungsregelungen wurden und werden im Rahmen der gesetzlichen Unfallversicherung,[11] der Bundesversorgung und des Lastenausgleichs Pflegeleistungen gewährt. Die hierunter bewilligten Pflegeleistungen knüpfen alle an das Vorliegen bestimmter entschädigungsrelevanter Tatbestände an. Im Fall der gesetzlichen Unfallversicherung hat ein Versicherter nur infolge eines Arbeits- oder Wegeunfalls oder einer Berufskrankheit Anspruch auf Pflegeleistungen gemäß § 558 RVO. Im Rahmen des Bundesversorgungsgesetzes (BVG) ist die Kausalität einer gesundheitlichen Schädigung durch militärischen oder militärähnlichen Dienst, unmittelbare Kriegseinwirkungen etc. wiederum Voraussetzung für den Erhalt von Pflegeleistungen (§ 35, § 26c alte Fassung (a.F.) BVG).[12] Ähnliches gilt für das Lastenausgleichsgesetz (LAG), welches Ausgleichszahlungen für Schäden in der Kriegs- und Nachkriegszeit gewährt. Als spezifische Pflegeleistung sah § 267 a.F. LAG eine Pflegezulage im Rahmen der Unterhaltshilfe vor.

Dienstrechtliche Regelungen. Die Leistungen zur Deckung des Pflegebedarfs im Rahmen dienstrechtlicher Versorgungssysteme sind für den Personenkreis der Beamten, Richter und Soldaten zum einen durch das Beamtenversorgungsgesetz (BeamtVG) – analog zur gesetzlichen Unfallversicherung – und zum anderen durch die Beihilfeverordnung des Bundes (BhV) geregelt. Wie zuvor bei den Entschädigungsregelungen muss für Leistungen aus dem BeamtVG ein ursächlicher Zusammenhang zwischen der Hilflosigkeit und dem Dienstunfall gegeben sein. Liegt dieser Tatbestand vor, so bekommt der Pflegebedürftige nach § 33, § 34 BeamtVG im Rahmen der Unfallfürsorge als Bestandteil des Heilverfahrens die Kosten der notwendigen Hilfe zur Pflege erstattet. Das BhV sieht demgegenüber eine Ergänzung der Eigenvorsorge – die aus den laufenden Dienstbezügen zu bestreiten ist – für die Fälle Krankheit, Geburt, Tod und Pflege vor, sofern die Hilfsbedürftigkeit im Zusammenhang mit einer Krankheit steht und nicht auf einer Altersgebrechlichkeit beruht. Die Beihilfen für häusliche Pflege waren dabei in § 6 Abs. 1 Nr. 7 a.F. BhV und für stationäre Pflege in § 9 a.F. BhV vorgesehen.

---

[10]Siehe u.a. Igl (1992) und Kleemann (1998) für einen ausführlichen Überblick über die vor Einführung der SPV geltenden Regelungen und Leistungen bei Pflegebedürftigkeit.
[11]Rechtsgrundlage für die gesetzliche Unfallversicherung ist seit dem 1. Januar 1997 das Siebte Buch des Sozialgesetzbuches (SGB VII), welches die bis dahin geltende Reichsversicherungsordnung (RVO) abgelöst hat.
[12]In entsprechender Anwendung der Vorschriften des BVG ist die Gewährung von Leistungen bei Pflegebedürftigkeit auch im Bundesseuchengesetz (BSeuchG), im Opferentschädigungsgesetz (OEG), im Häftlingshilfegesetz (HHG), im Soldatenversorgungsgesetz (SVG), im Zivildienstgesetz (ZDG) und im Ersten SED-Unrechtsbereinigungsgesetz vorgesehen.

Sozialversicherungsrechtliche Regelungen. Während im BhV sowohl der Krankheits- als auch der Pflegefall abgedeckt sind bzw. waren, lag im Recht der GKV eine strikte Trennung von Krankheits- und Pflegefall vor. So wurde unterschieden zwischen einer behandelbaren Krankheit und einer nicht behandelbaren Pflegebedürftigkeit.[13] Dementsprechend war zwar der Aufenthalt im Krankenhaus von der GKV abgesichert, nicht aber der Heimaufenthalt im Zuge einer Pflegebedürftigkeit. Diese Trennung in den Begrifflichkeiten wurde erst durch das zum 1. Januar 1989 in Kraft getretene Gesundheits-Reformgesetz (GRG) aufgehoben.[14] Damit erfolgte eine Kostenübernahme für Pflegeleistungen erstmals auch dann durch die Krankenkasse, wenn sich keine Verbesserung der Situation durch medizinische Mittel in Aussicht stellen ließ. Diese Leistungspflicht der Krankenkassen bei Pflegebedürftigkeit galt mit Inkrafttreten des GRG allerdings auch nur in Teilbereichen. So umfassten die durch das GRG eingeführten spezifischen Pflegeleistungen in dem Sozialversicherungszweig der GKV lediglich die ambulante Hilfe gemäß §§ 55 bis 57 a.F. SGB V, die überdies nur im Fall schwerer Pflegebedürftigkeit gewährt wurde (§ 53 a.F. SGB V).[15] Obwohl also mit dem GRG ein großer Personenkreis im Pflegefall nun Anspruch auf Leistungen hatte, führte dies bei den Sozialhilfeträgern kaum zu einer Kostenentlastung, da sich das Problem der pflegebedingten Sozialhilfeabhängigkeit insbesondere auf den Fall einer stationären Unterbringung konzentrierte, was durch das GRG aber gerade nicht abgedeckt wurde. Von den Gesamtausgaben der HzP entfielen etwa 87 Prozent auf die stationären Leistungsausgaben.

Landespflege(geld)gesetze. Die Landespflege- bzw. Landespflegegeldgesetze, die in den Ländern Berlin (seit 1962), Bremen (seit 1972), Rheinland-Pfalz (seit 1974) und Brandenburg (seit 1992) existierten, sahen pauschale, vom Grad der Pflegebedürftigkeit abhängige Pflegegelder vor. Diese wurden unabhängig von Einkommen und Vermögen gewährt.

Bundessozialhilfegesetz. Unter Beachtung der Subsidiarität wurde bzw. wird die HzP als Unterkategorie der Hilfe in besonderen Lebenslagen (HibL) im Rahmen des BSHG (§ 68, § 69 BSHG) gewährt. Nach § 68 a.F. BSHG ist Personen, "[...] die infolge Krankheit oder Behinderung so hilflos sind, dass sie nicht ohne Wartung und Pflege bleiben können, Hilfe zur Pflege zu gewähren", wobei sich die Hilflosigkeit auf Verrichtungen des täglichen Lebens beziehen muss. So ist ein Hilfesuchender immer dann leistungsberechtigt, wenn die in § 79 ff. BSHG festgelegten Einkommensgrenzen unterschritten werden und dem Hilfesuchenden (und dem mit ihm zusammenlebenden Ehegatten) demzufolge die Aufbringung der Mittel nicht zuzumuten ist. Die Einkommensgrenze setzt sich zusammen aus einem Grundbetrag (§ 79 Abs. 1, Nr. 1), den Kosten der Unterkunft (§ 79 Abs. 1, Nr. 2) und einem Familienzuschlag (§ 79 Abs. 1, Nr. 3). Die HzP umfasst sowohl die ambulante als auch die stationäre Pflege, wobei – wie im SGB XI – der Hauspflege Vorrang gegenüber der Heimpflege einzuräumen ist (§ 3a BSHG). Vom Gesetzgeber werden drei Pflegestufen unterschieden: einfache, erhebliche und außergewöhnliche Pflegebedürf-

---
[13]Zu den unterschiedlichen Begrifflichkeiten von Krankheit und Pflegebedürftigkeit und deren Behandlung im Rahmen des SGB V siehe ausführlich Meyer (1996), S. 31 f.
[14]"Gesetz zur Strukturreform im Gesundheitswesen" vom 25. November 1988.
[15]Mit Einführung der Pflegeversicherung sind die Leistungen der GKV bei Pflegebedürftigkeit nach §§ 53 bis 57 SGB V vollständig entfallen.

tigkeit. Je nach Grad der Pflegebedürftigkeit kamen bzw. kommen unterschiedliche Leistungen in Betracht. Reichte die ambulante Pflege aus, so galten vor Einführung der SPV die Absätze (1)-(6) § 69 a.f. BSHG, und es wurde entsprechend Pflegegeld gewährt. Erforderte der Zustand des Pflegebedürftigen außergewöhnliche Pflege, so war das Pflegegeld angemessen zu erhöhen. War eine Person derart pflegebedürftig, dass sie in einem Heim gepflegt werden musste, übernahm der Sozialhilfeträger die Kosten der Unterbringung und der Pflege, soweit der Heimbewohner sie nicht aus eigenen Mittel tragen konnte.[16]

Eine Betrachtung der Anteile der Pflegeausgaben der jeweiligen staatlichen Sicherungssysteme an den Gesamtpflegeausgaben veranschaulicht die Bedeutung der HzP. So fielen im Jahr 1991 – trotz GRG – rund 72 Prozent der durch die staatlichen Institution getätigten Gesamtausgaben für Pflegeleistungen auf die HzP (vgl. Abbildung 1).[17] Da hiermit der HzP von allen staatlichen Sicherungssystemen die gewichtigste Rolle bei der Absicherung des Pflegerisikos zukam und ihre Ausgaben- und Empfängerzahlentwicklung zudem Anstoß für die langatmige Pflegeabsicherungsdebatte war, wird diese im nächsten Abschnitt gesondert betrachtet.

Abbildung 1
Anteil der Pflegeausgaben der jeweiligen öffentlichen Haushalte an den Gesamtpflegeausgaben im Jahr 1991
Gesamtpflegeausgaben (ohne private Ausgaben): ca. 9 Mrd. Euro

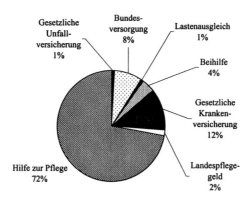

Quelle: Deutscher Bundestag (1993), eigene Darstellung.

---

[16]Die Einstufung des Pflegebedürftigen in der stationären Pflege wurde vor Einführung der SPV im Wesentlichen von den Einrichtungsträgern selbst vorgenommen, vgl. Igl (1998), S. 8.

[17]Vor Inkrafttreten des GRG waren es rund 80 Prozent der Gesamtpflegeausgaben, die von der HzP getragen wurden, vgl. Bund-Länder-Arbeitsgruppe (1980).

Tabelle 1
Pflegefallregelungen vor Einführung der SPV

	ambulante Pflege		stationäre Pflege
	Pflegegeld	Sachleistung	
Gesetzliche Unfallversicherung	§ 558 Abs. 3 RVO	§ 558 Abs. 2 Nr. 1 RVO	§ 558 Abs. 2 Nr. 2 RVO
		* Begrenzung der Kosten nicht vorgesehen * Art der Pflege (Pflegegeld, ambulante oder stationäre Pflege) im Ermessen des Versicherungsträgers	
Bundesversorgung — Kriegsopferversorgung	-	§ 35 Abs. 1 a.F. BVG * Pflegezulagen gestaffelt nach Grad der Pflegebedürftigkeit (6 Stufen)	§ 35 Abs. 7 a.F. BVG * Übernahme der Kosten unter Anrechnung der Versorgungsbezüge
Bundesversorgung — Kriegsopferfürsorge	§ 26c Abs. 7 a.F. BVG	§ 26c a.F BVG	
	* Weitgehend in Anlehnung an die Hilfe zur Pflege (§ 68, § 69 a.f. BSHG): Leistungen werden nachrangig nach den übrigen Leistungen des BVG und nach Einkommen und Vermögen gewährt.		
Lastenausgleich	§ 267 LAG a.F.		
Beamtenversorgung	-	§ 33, § 34 BeamtVG, Einzelheiten geregelt in § 12 Abs. 3 und 4 HeilvfV	§ 12 Abs. 6 HeilvfV
		* Notwendige Pflegekosten für ambulante und stationäre Pflege werden in angemessenem Umfang erstattet (§ 34 Abs. 1 BeamtVG)	
Beihilfe des Bundes	§ 6 Abs. 1 Nr. 7, Satz 1 a.F. BhV * Seit 1. Januar 1991	§ 6 Abs. 1 Nr. 7 a.F. BhV	§ 9 a.F. BhV
		* Prozentual gestaffelte Beihilfen für Pflegekosten	
Gesetzliche Krankenversicherung	§ 57 a.F. SGB V * Nur Schwerpflegebedürftige (§ 53 a.F. SGB V) erhalten Pflegeleistungen	§ 55 a.F. SGB V	-
Landespflegegeld	Berlin: § 2 Abs.3 PflegeG Berlin Bremen: § 2 LandespflegeG Rheinland-Pfalz: § 3 LPflGG Brandenburg: Brandenburger Gesetz über die Leistung von Pflegegeld	-	-
Hilfe zur Pflege	§ 69 Abs. 4 a.F. BSHG	§ 69 a.F. BSHG	§ 69 Abs. 1 und 2 a.F. BSHG * Unter Berücksichtigung von § 3 a BSHG (ambulant vor stationär)

Quelle: Eigene Darstellung.

2.1.2 Ausgaben- und Empfängerzahlentwicklung der Hilfe zur Pflege von 1970 bis 1994

Eine Betrachtung der Ausgabenentwicklung der HzP im Zeitraum 1970 bis kurz vor Einführung der SPV im Jahr 1994 illustriert, weshalb die Diskussion bzgl. der Frage der Absicherung des Pflegerisikos von den Kommunen als Sozialhilfeträger so nachdrücklich aufgegriffen wurde, deren Ziel eine Neuregelung der Kostenträgerschaft bei Pflegebedürftigkeit war.

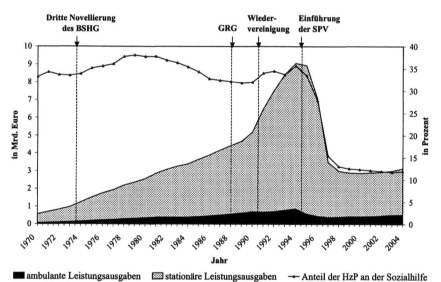

Abbildung 2
Ausgaben der HzP im Zeitraum 1970 bis 2004
(in jeweiligen Preisen)

■ ambulante Leistungsausgaben   ▨ stationäre Leistungsausgaben   ─•─ Anteil der HzP an der Sozialhilfe

Quelle: Statistisches Bundesamt (1970a-2004a), Fachserie 13 Reihe 2, eigene Darstellung.

Ausgehend vom Jahr 1970, in dem die Ausgaben für ambulante Leistungen knapp 65 Mio. Euro und die Ausgaben für stationäre Leistungen ca. 501 Mio. Euro betrugen, kam es im Zeitraum zwischen 1970 und 1994 zu einem durchschnittlichen jährlichen nominalen Wachstum von ca. 11,4 bzw. 12,3 Prozent im ambulanten bzw. stationären Bereich. In dieser Zeitspanne stellen die Jahre 1974 und 1975 die mit Abstand stärksten Wachstumsjahre in den Ausgaben der HzP dar, was vornehmlich auf das "Dritte Gesetz zur Änderung des BSHG" vom 25. März 1974 zurückzuführen ist.[18] So betrug die nominale Wachstumsrate der Leistungsausgaben im Jahr 1974

---

[18] Unter diesem Änderungsgesetz fand eine Herabsetzung der Altersgrenze für den Bezug von Pflegegeld vom dritten auf das erste Lebensjahr, eine Heraufsetzung des monatlichen Pflegegeldes von 150 DM auf 180 DM sowie das Einfügen eines neuen Absatzes zur Anpassung des Pflegegeldes Umsetzung.

(1975) 27,7 Prozent (22,2 Prozent) gegenüber dem Vorjahr; ein ähnlich hohes Wachstum war ansonsten nur im Rahmen der Wiedervereinigung zu verzeichnen. Mitte der 1970er Jahre war auch der Zeitpunkt zu dem die Kommunen in den Diskussionsprozess einstiegen und eine Entlastung der Sozialhilfe von den Pflegekosten forderten; siehe hierzu auch den folgenden Abschnitt 2.1.3. So betrugen die Gesamtausgaben der HzP Ende des Jahres 1974 1,24 Mrd. Euro und steigerten sich bis zum Jahr 1980 auf 0,36 Mrd. Euro im ambulanten Bereich sowie auf 2,2 Mrd. Euro im stationären Bereich.

Mit Inkrafttreten des GRG im Jahr 1989 wurde für den ambulanten Bereich der HzP anfänglich noch keine Ausgabensenkung erzielt. Vielmehr kam es hier sogar zu einem Ausgabenanstieg von immerhin 9 Prozent im Vergleich zum Vorjahr, nämlich von 0,58 Mrd. auf 0,64 Mrd. Euro. Erst als das GRG im Jahr 1991 voll implementiert wurde, konnte – trotz Wiedervereinigung – ein leichter Rückgang in den ambulanten Leistungsausgaben der HzP erzielt werden. Die stationären Leistungsausgaben, die vom GRG unberührt blieben, entwickelten sich im selben Zeitraum wie folgt: betrugen diese im Jahr 1989 noch 4 Mrd. Euro, so waren es 1990 bereits 4,5 Mrd. Euro. Die Wiedervereinigung bescherte einen weiteren Ausgabenzuwachs von knapp 30 Prozent auf 5,8 Mrd. Euro. Im Jahr vor Inkrafttreten des PflegeVG lagen schließlich die ambulanten Leistungsausgaben bei 0,84 Mrd. Euro, die stationären Ausgaben beliefen sich auf 8,2 Mrd. Euro (vgl. Abbildung 2). Damit entfielen im letzten Jahr vor Einführung der SPV mehr als 90 Prozent der Gesamtpflegeausgaben auf die *HzP in Einrichtungen*. Bezogen auf die Gesamtausgaben der Sozialhilfe wurden damit mehr als ein Drittel der Ausgaben für die HzP verwendet; bezogen auf die HibL waren dies etwas mehr als die Hälfte der Ausgaben.[19]

Im Unterschied zu den Ausgaben, die im Zeitraum von 1970 bis 1994 stetig gestiegen sind und sich versechzehnfacht haben, ist die Zahl der Empfänger der HzP weniger kontinuierlich gestiegen und hat sich im selben Zeitraum noch nicht einmal verdreifacht (vgl. Abbildung 3). Mit knapp 260.700 Empfängern im Jahr 1970 (früheres Bundesgebiet) ist die Zahl auf 546.300 im Jahr 1990 (früheres Bundesgebiet) gestiegen. Im Zuge der Wiedervereinigung erhöhte sich die Empfängerzahl um über 109.000 auf 655.700 Leistungsberechtigte im Jahr 1991 und erreichte einen Stand von ca. 660.700 bzw. 570.000 Personen im Jahr 1993 bzw. 1994 (Deutschland). Dabei ist der Anteil ambulanter Leistungsempfänger, gemessen an den Gesamtempfängern, von 1970 bis zur Wiedervereinigung von knapp 43 Prozent auf über 49 Prozent gestiegen; entsprechend ist der Anteil stationärer Empfänger gesunken. So war bei der Anzahl der Empfänger ambulanter Leistungen ein jährliches durchschnittliches Wachstum von 5,4 Prozent gegenüber einem Wachstum von 2,6 Prozent bei der Anzahl der Empfänger stationärer Leistungen zu verzeichnen. Während im Rahmen der Wiedervereinigung die Anzahl stationärer Leistungsempfänger um 36 Prozent stieg, blieb die Anzahl ambulanter Empfänger nahezu unverändert. Letzteres ist darauf zurückzuführen, dass der Anstieg in der Empfängerzahl durch die Wiedervereinigung den

---

[19]Den hier ausgewiesenen (Brutto-)Sozialhilfeausgaben stehen Einnahmen in Form übergeleiteter Ansprüche von Sozialleistungsträgern – insbesondere Rentenversicherungsträgern –, Unterhaltsleistungen etc. gegenüber, die sich im Jahr 1994 für die HzP auf 4,8 Mrd. Euro und für alle Hilfearten zusammen auf 9,2 Mrd. Euro belaufen haben. Von den "reinen" Ausgaben (Nettoaufwand) betrifft der Anteil, der für die HzP verwendet wurde, 31,9 Prozent.

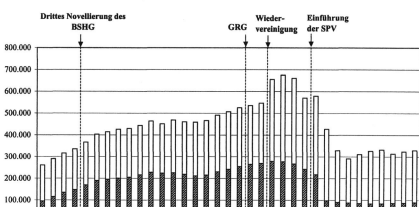

Abbildung 3
Zahl der Empfänger von HzP im Zeitraum 1970 bis 2004

Quelle: Statistisches Bundesamt (1970a-2004a), Fachserie 13 Reihe 2, eigene Darstellung.

Rückgang in der Empfängerzahl nach voller Implementierung des GRG aufgehoben hat. Zwar führte das GRG zu einem Rückgang in der Empfängerzahl von 269.000 im Jahr 1990 auf 255.700 im Jahr 1991 und auf 220.900 Personen im Jahr 1993. Demgegenüber brachte die Wiedervereinigung zusätzlich 22.400 ostdeutsche Empfänger im Jahr 1991 mit sich, deren Zahl sich im Folgejahr auf 44.500 knapp verdoppelte und – trotz des GRG – weitestgehend auf diesem Niveau verharrte. Über den gesamten hier betrachteten Zeitraum von 1970 bis 1994 ist der Anteil von männlichen zu weiblichen Empfängern der HzP annähernd konstant geblieben, nämlich ein Drittel Männer und zwei Drittel Frauen.

Angesichts dieser Entwicklung in den Ausgaben und den Fallzahlen, vor allem in der Zeitspanne von 1970 bis Mitte der 1980er Jahre, sei im Folgenden ein Überblick über die Diskussion der Absicherung des Pflegerisikos gegeben.

2.1.3 Diskussion über die Absicherung des Pflegerisikos

Ausgangspunkt der Debatte über die Absicherung des Pflegerisikos bildete ein Gutachten des Kuratoriums Deutsche Altershilfe (KDA) aus dem Jahr 1974.[20] Hierin kritisiert wurde die versi-

---

[20] Dies war zwar nicht der erste Debattenbeitrag; jedoch wird dieses Gutachten von den meisten Autoren als Beginn der Pflegedebatte gesehen, u.a. weil das KDA eines der ersten war, das eine umfassende Stellungnahme zur Situation pflegebedürftiger Heimbewohner abgegeben hat. Für eine ausführliche Darstellung der Debatte der Absicherung des Pflegerisikos siehe u.a. Haug und Rothgang (1994), Igl (1994), Stöbener (1996), Meyer (1996)

cherungsrechtliche Ungleichbehandlung kranker und pflegebedürftiger Menschen und die damit verbundenen unterschiedlichen Finanzierungsmodalitäten: Während der stationäre Aufenthalt eines Kranken durch die GKV abgedeckt war, musste ein Pflegebedürftiger seinen Heimaufenthalt aus eigener Tasche finanzieren, was oftmals in die finanzielle Bedürftigkeit führte.[21] So forderte das KDA eine Absicherung des Pflegerisikos innerhalb der Krankenversicherung.

Wegen der steigenden Zahl von in Heimen lebenden Sozialhilfeempfängern und des damit verbundenen Ausgabenanstiegs in der Sozialhilfekategorie HzP wurde das Thema Mitte der 1970er Jahre nun ebenfalls vom Deutschen Städtetag aufgegriffen, der eine Kostenentlastung der Sozialhilfeträger forderte. So waren insbesondere die Kommunen an einer Verringerung ihrer pflegebedingten Aufwendungen interessiert, da sie doppelt betroffen waren. Erstens direkt als örtliche Sozialhilfeträger, zweitens indirekt durch die Mitfinanzierung der überörtlichen Sozialhilfeträger über eine von ihnen zu leistende Umlage. In der Folge kam es zu einer Vielzahl von Vorschlägen, darunter vorrangig mit der Forderung nach einer Einführung eines neuen Sicherungssystems für die (Teil-)Finanzierung von Pflegeleistungen. Zu nennen sind in diesem Zusammenhang der "Dreiteilungsvorschlag" der Arbeiterwohlfahrt aus dem Jahr 1976 (AWO (1976)), der Bericht der Bund-Länder-Arbeitsgruppe (1980), der Arbeitsauftrag an die Transfer-Enquête-Kommission (1981) und der "Gemeinsame Vorschlag" des Deutschen Vereins für öffentliche und private Fürsorge, der Bundesvereinigung der kommunalen Spitzenverbände, der Bundesarbeitergemeinschaft der überörtlichen Träger der Sozialhilfe, der Bundesarbeitergemeinschaft der Freien Wohlfahrtspflege und des Kuratoriums Deutsche Altershilfe (Deutscher Verein für öffentliche und private Fürsorge et al. (1983)). Folgende Alternativen zur Kostenträgerschaft der Sozialhilfe wurden hierbei unterbreitet: Eine Absicherung des Pflegerisikos im Rahmen der Krankenversicherung, die Regelung mittels eines Pflegegesetzes, die Ausweitung des Leistungsanspruchs gegenüber der Rentenversicherung sowie die Schaffung einer eigenständigen Pflegeversicherung unter dem Dach der GKV. Allen war damit die Forderung nach einer Umverteilung der Finanzlasten zu Gunsten der Kommunen und der Länder gemein.

Im Jahr 1984 veröffentlichte die Bundesregierung auf Drängen des Deutschen Bundestages hin einen "Bericht zu Fragen der Pflegebedürftigkeit", der Stellung zu den oben genannten Alternativen nahm. Hierin sprach sich die Bundesregierung gegen eine Neuregelung der Pflegeversicherung aus und schlug stattdessen vor, "[...] das gegenwärtige System der Versorgung und Sicherung Pflegebedürftiger mit einem Bündel von Einzelmaßnahmen gezielt zu verbessern."[22] Die Einzelmaßnahmen konzentrierten sich dabei ausschließlich auf den ambulanten und häuslichen Bereich. Den Bereich der stationären Pflege sah die Bundesregierung hingegen bei der privaten Vorsorge angesiedelt.[23] Da dieser Vorschlag den Sozialhilfeträgern jedoch keine wirkliche Entlastung der Pflegeausgaben in Aussicht stellte, traten nun auch die Länder, als überörtliche Sozialhilfeträger, in den Diskussionsprozess ein. So brachten die Bundesländer Hessen[24],

---

und Rothgang (1997).
[21]Zu den unterschiedlichen sozialrechtlichen Definitionen der Pflegebedürftigkeit siehe u.a. Prinz (1987), S. 2 f.
[22]Vgl. Bundesregierung (1984), S. 13.
[23]In der Folge wurde die private Versicherungswirtschaft durch die Bundesregierung auch offiziell aufgefordert, spezielle Produkte zur Absicherung von Pflegebedürftigkeit zu entwickeln, vgl. Hinschützer (1992), S. 54 f.
[24]"Gesetz zur Absicherung des Risikos der Pflegebedürftigkeit" vom 7. Februar 1986. BR-Drs. 81/86.

Rheinland-Pfalz[25] und Bayern[26] drei unterschiedliche Gesetzesanträge zur Absicherung des Pflegerisikos in den Bundesrat ein – alle mit der Intention, die Finanzierungsverantwortung auf einen anderen Träger zu verlagern. Während Hessen und Bayern einer sozialversicherungsrechtlichen Lösung den Vorzug gaben – Hessen favorisierte einen eigenständigen Versicherungszweig, Bayern die Einbindung in die GKV –, sah Rheinland-Pfalz ein steuerfinanziertes Leistungsgesetz vor.

Ein Einstieg in eine Neuregelung der Pflegeabsicherung wurde schließlich im Rahmen des Ende 1988 beschlossenen GRG begangen, welches im Wesentlichen den von der Bundesregierung vorgeschlagenen Einzelmaßnahmen entsprach. Wie in Abschnitt 2.1.1 erwähnt, wurden damit erstmalig Leistungen für Pflegebedürftige in den Leistungskatalog der GKV aufgenommen. Allerdings konnte diese Lösung weder den Druck auf den Haushalt der Sozialhilfeträger noch auf die Zahl der sozialhilfeabhängigen Pflegebedürftigen nachhaltig verringern, da lediglich 13 Prozent der Gesamtausgaben der HzP dem ambulanten Bereich zuzuordnen waren. Das Problem der finanziellen Überforderung der Kommunen blieb damit bestehen. Infolgedessen erreichte der Diskussionsprozess an diesem Punkt nun insofern schnell einen Konsens, als klar war, dass Einzelmaßnahmen – wie das GRG – aus finanzpolitischer Sicht nicht ausreichten und der Handlungsbedarf vielmehr in der Errichtung einer eigenständigen Pflegeversicherung bestand. Die in dieser Phase diskutierten Vorschläge zur Absicherung des Pflegerisikos verengten sich dabei schnell auf zwei Alternativen, nämlich eine Privatversicherungslösung einerseits und eine eigenständige paritätisch finanzierte Pflegeversicherung unter dem Dach der GKV andererseits. Die Gesetzesvorlage für die Privatversicherungslösung wurde im Jahr 1990 vom Land Baden-Württemberg[27] in des Bundesrat eingebracht, wobei dieser Vorschlag insbesondere durch die FDP und Teile der CDU Unterstützung fand. Dahingegen wurde die eigenständige paritätisch finanzierte Pflegeversicherung unter dem Dach der GKV von der Mehrheit in beiden Parteien der SPD und CDU favorisiert.[28] Nach einem langwierigen Disput, der hauptsächlich um die Kompensation für die Arbeitgeber bei einer Sozialversicherungslösung ging, votierte die Mehrheit in den Parteien mit dem PflegeVG vom 26. Mai 1994 letztendlich für eine umlagefinanzierte Pflegeversicherung unter dem Dach der GKV.[29]

2.2 Einführung der Sozialen Pflegeversicherung

2.2.1 Institutionelle Ausgestaltung

Am 1. Januar 1995 trat gemäß Art. 1 Abs. 1 PflegeVG das Elfte Buch Sozialgesetzbuch (SGB XI) in Kraft, welches die SPV sowie die obligatorisch private Pflegeversicherung (PPV) regelt. Die folgende Betrachtung beschränkt sich nun ausschließlich auf die SPV.

---

[25]"Gesetz zur Neuregelung der Pflegehilfen" vom 7. März 1986, BR-Drs. 178/87.
[26]"Gesetz zur Absicherung des Pflegerisikos" vom 11. März 1986, BT-Drs. 10/6135.
[27]"Gesetz zur Vorsorge gegen das finanzielle Pflegerisiko" vom 28. März 1990. BT-Drs. 367/90.
[28]Siehe hierzu ausführlich Meyer (1996), S. 163 ff.
[29]Für eine detaillierte Analyse des parlamentarischen Verfahrens bis zur Verabschiedung des PflegeVG siehe u.a. Pihan (1996) und Kleemann (1998).

Versicherungspflicht. In der SPV orientiert sich die Versicherungspflicht an dem Grundsatz "Pflegeversicherung folgt Krankenversicherung". Nach § 1 Abs. 2 SGB XI sind damit all diejenigen in den Schutz der SPV einbezogen, die in der GKV versichert sind, was rund 90 Prozent der Bevölkerung umfasst. Zu den Pflichtversicherten zählen nach § 20 Abs. 1 SGB XI u.a. Arbeiter, Angestellte und Auszubildende, außerdem Bezieher von Arbeitslosengeld und Arbeitslosengeld II, Landwirte, selbständige Künstler und Publizisten, Behinderte, Studenten und Rentner. Ebenfalls in der SPV versicherungspflichtig sind gemäß § 20 Abs. 3 SGB XI die freiwillig in der GKV Versicherten. Sofern keine Versicherungspflicht zur SPV besteht, ist der Abschluss einer privaten Pflegeversicherung obligatorisch. Unter den gleichen Voraussetzungen wie in der GKV sind im Rahmen der Familienversicherung unterhaltsberechtigte Kinder sowie Ehegatten, deren monatliches Gesamteinkommen die Geringfügigkeitsgrenze nicht übersteigt, beitragsfrei mitversichert.

Pflegeleistungen. Voraussetzung für den Erhalt von Pflegeleistungen ist das Eintreten des Versicherungsfalls der Pflegebedürftigkeit nach § 14 SGB XI. Höhe und Umfang der Leistungen richten sich dabei nach dem Grad der Pflegebedürftigkeit und werden damit einkommens- und vermögensunabhängig gewährt. Nach § 14 Abs. 1 SGB XI sind all jene Personen als pflegebedürftig einzustufen, "[...] die wegen einer körperlichen, geistigen oder seelischen Krankheit oder Behinderung für die gewöhnlichen und regelmäßig wiederkehrenden Verrichtungen im Ablauf des täglichen Lebens auf Dauer, voraussichtlich für mindestens sechs Monate, in erheblichem oder höherem Maße der Hilfe bedürfen." Für die Gewährung von Leistungen werden die pflegebedürftigen Personen gemäß § 15 SGB XI einer von drei Pflegestufen zugeordnet, wobei die Unterteilung nach der Häufigkeit des Hilfebedarfs erfolgt:[30]

Pflegestufe I: erheblich Pflegebedürftige,[31]

Pflegestufe II: Schwerpflegebedürftige,[32]

Pflegestufe III: Schwerstpflegebedürftige.[33]

---

[30]Der Hilfebedarf erstreckt sich auf die Bereiche der Körperpflege, der Ernährung, der Mobilität und auf die hauswirtschaftliche Versorgung. Vgl. hierzu auch die in Kapitel 5.2 aufgeführte Diskussion bzgl. einer bedarfsgerechteren Berücksichtigung Demenzkranker innerhalb der SPV.

[31]Hierzu gehören Personen, die bei der Körperpflege, der Ernährung oder der Mobilität für wenigstens zwei Verrichtungen aus einem oder mehreren Bereichen mindestens *einmal* täglich der Hilfe bedürfen und zusätzlich mehrfach in der Woche Hilfen bei der hauswirtschaftlichen Versorgung benötigen (§ 15 Abs. 1, Nr. 1 SGB XI). Der Zeitaufwand in Pflegestufe I muss wöchentlich im Tagesdurchschnitt mindestens 90 Minuten betragen, wobei auf die Grundpflege mehr als 45 Minuten entfallen müssen (§ 15 Abs. 3, Nr. 1 SGB XI).

[32]Zu dieser Pflegestufe zählen Personen, die bei der Körperpflege, der Ernährung oder der Mobilität mindestens *dreimal* täglich zu verschiedenen Tageszeiten der Hilfe bedürfen und zusätzlich mehrfach in der Woche Hilfen bei der hauswirtschaftlichen Versorgung benötigen (§ 15 Abs. 1, Nr. 2 SGB XI). Der Zeitaufwand muss hierunter mindestens drei Stunden betragen, wobei mindestens zwei Stunden auf die Grundpflege entfallen müssen (§ 15 Abs. 3, Nr. 2 SGB XI).

[33]In diese Pflegestufe werden Personen eingestuft, die bei der Körperpflege, der Ernährung oder der Mobilität täglich *rund um die Uhr*, auch nachts, der Hilfe bedürfen und zusätzlich mehrfach in der Woche bei der hauswirtschaftlichen Versorgung benötigen (§ 15 Abs. 1, Nr. 3 SGB XI). Der Zeitaufwand in Pflegestufe III muss mindestens fünf Stunden betragen, wobei die Grundpflege mindestens vier Stunden umfassen muss (§ 15 Abs. 3, Nr. 3 SGB XI).

2. Absicherung des Pflegerisikos in Deutschland

Ob die Voraussetzungen für die Pflegebedürftigkeit erfüllt sind und welche Stufe der Pflegebedürftigkeit gegeben ist, wird nach § 18 SGB XI durch den Medizinischen Dienst der Krankenkassen (MDK) geprüft.[34]

Im PflegeVG sind die Leistungsbereiche der ambulanten und der stationären Pflege vorgesehen, wobei sich diese in drei (Haupt-)Leistungsarten teilen, zwischen denen ein Pflegebedürftiger wählen kann. Während im stationären Bereich Leistungen für vollstationäre Pflege nach § 43 SGB XI gewährt werden, wird im häuslichen Bereich differenziert nach den selbstbeschafften Pflegehilfen, den sogenannten Geldleistungen (§ 37 SGB XI) und den Pflegesachleistungen (§ 36 SGB XI), die i.d.R. durch Pflegefachkräfte ambulanter Pflegeeinrichtungen erbracht werden. Dabei gilt der Grundsatz "ambulant vor stationär" (§ 3 SGB XI), d.h. häusliche und ambulante Pflege haben Vorrang vor stationärer Pflege.[35]

Tabelle 2
Leistungen der SPV im Überblick

Pflegestufe	Ambulante Pflege		Vollstationäre Pflege	Zahlungen von Rentenversicherungsbeiträgen für Pflegepersonen (je nach Umfang der Pflegetätigkeit bis € monatlich [neue Bundesländer])
	Pflegegeld (monatlich)	Sachleistungen (bis € monatlich)	Sachleistungen (pauschal € monatlich)	
I	205 €	384 €	1.023 €	127 € [107 €]
II	410 €	921 €	1.279 €	255 € [215 €]
III	665 €	1.432 €	1.432 €	382 € [322 €]
Härtefälle	-	1.918 €	1.688 €	

Quelle: BMG (2006b), eigene Darstellung.

Da es sich bei der SPV um eine Teilkaskoversicherung handelt, sind alle Leistungen durch eine Maximalbetrag gedeckelt. Für die häusliche Pflege beträgt das Pflegegeld gemäß § 37 SGB XI in Stufe I bis zu 205 Euro im Monat, in Stufe II bis zu 410 Euro und in Stufe III bis zu 665 Euro, vgl. auch Tabelle 2. Außerdem werden Leistungen zur sozialen Sicherung der Pflegeperson in Form von Rentenversicherungsbeiträgen gewährt. Die Höhe der Beiträge ist dabei von der Stufe der Pflegebedürftigkeit des zu Pflegenden abhängig. Bei der Übernahme der Pflege durch eine ambulante Pflegeeinrichtung wird gemäß § 36 SGB XI eine Pflegesachleistung von monatlich 384 Euro, 921 Euro bzw. 1.432 Euro, je nach Grad der Pflegebedürftigkeit, gewährt.[36] Kann die häusliche bzw. ambulante Pflege nicht in ausreichendem Umfang sichergestellt werden, besteht

---
[34] Dieser im SGB XI implementierte Monitoring- bzw. Steuerungsmechanismus übt, ähnlich wie die gedeckelten Leistungsbeträge, eine Rationierungswirkung auf die Leistungsinanspruchnahme aus.
[35] So bedarf die Wahl einer dauerhaften stationären Versorgung neben der Einstufungsbegutachtung zusätzlich einer ergänzenden Begutachtung des häuslichen Umfeldes durch den MDK (siehe Begutachtungs-Richtlinien des MDS (2001), Ziffer 2.4). Ist eine stationäre Versorgung gemäß den darin aufgeführten Kriterien nicht erforderlich, so hat der Pflegebedürftige (theoretisch) nur Anspruch auf die Höhe der Sachleistungen, die ihm bei häuslicher Pflege zustehen würden. In der Praxis handelt es sich bei dieser ergänzenden Begutachtung allerdings um eine rein formale Prüfung. So wird dem Antrag einer stationären Unterbringung durch den MDK immer stattgegeben.
[36] In besonderen Härtefällen kann die Sachleistung auf bis zu 1.918 Euro pro Monat erhöht werden.

gemäß § 41 SGB XI ein zeitlich unbegrenzter Anspruch auf teilstationäre Pflege in Einrichtungen der Tages- oder Nachtpflege. Ist weder die häusliche noch die teilstationäre Pflege möglich, so haben Pflegebedürftige Anspruch auf Pflege in vollstationären Einrichtungen. Die Pflegekasse hat in diesem Fall den Teil der pflegebedingten Aufwendungen, die sogenannten Pflegekosten, bis zur Höchstgrenze zu übernehmen. Aufwendungen für Zusatzleistungen, für Unterkunft und Verpflegung – die sogenannten Hotelkosten – sowie ein Teil der Investitionskosten, die der Aufrechterhaltung der Pflegeinfrastruktur dienen, müssen vom Pflegebedürftigen selbst getragen werden. Ist dieser nicht in der Lage dafür selbst aufzukommen, können Leistungen der HzP in Anspruch genommen werden.

Organisation. Träger der SPV sind gemäß § 1 Abs. 3 SGB XI die Pflegekassen. Die Pflegekassen sind Selbstverwaltungseinrichtungen, die in der Rechtsform von Körperschaften des öffentlichen Rechts bei den GKV betrieben werden (§ 46 PflegeVG). Die Selbstverwaltungsorgane der Krankenkassen sind zugleich auch die Selbstverwaltungsorgane der Pflegekassen, die der jeweiligen Krankenkasse angeschlossen ist. Obwohl die Pflegekasse unter dem Dach der jeweiligen Krankenkasse errichtet wurde, sind die Mittel der Pflegekasse getrennt von den Mitteln, die für die Krankenversicherung bestimmt sind zu verwalten.

Finanzierung. Die Finanzierung erfolgt durch einkommensproportionale Beiträge im Umlageverfahren, d.h. die jährlichen Ausgaben werden jeweils durch die laufenden Einnahmen aufgebracht.[37] Das Arbeitseinkommen der Versicherten ist bis zur Beitragsbemessungsgrenze beitragspflichtig.[38] Gemäß § 55 Abs. 1 SGB XI betrug der Beitragssatz für die Zeit vom 1. Januar 1995 bis 30. Juni 1996 bundeseinheitlich 1 Prozent, mit Gewährung der stationären Pflegeleistungen seit dem 1. Juli 1996 beträgt dieser 1,7 Prozent des beitragspflichtigen Einkommens. Vom Beitragssatz abgesehen, entspricht das Beitragsrecht der SPV weitgehend dem Beitragsrecht der GKV. So sind u.a. die Beiträge gemäß § 58 Abs. 1 SGB XI von den Versicherten und den Arbeitgebern je zur Hälfte zu tragen.[39] Bis einschließlich dem 31. März 2004 entsprach dies auch der Regelung für den Personenkreis der Rentner, d.h. der Rentenversicherungsträger (Deutsche Rentenversicherung) führte die Hälfte des Beitrags an die Pflegekassen ab. Seit dem 1. April 2004 tragen die Rentner die vollen 1,7 Prozent. Die Beiträge für Bezieher von Arbeitslosengeld und Arbeitslosengeld II trägt die Bundesagentur für Arbeit. Seit dem 1. Januar 2005 müssen

---

[37]Da die Mitglieder der Pflegekassen unterschiedliche Risikostrukturen aufweisen, aber ein bundesweit einheitlicher Beitragssatz gilt, findet ein kassenübergreifender Finanzausgleich zwischen den einzelnen Versicherungsgesellschaften statt.

[38]Für die SPV gilt die Beitragsbemessungsgrenze der GKV, die wiederum 75 Prozent der Beitragsbemessungsgrenze der GRV beträgt.

[39]Mit Einführung der SPV wurde zum Ausgleich der mit den Arbeitgeberbeiträgen verbundenen Belastungen der Wirtschaft ein gesetzlicher landesweiter Feiertag, der stets auf einen Werktag fällt, gestrichen (Art. 1 § 58 PflegeVG). Eine Ausnahme bildet der Freistaat Sachsen. Dort wurde kein Feiertag gestrichen, stattdessen zahlen die Arbeitnehmer Beiträge in Höhe von 1,35 Prozent, die Arbeitgeber in Höhe von 0,35 Prozent. An dieser Stelle sei angemerkt, dass Voraussetzung für das Inkrafttreten der zweiten Stufe des PflegeVG – die Gewährung stationärer Leistungen – die Klärung der Frage war, ob durch die damit verbundene Beitragsmehrbelastung der Arbeitgeber die Abschaffung eines weiteren Feiertages erforderlich wäre. Ein Sondergutachten des Sachverständigenrates (SVR (1995)) kam zu dem Ergebnis, dass die Streichung eines Feiertages zur vollen Kompensation zwar nicht ausreiche, ein zweiter Feiertag dies allerdings überkompensieren würde, weshalb es in der Folge auch bei der Streichung nur eines Feiertags blieb.

kinderlose Versicherte, die älter als 23 Jahre sind, den sogenannte Familienlastenausgleich i.H.v. 0,25 Prozentpunkten als Aufschlag auf ihren bisherigen Arbeitnehmeranteil zahlen.[40]

2.2.2 Ausgaben- und Empfängerzahlentwicklung der Sozialen Pflegeversicherung seit 1995

Die Leistungen der SPV wurden nach erstmaliger Erhebung des Beitragssatzes zeitverzögert und stufenweise eingeführt. Für die ambulante Pflege werden Leistungen seit dem 1. April 1995, für die stationäre Pflege seit dem 1. Juli 1996 gewährt. Durch das zeitverzögerte Einsetzen der Leistungen akkumulierte die SPV in ihren ersten beiden Jahren ein Vermögen in Höhe von 4,62 Mrd. Euro, die sogenannte Demographiereserve.[41] So standen in den Jahren 1995 bzw. 1996 den Ausgaben von 4,97 Mrd. bzw. 10,86 Mrd. Euro Einnahmen in Höhe von 8,41 Mrd. bzw. 12,04 Mrd. Euro gegenüber. Während die jährlichen Beitragseinnahmen seit dem Jahr 1997 in ihrer Höhe aber nahezu unverändert geblieben sind, diese betrugen 1997 ca. 15,94 Mrd. Euro und 2004 (2005) 16,87 Mrd. Euro (17,49 Mrd. Euro)[42], was einem nominalen Wachstum von durchschnittlich jährlich 0,8 Prozent entspricht, hat das jährliche Ausgabenvolumen – trotz bislang fehlender Dynamisierung der Pflegeleistungen – kontinuierlich zugenommen: von 15,14 Mrd. Euro im Jahr 1997 auf 17,86 Mrd. Euro im Berichtsjahr 2005, vgl. auch Abbildung 4. Dies entspricht einem durchschnittlichen jährlichen nominalen Wachstum von 2,1 Prozent. Darunter war insbesondere das Wachstum der stationären Leistungsausgaben, die knapp über die Hälfte der Gesamtausgaben ausmachen, mit durchschnittlich jährlich 3,9 Prozent – im Vergleich zu den ambulanten Leistungsausgaben von 0,9 Prozent – prägend. Da seit Einführung der SPV die Pflegeleistungen in ihrem nominell festgeschriebenen Niveau nicht angepasst, also keiner Dynamisierung unterzogen wurden, ist der hier aufgeführte Ausgabenanstieg allein auf die Zunahme sowie die veränderte Zusammensetzung in der Zahl der Bezieher ambulanter und stationärer Leistungen zurückzuführen.

Durch die seit dem Jahr 1999 jährlich vorliegenden Defizite der SPV ist die Demographiereserve bis auf 3,05 Mrd. Euro (Stand: Ende 2005) abgeschmolzen. Dies entspricht in etwa der gesetzlich vorgeschriebenen Finanzreserve von 1,5 Monatsausgaben (§ 63 und § 64 SGB XI), die nicht zur Stabilisierung des Beitragssatzes verwendet werden darf. Lediglich die Ende 2005 erzielten Mehreinnahmen von ca. 0,7 Mrd. Euro durch den Familienlastenausgleich haben verhindert, dass erstmalig im Jahr 2006 eine Beitragssatzanpassung hätte vorgenommen werden müssen.

---

[40] Der Familienlastenausgleich ist die Konsequenz eines am 3. April 2001 verkündeten Urteils des Bundesverfassungsgerichts (BVerfG 03.04.2001 - 1 BvR 1629/94). Hierin stellte das Bundesverfassungsgericht fest, dass es nicht verfassungskonform sei, "[...] dass Mitglieder der sozialen Pflegeversicherung, die Kinder betreuen und erziehen [und damit neben dem Geldbetrag auch einen generativen Beitrag zur Funktionsfähigkeit eines umlagefinanzierten Sozialversicherungssystems leisten], mit einem gleich hohen Pflegeversicherungsbeitrag wie Mitglieder ohne Kinder belastet werden." Letztendlich wurde dieses Urteil von der damaligen Gesundheits- und Sozialministerin Ulla Schmidt nicht in einer *Entlastung* der Versicherungsmitglieder mit Kindern umgesetzt, sondern vielmehr in einer *Belastung* von Mitgliedern ohne Kinder.

[41] Im Unterschied zur Demographiereserve gibt die Mindestfinanzreserve der SPV jene Rücklage der SPV an, die ausschließlich der Liquiditätssicherung dient und nicht beitragssatzstabilisierend eingesetzt werden darf.

[42] Die Einnahmenerhöhung des Jahres 2005 gegenüber dem Vorjahr ist im Grunde vollständig dem zum 1. Januar 2005 inkraftgetretenen Familienlastenausgleich zuzuschreiben.

Abbildung 4
Ausgaben und Einnahmen der SPV im Zeitraum 1995 bis 2005
(in jeweiligen Preisen)

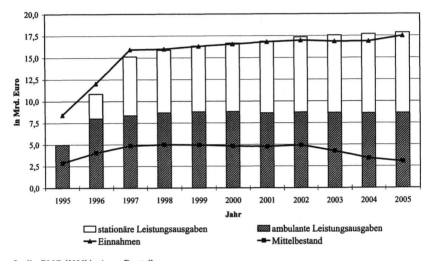

Quelle: BMG (2006b), eigene Darstellung.

Mit Einführung der SPV waren knapp über 1 Mio. (ambulante) Pflegebedürftige zu versorgen, wobei sich diese Zahl durch Inkrafttreten der zweiten Stufe des PflegeVG im Jahr 1996 auf 1,5 Mio. Pflegebedürftige erhöhte – darunter waren nun rund 385.000 stationär Versorgte, vgl. Abbildung 5. Seit dem Jahr 1997 ist die Zahl der Leistungsempfänger von 1,7 Mio. auf knapp unter 2 Mio. Pflegefälle im Jahr 2005 gestiegen, wobei die Empfängerzahl in stationärer Pflege deutlich stärker zugenommen hat als die in ambulanter Pflege. Abgesehen von den Einführungseffekten, also den Wachstumsraten unmittelbar nach Einführung der jeweiligen Leistungen, sind die Zuwächse in den ambulant und stationär versorgten Fällen ähnlich zu denen der bereits aufgeführten ambulanten und stationären Leistungsausgaben desselben Zeitraums. So haben die ambulanten Leistungsempfänger seit 1996 um jährlich 1,3 Prozent zugenommen, die stationären Empfänger demgegenüber seit 1997 um jährlich 4,2 Prozent.

Für die Ausgabenentwicklung entscheidend sind neben der Verteilung der Pflegefälle auf den ambulanten und stationären Bereich außerdem die Aufteilung der ambulanten Leistungsbezieher auf Geld- bzw. Sachleistungen sowie die Verteilung der Pflegebedürftigen auf die einzelnen Pflegestufen. Die Betrachtung des Inanspruchnahmeverhaltens im Zeitraum 1995 bis 2005 weist zum einen den Trend von der Geld- hin zur Sachleistung aus, also eine Verschiebung innerhalb der häuslichen Pflege, sowie zum anderen den Trend von der ambulanten hin zur stationären Pflege. So ist seit dem Jahr 1996 eine rückläufige Tendenz des Anteils an Pflegegeldempfängern zu beobachten. Im Gegenzug ist der Anteil der insgesamt mit höheren Ausgaben verbundenen Sachleistungsempfängern seit 1996 gestiegen und zwar von 14 Prozent aller Leistungsbezieher auf

2. Absicherung des Pflegerisikos in Deutschland

Abbildung 5
Zahl der Leistungsbezieher der SPV im Zeitraum 1995 bis 2005

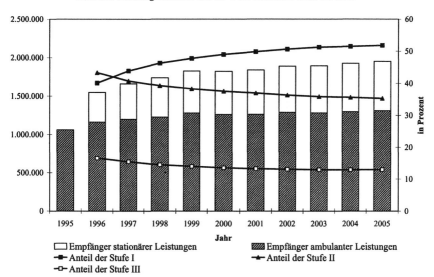

Quelle: BMG (2006b), eigene Darstellung.

17 Prozent im Jahr 2005.[43] Ähnlich zu dieser Entwicklung ist der Trend von der zunehmenden Substitution ambulanter durch stationärer Leistungen. Nahmen im Jahr 1997 noch 72 Prozent aller Pflegebedürftigen ambulante Leistungen in Anspruch, ist der Anteil auf inzwischen 67 Prozent zurückgegangen; entsprechend ist die Heimquote, also der Anteil stationärer Empfänger an den Gesamtempfängern, von 28 auf 33 Prozent gestiegen. Damit haben im Zeitraum 1997 bis 2005 zwei Formen der Verschiebung in der Nachfrage nach der Art der Pflegeleistung stattgefunden, die beide zu einem höheren Ausgabeneffekt führen. Erstens, die Umschichtung von Geldhin zu Sachleistungen und damit von der informellen zur professionellen ambulanten Pflege, und zweitens, die Umschichtung von der ambulanten zur stationären Pflege. Diese Zunahme in der Inanspruchnahme von stationärer Pflege in den Querschnittsdaten könnte ein Indiz für den sogenannten "Heimsog-Effekt" darstellen. Der Heimsog-Effekt oder "Hospitalisierungstrend" beschreibt dabei die Entwicklung der Zunahme der relativen Inanspruchnahme von stationären Pflegeleistungen.

Gemäß diesen Strukturverschiebungen und damit einer Entwicklung von den jeweils finanziell günstigeren Versorgungsformen zu teureren Arrangements wäre anzunehmen, dass die Ausgaben pro Pflegefall gestiegen sind. Dem allerdings ist nicht so, vielmehr sind die durchschnittlichen nominellen Pflegefallausgaben (ambulant und stationär) seit 1997 konstant auf einem

---

[43]Entsprechend der rückläufigen Zahl der Pflegegeldempfänger und damit dem Rückgang durchschnittlicher familiärer Pflegeleistungen je Pflegebedürftigem sind die Aufwendungen der Pflegeversicherung für die soziale Sicherung von Pflegepersonen von 1,19 Mrd. Euro im Jahr 1997 auf 0,9 Mrd. Euro im Jahr 2005 stetig gesunken.

Niveau von etwa 9.150 Euro pro Pflegefall geblieben. Grund hierfür ist, dass gleichzeitig eine deutlich niedrigere Einstufung in den drei Pflegestufen stattgefunden hat. So sind die teureren Pflegestufen II und III deutlich hinter der Gesamtentwicklung zurückgeblieben. Während sich die Zahl der Empfänger von Leistungen der Pflegestufe I um jährlich durchschnittlich 5,6 Prozent erhöht hat und damit der Anteil der Pflegestufe I von 40 Prozent im Jahr 1996 auf 52 Prozent im Jahr 2005 angestiegen ist, liegt der Zuwachs an Pflegefällen in Stufe II gerade einmal bei jährlich 0,3 Prozent; in Stufe III ist dieser sogar negativ und liegt bei jährlich durchschnittlich −0,15 Prozent. Da nicht davon ausgegangen werden kann, dass sich der Grad der Pflegebedürftigkeit verringert hat, ist ein verändertes Einstufungsverhalten durch den Medizinischen Dienst der Krankenkassen (MDK) anzunehmen. Simon (2003) beispielsweise macht den in § 70 SGB XI formulierten Grundsatz der Beitragssatzstabilität dafür verantwortlich, dass der MDK einen Stufenmix durchführt: "Soll trotz steigender Antragszahlen uneingeschränkte Beitragssatzstabilität von den Pflegekassen sichergestellt werden, so erfordert dies insbesondere eine Steuerung des Pflegestufenmix'."[44]

Bislang haben sich also die niedrigere Einstufung einerseits und die teurere Versorgungsform andererseits weitestgehend aufgehoben, denn die durchschnittlichen Leistungsausgaben je Pflegebedürftigem sind seit 1997 konstant geblieben. Da die Einstufungspraxis wohl über kurz oder lang Kontinuität erreicht, gewinnt jegliche Verschiebung der Leistungen in die teureren Versorgungsformen für die zukünftige Ausgabenentwicklung an Bedeutung. Eine diesbezügliche Analyse erfolgt in Abschnitt 5.1.

2.2.3 Entwicklung der Hilfe zur Pflege seit 1995

An dieser Stelle soll nun abschließend noch ein Blick auf die Entwicklung in der Sozialhilfekategorie HzP seit Einführung der SPV geworfen werden. Diese Entwicklung ist insofern von besonderem Interesse, da sich hierdurch die Legitimationsbasis der SPV begründet. Daran gemessen muss aus sozialpolitischer Sicht nicht nur der Anteil der Pflegebedürftigen, die zusätzlich HzP beziehen, gesunken sein, sowie aus finanzpolitischer Sicht der Anteil der Ausgaben, die für die HzP aufgewendet werden, abgenommen haben, vielmehr muss die HzP auch in Zukunft ihre Rolle für Einzelfälle beibehalten.

Eine Betrachtung der Datenlage von Empfängern der *HzP außerhalb von Einrichtungen* und der *HzP in Einrichtungen* zeigt den erwartungsgemäßen Rückgang der Zahl der ambulanten HzP-Empfänger mit Einsetzen der ambulanten Leistungsgewährung, wobei sich das volle Ausmaß erst ab dem Jahr 1996 bemerkbar macht (siehe auch Abbildung 3). So hat sich die Zahl der Bezieher ambulanter HzP von 242.500 im Jahr 1994 auf ca. 87.400 im Jahr 1998 reduziert, was einem Rückgang von 64 Prozent des Ausgangswertes entspricht. Bei den Beziehern stationärer Leistungen hat sich die volle Tragweite des PflegeVG entsprechend dem Einsetzen der zweiten Stufe des PflegeVG erst im Jahr 1997 eingestellt. Die Empfängerzahl ist von 361.100

---

[44]Vgl. Simon (2003), S. 38. Siehe hierzu ausführlich auch Simon (2004).

im Jahr 1995 auf 203.300 im Jahr 1998 zurückgegangen, ein Rückgang um knapp 44 Prozent.[45] Beachtenswert sowohl bei den ambulanten als auch den stationären Leistungsbeziehern ist nun allerdings die Tatsache, dass deren Zahlen seit 1999 bei den stationären bzw. seit 2002 bei den ambulanten Leistungsempfängern dennoch wieder angestiegen ist – bislang in beiden Bereichen durchschnittlich jährlich um etwa 2,7 Prozent. Lag der Anteil der ambulanten HzP-Empfänger an den Gesamtempfängern im Jahr 1995 noch bei 42,6 Prozent, ist dieser auf 26,9 Prozent im Jahr 2004 geschmolzen. Demgemäß hat sich der Anteil stationärer HzP-Empfänger im gleichen Zeitraum von 57,4 auf 73,1 Prozent an den Gesamtempfängern erhöht.[46]

Entsprechend dem Rückgang in der Zahl der Leistungsbezieher konnte die Sozialhilfe mit Inkrafttreten des PflegeVG auch einen Rückgang in den Ausgaben verbuchen (vgl. Abbildung 2). Im Bereich der stationären Leistungsgewährung konnten die Ausgaben um 68 Prozent ihres Ausgangswertes des Jahres 1994 reduziert werden, und zwar von knapp 8,2 Mrd. Euro im Jahr 1994 auf 2,6 Mrd. Euro im Jahr 2004. Die Ausgaben für ambulante Leistungen ließen sich demgegenüber nur um knapp 39 Prozent zurückfahren, von 0,88 Mrd. Euro im Jahr 1994 auf 0,54 Mrd. Euro im Jahr 2004. Von den Gesamtausgaben im Jahr 2004 i.H.v. 3,14 Mrd. Euro fallen damit rund 83 Prozent der Ausgaben auf den stationären Bereich. Analog zur Empfängerzahl liegt im stationären und ambulanten Bereich seit dem Jahr 2000 eine steigende Tendenz im Ausgabenvolumen vor.

Die Tatsache, dass trotz der Leistungen, die im Rahmen der SPV gewährt werden, Pflegebedürftige HzP beziehen müssen – und das, wie soeben beschrieben, in zunehmendem Maße – ist im Wesentlichen auf zwei Faktoren zurückzuführen:

Zum einen sind die Leistungen der SPV aufgrund ihres Teilkaskocharakters wesentlich geringer als die Pflegekosten – dies gilt insbesondere im stationären Bereich. So muss ein Großteil der Heimbewohner zusätzlich noch einen Eigenanteil an den Pflegekosten erbringen, da die in Rechnung gestellten Pflegesätze die vorgesehenen Höchstbeträge der Pflegeversicherung zum Teil erheblich überschreiten. Hinzu kommen Leistungen für Unterkunft und Verpflegung (Hotelkosten), die grundsätzlich selber finanziert werden müssen, sowie ein Teil der Investitionskosten. Laut BMGS (2004b) betrug der Tagessatz für Unterkunft und Verpflegung am 1. Juli 2003 – unabhängig von der Pflegestufe – 19,90 bzw. 15,81 Euro in den alten bzw. neuen Ländern. Die Pflegekosten der Stufe I beliefen sich auf 39,94 Euro (33,41 Euro), in Stufe II auf 54,41 Euro (44,02 Euro) und in Stufe III auf 69,14 Euro (58,69 Euro) in den alten (neuen) Bundesländern.[47] Unter Berücksichtigung der Pflegekassenleistungen für stationäre Pflege liegt der Eigenanteil (ohne Investitionskosten) pro Monat in Stufe I bei 797 Euro (474 Euro), in Stufe II bei 982 Euro (541 Euro) und in Stufe III bei 1.277 Euro (834 Euro) in den alten (neuen) Ländern. Diesem Ei-

---

[45]Hierzu sei angemerkt, dass sich die Zahl der stationären Hilfeempfänger nicht in dem durch das PflegeVG angestrebten Ausmaß reduziert hat. So wurde im stationären Bereich vielmehr ein Rückgang der Fallzahlen um 75 Prozent erwartet, siehe auch Pabst und Rothgang (2000), S. 367, sowie Roth und Rothgang (2002), S. 70 f.
[46]Für eine differenzierte Analyse untergliedert in Bundesländer, siehe Roth und Rothgang (2002).
[47]Vgl. BMGS (2004b), S. 124 ff. Diese Größen weisen durchschnittliche Werte aus. Tatsächlich ist eine große Streuung in den Heimentgelten zu beobachten, die laut Roth und Rothgang (1999) auf ein Vorhandensein von Effizienzreserven schließen lassen. Für eine Diskussion sowie Analyse des Ausschöpfens der Effizienzreserven und dessen Konsequenzen auf die Beitragssatzentwicklung der SPV siehe Häcker et al. (2007).

genanteil zufolge liegt die Zahl der Empfänger von *HzP in Einrichtungen* an allen stationär versorgten Pflegebedürftigen laut Schneekloth und Müller (2000) auch bei 44 Prozent (29 Prozent) in den alten (neuen) Bundesländern.[48]

Zum anderen wird die Schere zwischen den selbst zu tragenden Pflegeaufwendungen und den Leistungen der SPV noch dadurch vergrößert, dass die Leistungen der SPV nicht, wie im vorangegangenen Abschnitt erwähnt, automatisch dynamisiert sind. So bedeuten Preiserhöhungen von Pflegedienstleistungen jeglicher Art zusätzliche Kosten, die von den Pflegebedürftigen selbst getragen werden müssen. Daher dürfte sich die Zahl der Pflegebedürftigen, die zusätzliche HzP beziehen, aufgrund der (bislang) fehlenden Dynamisierung in der SPV künftig weiter erhöhen. Da die HzP im Wesentlichen vom stationären Sektor geprägt ist, hängt die Frage, welche Rolle die HzP in Zukunft einnehmen wird – also ob sie den Einzelfall abdeckt oder erneut zur Regelsicherung degeneriert – davon ab, wie sich die Pflegesätze im Vergleich zu den Pflegekassenleistungen entwickeln und damit von der Frage, wie mit der politischen Entscheidungsvariablen der Dynamisierung der Pflegeleistungen verfahren wird.[49] Eine von Rothgang (2001) durchgeführte Modellrechnung zeigt, dass bei einer rein inflationsindexierten Dynamisierung der SPV-Leistungen der Anteil der Empfänger von *HzP in Einrichtungen* an allen pflegebedürftigen Heimbewohnern im Jahr 2040 in etwa gleicher Höhe wie vor Einführung der SPV liegen würde. Damit wäre die durch Einführung der SPV erzielte Reduktion der pflegebedingten Sozialhilfeabhängigkeit wieder vollständig verloren. Insofern erhält die zukünftige (Nicht-)Dynamisierung erhebliche finanz- sowie sozialpolitische Relevanz.

---

[48]Vgl. Schneekloth und Müller (2000), S. 179. Die Entwicklung der Pflegesätze bzw. der Heimentgelte und damit auch der zu leistenden Eigenanteile ist ein nicht unproblematisches Thema. So wurde bereits im Gutachten des KDA (1974) auf die starke Diskrepanz in der Entwicklung der Pflegesätze gegenüber der Alterseinkommen hingewiesen. Für den Zeitraum vom zweiten Halbjahr 1996 bis 1998 erhalten Roth und Rothgang (1999) anhand einer von ihnen durchgeführten Datenanalyse durchschnittliche Steigerungsraten von 7 bis 8 Prozent für pflegebedingte Aufwendungen und 3 bis 4 Prozent für die Gesamtheimentgelte (Pflegesatz zzgl. Entgelt für Unterkunft und Verpflegung); siehe hierzu auch Roth und Rothgang (2000). Im selben Zeitraum lag die (nettolohnorientierte) Rentensteigerung aber bei gerade einmal 1,3 Prozent (Westdeutschland), vgl. DRV (2006), S. 238. So führen u.a. Rothgang und Vogler (1998) die "Deckungslücken" bei den pflegebedingten Aufwendungen und den Aufwendungen für Unterkunft und Verpflegung auch als Ursache dafür auf, dass die Zahl der Sozialhilfeempfänger mit Einführung der SPV nicht in dem erwarteten Ausmaß zurückgegangen ist.

[49]Siehe hierzu insbesondere Abschnitt 5.3.

Kapitel 3

Isolierte Generationenbilanz der Sozialen Pflegeversicherung

Aufbauend auf den vorangegangenen Abschnitten ist es nun Ziel dieses Kapitels, das Ausmaß zu quantifizieren, in welchem die SPV (nicht-)nachhaltig finanziert ist. Dazu wird in Abschnitt 3.1 die hierfür verwendete Methodik zur Messung der Nachhaltigkeit erläutert sowie in Abschnitt 3.2 eine umfassende Beschreibung der zugrundegelegten Datenbasis gegeben. Abschnitt 3.3 führt schließlich die Ergebnisse auf, die auf Grundlage der Methode der Generationenbilanzierung berechnet wurden.

3.1 Methodik der Generationenbilanzierung

Den originären Arbeiten von Auerbach, Gokhale und Kotlikoff (1991, 1992, 1994) folgend hat sich die Methode der Generationenbilanzierung – ein intertemporales bzw. intergeneratives Buchhaltungssystem basierend auf der neoklassischen Lebenszyklushypothese – mittlerweile als ein gebräuchliches und in vielen Ländern eingesetztes Instrument zur Abschätzung staatlicher Fiskalpolitik etabliert. Als langfristiges Analyseinstrument erlaubt die Generationenbilanzierung nicht nur die Beurteilung der Tragfähigkeit öffentlicher Finanzpolitik, womit Aussagen hinsichtlich der Möglichkeit einer dauerhaften Aufrechterhaltung der vorherrschenden Fiskalpolitik getroffen werden können, sie beantwortet auch Fragen die intergenerative Ausrichtung der Fiskalpolitik betreffend.[50]

---

[50]Neben dem langfristigen Analyseinstrument der Generationenbilanzierung gibt es weitere Formen der langfristigen Haushaltsanalyse. Eine der Generationenbilanzierung sehr ähnliche Methode, insbesondere was die Nachhaltigkeitsindikatoren betrifft, ist die von Blanchard (1990) entwickelte OECD-Methode. Wesentlicher Unterschied ist dabei die Projektionsmethode, die sich bei der OECD-Methode nicht auf die individuelle Ebene beschränkt, sowie der endliche Betrachtungszeitraum von zwischen 40 und 50 Jahren gegenüber einem unendlichen Betrachtungshorizont im Rahmen der Generationenbilanzierung. Siehe Benz und Fetzer (2006) für einen ausführlichen Vergleich der Methode der Generationenbilanzierung und der OECD-Methode. Einen weiteren Literaturstrang bilden langfristige Haushaltsanalysen, die auf ökonometrischen Ansätzen beruhen. Siehe hierzu u.a. Hamilton und Flavin (1986) und Bohn (1991, 2005). Für einen Überblick über die verschiedenen Ansätze siehe Langenus (2006).

Dabei ist die Methode der Generationenbilanzierung aus der Kritik an der traditionellen Haushaltsanalyse heraus entstanden. Als wesentliche Aspekte sind diesbezüglich die folgenden beiden Punkte zu nennen:[51]

Zum einen bilden herkömmliche kurzfristige Indikatoren der staatlichen Haushaltsrechnung – hierunter bspw. der Finanzierungssaldo – lediglich das laufende Jahr ab, wodurch langfristige Einflüsse, wie die demographische Entwicklung, vernachlässigt werden. Die Berücksichtigung der zukünftigen Entwicklung der Bevölkerung ist aber insbesondere für umlagefinanzierte Sozialversicherungssysteme zwingend erforderlich, da diese implizite Transferverpflichtungen gegenüber heutigen und zukünftigen – vorwiegend älteren – Generationen beinhalten. Diese implizite Verschuldung im Rahmen der Umlagefinanzierung sind zukünftige Zahlungsverpflichtungen, die statistisch nicht erfasst werden, aber aufgrund der institutionellen Gegebenheiten des Umlageverfahrens bei dessen Fortführung zwangsläufig wirksam werden. Das "Ausmaß" der impliziten Verschuldung hängt dabei vom fortschreitenden Alterungsprozess ab, der einer wachsenden Anzahl von (alten) Transferempfängern immer weniger (junge) Beitragszahler gegenüberstellt.

Zum anderen gibt der staatliche Finanzierungssaldo nur ein unvollständiges Bild der Fiskalpolitik ab, da er keinerlei Aussage hinsichtlich möglicher intergenerativer Umverteilungswirkungen der vorliegenden Fiskalpolitik treffen kann.[52] Jegliche Form der intergenerativen Umverteilung – hervorgerufen bspw. durch eine Anhebung der Sozialversicherungsbeiträge ohne die entsprechende (neutralisierende) Anhebung der jeweiligen Transfers –, die auch als Ausweitung der Konsummöglichkeiten einer Generation zu Lasten einer anderen Generation verstanden werden kann, bleibt im Rahmen der Betrachtung des Finanzierungssaldos verborgen.

Mittels der Generationenbilanzierung, die der – insbesondere für die Umlagefinanzierung relevanten – Bevölkerungsentwicklung Rechnung trägt, lässt sich das Ausmaß der intergenerativen Lastverschiebung aufzeigen und damit die Frage beantworten, wie unterschiedliche Generationen durch die Fiskalpolitik betroffen werden. Eine "generationenneutrale" Fiskalpolitik liegt gemäß der Generationenbilanzierung dann vor, wenn der Barwert der zukünftigen Nettosteuer- bzw. Nettobeitragszahlungen (Steuern bzw. Beiträge abzüglich der Transfers) pro Kopf für alle heute geborenen und zukünftigen Generationen gleich hoch ist. Bedingung hierfür ist, dass die intertemporale Budgetrestriktion des Staates ausgeglichen ist, also sämtliche Ausgaben durch heutige und zukünftige Generationen getragen werden. Ist die intertemporale Budgetrestriktion nicht erfüllt – die Tragfähigkeit der vorliegenden Fiskalpolitik damit nicht gegeben –, so dient die Generationenbilanzierung darüber hinaus als Instrument zur Abschätzung des Ausmaßes der Politikänderung, die notwendig ist, um die Fiskalpolitik zurück auf einen intergenerativ ausgewogenen Pfad zu bringen.

Die hier aufgeführte Darstellung und dessen empirische Umsetzung basiert auf den methodischen Grundkonzeptionen von Raffelhüschen (1999) und Bonin (2001). Die vorliegende Unter-

---

[51]Für eine umfassende Kritik an der traditionellen Haushaltsanalyse siehe u.a. Kotlikoff (1986, 1988) und Auerbach et al. (1991).

[52]Vgl. hierzu u.a. Kotlikoff (1993), der aufzeigt, dass finanzpolitische Maßnahmen die intergenerative Verteilung beeinflussen können, ohne dass der staatliche Finanzierungssaldo in dem entsprechenden Jahr verändert wird. Umgekehrt kann auch der Finanzierungssaldo verändert werden, ohne dass sich daraus eine intergenerative Umverteilung ergibt. Siehe hierzu auch Bonin (2001), S. 2 ff.

suchung bezieht sich dabei allerdings ausschließlich auf den isolierten Fall des parafiskalischen Systems der SPV.[53] Diese Vorgehensweise ist ohne jegliche Einschränkung durchführbar, da es sich bei der SPV um ein geschlossenes (Zahlungsströme-)System handelt. Die isolierte Betrachtung erlaubt darüber hinaus einen einfacheren methodischen und empirischen Umgang sowie eine deutlichere Illustration der Ergebnisse – insbesondere hinsichtlich des Aufzeigens unterschiedlicher Reformmaßnahmen –, die im Rahmen einer gesamtstaatlichen Betrachtung aufgrund des vergleichsweise nur geringen SPV-Haushaltsvolumens untergehen würden.

3.1.1 Methodische Darstellung

Methodischer Ausgangspunkt der Generationenbilanz des parafiskalischen Systems der SPV ist dessen intertemporale Budgetrestriktion. Diese verlangt, dass alle über die Zeit anfallenden Ausgaben von heutigen und zukünftigen Generationen getragen werden. Im isolierten Fall erfasst die intertemporale Budgetrestriktion neben der expliziten Schuld B_t^{SPV} den Barwert aller Beitragszahlungen sowie Transferleistungen heutiger und zukünftiger Generationen.[54] Formal lässt sich die intertemporale Budgetrestriktion der SPV darstellen als[55]

$$\sum_{s=t}^{\infty}\sum_{k=s-D}^{D} z_{s,k}^b P_{s,k}(1+r)^{t-s} + \sum_{s=t}^{\infty}\sum_{k=s-D}^{D} z_{s,k}^{tr} P_{s,k}(1+r)^{t-s} = B_t^{SPV}. \qquad (1)$$

$z_{s,k}^b > 0$ entspricht dabei der durchschnittlichen Beitragszahlung und $z_{s,k}^{tr} < 0$ dem durchschnittlichen Leistungstransfer eines Individuums der Generation k im Jahr s. Diese werden jeweils mit der Kohortenstärke $P_{s,k}$ der in k geborenen Generation im Jahr s multipliziert und unter Annahme einer exogenen Diskontrate r auf das Basisjahr t abgezinst.[56] Damit sind sämtliche über die Zeit erzielten Einnahmen und Ausgaben der SPV erfasst. Mit $D = 100$ wird das maximale Lebensalter jeder Generation auf 100 Jahre begrenzt.

Um die intertemporale Budgetbeschränkung nun in den Kontext der Generationenbilanzierung zu setzen, wird die durchschnittliche Beitragszahlung und der Leistungstransfers eines Individuums der Generation k zu einer individuellen durchschnittlichen Nettobeitragszahlung $z_{s,k} = z_{s,k}^b + z_{s,k}^{tr}$ zusammengefasst. Ferner sei

$$N_{t,k} = \sum_j N_{t,k}^j = \sum_j \sum_{s=\max\{t,k\}}^{k+D} z_{s,k}^j P_{s,k}^j (1+r)^{t-s} \qquad (2)$$

der Barwert aller über den (verbleibenden) Lebenszyklus zu leistenden Nettobeitragszahlungen einer in k geborenen Generation.[57] Der Index j dient der Unterscheidung zwischen einem männ-

---

[53]Die Anwendung der isolierten Form der Generationenbilanzierung auf die SPV und die methodisch darauf basierende Berechnungen erfolgte erstmals durch Fetzer et al. (2002) und Fetzer et al. (2003).
[54]Unter Zugrundelegung des Jahres 2004 als Basisjahr ist die explizite Schuld der SPV wegen des zum 31. Dezember 2003 noch vorhandenen Vermögens i.H.v. 4,24 Mrd. Euro negativ.
[55]Kleinbuchstaben drücken im Folgenden Pro-Kopf-Größen aus, Großbuchstaben Aggregatsgrößen.
[56]Die Bevölkerungsstärke $P_{s,k}$ beinhaltet sowohl die Sterblichkeit als auch das Außenwanderungssaldo.
[57]Während die Diskontierung der (zukünftigen) Nettobeitragszahlungen stets zum Basisjahr t erfolgt, findet

lichen ($j = m$) und weiblichen ($j = f$) Individuum.[58] Damit kann die intertemporale Budgetrestriktion aus Gleichung (1) umgeformt werden zu der im Rahmen der Generationenbilanzierung bekannten Form

$$\sum_{k=t-D}^{t} N_{t,k} + \sum_{k=t+1}^{\infty} N_{t,k} = B_t^{SPV}. \quad (3)$$

Der erste Term der linken Seite der Gleichung (3) reflektiert den Barwert der durchschnittlichen Nettobeitragszahlung aller im Basisjahr t lebenden Generationen, der zweite Term den Barwert der durchschnittlichen Nettobeitragszahlung aller aus Sicht des Basisjahres zukünftigen Generationen.

Für die Berechnung der Nettobeitragszahlungen der einzelnen Generationen $N_{t,k}$ bedarf es – wie anhand von Gleichung (2) ersichtlich – neben einer umfassenden Bevölkerungsprojektion zur Berechnung zukünftiger Kohortenstärken außerdem der Bestimmung der individuellen alters- und geschlechtsspezifischen Nettozahlungen $z_{s,k}$. Die durchschnittliche Nettozahlung im Jahr s eines im Jahr $k \leq s$ geborenen Individuums ergibt sich dabei als Summe über die einzelnen Typen i der Pflegebeiträge und -transfers

$$z_{s,k} = \sum_{i=1}^{I} h_{s,s-k}^i, \quad (4)$$

wobei

$$z_{s,k}^b = \sum_{i} h_{s,s-k}^i, \quad \text{für} \quad i=\text{Beiträge} \quad (4a)$$

und

$$z_{s,k}^{tr} = \sum_{i} h_{s,s-k}^i, \quad \text{für} \quad i=\text{Leistungen}. \quad (4b)$$

Ist $h_{s,s-k}^i > 0$ (< 0), so steht dies für die jeweilige Beitragszahlung (den jeweiligen Transfererhalt) des Beitrags- bzw. Transfertyps i eines männlichen bzw. weiblichen Individuums vom Alter $s - k$. Für das Basisjahr t – dieses entspricht hier dem Jahr 2004 und ist das einzige Jahr, für welches makroökonomische Aggregatsdaten vorliegen – muss dabei zusätzlich die folgende Restriktion beachtet werden: Die mit der Kohortengröße gewichtete Summe der altersspezifischen individuellen Zahlungen und Transfers $h_{t,t-k}^i$ muss dem korrespondierenden makroökonomischen Beitrags- oder Transferaggregat H_t^i entsprechen, d.h. es gilt

$$H_t^i \stackrel{!}{=} \sum_{k=t-D}^{t} h_{t,t-k}^i P_{t,k}. \quad (5)$$

Die Erfüllung dieser Bedingung wird methodisch folgendermaßen erreicht: In einem ersten Schritt wird für ein durchschnittliches Individuum auf der Mikroebene die relative altersspezifische

---

die Aufsummierung der Nettobeitragszahlungen für in $k \leq t$ geborene Generationen ab dem Basisjahr t statt, für in $k > t$ geborene Generationen dagegen ab dem Jahr k.

[58] Aus Gründen der Übersichtlichkeit wird im Folgenden auf die Indexierung nach männlichen und weiblichen Individuen verzichtet.

3. Isolierte Generationenbilanz der SPV

Zahlungs- bzw. Transferposition $\zeta_{t,t-k}^i$ des entsprechenden Beitrags- bzw. Transfertyps i ermittelt, das sogenannte Rohprofil.[59] In einem zweiten Schritt wird dieses Rohprofil mit einem proportionalen nicht-altersspezifischen Reskalierungsparameter λ_t^i multipliziert, der die Erfüllung von Gleichung (5) gewährleistet. Formal gilt

$$h_{t,t-k}^i = \lambda_t^i \zeta_{t,t-k}^i, \quad \text{mit} \quad \lambda_t^i = \frac{H_t^i}{\sum_{k=t-D}^{t} \zeta_{t,t-k}^i P_{t,k}}. \tag{6}$$

Um die individuellen Nettozahlungen für alle dem Basisjahr t folgenden Jahre s zu ermitteln, werden die altersspezifischen Beiträge und Leistungen mit einer dem allgemeinen Arbeitsproduktivitätsfortschritt identischen jährlichen Wachstumsrate g fortgeschrieben. Dies bedeutet insbesondere, dass die bisher nominell fixierten Pflegeleistungen einer jährlichen Dynamisierung von g Prozent unterzogen werden. Folglich wird mit dieser konstanten, zeit-invarianten Wachstumsrate unterstellt, dass alle Generationen von einer "Pflegepolitik" betroffen sein werden, deren Einnahmen- und Ausgabenströme mit dem allgemeinen (Arbeits-)Produktivitätsfortschritt wachsen, die ansonsten jedoch unverändert Bestand hat, d.h.

$$h_{s,s-k}^i = (1+g)^{s-t} h_{t,s-k}^i, \quad \text{für} \quad s > t. \tag{7}$$

Damit bleibt auf der Mikroebene die im Basisjahr beobachtete relative Beitrags- oder Transferposition sowohl zwischen Altersgruppen als auch zwischen unterschiedlichen Beiträgen und Transfers konstant.

Mit den Gleichungen (2), (4) und (5)-(7) sowie einer entsprechenden Bevölkerungsprojektion ist es möglich, die Nettozahlungen aller Generationen, $N_{t,k}$, zu berechnen. Aus diesen lassen sich nun ebenfalls die sogenannten Generationenkonten $ga_{t,k}$ (Generational Accounts) ermitteln, die den Barwert zukünftiger Nettobeitragszahlungen pro Kopf der jeweiligen Generation dokumentieren. Formal lässt sich das Generationenkonto der Generation k zum Basisjahr t darstellen als

$$ga_{t,k} = \frac{N_{t,k}}{P_{t,k}} = \sum_{s=\max\{t,k\}}^{k+D} z_{s,k} c_{s,k} (1+r)^{t-s}, \tag{8}$$

wobei $c_{s,k} = P_{s,k}/P_{t,k}$ der altersspezifischen Überlebenswahrscheinlichkeit eines Individuums der Generation k entspricht. Es gilt $0 \leq c_{s,k} \leq 1$ und $c_{k+D+1,k} = 0$.

Ein Vergleich der Generationenkonten und damit der Belastung verschiedener Jahrgänge ist aufgrund der reinen Zukunftsorientierung nur zulässig, wenn es sich um Generationenkonten jener repräsentativen Individuen handelt, die sämtliche über einen komplett zu durchlaufenden Lebenszyklus anfallenden Nettobeitragszahlungen erfassen. Dies gilt damit ausschließlich für Generationen, die im Basisjahr am Beginn ihres Lebens stehen bzw. für noch nicht existierende, also zukünftige Generationen. Generationenkonten der lebenden Jahrgänge sind folglich untereinander *nicht* vergleichbar.

---

[59] Die unterschiedlichen Transfertypen betreffend gibt das Rohprofil nichts anderes als die jeweiligen alters- und geschlechtsspezifischen Pflegewahrscheinlichkeiten an.

Nichtsdestotrotz können ausgehend von den Generationenkonten Belastungswirkungen von Reformen berechnet werden, welche über alle Generationen, insbesondere auch die bereits lebenden, vergleichbar sind. Hierzu wird die Differenz der Generationenkonten einer Generation nach der Reform $ga_{t,k}^{Ref}$ und vor der Reform, dem Status quo, $ga_{t,k}^{SQ}$ gebildet, welche die reforminduzierte Belastung über den verbleibenden Lebenszyklus einer jeden Generation angibt. Um die reforminduzierte Belastung unterschiedlicher Generation vergleichen zu können, muss diese in eine Belastungswirkung pro verbleibendem Lebensjahr umgerechnet werden, was mit Hilfe der Annuitätenformel bewerkstelligt wird. Hierfür notwendig ist die durchschnittliche (Rest-)Lebenserwartung $LE_{t,k}$ der jeweiligen Generation sowie ein Zins r, welcher der zuvor verwendeten Diskontrate entspricht. Die reforminduzierte Mehrbelastung pro verbleibendem Lebensjahr $mb_{t,k}^{Ref}$ ergibt sich demnach als

$$mb_{t,k}^{Ref} = [ga_{t,k}^{Ref} - ga_{t,k}^{SQ}] \frac{r(1+r)^{LE_{t,k}}}{(1+r)^{LE_{t,k}} - 1}. \qquad (9)$$

Damit lassen sich die intergenerativen Belastungswirkungen von Pflegereformen zwischen allen heutigen und zukünftigen Generationen vergleichen und bewerten (vgl. auch Kapitel 6).[60]

3.1.2 Nachhaltigkeitsindikatoren

Ob eine Politik, die SPV betreffend, nachhaltig ist oder nicht und falls nein, in welchem Ausmaß durch Fortführung dieser Politik intergenerative Belastungsverschiebungen stattfinden, lässt sich mit Hilfe unterschiedlicher Nachhaltigkeitsindikatoren messen. Ausgangspunkt dieser Indikatoren ist dabei die implizite Verschuldung IPL_t (Intertemporal Public Liability)[61] der SPV, die sich als Residuum der intertemporalen Budgetbeschränkung (Gleichung (3)) berechnen lässt

$$IPL_t = B_t^{SPV} - \sum_{k=t-D}^{\infty} N_{t,k}. \qquad (10)$$

Die Variable IPL_t gibt sowohl das explizite Vermögen der SPV (B_t^{SPV}) als auch die impliziten Verpflichtungen der SPV ($-\sum_{k=t-D}^{\infty} N_{t,k}$) wieder. Nimmt die Variable IPL_t den Wert Null an, so werden alle künftigen Ausgaben durch die künftigen Einnahmen finanziert, und die SPV hält ihre Budgetrestriktion ein. Für $IPL_t > 0$ jedoch wird die intertemporale Budgetrestriktion verletzt und entsprechend reflektiert IPL_t den Barwert aller zukünftigen Budgetdefizite bei einer in alle Zukunft unveränderten Pflegepolitik. Damit wird also jene implizite Verschuldung offengelegt, die im Rahmen der SPV bei gegebener demographischen Entwicklung zum Ende des unendlichen Betrachtungszeitraums resultiert.

Nachhaltigkeitslücke. Ausgedrückt als absoluter Wert und ohne jegliche Bezugsgröße ist eine implizite Verschuldung allerdings nur wenig aussagekräftig und zudem schlecht interpretierbar.

---
[60]Die Beurteilung von Reformen anhand der Belastung pro verbleibendem Lebensjahr ist – eingeführt von Borgmann et al. (2001) – mittlerweile ein gängiges Instrumentarium im Bereich der Generationenbilanzierung, siehe hierzu u.a. Ehrentraut und Raffelhüschen (2003) und Fetzer (2006).
[61]Vgl. Raffelhüschen (1999).

Sinnvoller ist es, diese Größe ins Verhältnis zu einer anderen makroökonomischen Größe zu setzen. Eine inzwischen gängige Vorgehensweise setzt den Wert IPL_t in Relation zum Bruttoinlandsprodukt BIP_t des Basisjahres t.[62] Hieraus ergibt sich als erster Indikator die sogenannte Nachhaltigkeitslücke

$$NHL_t = \frac{IPL_t}{BIP_t}, \qquad (11)$$

die das Ausmaß der durch die heutige Pflegepolitik induzierten Restriktionen auf zukünftige Budgets offenlegt.

Um diesen Restriktionen gerecht zu werden, stehen der Politik prinzipiell zwei Möglichkeiten offen: Entweder es finden Leistungs- und damit Ausgabenkürzungen statt oder aber die Beitragszahlungen und damit die Einnahmen werden erhöht. Wie sich dabei welche Lasten auf welche Generationen verteilen, ist ebenfalls Teil der politischen Entscheidung. Grundsätzlich sind in diesem Zusammenhang wiederum zwei Möglichkeiten vorstellbar. Entweder die Lasten werden ausschließlich zukünftigen Generationen aufgebürdet oder aber die Lasten werden durch eine sofortige Maßnahme gleichmäßig auf alle Generationen verteilt. Hinsichtlich dieser möglichen Vorgehensweisen lassen sich nun zur Nachhaltigkeitslücke äquivalente Indikatoren auf der Mikroebene konstruieren, die das Ausmaß der durch eine Politik induzierten intergenerativen Umverteilungswirkungen (und damit Umverteilung der Konsummöglichkeiten) veranschaulicht.

Mehrbelastung zukünftiger Generationen. Der Indikator Mehrbelastung zukünftiger Generationen unterstellt, dass ausschließlich zukünftigen Generationen die Nachhaltigkeitslücke aufgebürdet wird. Dies impliziert, dass der heutige gesetzgeberische Status quo für alle lebenden Generationen über deren verbleibenden Lebenszyklus Bestand hat, während alle zukünftigen Generationen derselben proportionalen Erhöhung in den Beitragszahlungen gegenüberstehen. Obwohl hiermit ein unrealistisches Szenario aufgeführt wird, lassen sich damit dennoch exemplarisch die Konsequenzen heutiger fiskalischer Handlungen auf die morgen Geborenen aufzeigen, indem das Generationenkonto des repräsentativen Individuums einer zukünftigen Generation $k > t$ mit dem eines im Basisjahr Geborenen $k = t$ verglichen wird.

Für diesen Vergleich ist es notwendig, jenen Skalierungsparameter μ zu bestimmen, der die intertemporale Budgetbeschränkung aus Gleichung (3) durch Anpassung ausschließlich der Nettozahlungen zukünftiger Generationen genau ausgleicht. Daraus folgt

$$\mu = \frac{IPL_t}{\sum_{s=t+1}^{\infty} \sum_{k=t+1}^{\infty} z_{s,k}^b P_{s,k}(1+r)^{t-s}}. \qquad (12)$$

Mit diesem Skalierungsparameters μ werden nun die altersspezifischen Beitragszahlungen $h_{s,s-k}^i$ aller nach dem Basisjahr t geborenen Generationen k adjustiert, d.h.

$$h_{s,s-k}^{iM} = \mu h_{s,s-k}^i, \quad \forall \ k > t \quad \text{und} \quad \text{i=Beiträge}. \qquad (13)$$

---

[62]Vgl. hierzu Bonin und Raffelhüschen (1999).

Damit lässt sich nun das neue Generationenkonto des nach dem Basisjahr geborenen repräsentativen Individuums $ga_{t,t+1}^M$, mit $ga_{t,t+1}^M = ga_{t+1,t+1}^M/(1+r)$, berechnen. Dieses ist mit den wachstumsbereinigten Generationenkonten aller sonstigen zukünftigen Generationen identisch. Anhand der absoluten Differenz des Generationenkontos des just nach dem Basisjahr Geborenen, der sogenannte "-1"-Jährige, und dem eines im Basisjahr Neugeborenen kann die intergenerative Umverteilung der vorliegenden Politik abgelesen werden

$$\psi_t = ga_{t,t+1}^M - ga_{t,t}. \tag{14}$$

Gemäß diesem Indikator gilt: Stimmt das (wachstumsadjustierte) Generationenkonto für die jüngste zukünftige Generation mit dem Generationenkonto des im Basisjahr Neugeborenen überein, so ist die Pflegepolitik intergenerativ ausgewogen, da $IPL_t = 0$. Weist der Indikator ψ_t einen positiven Wert auf, so liegt eine Mehrbelastung zukünftiger Generationen vor, da offensichtlich $IPL_t > 0$.

Nachhaltige Einnahmen- und Ausgabenquote. Eine andere Möglichkeit liegt in einer gleichmäßigen Verteilung der impliziten Schuld auf alle Generationen. In diesem Zusammenhang wird für beide möglichen Stellschrauben – Beitragserhöhung und Transferkürzung – ein Indikator eingeführt.

Hierfür wird der Skalierungsparameter θ_b bzw. θ_{tr} so kalibriert, dass die intertemporale Budgetbeschränkung in Gleichung (3) wiederum genau ausgeglichen ist, d.h.

$$\theta_b = \frac{IPL_t}{\sum_{s=t}^{\infty} \sum_{k=t-D}^{\infty} z_{s,k}^b P_{s,k} (1+r)^{t-s}} \quad \text{bzw.}$$
$$\theta_{tr} = \frac{IPL_t}{\sum_{s=t}^{\infty} \sum_{k=t-D}^{\infty} z_{s,k}^{tr} P_{s,k} (1+r)^{t-s}}. \tag{15}$$

Damit sind alle altersspezifischen Beitragszahlungen $h_{s,s-k}^{iE}$ bzw. Transferzahlungen $h_{s,s-k}^{iA}$ nun gegeben durch

$$h_{s,s-k}^{iE} = \theta_b h_{s,s-k}^i, \quad \text{für i=Beiträge bzw.}$$
$$h_{s,s-k}^{iA} = \theta_{tr} h_{s,s-k}^i, \quad \text{für i=Leistungen.} \tag{16}$$

Da in diesem Gedankenexperiment alle lebenden und zukünftigen Generationen mit derselben proportionalen Erhöhung der Beitragszahlungen bzw. derselben proportionalen Senkung der Leistungstransfers für den Ausgleich der intertemporalen Budgetrestriktion herangezogen werden, gilt $\psi_t = ga_{t,t+1}^E - ga_{t,t}^E = 0$. M.a.W., ein im Basisjahr Neugeborener leistet dieselbe Nettobeitragszahlung wie alle zukünftigen Generationen auch – es liegt keine Mehrbelastung zukünftiger Generationen vor.[63]

Welche Belastung lebenden und zukünftigen Generationen damit auferlegt wird, kann mittels des Indikators der nachhaltigen Einnahmen- bzw. Ausgabenquote aufgezeigt werden. Die

---

[63] Wie zuvor bereits erwähnt, sind auch hier die Generationenkonten bereits im Basisjahr lebender Kohorten nicht miteinander vergleichbar.

3. Isolierte Generationenbilanz der SPV

nachhaltige Einnahmenquote NEQ der SPV wird dabei aus der im Basisjahr vorliegenden Einnahmenquote EQ ermittelt, welche die Gesamteinnahmen in Relation zum Bruttoinlandsprodukt setzt

$$NEQ = (1+\theta_b)EQ, \quad \text{wobei} \quad EQ = \frac{\sum_{k=t-D}^{D} z_{t,k}^{b} P_{t,k}}{BIP_t}. \tag{17}$$

Analog ergibt sich aus der im Basisjahr geltenden Ausgabenquote AQ, welche die Gesamtausgaben in Relation zum Bruttoinlandsprodukt setzt, die nachhaltige Ausgabenquote NAQ

$$NAQ = (1+\theta_{tr})AQ, \quad \text{wobei} \quad AQ = \frac{\sum_{k=t-D}^{D} z_{t,k}^{tr} P_{t,k}}{BIP_t}. \tag{18}$$

Diese Indikatoren geben Auskunft darüber, um wieviel Prozent die Beiträge bzw. Transfers zu erhöhen bzw. zu senken sind, damit die Nachhaltigkeitslücke geschlossen wird. Je höher das Ausmaß der notwendigen Beitragserhöhungen bzw. Transfersenkungen ist, desto weniger nachhaltig wirkt die heutige Pflegepolitik.

Die Indikatoren NEQ und NAQ illustrieren auf relativ einfache Weise das Ausmaß der fiskalischen Schieflage, da sie über die Skalierungsparameter θ_b und θ_{tr} quantifizieren, wie ein durchschnittliches Individuum von einer Maßnahme zur Wiederherstellung der Nachhaltigkeit betroffen ist. Zudem reagieren beide Indikatoren hinsichtlich Veränderungen der Parameter Zins und Wachstum sehr robust (vgl. hierzu auch die in Abschnitt 3.3.3 durchgeführte Sensitivitätsanalyse). Einen Nachteil bringen diese Kennzahlen dann mit sich, wenn es gilt, die Nachhaltigkeitswirkung von Reformen zu bewerten. Werden nämlich bei Reformen die Einnahmen bzw. Ausgaben verändert, so ändert sich neben der Kennzahl IPL_t auch der Nenner der Gleichung (15). Damit wird die Aussagekraft dieser Indikatoren verzerrt.

Obwohl der im folgenden Abschnitt aufgeführte Indikator des Beitragssatzes der SPV auch zu den Nachhaltigkeitsindikatoren gehört, wird dieser deshalb gesondert aufgeführt, da sich der Beitragssatz nicht aus der intertemporalen Budgetrestriktion und damit der impliziten Verschuldung IPL_t herleitet.

3.1.3 Beitragssatzprojektion

Bislang ist implizit unterstellt worden, dass die SPV alle Defizite akkumuliert und als Nachhaltigkeitslücke vor sich herschiebt. Eine auf dem Umlageverfahren basierende Finanzierung erfordert jedoch, dass alle in einem Jahr anfallenden Ausgaben stets durch die im selben Jahr erzielten Einnahmen gedeckt werden. Die der SPV zugrundeliegende jährliche Budgetbeschränkung stellt sich – im Unterschied zu der in Gleichung (1) angenommenen intertemporalen Budgetrestriktion der SPV – daher wie folgt[64]

$$\sum_{k=s-D}^{D} z_{s,k}^{b} P_{s,k} + \sum_{k=s-D}^{D} z_{s,k}^{tr} P_{s,k} = B_t^{SPV}. \tag{19}$$

---

[64]Boll et al. (1994) waren die ersten, die innerhalb der Methode der Generationenbilanzierung eine Angleichung von Beitragssätzen vorgenommen haben. Siehe hierzu aber auch Bonin (2001), S. 189 ff.

Diese Nichtnegativitätsbedingung verlangt, dass jährlich auftretende Defizite durch entsprechende Beitragssatzanhebungen beglichen werden.[65] Die zum Ausgleich des jährlichen Budgets notwendigen Anpassungsfaktoren des Beitragssatzes q_s resultieren aus Umformung von Gleichung (19), indem die Gesamtausgaben in Relation zur Summe der Beitragseinnahmen gesetzt werden

$$q_s = -\frac{\sum_{k=s-D}^{D} z_{s,k}^{tr} P_{s,k}}{\sum_{k=s-D}^{D} z_{s,k}^{b} P_{s,k}}. \qquad (20)$$

Formal bedeutet dies, dass der Beitragssatz des Basisjahres t für alle Jahre $s > t$ mit einem Faktor q_s multipliziert wird. Ist $q_s > 1$ so impliziert dies eine im Vergleich zum Basisjahr $100 \cdot (q_s - 1)$-prozentige Beitragssatzsteigerung, die zur Deckung der Ausgaben durch die Beitragseinnahmen erforderlich ist. Damit berechnen sich – unter Gültigkeit der Nichtnegativitätsbedingung – die altersspezifischen Beitragszahlungen $h_{s,s-k}^{iB}$ als

$$h_{s,s-k}^{iB} = q_s h_{s,s-k}^{i}, \quad \text{für i=Beiträge.} \qquad (21)$$

Ein Vergleich der intertemporalen Budgetbeschränkung (Gleichung (1)) und der jährliche Budgetrestriktion (Gleichung (19)) macht deutlich, dass die intertemporale Budgetbeschränkung weniger restriktiv auf eine Anpassung der Beitragseinnahmen wirkt als es die Finanzierung nach dem Umlageverfahren vorgibt. So erfordert die jährliche Budgetrestriktion der SPV stetige Beitragssatzanpassungen, was aus neoklassischer Sicht insofern einen Extremfall abbildet, weil der Politik damit das Instrument genommen wird, eine Umverteilung der Konsummöglichkeiten zwischen den Generationen vorzunehmen. Da ferner durch die Umsetzung der jährlichen Budgetrestriktion die aus der intertemporalen Budgetbedingung resultierende Nachhaltigkeitslücke in stetige Beitragssatzerhöhungen transferiert wird und die Nachhaltigkeitslücke folglich den Wert Null annimmt, zeigen die in Abschnitt 3.1.2 aufgeführten Nachhaltigkeitsindikatoren keine Notwendigkeit an, eine Politikänderung durchzuführen. So ist der Unterschied in den Generationenkonten des im Basisjahr Neugeborenen und der jüngsten zukünftigen Generation nur minimal. Allerdings ist diese Interpretation mit äußerster Vorsicht zu genießen. Denn nicht nur der im Basisjahr Neugeborene im Vergleich zu der unmittelbar nach ihm geborenen zukünftigen Generation, sondern auch alle zukünftigen Kohorten untereinander sind jeweils mit unterschiedlich hohen Beitragssätzen zu unterschiedlichen Zeitpunkten in ihrem Lebenszyklus konfrontiert. Folglich steht der "-1"-Jährige auch nicht mehr repräsentativ für alle zukünftigen Generationen, da diese voneinander abweichende (wachstumsbereinigte) Generationenkonten aufweisen. Nur im Rahmen einer Internen-Rendite-Betrachtung kann die eigentliche Lastverschiebung durch die jährliche Defizitbereinigung veranschaulicht und damit aufgezeigt werden, wie sich die jährli-

---

[65]Grundsätzlich stehen der Politik zur der Erfüllung dieser Bedingung sowohl die Stellschraube einer Beitragssatzerhöhung als auch die einer Leistungskürzung zur Verfügung. Da sich jedes Individuum durch Einzahlung von Beiträgen aber einen Leistungsanspruch aufbaut, sind Leistungskürzungen politisch schwieriger durchzusetzen als Beitragserhöhungen. Um einen jährlichen Budgetausgleich zu erzielen, wird im Folgenden daher stets eine Erhöhung des Beitragssatzes unterstellt.

che Beitragssatzerhöhung auf die Nettobeitragszahlungen unterschiedlicher Generationen niederschlägt.[66]

3.1.4 Kritikpunkte an der Methodik

Während die Vorteile der Generationenbilanzierung bereits einleitend dargelegt wurden, soll an dieser Stelle noch auf die von wissenschaftlicher Seite hervorgebrachten Nachteile eingegangen werden. Hierfür werden die wesentlichen Kritikpunkte kurz dargelegt, über die in der Literatur bereits detaillierte Diskussionen stattgefunden haben und die bei der Interpretation der Ergebnisse stets im Auge zu behalten sind.[67] Die wissenschaftliche Kritik bezieht sich dabei weniger auf das Aufzeigen der Finanzentwicklung bzw. der Tragfähigkeit einer Politik als vielmehr auf die mittels der Generationenkonten getroffenen Aussagen bzgl. des wirtschaftlichen Wohlergehens der Individuen. Verschiedene Argumente stellen die Generationenkonten als Anhaltspunkt für das Wohlergehen der Wirtschaftssubjekte in Frage.

Ein erster Kritikpunkt bezieht sich auf die der Generationenbilanzierung zugrundeliegenden neoklassischen Sicht der "reinen" Lebenszyklushypothese. Beanstandet wird hierbei, dass durch die Annahme, der Planungshorizont entspreche der Lebensspanne, die Generationenkonten wichtige, das individuelle Wohlergehen betreffende Effekte ausblenden und damit als Wohlfahrtsindikator an Aussage verlieren. Gemäß der Lebenszyklushypothese entscheiden die Individuen zu Beginn ihres Planungshorizonts über ihren Lebenszykluskonsum unter Berücksichtigung der ihnen zur Verfügung stehenden Ressourcen, wobei die Lebensressourcen dem Gegenwartswert ihres gesamten (zukünftigen) Einkommens entspricht. Da in der reinen Form der Lebenszyklushypothese die Individuen nicht liquiditätsbeschränkt sind, spielt die genaue intertemporale Verteilung des (Netto-)Einkommens für den optimalen Konsumplan keine Rolle, solange der Gegenwartswert der (Netto-)Lebenszyklusressourcen unverändert bleibt. Sofern also die Generationenkonten eines im Basisjahr Neugeborenen mit dem einer zukünftigen Generation übereinstimmt, haben im Lebenszyklus zeitlich divergierende Beitragszahlungen und/oder Transfererhalte keinen Einfluss auf das Wohlergehen der Individuen. Dieser Tatbestand trifft aber dann nicht mehr zu, wenn – wie im keynesianischen Paradigma – angenommen wird, dass Individuen nur über kurzfristige Zeiträume planen oder liquiditätsbeschränkt sind.[68] Dann nämlich spielt die intertemporale Verteilung des (Netto-)Einkommens und damit der Zeitpunkt der anfallenden Beitragszahlungen und Transfererhalte durchaus eine Rolle für die Konsumentscheidung und damit auch für den Nutzen der Individuen. In diesem Fall würde die Aussagekraft der Generationenkonten hinsichtlich des Wohlergehens der Individuen sinken, da identische Nettozahlungen und damit Generationenkonten nicht denselben Nutzen generieren müssen.

Wird mit dem entgegengesetzten Fall argumentiert, nämlich dass der eigentliche Planungshorizont länger als die eigene Lebensspanne ist und es sich um (zumindest zu einem gewissen Grad) altruistische Individuen handelt, so führt die Kritik auf das Ricardianische Äquivalenztheorem.

---

[66]Zu dieser Vorgehensweise des Aufzeigens intergenerativer Lastverschiebungen siehe auch Bonin (2001).
[67]Zur Kritik an der Generationenbilanzierung siehe u.a. Cutler (1993a), Haveman (1994), CBO (1995), Diamond (1996), Buiter (1997), Raffelhüschen (1999) und Feist und Raffelhüschen (2000).
[68]Siehe hierzu auch Buiter (1997).

Nach diesem werde jegliche Umverteilungen des Staates durch entgegengesetzte Maßnahmen in den privaten Transfers konterkariert.[69] Demnach können Generationenkonten im Fall einer Umverteilung der Politik zu Lasten zukünftiger Generationen ebenfalls nur ein unvollständiges Bild bei der Beurteilung bzgl. des Wohlergehens der Individuen abgeben, da jedwede privaten Transfers von den Generationenkonten unberücksichtigt bleiben, höhere Nettobeitragszahlungen damit nicht zwingend mit Nutzenverlust einhergehen.[70]

Ein zweiter Kritikpunkt ist das der Generationenbilanzierung implizit zugrundeliegende statische Partialmodell mit völlig unelastischem (Spar- und Arbeitsangebots-)Verhalten der Individuen. So begrenzen die im Rahmen der Generationenbilanzierung getroffenen Inzidenzannahmen sowie die Nichtberücksichtigung makroökonomischer Rückkopplungseffekte und damit sich verändernde Faktorpreise die empirische Validität der Generationenkonten als Indikator der intergenerativen Umverteilung.

Für die Inzidenz von Abgaben und Tranfers wird überwiegend angenommen, dass *keine* Überwälzung stattfindet, so dass Abgaben (Steuern) also tatsächlich diejenigen belasten, die sie zahlen, und Transferempfänger auch tatsächlich diejenigen sind, die von den jeweiligen Leistungen profitieren. Damit werden jegliche durch Steuern und Transfers ausgelösten Verhaltensänderungen und Überwälzungsprozesse ausgeblendet, die prinzipiell aber einen Keil zwischen die Nutzen- und Nettobeitragsniveaus unterschiedlicher Generationen werfen. Im Rahmen der isolierten Generationenbilanz der SPV, die lediglich Beitrags- und Transferströme von und zur SPV betrachtet, ist die Kritik bzgl. der Inzidenzannahmen allerdings nur eingeschränkt gerechtfertigt. So wird bei den Beitragszahlungen unterstellt, dass die Arbeitnehmer den (paritätisch finanzierten) Beitrag zur SPV vollständig selber tragen, was in Übereinstimmung mit der grundsätzlichen Annahme bzgl. der längerfristigen Inzidenz von Beitragszahlungen liegt.[71] Demgegenüber wird bei den Transferzahlungen angenommen, dass die Leistungsempfänger voll von den Leistungen profitieren, also keinerlei Überwälzung stattfindet. Diese Annahme deckt sich ebenfalls mit den – wenn auch nur wenigen – Studien, die sich mit der Inzidenz von Transfers aus den Sozialversicherungssystemen befassen.[72]

Von Fehr und Kotlikoff (1996), Raffelhüschen und Risa (1997) und Börstinghaus und Hirte (2001) durchgeführte Analysen in allgemeinen Gleichgewichtsmodellen mit überlappenden Generationen, sogenannte CGE-Modelle (Computable General Equilibrium Models), die sich zur Erfassung der individuellen Verhaltensänderungen sowie der makroökonomischen Rückwirkungen eignen, kommen zu unterschiedlichen Ergebnissen bzgl. der Frage, wie gut Veränderungen der Generationenkonten die Nutzenänderungen aufgrund fiskalpolitischer Reformen erfassen. Diese divergierenden Resultate sind dabei aber größtenteils auf die jeweiligen Spezifikationen der Simulationsmodelle zurückzuführen, insbesondere was die Festlegung endogener Variablen angeht.[73]

---

[69]Für eine Neuformulierung des Ricardianischen Äquivalenztheorems siehe Barro (1974). Zur empirische Evidenz der Ricardianischen Äquivalenz siehe u.a. Mello et al. (2004) und Reitschuler und Cuaresma (2004).
[70]Vgl. Cutler (1993a).
[71]Für eine empirische Analyse der Inzidenz von Sozialversicherungsbeiträgen siehe Ooghe et al. (2003).
[72]Zur Inzidenz von Transfers aus Sozialversicherungssystemen siehe McClellan und Skinner (1997).
[73]Daneben spielt auch die Spezifikation der Nutzenfunktionen eine Rolle. So verweisen Häcker und Heidler (2004), bezugnehmend auf Raffelhüschen und Risa (1997) und unter Berücksichtigung einer Fairnesskomponente

Die Tatsache, dass die numerischen allgemeinen Gleichgewichtsmodelle zwar in der Lage sind, Verhaltensreaktionen und Faktorpreisanpassungen gut einzufangen, sich aber – im Unterschied zur Generationenbilanzierung – weniger dazu eignen, die Fiskalpolitik in ihrer Detailliertheit zu erfassen, sollten die Gleichgewichtsmodelle nicht an die Stelle der Generationenbilanzierung rücken, sondern vielmehr mit der Analyse der Generationenbilanzierung komplettiert werden.[74]

Als weiteren Kritikpunkt sei auf das Problem der Bestimmung der Diskontrate verwiesen.[75] Der im Rahmen der Generationenbilanzierung verwendete Diskontierungssatz r entspricht in der empirischen Umsetzung aus pragmatischen Gesichtspunkten dem realen Zins auf langfristige Staatspapiere. Grundsätzlich müsste hier – zumindest wenn die Generationenkonten betrachtet werden – aber noch ein Risikoaufschlag erfolgen. Neben dem zeitlichen Aspekt der Konsumverschiebung spiegelt die in der Generationenbilanzierung verwendete Diskontrate nämlich auch die Tatsache wider, dass zukünftige Zahlungsströme mit Unsicherheit behaftet sind, wodurch sich der Risikoaufschlag begründet.[76] Durch die Verwendung eines einheitlichen Diskontierungssatzes, so die Kritik, wird den Unsicherheiten in den Zahlungsströmen nur in unzureichendem Maße Rechnung getragen.[77] Da dem Problem unterschiedlich risikoadjustierter Zinssätze theoretisch, aber vor allem empirisch kaum beizukommen ist, ist es im Rahmen der Generationenbilanzierung gängige Praxis, der Kritik – zumindest in Teilen – mittels Sensitivitätsanalysen entgegenzutreten. So zeigen diesbezügliche Sensitivitätsanalysen, wie sie an späterer Stelle auch für andere ökonomische Größen und Parameter durchgeführt werden, dass die quantitativen Ergebnisse zwar schwanken, die qualitative Aussage der Ergebnisse der Generationenbilanzierung im Allgemeinen aber erhalten bleibt, wenn die zugrundegelegten Parameterwerte für die Diskontrate innerhalb plausibler Bereiche variiert werden.

Ein letzter Kritikpunkt bezieht sich schließlich auf die empirische Umsetzung. Hierunter aufzuführen ist zum einen das Problem der Datenveränderlichkeit. Die Fortschreibung der Ein-

---

in der individuellen Nutzenfunktion, darauf, dass sich Generationenkonten – entgegen dem Ergebnis von Raffelhüschen und Risa (1997) – durchaus als Wohlfahrtsindikator eignen können.

[74]Zumindest die Reformoptionen der SPV betreffend zeigt sich eine sinnvolle Ergänzung der beiden Berechnungsmethoden exemplarisch anhand einer von Fehr und Halder (2006) durchgeführten Analyse in einem numerischen allgemeinen Gleichgewichtsmodell und einer von Häcker (2005) – in einem Kommentar auf dieses Papier – durchgeführten Berechnung auf Basis der Generationenbilanzierung.

[75]Zur Diskussion bzgl. der Diskontrate im Rahmen der Generationenbilanzierung siehe Haveman (1994), Auerbach et al. (1994), Diamond (1996), Auerbach und Kotlikoff (1999).

[76]Bei Risikoaversion stiften unsichere Zahlungsströme einen geringeren Nutzen als sichere Zahlungen. Nach der Erwartungsnutzentheorie wären in diesem Fall Schattenpreise für die unsicheren Zahlungen zu bestimmen, die dann mit dem risikolosen Zinssatz zu diskontieren sind. Zur Vereinfachung wird oft der Erwartungswert einer Zahlung mit einem Risikozuschlag erhöhten Zinssatz diskontiert.

[77]Vgl. auch Auerbach und Kotlikoff (1999), S. 37 ff. Zu differenzieren ist einerseits zwischen den unterschiedlichen Risiken aus Sicht des Staates und der Individuen. Während sich der Staat dem Risiko eines intertemporal unausgewogenen Budgets gegenübersieht, sind die Individuen mit dem Risiko konfrontiert, dass Einkommen nicht nur verschoben sondern auch verloren wird. Damit bedarf es unterschiedlicher Diskontierungsraten bei der Berechnung der Nachhaltigkeitslücke und der Berechnung der Generationenkonten. Da aus Sicht des Individuum zudem die Risikostrukturen von Beiträgen und Transfers erheblich differieren, müssten bei Berechnung der Generationenkonten zudem auch die entsprechend risikoadjustierten Diskontraten für die jeweiligen Zahlungsströme Anwendung finden. Gleiches trifft hinsichtlich einer notwendigen Differenzierung gemäß dem generationenspezifischen Risiko zu. So empfinden bspw. ältere Jahrgänge die vor sich liegenden (zukunftsnahen) Transfererhalte als weniger unsicher im Vergleich zu jungen Jahrgängen, für die die entsprechenden Transfererhalte deutlich zukunftsferner sind. Somit wäre zusätzlich eine generationenspezifische Differenzierung der Diskontierungsraten notwendig.

nahmen und Ausgaben erfordert Annahmen über die wirtschaftliche und demographische Entwicklung. Bei langfristigen Projektionen, wie sie für die Generationenbilanzierung erforderlich sind, können sich Abweichungen der tatsächlichen Entwicklung von den gewählten Parametern in erheblicher Unsicherheit der Ergebnisse niederschlagen. Der Berechnung der Generationenkonten liegt eine langfristige Bevölkerungsprojektion zugrunde, welche die tatsächliche zukünftige Bevölkerungsentwicklung durchaus verfehlen kann. Um diesem Problem Rechnung zu tragen, werden bei der Berechnung der Generationenbilanz verschiedene Szenarien der Zuwanderung und Lebenserwartung betrachtet. Gleiches gilt für die Wachstumsrate. So besteht über die langfristig zu erwartende wirtschaftliche Entwicklung keine Einigkeit. Deshalb werden auch in Bezug auf die Wachstumsrate Sensitivitätsanalysen vorgenommen.[78]

Zum anderen aufzuführen ist das Problem der Basisjahrabhängigkeit. Da die fiskalischen Verhältnisse des Basisjahres im Rahmen der Generationenbilanzierung bis in alle Zukunft fortgeschrieben werden, kann die Methode bei extremen konjunkturellen Situationen ein stark verfälschtes Bild liefern. Dieses Problem lässt sich allerdings mittels einer Konjunkturbereinigung weitestgehend lösen, siehe hierzu z.B. Manzke (2002). Alternativ kann durch Sensitivitätsanalysen aufeinanderfolgender Basisjahre dieser Kritik begegnet werden, vgl. Bonin (2001) und Fetzer (2006). Schließlich muss einer möglichen Kritik über die Zeit konstanter alters- und geschlechtsspezifischer Beitrags- und Transferprofile entgegengehalten werden, dass es sich bei der Methode der Generationenbilanzierung um ein Projektions- und nicht um ein Prognoseinstrument handelt.

Insgesamt bleibt festzuhalten, dass die im Rahmen der Generationenbilanzierung erzielten Ergebnisse vor allem hinsichtlich der intergenerativen Verteilungswirkungen durch eine Pflegepolitik mit Vorsicht zu interpretieren sind. Im Hinblick auf die Nachhaltigkeit dagegen scheinen diese verlässlicher. So sind Aussagen über die langfristige Tragfähigkeit der Pflegepolitik insgesamt weniger von dem Postulat der Lebenszyklushypothese abhängig. Folglich ließe sich die Kritik an der Generationenbilanzierung auch deutlich abschwächen, wenn die Bereiche Nachhaltigkeit und intergenerative Umverteilung schärfer voneinander getrennt werden würden, vgl. hierzu ausführlich auch Bonin (2001).

3.2 Datengrundlage

Die für die empirische Umsetzung der Generationenbilanzierung notwendige Datengrundlage umfasst erstens eine langfristige Bevölkerungsprojektion, zweitens Budget- und Profildaten sowie drittens Parameterwerte für das Produktivitätswachstum und den Zinssatz, wie sie in den folgenden Abschnitten 3.2.1 bis 3.2.4 aufgeführt sind.

---

[78]Alho und Vanne (2006a, 2006b) versuchen Unsicherheiten in den ökonomischen und demographischen Entwicklungen durch Anwendung stochastischer Methoden innerhalb der Generationenbilanzierung einzufangen.

3.2.1 Demographie

Die wesentlichen Bestimmungsfaktoren für die Entwicklung einer Bevölkerung und damit die Grundlage einer fundierten Bevölkerungsvorausberechnung sind die Entwicklung der Geburtenhäufigkeit, der Lebenserwartung sowie der Nettowanderungsströme. Eine umfassende Bevölkerungsprojektion zur Berechnung zukünftiger Kohortenstärken liefert die 10. koordinierte Bevölkerungsvorausberechnung des Statistischen Bundesamtes (2003c).[79]

Im Rahmen dieser Bevölkerungsvorausberechnung werden vom Statistischen Bundesamt insgesamt neun verschiedene Varianten der künftigen Bevölkerungsentwicklung berechnet, die sich in ihren Annahmekombinationen bzgl. der Migration und der Lebenserwartung unterscheiden. Die Varianten 1 bis 3, 4 bis 6 und 7 bis 9 variieren – bei in der jeweiligen Gruppierung gleicher unterstellter Lebenserwartung – ausschließlich in ihren Migrationsannahmen. Die Varianten 1, 4 und 7 unterstellen dabei eine jährliche Nettozuwanderung durch Ausländer von 100.000 Personen, die Varianten 2, 5 und 8 eine von 200.000 Personen, und die Varianten 3, 6 und 9 gehen jeweils von einer Nettozuwanderung durch Ausländer in Höhe von anfänglich 200.000 und ab dem Jahr 2011 von 300.000 Personen aus. In den Varianten 4 bis 6 wird ausgehend vom Jahr 2000 bis 2050 ein Anstieg der durchschnittlichen Lebenserwartung (eines neugeborenen Kindes) um ca. 6 Jahre angenommen: von 74,8 auf 81,8 Jahre bei Jungen und von 80,8 auf 86,6 Jahre bei Mädchen. Demgegenüber unterstellen die Varianten 1 bis 3 einen weniger starken Anstieg in der Lebenserwartung. Hier wird von einer Zunahme der Lebenserwartung bei Geburt von durchschnittlich 4,1 Jahren bei Jungen bzw. 4,9 Jahren bei Mädchen bis zum Jahr 2050 ausgegangen. Weitere Alternativvarianten im Anstieg der Lebenserwartung werden durch die Varianten 7 bis 9 abgebildet: neugeborene Jungen bzw. Mädchen haben demzufolge mit einem Zuwachs an Lebenserwartung von 7,8 bzw. 7,3 Jahren bis zum Jahr 2050 zu erwarten. Tabelle 3 liefert eine Übersicht über die grundsätzlichen Unterschiede der Annahmen der verschiedenen Varianten der Bevölkerungsvorausberechnungen.

Für die Projektion der zukünftigen Kohortenstärken wird nun allerdings nicht direkt auf die in der 10. koordinierten Bevölkerungsvorausberechnung ausgewiesenen Kohortenstärken zurückgegriffen, sondern eine eigene Projektion anhand der Annahmen der verschiedenen Varianten erstellt.[80] Dies erfolgt aus zweierlei Gründen: Erstens basiert die 10. koordinierte Bevölkerungsvorausberechnung auf dem Jahr 2002. Da die folgenden Berechnungen aber auf das Basisjahr 2004 abstellen, erfordert ein genaueres Vorgehen auch die Fortschreibung der Bevölkerung ausgehend vom Jahr 2004. Zweitens weist das Statistische Bundesamt (2003c) die Bevölkerungentwicklung nur bis zum Jahr 2050 aus, was für die hier durchgeführten Berechnungen, denen ein unendlicher Zeithorizont zugrundeliegt, nicht ausreicht.

---

[79]Mittlerweile ist die 11. koordinierte Bevölkerungsvorausberechnung des Statistischen Bundesamtes (2006c) erschienen. Wesentliche Unterschiede zur 10. koordinierten Bevölkerungsvorausberechnung liegen in einer vergleichsweise höheren Lebenserwartung sowie den erweiterten Annahmen bzgl. der Geburtenhäufigkeit. Neben der Standardannahme in Höhe von 1,4 Kindern je Frau wird sowohl ein leichter Anstieg der Geburtenhäufigkeiten auf 1,6 Kinder als auch einen Rückgang auf 1,2 Kinder je Frau abgebildet. Für eine ausführliche Darstellung der Unterschiede sowie eine Analyse der Konsequenzen auf die Staatsfinanzen, siehe Ehrentraut und Heidler (2007).
[80]Eine Beschreibung des hier verwendeten Bevölkerungsprojektionsmodells findet sich in Bonin (2001).

Tabelle 3
Varianten der 10. koordinierten Bevölkerungsvorausberechnung

Geburtenhäufigkeit wird in allen Varianten während des gesamten Prognosezeitraums als konstant angenommen (durchschnittlich 1,4 Kinder pro Frau).					
			Annahmen zur Lebenserwartung (LE) im Jahr 2050 bei Geburt (bzw. im Alter von 60 Jahren)		
Annahmen zum langfristigen Außenwanderungssaldo bis zum Jahr 2050			M:78,9 (fernere LE:22,0)	M:81,1 (fernere LE:23,7)	M:82,6 (fernere LE:24,9)
			W: 85,7 (fernere LE:27,7)	W: 86,6 (fernere LE:28,2)	W: 88,1 (fernere LE:29,4)
Deutsche	Ausländer/Innen		L1	L2	L3
Schrittweiser Abbau des Wanderungs-überschusses von jährlich 80.000 bis zum Nullniveau im Jahr 2040 (gilt für alle Varianten)	100.000	W1	Variante 1 (niedrigste Bevölkerungs-zahl)	Variante 4	Variante 7 („relativ alte" Bevölkerung)
	200.000	W2	Variante 2	Variante 5 („mittlere" Bevölkerung)	Variante 8
	200.000 ab dem Jahr 2011: 300.000	W3	Variante 3 („relativ junge" Bevölkerung)	Variante 6	Variante 9 (höchste Bevölkerungs-zahl)

M=männlich, W=weiblich

Quelle: Statistisches Bundesamt (2003c).

Ausgehend von der Bevölkerung des Basisjahres können mit Hilfe der in Tabelle 3 ausgewiesenen Annahmen nun unterschiedliche Bevölkerungsprojektionen erstellt werden. Anhand der Variante 5, die im Weiteren das Standardszenario darstellt, ist in Abbildung 6 der Altersaufbau der deutschen Bevölkerung der Jahre 2004, 2025, 2050, 2075 und 2100, getrennt nach Alter und Geschlecht, aufgeführt: Entgegen der klassischen Bevölkerungspyramide, in der die stärksten Jahrgänge die Kinder darstellen und sich die älteren Jahrgangsgrößen als Folge der Sterblichkeit stetig verringern, gleicht die Altersstruktur der Basisbevölkerung 2004 einem Tannenbaum, mit der Altersklasse der 35- bis 45-Jährigen als stärkste Jahrgänge. Die von der Pyramiden- hin zur Tannenform verantwortlichen Einkerbungen sind zum einen die Geburtenausfälle während des 1. Weltkriegs (1914-1918) und der Weltwirtschaftskrise (1929-1933), was Einschnitte bei den 86- bis 90-Jährigen und den 71- bis 74-Jährigen hinterließ. Zum anderen werden die wesentlich markanteren Einschnitte verursacht durch die Geburtenausfälle während des 2. Weltkriegs (1939-1945) – dies betrifft die im Basisjahr 59- bis 65-Jährigen – sowie durch den sogenannten Pillenknick, d.h. einer stark rückläufigen Geburtenrate seit den 1970er Jahren, die sich seit geraumer Zeit auf 1,4 Kinder pro Frau eingependelt hat.

Diese Altersstruktur des Basisjahres prägt die Entwicklung der nächsten Jahrzehnte, wobei die annahmegemäße Beibehaltung einer konstanten Geburtenrate von 1,4 Kindern je Frau – die

Abbildung 6
Bevölkerungsbestand im Jahr 2004, 2025, 2050, 2075 und 2100

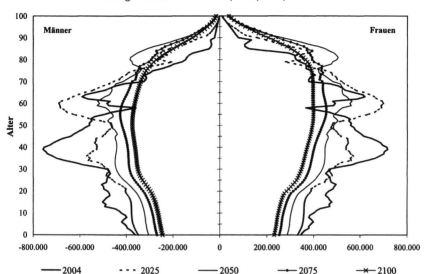

Quelle: Statistisches Bundesamt (2003c) und eigene Berechnungen.

Aufrechterhaltung des Bevölkerungsbestands würde eine Geburtenrate von in etwa 2,1 Kindern pro Frau erfordern – sowie einer stetig ansteigenden Lebenserwartung die Verschiebung in der Altersstruktur noch verstärkt. So rücken die geburtenstarken Jahrgänge in ein höheres Alter vor, was dazu führt, dass der Anteil der älteren Menschen (über 60 Jahre) in den nächsten Jahrzehnten deutlich ansteigen wird. Demgegenüber verringert sich der Bevölkerungsanteil der jüngeren Menschen (unter 20 Jahre). Ebenso entwickelt sich der Anteil der Menschen im mittleren Lebensalter (zwischen 20 und 60 Jahren) konstant rückläufig. Erst ab dem Jahr 2050 beginnt die absolute Anzahl auch bei den älteren Jahrgängen abzunehmen, wie anhand der Altersstruktur in den Jahren 2075 und 2100 zu erkennen ist. Die heutige Tannenbaumform wechselt in eine "Urnenform" über.

Diese Vorausschätzung über die zukünftige Bevölkerungsentwicklung bringt dreierlei zum Vorschein. Erstens wird es zu einer absoluten Abnahme der Bevölkerungszahl, zweitens zu einer ständigen Erhöhung des Durchschnittsalters und drittens zu einem permanent wachsenden Gewicht der Älteren an der Bevölkerung kommen.[81] Insbesondere Letzteres ist dabei in Bezug auf

---

[81] Die Bandbreite der möglichen Veränderungen in der Entwicklung der Gesamtbevölkerungszahl kann durch die Varianten 1 und 9 eingefangen werden. So spiegelt Variante 1 eine niedrige Zuwanderung bei niedriger Lebenserwartung wider und bildet damit die niedrigste Bevölkerungszahl ab. Variante 9 geht von einer hohen Zuwanderung und einer hohen Lebenserwartung aus und weist damit die höchste Bevölkerungszahl aus. Ausgehend von einer Gesamtbevölkerungszahl von 82,5 Millionen im Jahr 2004 nimmt die Bevölkerungszahl unter den "günstigen" Annahmen der Variante 9 noch bis zum Jahr 2030 auf ca. 84,5 Millionen zu, danach aber beginnt der sukzessive Rückgang auf knapp 75 Millionen im Jahr 2100. Unter den "ungünstigen" Annahmen der Variante 1 hingegen kommt es bereits ab dem Jahr 2010 zu einem Bevölkerungsrückgang. Und mit einer Gesamtbevölke-

die zukünftige finanzielle Entwicklung der SPV aufgrund ihrer auf dem Umlageprinzip basierenden Finanzierungsform von Bedeutung. Dabei kann die Bandbreite der möglichen Veränderungen in der Altersstruktur bzw. das Ausmaß der Alterung der Bevölkerung am anschaulichsten anhand der Varianten 3 und 7 dargestellt werden: Variante 7 ("relativ alte" Bevölkerung) spiegelt eine niedrige Zuwanderung bei hoher Lebenserwartung wider, dabei entsteht eine zu den anderen Annahmekombinationen vergleichsweise alte Bevölkerung. Variante 3 ("relativ junge" Bevölkerung) geht von einer hohen Zuwanderung und einer niedrigeren Lebenserwartung aus und führt zu einer relativ jungen Bevölkerung.

Die unterschiedliche Dynamik und Entwicklung des Alterungsprozesses der Bevölkerung lässt sich am Altenquotienten messen. Der Altenquotient spiegelt das Verhältnis zwischen der Zahl der Rentner, die auf 100 Erwerbstätige entfallen, wider. Insbesondere für die SPV ist das Verhältnis der Bevölkerungszahl in fortgeschrittenem Alter – als Gruppe im Durchschnitt schwacher Beitragszahler gleichzeitig aber potentieller Leistungsempfänger – zur Bevölkerungszahl im Erwerbsalter wesentlich. Entsprechend dem bisherigen und einem zukünftig zu erwartenden höheren durchschnittlichen Rentenzugangsalter kann der Altenquotient als Verhältnis von Jahrgängen, die älter sind als 60, 65, oder 67, zu den entsprechenden Jahrgängen in einem erwerbsfähigen Alter zwischen 20 und 60, 20 und 65 oder 20 und 67 Jahren aufgeführt werden.

Tabelle 4
Altenquotient im Jahr 2004, 2025, 2050, 2075 und 2100

	Altenquotient 60+					Altenquotient 65+					Altenquotient 67+				
	2004	2025	2050	2075	2100	2004	2025	2050	2075	2100	2004	2025	2050	2075	2100
Variante 3	44,9	59,8	68,3	66,7	66,1	29,3	38,5	48,0	48,1	47,6	24,1	32,3	41,7	41,9	41,4
Variante 5	44,9	62,4	77,8	76,2	74,7	29,3	40,1	55,0	55,4	54,4	24,1	33,7	47,9	48,6	47,6
Variante 7	44,9	65,9	89,5	89,2	86,2	29,3	42,4	64,0	65,4	64,2	24,1	35,6	56,0	57,6	56,4

Quelle: Statistisches Bundesamt (2003c) und eigene Berechnungen.

Ausgehend von einem Altenquotienten (65+)[82] von 29,3 im Jahr 2004, d.h. 100 Erwerbstätige stehen ca. 29 Personen im Rentenalter gegenüber, steigt dieser bis zum Jahr 2025 auf 38,5 unter Variante 3, auf 40,1 unter Variante 5 und auf 42,4 unter Variante 7 an. In der mittleren Variante 5 steigt der Altenquotient auf 55,0 im Jahr 2050 und auf 55,4 im Jahr 2075, in der "ungünstigen" Variante 7 ("günstigen" Variante 3) auf 64,0 (48,0) im Jahr 2050 und auf 65,4 (48,1) im Jahr 2075, vgl. Tabelle 4. Danach geht dieser in allen drei Varianten wieder leicht zurück. Diese Veränderung im Altenquotient verdeutlicht, wie sich das Verhältnis der alten Jahrgänge, die

---

rungszahl von gerade einmal 45,8 Millionen im Jahr 2100 kommt es unter Variante 1 zu einer Halbierung in der Bevölkerungszahl.

[82]In der SPV gehört ein 65-Jähriger im Durchschnitt bereits zu den Nettotransferempfängern, siehe hierzu auch Abschnitt 3.3.

Abbildung 7
Entwicklung des Pflegequotienten im Zeitraum 2004 bis 2100

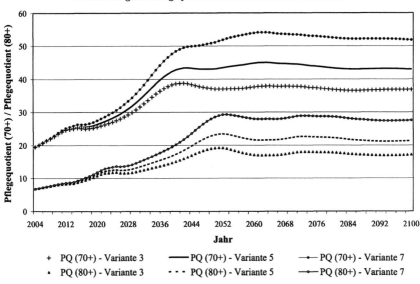

| + PQ (70+) - Variante 3 | —— PQ (70+) - Variante 5 | —•— PQ (70+) - Variante 7 |
| • PQ (80+) - Variante 3 | - - - PQ (80+) - Variante 5 | —•— PQ (80+) - Variante 7 |

Quelle: Statistisches Bundesamt (2003c) und eigene Berechnungen.

mehrheitlich Transferempfänger sind, zu den jungen Jahrgängen, die mehrheitlich Beitragszahler sind, verschlechtert und die SPV damit vor erhebliche Finanzierungsprobleme stellt.

Diese Darstellungsform lässt sich speziell für den Pflegebereich weiter zuspitzen, indem der Pflegequotient als Indikator zukünftiger finanzieller Belastungen exemplarisch herangezogen wird. Der hier aufgeführte Pflegequotient gibt das Verhältnis der Hochaltrigen (über 70-Jährige) und der Hochbetagten (über 80-Jährigen) zu den 20- bis 65-Jährigen wieder. Die Gruppe der 80-Jährigen und älteren Menschen, zu der die meisten Pflegebedürftigen gehören, erhöht sich infolge der nachrückenden geburtenstarken Jahrgänge von 3,4 Mio. im Jahr 2004 auf 9,5 Mio. im Jahr 2050 (Variante 5). Demgemäß steigt der Pflegequotient (80+) von 2004 bis 2050 von 6,8 auf 23,1, d.h. er verdreifacht sich. Auf etwa jede vierte Person in der Altersgruppe von 20 bis unter 65 Jahre entfällt dann eine Person in der für die Zahl der Pflegefälle wichtigen Altersgruppe der 80-Jährigen und Älteren, vgl. auch Abbildung 7.

3.2.2 Budget

Grundlage der aggregierten Zahlungsströme zwischen der SPV und den Individuen bildet das Budget des Basisjahres. Die Daten für die Einnahmen und Ausgaben der SPV basieren dabei auf den Ergebnissen der Volkswirtschaftlichen Gesamtrechnung (VGR) des Statistischen Bundesamtes (2006c). Die SPV betreffend weist das VGR-Konto des Staates für das Jahr 2004 auf der Ausgabenseite die Positionen *monetäre Sozialleistungen SPV* in Höhe von 5 Mrd. Euro sowie die

Position *soziale Sachleistungen* in Höhe von 11,5 Mrd. Euro aus. Auf der Einnahmenseite befindet sich nur die Position *Sozialbeiträge SPV*, die sich auf insgesamt 16,63 Mrd. Euro beläuft. Da zum Zeitpunkt der Umsetzung bereits vorläufige Zahlungen für das Jahr 2005 vorliegen, werden neben denjenigen des Basisjahres 2004 auch diese berücksichtigt. Insbesondere beinhaltet dies Veränderungen des zugrundegelegten aktuellen Gesetzesstands der SPV. Im Budget 2005 ist der zum 1. Januar 2005 eingeführten Familienlastenausgleich damit erfasst.

Tabelle 5
Isoliertes Budget der SPV für das Basisjahr 2004 und das Jahr 2005

Ausgabenart/ Einnahmenart	2004	2005	2004	2005
	in Mrd. €		in Prozent	
I. Ausgaben	**17,45**	**17,74**	**100,0**	**100,0**
monetäre Sozialleistungen SPV	5,00	5,00	28,7	28,2
Pflegestufe I (ambulant)	1,42	1,42	8,1	8,0
Pflegestufe II (ambulant)	1,77	1,77	10,1	10,0
Pflegestufe III (ambulant)	0,83	0,83	4,8	4,7
Sozialleistungen für Pflegepersonen	0,98	0,98	5,6	5,5
soziale Sachleistungen (Unterbringung in Heimen u.ä.)	11,50	11,50	65,9	64,8
Pflegestufe I, ambulant	1,15	1,15	6,6	6,5
Pflegestufe II, ambulant	1,43	1,43	8,2	8,1
Pflegestufe III, ambulant	0,67	0,67	3,9	3,8
Pflegestufe I, stationär	2,26	2,26	12,9	12,7
Pflegestufe II, stationär	3,90	3,90	22,3	22,0
Pflegestufe III, stationär	2,09	2,09	12,0	11,8
Nicht altersspezifische Ausgaben	*0,95*	*1,24*	*5,4*	*7,0*
II. Einnahmen	**16,63**	**17,37**	**100,0**	**100,0**
Sozialbeiträge SPV				
Beiträge von Arbeitslosenversicherung und -hilfe	0,71	0,73	4,3	4,2
Beiträge von Rentnern	3,11	3,11	18,7	17,9
Beiträge von Erwerbspersonen	12,80	12,83	77,0	73,9
Familienlastenausgleich	-	0.69 *	-	4,0
III. Finanzierungssaldo	**-0,82 ***	**-0,37 ***		
IV. Mittelbestand am Jahresende	**3,42 ***	**3,05 ***		

* Vgl. BMG (2006b)

Quelle: Statistisches Bundesamt (2006c).

Um die Zahlungen für die spätere altersspezifische Zuordnung möglichst weit disaggregieren zu können, werden die Ausgabenkategorien *monetäre Sozialleistungen SPV* und *soziale Sachleistungen* sowie die Einnahmenposition *Sozialbeiträge SPV* weiter untergliedert. Die Aufschlüsselung der einzelnen Positionen des Budgets der SPV – wie sie in der isolierten Generationenbilanz verwendet wird – ist in Tabelle 5 dargestellt.

Auf der Einnahmenseite werden die Beiträge mittels der Arbeitslosenversicherungsstatistik (Statistisches Bundesamt (2005d)) nach Beiträgen zur SPV von der Arbeitslosenversicherung und Arbeitslosenhilfe sowie mittels des statistischen und finanziellen Berichts der SPV der Jahre 2001 und 2002 des BMGS (2004a) nach Beiträgen zur SPV von Rentnern und Erwerbspersonen aufgeteilt. Die größte Position mit 12,8 Mrd. Euro im Jahr 2004 machen hierunter die Beiträge der Erwerbstätigen aus, gefolgt von 3,11 Mrd. Euro durch die Rentner und 0,71 Mrd. Euro an Beiträgen von der Arbeitslosenversicherung und -hilfe. Im Jahr 2005 kommt mit knapp 0,7 Mrd. Euro der Familienlastenausgleich hinzu.

Auf der Ausgabenseite werden die Leistungsausgaben ebenfalls anhand des statistischen und finanziellen Berichts der SPV der Jahre 2001 und 2002 des BMGS (2004a) differenziert. Hierbei findet eine Aufschlüsselung der *monetären Sozialleistungen* (Pflegegeld) in die Pflegestufen I bis III sowie in die Sozialversicherungsbeiträge für Pflegepersonen statt. Die Ausgaben für die Geldleistungen der Stufen I bis III betragen rund 4 Mrd. Euro, die Ausgaben für die Sozialversicherungbeiträge für Pflegepersonen belaufen sich auf knapp 1 Mrd. Euro. Die Ausgabenkategorie der *sozialen Sachleistungen* wird untergliedert in die Pflegestufen I bis III sowie zusätzlich in die Leistungsbereiche ambulant und stationär. Damit betragen die ambulanten Sachleistungen zusammen 3,25 Mrd. Euro und die stationären Leistung 8,25 Mrd. Euro. Die *nicht altersspezifischen Ausgaben* umfassen jenen Rest der Ausgaben, die noch fehlen, um die Beitragseinnahmen zuzüglich Finanzierungssaldo auszugleichen – in der Hauptsache handelt es sich hierbei um Verwaltungsausgaben. Dafür werden die Größen der VGR mit dem im BMG (2006b) ausgewiesenen SPV-Defizit des Jahres 2004 und 2005 verrechnet und so eine Restgröße Verwaltungskosten i.H.v. 0,95 Mrd. für das Jahr 2004 bzw. 1,24 Mrd. Euro für das Jahr 2005 ermittelt.

Insgesamt schließt sowohl das Jahr 2004 als auch das Jahr 2005 mit einem negativen Finanzierungssaldo in Höhe von 0,82 Mrd. bzw. 0,37 Mrd. Euro. Entsprechend beläuft sich der Mittelbestand der SPV Ende 2005 auf 3,05 Mrd. Euro, wobei hiervon noch knapp 0,82 Mrd. Euro als abschmelzbares Vermögen für die Beitragssatzstabilisierung zur Verfügung stehen.

3.2.3 Profile

Die Zuweisung obiger Budgetposten auf die einzelnen Jahrgänge erfolgt mittels alters- und geschlechtsspezifischer Querschnittsprofile, die zugleich wesentlicher Bestandteil der Projektion der zukünftigen Zahlungsströme sind. Für den isolierten Fall der SPV kommen insgesamt elf verschiedenen Profile zur Anwendung. Tabelle 6 liefert eine Übersicht über die verwendeten Profile und deren Datenquelle, die graphische Darstellung der entsprechenden Rohprofile findet sich in Anhang B, Abbildungen B.1 - B.11.

Entsprechend ihrer Herkunft werden die Einnahmen mit drei verschiedenen Profilen verteilt. Neben den Beitragsprofilen der Erwerbstätigen – hier wird das Profil *Beitrag zur GKV (KVBeitr)* für Erwerbstätige unterstellt –, kommt bei den Sozialbeiträgen von der Arbeitslosenhilfe und -versicherung das Ausgabenprofil der *Leistungen der Arbeitslosenhilfe und -versicherung (ALV-Leist)* zur Anwendung; bei den Beiträgen von Rentnern und der GRV findet das Profil *Leistungen* der GRV (*RVLeist*) Umsetzung.[83] Datengrundlage der Profile *ALVLeist* und *KVBeitr* ist die Einkommens- und Verbrauchsstichprobe (EVS) des Jahres 2003 (vgl. Statistisches Bundesamt (2003d)). Das Profil *RVLeist* wiederum wurde aus Daten des VDR (2005) gewonnen.

Tabelle 6
Isoliertes Budget der SPV und verwendete Profile

Ausgabenart/ Einnahmenart	Profil	Datenquelle
I. Ausgaben		
monetäre Sozialleistungen SPV		
Pflegestufe I (ambulant)	PflegeAmbu1	BMG (2006b)
Pflegestufe II (ambulant)	PflegeAmbu2	BMG (2006b)
Pflegestufe III (ambulant)	PflegeAmbu3	BMG (2006b)
Sozialleistungen für Pflegepersonen	RVBeitr	VDR (2005)
soziale Sachleistungen (Unterbringung in Heimen u.ä.)		
Pflegestufe I, ambulant	PflegeAmbu1	BMG (2006b)
Pflegestufe II, ambulant	PflegeAmbu2	BMG (2006b)
Pflegestufe III, ambulant	PflegeAmbu3	BMG (2006b)
Pflegestufe I, stationär	PflegeStat1	BMG (2006b)
Pflegestufe II, stationär	PflegeStat2	BMG (2006b)
Pflegestufe III, stationär	PflegeStat3	BMG (2006b)
Nicht altersspezifische Ausgaben	Einser	./.
II. Einnahmen		
Sozialbeiträge SPV		
Beiträge von Arbeitslosenversicherung und -hilfe	ALVLeist	EVS 2003 (Statistisches Bundesamt (2003d))
Beiträge von Rentnern	RVLeist	VDR (2005)
Beiträge von Erwerbspersonen	KVBeitr	EVS 2003 (Statistisches Bundesamt (2003d))
Familienlastenausgleich	KVBeitr	EVS 2003 (Statistisches Bundesamt (2003d))

Die Ausgabenposten werden mit acht unterschiedlichen Profilen verteilt. Hierzu zählen die Leistungsprofile der Pflegestufen I bis III für den ambulanten Bereich (*PflegeAmbu1, PflegeAmbu2, PflegeAmbu3*) sowie die Leistungsprofile der Pflegestufen I bis III für den stationären Bereich (*PflegeStat1, PflegeStat2, PflegeStat3*). Diese Profile wurden aus Daten des Bundesministeriums für Gesundheit generiert (BMG (2006b)). Für die Erstellung des Rohprofils werden die Empfänger von ambulanten bzw. stationären Pflegeleistungen in 5-Jahres-Altersklassen, getrennt nach Mann und Frau, ins Verhältnis zu der entsprechenden Gesamtheit der sozial Pflegeversicherten gesetzt.[84] Um statistische Ausreißer und Abweichungen korrekt zu erfassen, werden die Profile

---
[83]Bei den Beiträgen von Rentnern und der GRV wird berücksichtigt, dass die Beiträge der GRV zur SPV nur bis zum 1. April 2004 geleistet wurden.
[84]Wie bereits erwähnt stellen diese Rohprofile damit nichts anderes als die alters- und geschlechtsspezifischen

außerdem mittels eines gleitenden Durchschnitts über fünf Jahre bereinigt. Mangels verfügbarer Daten wurde das Profil ab einem Alter von 90 Jahren konstant weitergeführt, d.h. es wird ein Profil verwendet, das die durchschnittlichen Leistungsausgaben ab einem Alter von 90 Jahren nicht mehr weiter anwachsen lässt.[85]

Der Ausgabenkategorie der Sozialleistungen für Pflegepersonen wird das Profil *Beitrag zur GRV (RVBeitr)* zugrundegelegt, welches aus Daten des VDR (2005) gewonnen wurde. Für die Verteilung der Budgetposition der *nicht altersspezifischen Ausgaben*, die in der Hauptsache Verwaltungsausgaben darstellen, findet ein uniformes Profil Verwendung. Das Profil *Einser* ist ein Profil, das für alle Jahrgänge und für Männer wie Frauen den Wert eins annimmt und die entsprechende Budgetposition pro Kopf der Bevölkerung verteilt. Dies impliziert, dass diese Position in der Zukunft auch nach Maßgabe der Bevölkerung wächst.[86]

Sowohl für die geleisteten Beiträge als auch für die empfangenen Transfers wird jeweils eine direkte Inzidenz unterstellt, d.h. es werden Profile verwendet, welche die altersspezifischen Beitragszahlungen bzw. Transfererhalte abbilden.

3.2.4 Wachstums- und Diskontrate

Für die Projektion der aggregierten Einnahmen und Ausgaben der SPV, die auf Grundlage der Querschnittsprofile erfolgen, sowie für die Berechnung der Nachhaltigkeitsindikatoren ist eine reale Wachstumsrate g, die den allgemeinen (Arbeits-)Produktivitätsfortschritt widerspiegelt sowie eine Diskontrate r, die der Barwertbetrachtung dient, notwendig.

Im Standardfall wird für die Wachstumsrate g ein Wert in Höhe von 1,5 Prozent unterstellt. Dieser entspricht der durchschnittlichen jährlichen realen Wachstumsrate des Pro-Kopf-BIP für den Zeitraum 1970 bis 2004; siehe auch Abbildung 8. Da die reale Wachstumsrate für die Vergangenheit einen leichten Abwärtstrend aufweist, wird für die Sensitivitätsanalyse eine Wachstumsrate von 1 Prozent betrachtet. Um aber auch einen möglichen Wachstumsaufschwung einzufangen, findet zusätzlich ein Wachstumsszenario von 2 Prozent Berücksichtigung. So nimmt das 1-Prozent-Wachstumsszenario an, dass der Abwärtstrend der Wachstumsrate anhält, während das 2-Prozent-Szenario eine positive Wachstumsentwicklung zeigt.

Die im Standardfall verwendete Diskontrate r wiederum entspricht der durchschnittlichen sicheren realen Rendite auf 10-jährige Staatsanleihen des Zeitraums 1973 bis 2004, der für die weiteren Berechnungen ein Wert von 3 Prozent zugrundegelegt wird.[87] Wie zuvor bereits disku-

---

Pflegewahrscheinlichkeiten dar. Die durchschnittlichen Pflegewahrscheinlichkeiten liegen für die Altersklasse der 60- bis 64-Jährigen (65- bis 69-Jährigen) bei 1,7 Prozent (2,6 Prozent), für die Altersklasse der 70- bis 74-Jährigen (75- bis 79-Jährigen) bei 4,8 Prozent (9 Prozent), für die Altersklasse der 80- bis 84-Jährigen (85- bis 89-Jährigen) bei 19,1 Prozent (35 Prozent) und schließlich bei 55,6 Prozent für alle 90-Jährigen und Älteren.

[85] Aufgrund der teilweise unzureichenden Datengrundlage mussten die Profile partiell durch Schätzungen bzw. Annahmen ergänzt werden. Dies gilt insbesondere für die ältere Bevölkerung, da Daten für z.B. über 90-Jährige zumeist nicht verfügbar sind. In diesem Fall wurde unterstellt, dass die relative fiskalische Position der Bevölkerungsgruppe der über 90-Jährigen identisch zu jener der 90-Jährigen ist.

[86] Grundsätzlich wird das Profil *Einser* für alle jene Positionen verwendet, bei denen aufgrund einer mangelnden Datenbasis keine genauere Aussage über die altersspezifische Verteilung gemacht werden kann.

[87] Da es sich bei den von Eurostat (2006) ausgewiesenen Renditen um nominelle Werte handelt, wurde eine Deflationierung der Zeitreihe mit dem Preisindex der Lebenshaltung eines 4-Personen-Haushalts von Arbeitern

Abbildung 8
Produktivitätswachstum und Langfristzinssätze im Zeitraum 1970 bis 2004

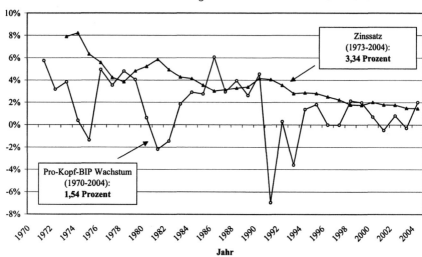

—○— Reales Pro-Kopf-BIP Wachstum   —▲— Realer Zinssatz (10-jährige Staatsanleihen)

Quelle: Statistisches Bundesamt (2004b) und Eurostat (2006).

tiert, ist insbesondere die Festlegung der Diskontrate nicht ganz unproblematisch. Im Rahmen der Sensitivitätsanalyse soll diesem Problem durch die Wahl unterschiedlicher Zinssätze zumindest ein Stück weit entgegengekommen werden. Zusätzlich zu dem Standardszenario werden daher Zinssätze von 1,5 Prozent, 2,5 Prozent, 4 Prozent und 4,5 Prozent betrachtet, wodurch – zusammen mit der Wachstumsrate – alle Zins-Wachstums-Konstellationen zwischen 0,5 und 2,5 Prozentpunkten abgedeckt sind, siehe hierzu auch Abschnitt 3.3.3.

3.3 Ergebnisse

3.3.1 Isolierte Generationenbilanz für das Basisjahr 2004

Da die zur Umsetzung der isolierten Generationenbilanz der SPV notwendigen alters- und geschlechtsspezifischen Profile bislang nur in ihrer Rohversion und getrennt voneinander aufgeführt worden sind, werden an dieser Stelle die gemäß Gleichung (6) reskalierten Profile zusammengefasst und als durchschnittliche individuelle Beitragszahlungen und Leistungstransfers betrachtet, wie sie letztendlich auch in das Generationenkonto eines Durchschnittsindividuums einfließen. Aus Veranschaulichungsgründen sei an dieser Stelle noch zwischen Mann und Frau unterschieden.

---

und Angestellten mit mittlerem Einkommen verwendet, vgl. Statistisches Bundesamt (2004b), Tab. 19.10.

Die durchschnittlichen Beitragszahlungen eines Mannes an die SPV steigen in einem Alter zwischen 20 und 30 Jahren kontinuierlich an, stabilisieren sich auf ca. 420 Euro p.a. bis zum Renteneintritt und sinken mit Renteneintritt (ca. 60 Jahre) auf knapp 200 Euro pro Jahr. Die Pro-Kopf-Beiträge einer Frau steigen ebenfalls ab einem Alter von ca. 20 Jahre an, verharren aber bereits ab einem Lebensalter von 25 Jahren auf einem Niveau von ca. 210 Euro p.a. und sinken in der Ruhestandsphase auf jährlich 118 Euro. Die geringeren durchschnittlichen Beitragszahlungen der Frauen sind dabei das Resultat der im Vergleich zu den Männern geringeren Erwerbsbeteiligung sowie der niedrigeren Durchschnittseinkommen.

Abbildung 9
Durchschnittliche alters- und geschlechtsspezifischen Beitrags- und Leistungsprofile in der SPV im Basisjahr 2004

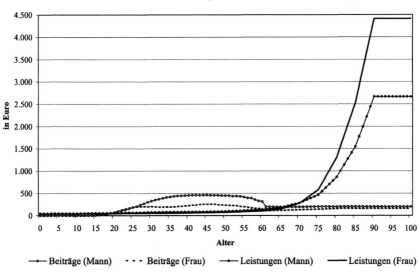

Quelle: Eigene Berechnungen.

Genau umgekehrt entwickeln sich demgegenüber die durchschnittlichen Transferströme über den Lebenszyklus. So ist die Inanspruchnahme der Pflegeleistungen bis zu einem Alter von ca. 60 Jahren konstant und liegt im Durchschnitt bei knapp 72 Euro p.a. für einen Mann und bei 56 Euro p.a. für eine Frau. Danach beginnt ein vom Geschlecht unabhängiger exponentieller Anstieg der durchschnittlichen Leistungsinanspruchnahme. Geschlechtsspezifische Unterschiede treten erst in der Höhe der in Anspruch genommenen Leistungen zu Tage. So erhält eine 80-jährige Frau im Durchschnitt 1.305 Euro pro Jahr, während ihr männliches Pendant einen Pro-Kopf-Bedarf von durchschnittlich lediglich 867 Euro p.a. hat. Bei einer 85-jährigen Frau bzw. einem 85-jährigen Mann betragen die Leistungsbezüge bereits 2.535 Euro bzw. 1.546 Euro p.a. Den maximalen durchschnittlichen Transfer erhalten schließlich die über 90-Jährigen. Hier beläuft sich die jährliche Leistungsinanspruchnahme auf 4.412 Euro p.a. für eine Frau und auf 2.667 Euro p.a. für einen Mann. Diese geschlechtsspezifischen Unterschiede in der Leistungshöhe sind dabei auf das höhere Pflegerisiko der Frauen – bedingt durch deren höhere Lebenserwartung – zurückzuführen. So übertreffen die relativen Pflegehäufigkeiten der Frauen die der Männer merklich. Da für die über 90-Jährigen keine statistischen Datenerhebungen existieren, wird von einer konstanten Leistungsinanspruchnahme ausgegangen.

Damit zeichnet sich ein klares Bild des zwischen den Generationen vorliegenden (nicht verbrieften) Gesellschaftsvertrages ab: So zahlt ein Durchschnittsindividuum im Alter zwischen 20 und 65 Jahren mehr in die SPV ein, als es von ihr erhält. Mit seinen Beiträgen finanziert es die Pflegeleistungen der alten Kohorten und erwirbt sich eigene Ansprüche auf ähnliche Leistungen der nachfolgenden Generationen. Ist es schließlich älter als 65 Jahre, sind die Ansprüche höher als die Einzahlungen.

Mittels der zuvor aufgezeigten demographischen Entwicklung lässt sich anhand der Profilverläufe bereits ein Finanzierungs- und Ausgabeneffekt skizzieren: Während es durch die künftige Erhöhung des Altenquotienten zu einer Senkung der durchschnittlichen Einnahmen pro Mitglied der SPV kommt, da die durchschnittlichen Beitragszahlungen eines Rentners um ca. die Hälfte geringer sind als die eines Erwerbstätigen, kommt es aus eben diesem Grund gleichfalls zu steigenden durchschnittlichen Ausgaben je Mitglied. So werden Pflegeleistungen (fast) ausschließlich im Alter in Anspruch genommen. Von der Ausgabenseite her ist damit die SPV mit den stark altersbezogenen Leistungsprofilen auch sehr viel demographieabhängiger als es bspw. die GKV ist.

Für den Ausgabeneffekt spielt es darüber hinaus eine Rolle, welche Auswirkungen eine höhere Lebenserwartung auf die altersspezifische Morbidität und damit die Pflegewahrscheinlichkeit hat. Die in der Literatur diesbezüglich vertretenen Hypothesen sind erstens die "Status-quo-Hypothese" (vgl. Breyer und Felder (2006)), die unterstellt, dass bei einer Zunahme der Lebenserwartung auch die relative altersspezifische Inanspruchnahme von Pflegeleistungen nach Maßgabe der Leistungsprofile zunimmt. Zweitens die sogenannte "Medikalisierungsthese" (vgl. Verbrugge (1984)), bei der die Morbidität mit dem Alter steigt und demnach eine höhere Lebenserwartung auch mehr Ausgaben bedeuten würden, da Leistungen nicht nur länger, sondern auch in größerem Ausmaß in Anspruch genommen werden. Und drittens die "Kompressionsthese" (vgl. Fries (1983)), gemäß derer die Pflegeausgaben erst kurz vor dem Todeszeitpunkt ansteigen würden. Während bei Annahme der "Status-quo-Hypothese" keinerlei Verschiebung des altersspezifischen Leistungsprofils stattfindet, sieht die Medikalisierungsthese bei zunehmender Lebenserwartung eine Versteilerung des Leistungsprofils vor. Unter der Kompressionsthese wiederum streckt sich das Profil in die Horizontale – die altersspezifische Verteilung wäre über die Zeit betrachtet flacher. Bei der Inanspruchnahme von Pflegeleistungen wird in der Regel von dem Vorliegen der "Status-quo-Hypothese" ausgegangen, siehe hierzu u.a. Spillmann und Lubitz (2000) und Werblow et al. (2007). Das hier verwendete Leistungsprofil unterstellt ebenfalls die "Status-quo-Hypothese": So steigt das Leistungsprofil trotz steigender Lebenserwartung nicht weiter an, vielmehr wird diese über die Zeit konstant gehalten.

3. Isolierte Generationenbilanz der SPV

Die quantitative Messung des demographischen Finanzierungs- und Ausgabeneffekts sowie die damit einhergehende intergenerative Umverteilung wird nun mit Hilfe der Generationenbilanzierung umgesetzt. Die Berechnung aller Generationenkonten für jeden einzelnen heute lebenden Jahrgang offenbart, dass die Generationenkonten aller lebenden Jahrgänge negativ sind (vgl. Abbildung 10). M.a.W., es existiert kein einziger lebender Jahrgang, der mit dem heutigen Beitragssatz von 1,7 Prozent (exogenes Beitragssatzszenario) den statistischen Erwartungswert seiner Leistungsinanspruchnahme tatsächlich einzahlt, womit alle heute lebenden Generationen zu den Nettotransferempfängern der SPV gehören: Die Generationenkonten steigen – ausgehend von einem Nettotransfer in Höhe von 1.951 Euro, den ein im Basisjahr 0-Jähriger über seinen verbleibenden Lebenszyklus erhält – stetig auf 4.108 Euro eines im Basisjahr 35-Jährigen bis auf ein Maximum von 18.013 Euro für einen im Basisjahr 85-Jährigen an. Die ab einem Alter von 85 Jahren resultierenden abnehmenden Barwerte an Nettotransferleistungen resultieren dabei aus – absolut gesehen – geringeren Transferleistungen aufgrund der geringeren Restlebensdauer.

Abbildung 10
Generationenbilanz der SPV im Basisjahr 2004 im exogenen Beitragssatzszenario
(Basisjahr 2004, g=1,5%, r=3%)

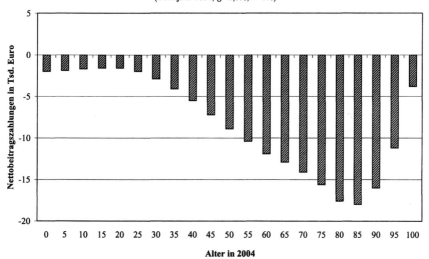

Quelle: Eigene Berechnungen.

Aus dieser Betrachtung der Generationenkonten heraus tritt zutage, dass in Bezug auf die SPV nicht von einem Generationenvertrag gesprochen werden kann, denn die langfristige Finanzierung der SPV wird allein durch zukünftige Generationen getragen. So werden Pflegebedürftige nicht von den heute jungen Erwerbstätigen finanziert, vielmehr "versichern" sich alle heute lebenden Kohorten zu Lasten zukünftiger Generationen.

3.3.2 Nachhaltigkeitsindikatoren und Beitragssatzprojektion

Die auf Basis dieser Zahlungsströme berechnete isolierte Nachhaltigkeitslücke der SPV beläuft sich auf 32,3 Prozent des BIP 2004.[88,89] Dies entspricht einer impliziten Verschuldung von knapp 713 Mrd. Euro. Von der im Basisjahr ausgewiesenen gesamtstaatlichen Nachhaltigkeitslücke in Höhe von 323,7 Prozent des BIP 2004, wie in Hagist et al. (2006) ausgewiesen, nimmt die isolierte Nachhaltigkeitslücke der SPV damit allein knapp 10 Prozent ein, obwohl die Gesamtausgaben der SPV im Basisjahr nur ca. 1,7 Prozent an allen staatlichen Ausgaben betragen. Insofern trägt die SPV einen nicht zu vernachlässigenden Anteil der künftigen Entwicklung der Staatsfinanzen mit.[90]

Für den Fall, dass ausschließlich zukünftige Generationen zur Schließung der Nachhaltigkeitslücke herangezogen werden, müssen alle zukünftigen Generationen zu Nettobeitragszahlern in Höhe von 12.100 Euro gemacht werden. Ihre absolute (fiktive) Mehrbelastung beträgt damit $\psi_{2004} = 14.100$ Euro. Werden demgegenüber auch die im Basisjahr lebenden Generationen zur Tilgung der impliziten Verschuldung herangezogen, so beträgt die notwendige Einnahmenerhöhung $\theta_b = 77,6$ Prozent, respektive die notwendige Ausgabensenkung $\theta_{tr} = 43,6$ Prozent. Dies führt – ausgehend von einer im Basisjahr geltenden Einnahmen- bzw. Ausgabenquote von $EQ = 0,75$ bzw. $AQ = 0,79$ Prozent des BIP – entsprechend zu einer nachhaltigen Einnahmenquote von $NEQ = 1,3$ Prozent des BIP bzw. zu einer nachhaltigen Ausgabenquote von $NAQ = 0,4$ Prozent des BIP.

Angesichts der Tatsache, dass die SPV die Ausgaben eines jeden Jahres durch die Einnahmen desselben Jahres decken muss, spielt in der Realität die defizitbereinigte Beitragssatzentwicklung die entscheidende Rolle, während obige aufgeführte Indikatoren lediglich der Messung des Ausmaßes der intergenerativen Umverteilung durch die vorliegende Pflegepolitik dienen. Die zum Ausgleich der jährlichen Defizite notwendigen Beitragssatzerhöhungen sind in Abbildung 11 aufgeführt. Durch die restliche Ausschöpfung der Demographiereserve, abzüglich der gesetzlich vorgeschriebenen Finanzreserve von 1,5 Monatsausgaben (§ 63, § 64 SGB XI) kann der Beitragssatz – bei gleichem (arbeitsvermehrenden) Wachstum der altersspezifischen Einnahmen und Ausgaben – ausgehend von 1,7 Prozent im Jahr 2004 noch bis einschließlich dem Jahr 2006 konstant

---

[88]Die Änderung in der Höhe der Nachhaltigkeitslücke zu Häcker und Raffelhüschen (2005b) bzw. zu Häcker und Raffelhüschen (2006a) ergibt sich aufgrund der Wahl eines neuen Basisjahres und der damit einhergehenden aktualisierten Bevölkerungs-, Profil- und Budgetdaten. Eine Änderung zu der in Hagist et al. (2006) ausgewiesenen Nachhaltigkeitslücke der SPV für das Basisjahr 2004 ergibt sich aufgrund des neuesten Stands der dieser Arbeit zur Verfügung stehenden Datenbasis (September 2006). Dabei bezieht sich die Datenänderung ausschließlich auf die Ausgaben, Einnahmen und das Defizit der SPV des Jahres 2005.

[89]Unter den Annahmen der 11. koordinierten Bevölkerungsvorausberechnung beträgt die Nachhaltigkeitslücke der SPV 36,3 Prozent des BIP 2004. Diese Verschlechterung gegenüber dem Ergebnis resultierend aus der 10. koordinierten Bevölkerungsvorausberechnung ist auf die mit der 11. koordinierten Bevölkerungsvorausberechnung einhergehenden "ungünstigeren" Altersstruktur zurückzuführen, vgl. hierzu auf S. 39.

[90]Zum Vergleich, die isolierte Nachhaltigkeitslücke der GKV beträgt 76,9 Prozent des BIP (Hagist et al. (2006)), was ca. 24 Prozent an der gesamtstaatlichen Nachhaltigkeitslücke ausmacht. Der Anteil der Gesundheitsausgaben an allen staatlichen Ausgaben wiederum beläuft sich auf 13,5 Prozent, was auch im Fall der GKV deren Bedeutung an der zukünftigen Finanzentwicklung des Staates hervorheben sollte. Dennoch offenbart die relative Betrachtung, dass sich die SPV deutlich stärker in den künftigen Staatsfinanzen niederschlägt als die GKV, was mitunter auf die stärkere Demographieabhängigkeit der SPV im Vergleich zur GKV zurückzuführen ist.

3. Isolierte Generationenbilanz der SPV

gehalten werden, danach sind jährlich Beitragssatzanpassungen notwendig. So liegt der Beitragssatz im Jahr 2020 bereits bei 2,3 Prozent, im Jahr 2035 bei 2,9 Prozent und erreicht im Jahr 2055 – der Zeitpunkt, zu dem der demographische Alterungsprozess seinen Höhepunkt erreicht haben wird – einen Maximalwert von 4 Prozent.[91,92]

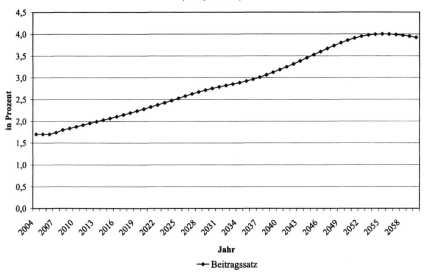

Abbildung 11
Beitragssatzprojektion der SPV für die Jahre 2004 bis 2060
(Basisjahr 2004)

Quelle: Eigene Berechnungen.

Wie zuvor im Methodikteil erwähnt, wird sowohl durch die nachhaltige Einnahmenquote NEQ, respektive nachhaltige Ausgabenquote NAQ, als auch die Beitragssatzanpassung eine nachhaltige Situation der SPV erzeugt. Während allerdings durch die sofortige proportionale Erhöhung θ_b der Beitragseinnahmen alle Generationen gleichermaßen belastet werden, trifft eine Beitragssatzerhöhung, die erstmals im Jahr 2007 erfolgt, nicht alle Kohorten im gleichen Ausmaß. So kommt es – im Unterschied zur nachhaltigen Einnahmenquote – im Rahmen der jährlichen Beitragssatzanpassung und damit im endogenen Beitragssatzszenario zu einer sukzessiven Erhöhung desselbigen, wodurch die Beitragsbelastung vor allem bei den jüngsten Kohorten ausgeprägt ist, die noch ihre komplette Beitragsphase vor sich haben. Durch einen Vergleich der unterschiedlichen Generationenkonten im NEQ-Szenario und im endogenen Beitragssatzszenario wird dieser Effekt deutlich. Während der "-1"-Jährige sowie die im Basisjahr 0- bis 10-Jährigen durch die endogene Beitragssatzanpassung stärker getroffen werden als durch die sofortige proportionale

---
[91] Zur Entwicklung des Beitragssatzes der SPV siehe auch Hof (2001), Rothgang (2001) und Ottnad (2003).
[92] Bei dieser sowie allen noch folgenden Beitragssatzprojektionen wurde der Familienlastenausgleich i.H.v. 0,25 Prozentpunkten als negative Ausgabe berücksichtigt.

Abbildung 12
Generationenbilanz der SPV im Basisjahr 2004 im exogenen und endogenen Beitragssatzszenario und bei NEQ
(Basisjahr 2004, g=1,5%, r=3%)

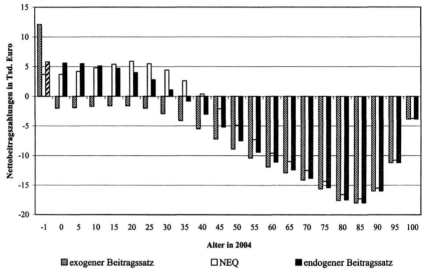

Quelle: Eigene Berechnungen.

Erhöhung der Beitragseinnahmen gemäß der nachhaltigen Einnahmenquote – und dies umso mehr, je jünger die betreffende Kohorte –, werden alle Kohorten, die 15 Jahre und älter sind, durch eine NEQ-Politik stärker belastet als durch die sukzessive Anpassung des Beitragssatzes (vgl. Abbildung 12).

Der Vergleich zwischen dem Generationenkonto des "–1"-Jährigen und dem Generationenkonto des im Basisjahr 0-Jährigen zeigt im NEQ-Szenario eine vollkommen intergenerativ ausgewogene Situation ($\psi^E_{2004} = 0$). Im endogenen Beitragssatzszenario ist diese bis auf eine absolute Mehrbelastung von $\psi^B_{2004} = 200$ Euro ebenfalls gegeben. Allerdings ist im endogenen Beitragssatzszenario bei der Interpretation des Vergleichs der Generationenkonten Vorsicht geboten. So liefert das endogene Beitragsszenario den Anschein einer generationenneutralen Politik. Dabei wird jedoch außer Acht gelassen, dass – obwohl sich der Lebenszyklus zwei aufeinanderfolgender Generationen bis auf eine Periode überlappt – diese Generationen die Abfolge der endogenen Beitragssatzanpassung zu unterschiedlichen Zeitpunkten in ihrem Lebenszyklus erleben, was mit unterschiedlichen fiskalischen Belastungen einhergehen kann. Folglich gilt es hierbei insbesondere zu beachten, dass das Generationenkonto des "–1"-Jährigen nicht mehr repräsentativ für alle zukünftigen Kohorten steht. Erst mittels einer Internen-Rendite-Betrachtung, wie sie in Abschnitt 4 erfolgt, lassen sich die mit dem endogenen Beitragssatzszenario einhergehenden intergenerativen Umverteilungen zwischen den zukünftigen Generationen offenlegen.

3.3.3 Sensitivitätsanalyse

Wie bei jeder (deterministischen) Fortschreibungsmethodik hängen auch die Ergebnisse der Generationenbilanzierung entscheidend von den ihr zugundegelegten demographischen und ökonomischen Variablen ab. Diesbezügliche Sensitivitätsanalysen sollen aufzeigen, inwiefern die Ergebnisse bzw. die aus der Generationenbilanzierung hergeleiteten Indikatoren in ihrer quantitativen und qualitativen Aussagekraft Bestand haben.

Im Folgenden werden die Ergebnisse des Standardszenarios des Status quo auf Veränderungen in der demographischen Entwicklung und im Zins-Wachstums-Differenzial getestet und damit die Ergebnisse auf ihre Robustheit hin überprüft.[93]

3.3.3.1 Demographie

Wie und in welchem Ausmaß die Nachhaltigkeitsindikatoren von den unterschiedlichen Bestimmungsfaktoren der demographischen Entwicklung abhängig sind, lässt sich – ausgehend von dem Standardfall der Variante 5 – für alle verbleibenden acht Varianten der 10. koordinierten Bevölkerungsvorausberechnung durch ein schrittweises Variieren der Annahmen über die Lebenserwartung und die Zuwanderung aufzeigen (vgl. Tabelle 7).

Bei gegebenem Außenwanderungssaldo führt eine Zunahme in der (Rest-)Lebenserwartung zu einer Erhöhung der Werte der Nachhaltigkeitsindikatoren (Vergleich der Varianten 5 und 8). So steigt die Nachhaltigkeitslücke unter Variante 5 von 32,3 Prozent auf 37,8 Prozent des BIP unter Variante 8, was einer Veränderung von 17 Prozent entspricht. Die Mehrbelastung zukünftiger Generationen ψ_{2004} erhöht sich entsprechend von 14.100 Euro (Variante 5) auf 16.400 Euro (Variante 8), eine Änderung von 16,3 Prozent. Auch die Indikatoren nachhaltige Einnahmenquote NEQ und Beitragssatz steigen unter einer Zunahme der Lebenserwartung, alternativ sinkt der Indikator nachhaltige Ausgabenquote NAQ bei Verlängerung der Lebenserwartung. Anders als die Nachhaltigkeitslücke und die Mehrbelastung zukünftiger Generationen fallen die quantitativen Abweichungen der nachhaltigen Einnahmenquote, nachhaltigen Ausgabenquote und des Beitragssatzes gegenüber Variante 5 jedoch nicht so groß aus, was diese Indikatoren robuster gegenüber Veränderungen in den demographischen Annahmen macht. Dennoch offenbart das Szenario einer höheren Lebenserwartung, dass die momentan vorliegende Pflegepolitik noch stärker unter heute lebenden und zukünftigen Generationen umverteilt als es in der Standardvariante bereits der Fall ist.

Eine geringere Lebenserwartung als in Variante 5 unterstellt liefert – bei gleichem Außenwanderungssaldo – genau umgekehrte Resultate. So werden unter Variante 2 "bessere" Nachhaltig-

---

[93]Ferner ist es im Rahmen einer Sensitivitätsanalyse gängige Praxis, die Generationenbilanzierung auf ihre Basisjahrabhängigkeit hin zu überprüfen. Im Fall der SPV, die erstmals das Jahr 1997 in ihrer vollen Implementation zur Gänze durchlaufen hat, wird auf die Überprüfung der Basisjahrabhängigkeit jedoch verzichtet, da die Folgejahre noch von (starken) Einführungseffekten geprägt waren, so dass ein Vergleich der Ergebnisse unterschiedlicher Basisjahre zusätzlich durch Verhaltensanpassungen, aber auch Anpassungen im Einstufungsverhalten des MDK, verzerrt werden würden. Außerdem zeigt Fetzer (2006), der einen Basisjahrabhängigkeitstest der Gesamtbilanz für die Jahre 1993 bis 2003 durchführt, dass die Verwendung des Basisjahres 2003 mit keinen grundsätzlichen Problemen behaftet ist; siehe Fetzer (2006), S. 70 ff. Und – wie Hagist et al. (2006) wiederum zeigen – weichen die Ergebnisse unter dem Basisjahr 2004 kaum von den Ergebnissen des Basisjahres 2003 ab.

keitswerte erreicht: die Nachhaltigkeitslücke sinkt auf 27,9 Prozent des BIP, die Mehrbelastung zukünftiger Generationen ψ_{2004} reduziert sich auf 12.100 Euro, und anstelle einer Ausgabensenkung (Einnahmenerhöhung) von 34 Prozentpunkten (58 Prozentpunkten) unter Variante 5 ist unter den Gegebenheiten von Variante 2 nur eine Ausgabensenkung (Einnahmenerhöhung) um 32 Prozentpunkte (51 Prozentpunkte) notwendig.

Ähnliche Ergebnisse stellen sich ein, wenn – bei gleicher Lebenserwartung – unterschiedliche Annahmen über die Außenwanderung getroffen werden (Vergleich der Varianten 4, 5 und 6). So weisen alle Indikatoren mit Ausnahme der Nachhaltigkeitslücke einen umso besseren Wert auf, je größer das unterstellte Außenwanderungssaldo ist und vice versa. Unter den Gegebenheiten des günstigeren Zuwanderungsszenarios der Variante 6 sinkt (steigt) die nachhaltige Einnahmenquote (nachhaltige Ausgabenquote) von 1,34 Prozent (0,45 Prozent) auf 1,31 Prozent des BIP (0,46 Prozent des BIP).

Der Indikator der Nachhaltigkeitslücke weist demgegenüber einen umso besseren Wert auf, je niedriger die Zuwanderung bei gegebener Lebenserwartung ausfällt. Unter Variante 4, dem Szenario mit der geringsten Zuwanderung, sinkt die Nachhaltigkeitslücke gegenüber Variante 5 auf 30,7 Prozent des BIP. Die Tatsache, dass die Nachhaltigkeitslücke zu einer qualitativ anderen Aussage kommt als die übrigen Indikatoren, ist dabei dem Effekt zuzuschreiben, dass im Status quo der SPV alle Kohorten Nettotransferempfänger sind. Jede Ausweitung des Personenkreises führt damit zu einer Erhöhung der Nachhaltigkeitslücke – ungeachtet des Tatbestands einer durch die Zuwanderung induzierten Verjüngung der Bevölkerung. Demgegenüber wirkt sich aber bei den Pro-Kopf-Indikatoren die Zuwanderung grundsätzlich positiv aus. So überwiegt hierunter der mit der Zuwanderung einhergehende Verjüngungseffekt, der dazu führt, dass sich Pro-Kopf eine Verbesserung einstellt.

Die geringsten Werte der Nachhaltigkeitsindikatoren werden – mit Ausnahme des Indikators der Nachhaltigkeitslücke – unter der relativ jungen Bevölkerung der Variante 3 erzielt. So liegt die Mehrbelastung zukünftiger Generationen ψ_{2004} bei 10.300 Euro, was im Vergleich zum Standardfall der Variante 5 eine Reduktion um 27 Prozent bedeutet. Die nachhaltige Einnahmenquote reduziert sich von 1,34 Prozent auf 1,23 Prozent des BIP. Alternativ ließe sich die nachhaltige Ausgabenquote von 0,45 Prozent auf 0,48 Prozent des BIP erhöhen.

Aus Sicht der Nachhaltigkeit schneidet die Pflegepolitik am schlechtesten ab, wenn die relativ alte Bevölkerung der Variante 7 unterstellt wird, wobei auch hiervon wiederum der Indikator der Nachhaltigkeitslücke in seiner Aussage abweicht. Unter Variante 7 steigt die Mehrbelastung zukünftiger Generationen gegenüber der mittleren Variante 5 um 43,3 Prozent auf 20.200 Euro an. Auch die nachhaltige Einnahmenquote (nachhaltige Ausgabenquote) weist mit 1,48 Prozent des BIP (0,4 Prozent des BIP) und damit einer Abweichung gegenüber Variante 5 von 10,3 Prozent (9,4 Prozent) ihren höchsten (niedrigsten) Wert auf. Der hohe Ausschlag des Indikators Mehrbelastung zukünftiger Generationen ist dabei auf die Tatsache zurückzuführen, dass die implizite Verschuldung der SPV ausschließlich den zukünftigen Generationen aufgebürdet wird; vgl. Abschnitt 3.1.2. Dadurch ist der Indikator sehr sensitiv gegenüber Veränderungen der zukünftigen Bevölkerungszahl. So führt die steigende Lebenserwartung bei geringer Zuwanderung

Tabelle 7
Nachhaltigkeitsindikatoren und Beitragssatzentwicklung bei alternativen demographischen Szenarien
(Basisjahr 2004)

		g = 1,5 %, r = 3 %							
		Var 1	Var 2	Var 3	Var 4	Var 5	Var 6	Var 7	Var 8	Var 9
Nachhaltigkeitslücke (in % des BIP) *		26,8	27,9	29,0	30,7	32,3	33,7	35,7	37,8	39,7
Abweichung von Var 5		-17,0%	-13,6%	-10,2%	-5,0%	-	4,3%	10,5%	17,0%	22,9%
Mehrbelastung zukünftiger Generationen (in Euro)		15.200	12.100	10.300	17.400	14.100	12.000	20.200	16.400	14.100
Abweichung von Var 5		7,8%	-14,2%	-27,0%	23,4%	-	-14,9%	43,3%	16,3%	0,0%
Nachhaltige Einnahmenquote (in % des BIP)		1,31	1,26	1,23	1,38	1,34	1,31	1,48	1,43	1,40
Abweichung von Var 5		-2,4%	-5,6%	-7,8%	3,2%	-	-2,4%	10,3%	7,0%	4,6%
Einnahmenerhöhung (Prozentpunkte)		0,55	0,51	0,48	0,63	0,58	0,55	0,72	0,68	0,65
Nachhaltige Ausgabenquote (in % des BIP)		0,46	0,47	0,48	0,43	0,45	0,46	0,40	0,42	0,43
Abweichung von Var 5		2,5%	5,9%	8,3%	-3,2%	-	2,3%	-9,4%	-6,6%	-4,4%
Ausgabensenkung (Prozentpunkte)		-0,33	-0,32	-0,31	-0,36	-0,34	-0,33	-0,39	-0,37	-0,36
Beitragssatz (in %)	2004					1,7				
	2015	2,1	2,1	2,0	2,1	2,1	2,1	2,1	2,1	2,1
	2030	2,8	2,7	2,6	2,9	2,8	2,7	3,0	2,9	2,8
	2045	3,6	3,3	3,2	3,8	3,5	3,3	4,0	3,8	3,6
	2060	3,9	3,6	3,3	4,3	3,9	3,6	4,7	4,3	4,0

* davon explizites Vermögen der SPV: 0,1% des BIP

Quelle: Eigene Berechnungen.

in Variante 7 zu einer relativ alten, aber auch geringen Bevölkerungszahl und damit zu einer hohen Mehrbelastung pro Kopf.

Die Nachhaltigkeitslücke wiederum weist ihren geringsten Wert unter der niedrigsten Bevölkerungszahl der Variante 1 mit 26,8 Prozent des BIP auf. Ihren maximalen Wert von 39,7 Prozent des BIP erreicht sie unter Variante 9, der Variante mit der höchsten Bevölkerungszahl. In Tabelle 7 sind die jeweils geringsten und höchsten Werte bei den Indikatoren fett gedruckt.

Insgesamt kann festgehalten werden, dass, je höher die Zuwanderung ausfällt, desto besser ist die Nachhaltigkeit – hiervon ausgenommen bleibt der Indikator der Nachhaltigkeitslücke. So weisen bei gleicher Lebenserwartung alle übrigen Indikatoren einen umso besseren Wert auf, je größer die unterstellte Zuwanderung ist. Andererseits gilt, je größer die Zunahme in der Lebenserwartung ist, desto schlechter schneidet die Nachhaltigkeit der SPV ab – dies trifft ebenfalls auf den Indikator der Nachhaltigkeitslücke zu. So weisen alle Nachhaltigkeitsindikatoren mit steigender Zunahme der Lebenserwartung eine schlechtere Situation der Finanzlage der SPV bei gleicher unterstellter Zuwanderung aus. Darüber hinaus offenbart die Sensitivitätsanalyse, dass die Indikatoren nachhaltige Einnahmenquote, nachhaltige Ausgabenquote sowie der Beitragssatz deutlich robuster gegenüber Schwankungen in der demographischen Entwicklung sind – im Gegensatz zur Nachhaltigkeitslücke und der Mehrbelastung zukünftiger Generationen.

3.3.3.2 Wachstums- und Diskontrate

Die Nachhaltigkeitsindikatoren hängen nicht nur von Annahmen über die demographische Entwicklung ab, sondern auch und vor allem von der Differenz zwischen dem unterstellten Zins und der angenommenen Wachstumsrate, dem Zins-Wachstums-Differential.[94] Gänzlich unabhängig von den Zins- und Wachstumskonstellationen bleibt lediglich die Beitragssatzprojektion.[95] Insofern werden – unter Zugrundelegung der Bevölkerungsvariante 5 – neben dem Standardfall von $g = 1,5$ und $r = 3$ Prozent, das bedeutet ein Zins-Wachstums-Differential von 1,5 Prozentpunkten [ZWD 1,5-PP], die folgenden Zins-Wachstums-Konstellationen untersucht: $g = 1$ und $r = 1,5$ Prozent [ZWD 0,5-PP], $g = 1,5$ und $r = 2,5$ Prozent [ZWD 1-PP], $g = 2$ und $r = 4$ Prozent [ZWD 2-PP] sowie $g = 2$ und $r = 4,5$ Prozent [ZWD 2,5-PP].

Die Betrachtung der Nachhaltigkeitsindikatoren zeigt, dass diese auf Veränderungen in der Zins-Wachstums-Kombination – im Unterschied zu den Variationen der demographischen Annahmen – alle qualitativ dieselbe Aussage treffen: Je kleiner das Zins-Wachstums-Differential ist, desto schlechter sind die Werte der Nachhaltigkeitsindikatoren; vgl. auch Tabelle 8. Demgemäß lässt eine auf 0,5 Prozentpunkte (2,5 Prozentpunkte) verringerte (vergrößerte) Differenz die Nachhaltigkeitslücke von 32,3 auf 94,1 Prozent (17,4 Prozent) des BIP anwachsen (schrumpfen). Da das explizite Vermögen der SPV von Änderungen der Zins- und Wachstumsrate annahmegemäß nicht betroffen ist (da hier das im Basisjahr statistisch erfasste Vermögen verwendet wird), ist diese Veränderung zur Gänze auf die implizite Komponente zurückzuführen. Je kleiner die Differenz $r - g$ ist, desto größer ist der Barwert der impliziten Verpflichtungen ($\sum_{k=t-D}^{\infty} N_{t,k}$) und damit umso größer die Nachhaltigkeitslücke. Da außerdem das BIP des Basisjahres, zu welchem die impliziten Verpflichtungen in Relation gesetzt werden, von Zins- und Wachstumsveränderungen nicht betroffen ist, kommt es zu einem Steigen der impliziten Schuld und damit auch der Nachhaltigkeitslücke.

Mit einem abnehmendem Zins-Wachstums-Differential steigen auch die Werte der Indikatoren Mehrbelastung zukünftiger Generationen ψ_{2004}, nachhaltige Einnahmenquote NEQ und nachhaltige Ausgabenquote NAQ. Bei einer Zins-Wachstums-Kombination von 1 Prozentpunkt nimmt die Mehrbelastung zukünftiger Generationen um 7 Prozent auf 15.100 Euro zu. Die Ein-

---

[94] Dass es hierbei nur auf das Zins-Wachstums-Differential ankommt und weniger auf die absoluten Werte der Parameter g und r, liegt daran, dass sich die Nachhaltigkeitsergebnisse wesentlich durch das Verhältnis von Wachstums- und Zinsfaktor $\frac{1+g}{1+r} = 1 - \frac{r-g}{1+r}$ bestimmen.

[95] Dies gilt allerdings nur, sofern die beitragspflichtigen Pro-Kopf-Einkommen und die Pro-Kopf-Ausgaben derselben Wachstumsrate unterliegen. Dessen ungeachtet bleibt der Beitragssatz völlig unabhängig von jeglichen Zinsannahmen.

Tabelle 8
Nachhaltigkeitsindikatoren und Beitragssatzentwicklung bei alternativen Zins-Wachstums-Kombinationen
(Basisjahr 2004)

	Variante 5				
	ZWD 0,5-PP	ZWD 1-PP	ZWD 1,5-PP	ZWD 2-PP	ZWD 2,5-PP
	g=1%, r=1,5%	g=1,5%, r=2,5%	g=1,5%, r=3%	g=2%, r=4%	g=2%, r=4,5%
Nachhaltigkeitslücke (in % des BIP) *	94,1	49,5	32,3	23,2	17,4
Abweichung vom ZWD 1,5-PP	191,3%	53,3%	-	-28,2%	-46,1%
Mehrbelastung zukünftiger Generationen (in Euro)	15.600	15.100	14.100	13.000	11.900
Abweichung vom ZWD 1,5-PP	10,6%	7,1%	--	-7,8%	-15,6%
Nachhaltige Einnahmenquote (in % des BIP)	1,46	1,40	1,34	1,28	1,23
Abweichung vom ZWD 1,5-PP	9,2%	4,7%	-	-4,2%	-7,9%
Einnahmenerhöhung (Prozentpunkte)	0,71	0,65	0,58	0,53	0,48
Nachhaltige Ausgabenquote (in % des BIP)	0,41	0,43	0,45	0,46	0,48
Abweichung vom ZWD 1,5-PP	-8,5%	-4,6%	-	4,3%	8,7%
Ausgabensenkung (Prozentpunkte)	-0,38	-0,37	-0,34	-0,33	-0,31
Beitragssatz (in %) 2004			1,7		
2015			2,1		
2030			2,8		
2045			3,5		
2060			3,9		

* davon explizites Vermögen der SPV: 0,1% des BIP

Quelle: Eigene Berechnungen.

nahmenerhöhung fällt mit 0,65 Prozentpunkten und damit einer nachhaltigen Einnahmenquote von 1,4 Prozent des BIP ebenfalls höher aus als im Standardszenario einer Zins-Wachstums-Differenz von 1,5 Prozentpunkten.

Während die Nachhaltigkeitslücke erheblich auf die Änderungen des Zins-Wachstums-Differentials reagiert – hier beträgt die maximale Abweichung vom Standardszenario 191 Prozent –, sind die übrigen Indikatoren deutlich robuster gegenüber Änderungen in der Spanne zwischen Wachstumsrate und Zinssatz. Dies liegt daran, dass das Zins-Wachstums-Differential bei diesen Indikatoren sowohl in den Zähler als auch in den Nenner eingeht. So schneiden die Indikatoren nachhaltige Einnahmenquote und nachhaltige Ausgabenquote mit einer maximalen Abweichung von 9 Prozent relativ gut ab. Auch der Indikator Mehrbelastung zukünftiger Generationen mit einer maximalen Abweichung von 16 Prozent zwischen dem [ZWD 0,5-PP] und dem [ZWD 1,5-PP] kann noch als relativ robust identifiziert werden. Insofern ist vor allem bei der Interpretation des Niveaus der Nachhaltigkeitslücke Vorsicht geboten.

Diese hier durchgeführten Sensitivitätsanalysen verdeutlichen, dass die Ergebnisse zwar quantitativ z.T. stark von den zugrundegelegten Annahmen der demographischen und der ökonomischen Variablen abhängen – insbesondere was den Indikator der Nachhaltigkeitslücke betrifft –, aus qualitativer Sicht bleibt aber zweifelsohne das Resultat, dass die vorliegende Pflegepolitik nicht nachhaltig ist.

Die in späteren Abschnitten noch folgenden Sensitivitätsanalysen (hinsichtlich Veränderungen in der demographischen Entwicklung) beschränken sich – aus Gründen der Übersichtlichkeit – auf jene Varianten, die bei den Nachhaltigkeitsindikatoren die jeweiligen Minimal- bzw. Maximalwerte hervorrufen. Dies betrifft die Varianten 3 und 7 sowie die Varianten 1 und 9. Von Sensitivitätsanalysen, die Veränderungen in der Zins-Wachstums-Differenz untersuchen, wird im Weiteren komplett abgesehen. So lassen diesbezügliche Sensitivitätsanalysen – abgesehen von den hier im Basisfall gewonnenen qualitativen Erkenntnissen – keine weiterführenden Schlussfolgerungen zu.

Kapitel 4

Interne Rendite der Sozialen Pflegeversicherung

Ein weiterer Indikator zur Messung intergenerativer Umverteilungen ist die interne Rendite. Dieses Maß gibt Auskunft über das Verhältnis der Beitragszahlungen bezogen auf die Leistungstransfers. Damit erlaubt die interne Rendite auch jene umfassende Quantifizierung und Beurteilung intergenerativer Umverteilungseffekte, wie sie sich aus einer endogenen Beitragssatzentwicklung für Individuen unterschiedlicher Kohorten einstellen.[96] Für die SPV ist eine Interne-Rendite-Betrachtung ferner deshalb von besonderem Interesse, da hierdurch sämtliche mit Inkrafttreten der SPV verbundenen Einführungsvorteile aufgezeigt werden können.

Im Unterschied zu der Inkraftsetzung eines reinen Kapitaldeckungsverfahrens geht jede Einführung eines umlagefinanzierten sozialen (Alters-)Sicherungssystems mit einer Art Einführungsvorteil für die alten und darunter insbesondere die ältesten Generationen einher. Im Gegensatz zu einem kapitalgedeckten System, in dem zur Leistungsgewährung erst eine vorgelagerte Phase der Kapitalakkumulation notwendig ist, werden im Rahmen des Umlageprinzips die laufenden Beitragseinnahmen zur Finanzierung der in der gleichen Periode anfallenden Leistungsausgaben verwendet, wodurch die Versorgung der Bestandsfälle und der risikonahen Fälle zum Zeitpunkt der Systemimplementierung sichergestellt ist. Demzufolge beschert also das Umlageverfahren all jenen Generationen einen "Vorteil", die zum Zeitpunkt der Einführung und in den darauf folgenden Jahrzehnten zum Kreis der Leistungsempfänger gehören, ohne vorher entsprechende Beiträge geleistet zu haben.

Dieser Vorteil der ersten Generationen stellt sich aber nur bei entsprechender/m demographischen Entwicklung und/oder Wirtschaftswachstum und Beschäftigungslage als tatsächlicher Vorzug eines Umlageverfahrens heraus. Denn nur, wenn die interne Rendite aus dem umlagebasierten System größer ist als jene aus einem alternativen kapitalgedeckten System, stellt die Einführung eines Umlageverfahrens für alle Generationen einen Vorzug dar. Im umgekehrten Fall

---

[96]Die Berechnung von internen Renditen im Kontext der Generationenbilanzierung wurde erstmals von Raffelhüschen (1998) vorgeschlagen. Eine neuere Arbeit zur GRV stammt hierzu von Heidler und Raffelhüschen (2005). Während Interne-Rendite-Betrachtungen im Bereich der Rentenversicherung gängige Praxis sind, um die intergenerative Umverteilung innerhalb dieses Sozialversicherungszweiges zu messen, ist dies im Bereich der Kranken- und Pflegeversicherung bislang weniger erfolgt, obwohl – wie Studien aus den USA zeigen – es auch hier nicht unüblich ist; siehe Cutler und Sheiner (2000).

– also bei dynamischer Effizienz – ruft jede Inkraftsetzung des Umlageprinzips sowohl Gewinner als auch Verlierer hervor, wobei Letztere umso stärker als "Verlierer" hervorgehen, je mehr die Bevölkerung eine Alterungstendenz aufweist.

Diese mit Inkrafttreten der SPV verbundenen intergenerativen Verteilungseffekte aller lebenden und zukünftigen Generationen gilt es im vorliegenden Kapitel offenzulegen.[97] Hierfür erfolgt in Abschnitt 4.1 zuerst eine methodische Darstellung der Renditeberechnung, bevor in Abschnitt 4.2 zu den Ergebnissen übergeleitet wird; mit Abschnitt 4.3 erfolgt eine Sensitivitätsanalyse und schließlich mit Abschnitt 4.4 eine zusammenfassende Betrachtung.

4.1 Konzept zur Messung der internen Rendite

Die implizite Rendite der SPV kann als interner Zinsfuß einer aus Ein- und Auszahlungen bestehenden Zahlungsreihe dargestellt werden. Im Kontext der bereits durchgeführten Analyse entspricht die interne Rendite damit jenem Diskontierungssatz, der das Generationenkonto eines Individuums der Generation k gleich Null setzt.

Im Unterschied zu der im vorherigen Abschnitt durchgeführten Analyse wird für die Interne-Rendite-Betrachtung nun folgende Modifikation vorgenommen. So dient im Weiteren das Jahr 1995 als Basisjahr t der Berechnungen. Damit finden zum einen alle Beitragszahlungen und Transfers Berücksichtigung, die seit Errichtung der SPV geflossen sind. Zum anderen lassen sich damit auch die Renditen aller Kohorten untereinander vergleichen. Demzufolge stellt das Jahr 2004 nun das Projektionsjahr τ dar und ist das letzte Jahr, für welches makroökonomische Aggregatsdaten vorliegen. Folglich muss die in Gleichung (5) aufgeführte Restriktion nun für alle Jahre $t \leq s \leq \tau$ gelten, d.h.

$$H_s^i \stackrel{!}{=} \sum_{k=s-D}^{s} h_{s,s-k}^i P_{s,k}, \quad \text{für} \quad t \leq s \leq \tau. \qquad (5')$$

Die Fortschreibung der individuellen Nettozahlungen gemäß Gleichung (7) erfolgt entsprechend erst ab dem Projektionsjahr τ[98]

$$h_{s,s-k}^i = (1+g)^{s-\tau} h_{\tau,s-k}^i, \quad \text{für} \quad s > \tau. \qquad (7')$$

Die zur Bestimmung der individuellen Beitrags- und Transferzahlungen der Jahre 1995 bis einschließlich 2003 notwendigen makroökonomischen Daten stammen dabei vom BMG (2006b). Die altersspezifischen Querschnittsdaten der Pflegeleistungen wiederum wurden aus Daten generiert, die direkt beim Bundesministerium für Gesundheit für die Jahre 1995 bis 2003 angefordert wur-

---

[97]Dieses Kapitel basiert im wesentlichen auf Häcker und Raffelhüschen (2006a).
[98]Wie in Abschnitt 3.1.1 dargelegt, werden die bisher nominell festgeschriebenen Pflegeleistungen einer jährlichen Dynamisierung, die dem allgemeinen Produktivitätsfortschritt von real 1,5 Prozent entspricht, unterzogen; vgl. dazu auch Gleichung (7'). Dies führt angesichts realen Wirtschaftswachstums zu einer Gleichbehandlung aller Generationen auf der Ausgabenseite und damit auch zu einem adäquaten Vergleich der internen Renditen unterschiedlicher Jahrgänge.

den. Für die altersspezifischen Querschnittsdaten der Beitragszahlungen wurde jeweils das Profil des Jahres 2004 unterstellt. Damit werden alle vergangenen und zukünftigen Zahlungsströme zwischen einem repräsentativem Individuum einer Generation k und der SPV erfasst, und folglich kann die interne Rendite ir_k^j eines männlichen ($j=m$) bzw. weiblichen ($j=f$) Individuums bestimmt werden, die den Barwert der Zahlungsströme von Beiträgen und Leistungen genau zum Ausgleich bringt und damit Gleichung (8) Null setzt. Zu beachten ist, dass die Diskontierung des Barwerts (Net Present Value) der Nettozahlungsströme z, $NPV(z)$, hier auf das Geburtsjahr k und nicht auf das Basisjahr t erfolgt[99]

$$NPV(z)_{k,k}^j = \sum_{s=k}^{k+D} z_{s,k}^j c_{s,k}^j (1+ir_k^j)^{k-s} \equiv 0. \quad (22)$$

Die internen Renditen der jeweiligen Kohorten bestimmen sich durch ein iteratives Lösungsverfahren. Alle in den beiden folgenden Abschnitten aufgeführten internen Renditen sind in realen Größen ausgewiesen. Da die Generationenbilanzierung von einer makroökonomischen Perspektive ausgeht, weisen die aufgezeigten internen Rendite die durchschnittliche Verzinsung einer Kohorte auf.[100]

4.2 Ergebnisse

Um die Übersichtlichkeit in den Ergebnissen zu bewahren, wird in einem ersten Schritt (Abschnitt 4.2.1) jener *Einführungsvorteil* ermittelt, der sich für die mittelalten bis ältesten Jahrgänge durch verkürzte bzw. komplett ausbleibende Nettobeitragsphasen ergibt. In diesem Zusammenhang wird ein über die Zeit unveränderter Beitragssatz i.H.v. 1,7 Prozent unterstellt (exogenes Beitragssatzszenario).[101] Erst in einem zweiten Schritt (Abschnitt 4.2.2) finden die für die Nachhaltigkeit der Pflegepolitik notwendigen Anpassungen der Beitragseinnahmen Berücksichtigung (endogenes Beitragssatzszenario). Durch einen Vergleich der internen Renditen, die sich bei endogener Beitragssatzanpassung für unterschiedliche Kohorten ergeben, lassen sich die durch die Beitragssatzanpassung verursachten intergenerativen Umverteilungen aufzeigen. Abschließend wird in Abschnitt 4.2.3 noch die Frage geklärt, wer das sogenannte *Einführungsgeschenk* der ersten Generationen trägt.[102] Im Fall dynamischer Effizienz entspricht dessen Höhe

---

[99]Zur Berechnung der altersspezifischen Überlebenswahrscheinlichkeiten muss hier nun außerdem für jede im Jahr 1995 lebende Kohorte bzw. in allen späteren Jahren für die dann Neugeborenen die neueste Sterbetafel 2001/2003 des Statistischen Bundesamtes (2004c) auf die künftig höhere Lebenserwartung angepasst werden. Damit lässt sich der doppelte Alterungsprozess adäquat über die Zeit abbilden. Die Entwicklung der zukünftigen Lebenserwartungen orientiert sich wiederum an der fünften Variante der zehnten koordinierten Bevölkerungsvorausberechnung des Statistischen Bundesamtes (2003c).

[100]Hierzu sei angemerkt, dass die interne Rendite damit auch jene Individuen in die Betrachtung miteinbezieht, die gar nicht am System der SPV beteiligt sind, also – und vor allem – der Personenkreis der privat Pflegeversicherten.

[101]Wie zuvor wurde der Familienlastenausgleich i.H.v. 0,25 Prozentpunkten auch hier als negative Ausgabe berücksichtigt.

[102]Während die hier verwendete Bezeichnung des *Einführungsvorteils* begrifflich nicht näher festgelegt ist, handelt es sich bei der Bezeichnung des *Einführungsgeschenks* um einen in der ökonomischen Literatur inzwischen

nämlich genau dem über alle Generationen aufsummierten Barwert aus der Differenz der internen Rendite eines alternativen kapitalgedeckten und der impliziten Rendite des umlagefinanzierten Systems, wobei diese Differenz eine Art implizite Steuer darstellt (siehe Feldstein (1995)).

4.2.1 Interne Rendite bei exogenem Beitragssatz

Die Berechnungen der internen Renditen erfolgen hier für alle Jahrgänge ab 1895 – also die im Jahr 1995 100-Jährigen – bis einschließlich des Jahrgangs 2030. Dabei stellt erstmalig der Jahrgang 1975 jenen Jahrgang dar, dessen Zahlungsströme seinen gesamten Lebenszyklus betreffen.[103] Diese Kohorte ist die erste, die durch die Inkraftsetzung des Umlageverfahrens keinen Einführungsvorteil mehr erhält, da sie die Beitrags- und Transferphase zur Gänze durchlaufen muss. Folglich bildet ein im Jahr 1995 20-jähriges Individuum den Referenzfall, anhand dessen sämtliche im Weiteren ausgewiesenen internen Renditen verglichen werden können.

Gemäß der durchschnittlichen Beitrags- und Leistungsprofile der jeweiligen Jahre waren bei Einführung der SPV alle Männer des Jahrgangs 1925 und älter über ihren restlichen Lebenszyklus bereits Nettotransferempfänger, bei den Frauen bereits alle der Jahrgänge 1930 und älter. Da den Transferleistungen im Saldo keine Beitragszahlungen gegenüberstehen und -standen, weisen diese Kohorten damit allesamt eine unendliche Rendite auf:

$$ir_k^m = \infty \quad \text{für} \quad 1895 \leq k \leq 1925,$$
$$ir_k^f = \infty \quad \text{für} \quad 1895 \leq k \leq 1930.$$

Um dennoch einen Anhaltspunkt bezüglich der Höhe des Einführungsvorteils durch die SPV zu liefern, sind im Folgenden die Barwerte der Pro-Kopf-Nettobeitragszahlungen – also die Generationenkonten zum Basisjahr 1995 – der entsprechenden Kohorten aufgeführt; vgl. Abbildung 13. Eine Frau des Jahrgangs 1930 erhält demnach durchschnittlich 15.600 Euro an Nettopflegetransfers über ihr verbleibendes Leben, ohne jemals Nettobeiträge geleistet zu haben. Ähnlich wird eine Frau des Jahrgangs 1925 gestellt. Ein männlicher Repräsentant dieser Kohorte hingegen erhält gerade einmal die Hälfte an Nettoleistungen als Einführungsvorteil, nämlich in etwa 7.600 Euro. Ausgehend hiervon lässt sich zurück bis in das Jahr 1995 der Vorteil des damals 100-Jährigen ausmachen. Dabei resultieren die mit steigendem Alter der Individuen abnehmenden Barwerte an Nettotransferleistungen aus – absolut gesehen – geringeren Transferleistungen aufgrund einer kürzeren Restlebensdauer. Der Einführungsvorteil des ältesten im Jahr 1995 lebenden männlichen bzw. weiblichen Jahrgangs betrug 494 Euro bzw. 508 Euro an ambulanten Nettopflegetransfers.

---

feststehenden Begriff. Dieser geht u.a. auch auf Feldstein (1995) und Sinn (2000) zurück, die beide einen formalen Beweis dafür lieferten.

[103] Aus Vereinfachungsgründen wurde bei den hier durchgeführten Berechnungen vernachlässigt, dass es sich bei den 0- bis 19-Jährigen eigentlich um Nettotransferempfänger, wenn auch in sehr geringem Ausmaß, handelt. So hat die alleinige Berücksichtigung der Zahlungsströme ab einem Alter von 20 Jahren den Vorteil, dass es nur zu einem einmaligen Vorzeichenwechsel bei allen über den Lebenszyklus erfolgten Nettozahlungen kommt, wodurch im Rahmen der Renditeberechnung ein eindeutiges Ergebnis, also eine eindeutige Nullstelle, erzielt wird.

Abbildung 13
Barwert der Nettobeitragszahlungen der Jahrgänge 1930 bzw. 1925 bis 1895
(Basisjahr 1995, Projektionsjahr 2004, g=1,5%, r=3%, in Preisen 2004)

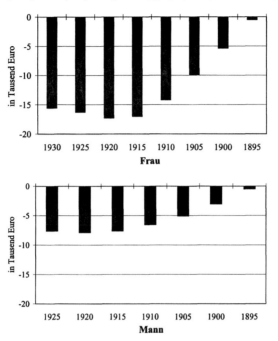

Quelle: Eigene Berechnungen.

Einen Einführungsvorteil haben aber auch all jene Kohorten, die im Jahr 1995 zwar noch zu den Nettobeitragszahlern zählen, jedoch nicht mehr ihre komplette Nettobeitragsphase zu durchlaufen haben. Dies wiederum trifft auf alle Jahrgänge 1970 und älter zu, da die Nettobeitragsphase effektiv erst ab dem Jahrgang 1975 und aufwärts komplett beschritten wird. Je näher sich eine Kohorte am Ende ihrer Nettobeitragsphase befindet, desto stärker profitiert sie von der Einführung der umlagefinanzierten SPV. Durch einen Vergleich der internen Renditen der im Jahr 1995 ältesten noch nettobeitragszahlenden Kohorte, bei Männern der Jahrgang 1930 und bei Frauen der Jahrgang 1935, bis hin zur jüngsten nettobeitragszahlenden Kohorte, der Referenzkohorte 1975, lässt sich dieser Sachverhalt veranschaulichen; vgl. Abbildung 14. Dabei ergibt sich der *Einführungsvorteil* für jeden einzelnen Jahrgang als Differenz aus der Rendite der jeweiligen Kohorte k zur Benchmark-Rendite – der Rendite, der im Jahr 1995 20-Jährigen: $(ir_k^j - ir_{1975}^j)$.

Die erste auf einer Nettobeitragsphase von drei Jahren basierende interne Rendite eines Mannes des Jahrgangs 1930 liegt bei 50,3 Prozent. Diese schmilzt auf knapp 21,4 Prozent für einen im Jahr 1935 geborenen Mann ab, der im Vergleich zu seinem fünf Jahre älteren Pendant sechs

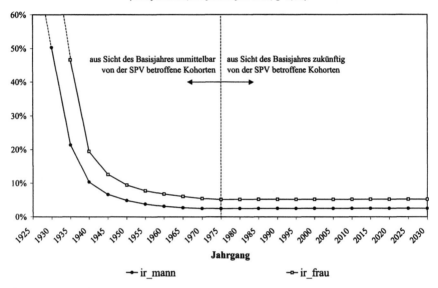

Abbildung 14
Interne Rendite der SPV der Jahrgänge 1925 bis 2030 bei exogenem Beitragssatz
(Basisjahr 1995, Projektionsjahr 2004, g=1,5%)

Quelle: Eigene Berechnungen.

Jahre an Nettobeitragszahlungen leistet. Eine ebenfalls im Jahr 1935 geborene Frau – allerdings mit nur einer Nettobeitragsphase von drei Jahren – erreicht im Rahmen der Einführung der SPV eine interne Rendite in Höhe von ca. 46,6 Prozent. Für jede jüngere Generation erschließt sich entsprechend der jeweils länger zu durchlaufenden Nettobeitragsphasen eine geringere "Verzinsung" der geleisteten Beiträge und somit auch ein nur noch geringerer Einführungsvorteil. So sieht sich ein Mann bzw. eine Frau des Jahrgangs 1945 noch einer impliziten Rendite von 6,7 bzw. 12,6 Prozent gegenüber, während sich diese für einen im Jahr 1995 30-jährigen Mann (Jahrgang 1965) bzw. eine 30-jährige Frau auf 2,8 bzw. 6,1 Prozent reduziert. Dies wiederum entspricht bereits fast der "Verzinsung" der Beiträge der Referenzkohorte, die bei 2,5 Prozent für einen Mann bzw. 5,2 Prozent für eine Frau liegt.

Unter der Bedingung, dass der Beitragssatz und das reale Leistungsniveau – wie hier angenommen – unverändert in alle Zukunft fortgeschrieben werden, sehen sich alle dem Jahrgang 1975 folgenden Generationen mit derselben internen Rendite wie die Benchmark-Kohorte konfrontiert: $ir_k^j = ir_{1975}^j$, $\forall\ k \geq 1975$. Dies ist insofern stimmig, als mit der unveränderten Fortführung des Beitragssatzes die "Verzinsung" der Beiträge auf einem konstanten Niveau gehalten wird. Unter der damit gewissermaßen implizit unterstellten stationären Bevölkerung findet auch keine Lastverschiebung statt, da alle Generationen für die gleiche zu erwartende Leistung einen identischen Beitragssatz zu entrichten haben.

Eine stationäre Bevölkerung entspricht jedoch nicht der Realität. Da der Anteil älterer Menschen an der Gesamtbevölkerung im Vergleich zum Anteil erwerbstätiger Beitragszahler steigt, werden – sofern keine Leistungskürzungen in der SPV erfolgen – zwangsläufig Einnahmensteigerungen notwendig. Welche Renditen sich unter diesen Gegebenheiten für die jeweiligen Kohorten einstellen, sei im Folgenden anhand der internen Rendite unter endogener Beitragssatzanpassung aufgezeigt.

4.2.2 Interne Rendite bei endogenem Beitragssatz

Unter der defizitbereinigenden Beitragssatzentwicklung der SPV – wie in Abbildung 11 dargestellt – ist die interne Rendite derjenige Diskontierungssatz, der Gleichung (8) unter Berücksichtigung von Gleichung (21) genau auf Null setzt

$$NPV(z^B)_{k,k}^j = \sum_{s=k}^{k+D} z_{s,k}^{Bj} c_{s,k}^j (1 + ir_k^{Bj})^{k-s} \equiv 0. \tag{22''}$$

Kaum bzw. nur wenig betroffen von den Beitragssatzsteigerungen, die erstmalig im Jahr 2007 erfolgen, sind die Jahrgänge 1955 und älter, vgl. Abbildung 15. So ist ein im Jahr 1995 40-jähriger Mann mit einer Reduktion seiner internen Rendite um 0,74 Prozentpunkte konfrontiert, eine Frau derselben Altersklasse gerade einmal mit einer Reduktion um 0,46 Prozentpunkte, was auf die vergleichsweise niedrigere Beitragszahlungen zurückzuführen ist. Je jünger nun aber eine Kohorte ist, umso mehr schlagen sich auch die höheren (zukünftigen) Beitragssätze in der internen Rendite nieder, weil die entsprechenden Generationen nicht nur eine längere Phase mit entsprechend höheren Beiträgen durchlaufen müssen, sondern diese Beitragssätze im Zeitablauf zudem weiter ansteigen: Ausgehend von 1,7 Prozent bis einschließlich dem Jahr 2006 steigt der Beitragssatz kontinuierlich bis auf sein Maximum von 4,0 Prozent im Jahr 2055 an. Demzufolge werden vornehmlich die im Basisjahr jungen und zukünftigen Kohorten von den Beitragssatzanpassungen getroffen.

Im Vergleich zu der hypothetischen internen Rendite des exogenen Beitragssatzszenarios ir_k^j stellt sich bei einem Mann der Referenzkohorte 1975 eine Reduktion in der internen Rendite um knapp 60 Prozent ein, und zwar ausgehend von 2,5 Prozent auf 1 Prozent. Eine Frau desselben Jahrgangs muss demgegenüber nur mit einer Abschmelzung ihrer internen Rendite um ca. 18 Prozent rechnen, und zwar von 5,2 auf 4,3 Prozent. Je weiter diese Betrachtung in die Zukunft getragen wird, desto dominierender machen sich die Beitragssatzsteigerungen in der Höhe der internen Rendite bemerkbar. So haben – im Verhältnis zur Benchmark-Rendite – insbesondere alle nach 1975 geborenen Generationen ($k > 1975$) deutlich niedrigere implizite Renditen zu verzeichnen. Männer des Jahrgangs 2000 sind sogar mit einer negativen Rendite von knapp −0,1 Prozent konfrontiert. Die interne Rendite einer im selben Jahr geborenen Frau beträgt demgegenüber noch 3,1 Prozent, was dennoch einer Reduktion in der internen Rendite im Vergleich zum Referenzfall von ca. 41 Prozent entspricht.

Abbildung 15
Interne Rendite der SPV der Jahrgänge 1925 bis 2030 bei endogenem Beitragssatz
(Basisjahr 1995, Projektionsjahr 2004, g=1,5%)

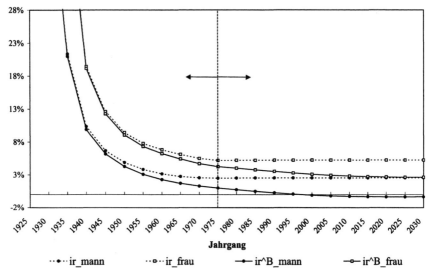

Quelle: Eigene Berechnungen.

Im Unterschied zu der im vorherigen Abschnitt 4.2.1 vorliegenden konstanten "Verzinsung" der Beiträge aller Jahrgänge nach der Referenzkohorte macht sich die Bevölkerungsentwicklung und damit die Finanzierung der Alterung in der impliziten Rendite bemerkbar und gibt damit auch den von den jeweiligen Kohorten abzubezahlenden Anteil der *impliziten Schuld* wieder: $ir_k^j - ir_k^{Bj}$. Anhand der Vergleiche in den internen Renditen einer jeweiligen Generation wird deutlich, dass aufgrund der demographischen Entwicklung die Rendite aller Generationen gedrückt wird und somit alle einen Teil der Alterungslasten tragen – dies allerdings in unterschiedlichem Ausmaß. So ist der zu tilgende Anteil der impliziten Schuld umso größer, je jünger eine Kohorte ist.[104]

Damit offenbart die Interne-Rendite-Betrachtung unter endogener Beitragssatzanpassung auch, was durch die alleinige Betrachtung der Generationenkonten des 0- und des "–1"-Jährigen verborgen blieb, nämlich dass die Abfolge der endogenen Beitragssatzanpassung zu unterschiedlichen Zeitpunkten im Lebenszyklus mit unterschiedlichen Beitragsbelastungen einhergehen kann (vgl. Abbildung 12, S. 54).

---

[104]Demgegenüber ist der abzubezahlende Anteil der impliziten Schuld unter einer *NEQ*-Politik, welche allen lebenden und zukünftigen Kohorten eine proportionale Erhöhung der Beitragszahlungen auferlegt, für alle Jahrgänge, die eine komplette Beitragsphase mit der proportionalen Erhöhung θ_b durchlaufen, identisch. Entsprechend erfahren diese Jahrgänge alle dieselbe Verzinsung ihrer Beiträge, was letztendlich die gleichmäßige Verteilung der demographischen Last auf alle Kohorten impliziert.

4. Interne Rendite der SPV

Abbildung 16
Renditeniveau zukünftiger Jahrgänge im Vergleich zum internen Renditeniveau des im Projektionsjahr 0-Jährigen unter endogener Beitragssatzanpassung
(Basisjahr 1995, Projektionsjahr 2004, g=1,5%)

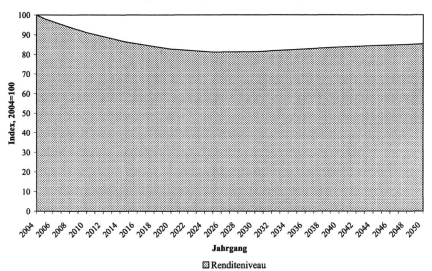

Quelle: Eigene Berechnungen.

Wird die Rendite des im Projektionsjahr 2004 0-Jährigen mit jener des unmittelbar darauf folgenden Jahrgangs 2005 verglichen, so liegt die interne Rendite der Kohorte 2005 mit 1,34 Prozent um 0,03 Prozentpunkte unter der des Jahrgangs 2004. Diese unterschiedliche intergenerative bzw. intertemporale Belastung nimmt aus Sicht des Projektionsjahres für zukünftige Kohorten weiter zu. So hat der Jahrgang 2010 unter endogener Beitragssatzanpassung im Durchschnitt noch eine Rendite von knapp 1,25 Prozent, für den Jahrgang 2025 liegt diese bei 1,1 Prozent, was 0,26 Prozentpunkte unter der Rendite des im Projektionsjahr 0-Jährigen liegt. Relativ betrachtet liegt das Renditeniveau des Jahrgangs 2010 im Vergleich zum Niveau des Jahrgangs 2004 damit noch bei ca. 91 Prozent. Das Renditeniveau des im Jahr 2025 Geborenen bewegt sich demgegenüber auf gerade noch 81 Prozent des Renditeniveaus des im Projektionsjahr 0-Jährigen; vgl. auch Abbildung 16.

4.2.3 Rückzahlung des Einführungsgeschenks

Neben intergenerativen Umverteilungsaspekten durch die jährlichen Beitragssatzanpassungen soll in diesem Abschnitt abschließend noch der Frage nach der Rückzahlung des "Geschenks der ersten Generationen" nachgegangen werden. Die Höhe des Einführungsgeschenks bestimmt sich dabei als Differenz aus der internen Rendite eines alternativen kapitalgedeckten Systems – dem Marktzins r – und der impliziten Rendite des umlagefinanzierten Systems ir_k^{Bj}. Sofern

Abbildung 17
Die Rückzahlung des Einführungsgeschenks
(Basisjahr 1995, Projektionsjahr 2004, g=1,5%)

(a) Geschlechtsspezifische interne Rendite

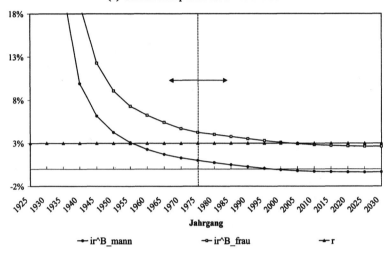

(b) Durchschnittliche interne Rendite

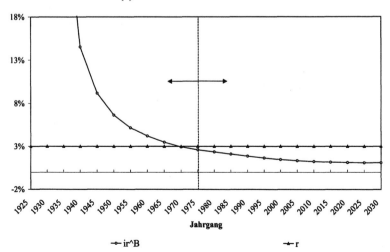

Quelle: Eigene Berechnungen.

4. Interne Rendite der SPV

dynamische Effizienz vorliegt, ist diese Differenz $(r - ir_k^{Bj})$ als *implizite Steuer* zu verstehen, die lebenden und zukünftigen Generationen durch die Einführung des Umlageverfahrens aufgebürdet wird. Dabei entspricht die abgezinste und über alle Generationen summierte implizite Steuer gerade dem Einführungsgeschenk der ersten Generationen.[105] Gemäß dieser Beziehung wird die Tilgung des Einführungsgeschenks also von all jenen Generationen vorgenommen, für die $r > ir_k^{Bj}$ gilt.

Bei Unterstellung eines realen Marktzinses von 3 Prozent[106] wird die Rückzahlung des Einführungsgeschenks bis auf einen verschwindend geringen Anteil, den die Frauen ab Jahrgang 2005 leisten, im Wesentlichen von Männern ab Jahrgang 1960 und jünger vorgenommen und dies umso mehr, je stärker die interne Rendite im Rahmen des Umlageverfahrens sinkt. Während der männliche Jahrgang 1960 nur relativ wenig zur Rückzahlung des Einführungsgeschenks beiträgt, sind alle folgenden Jahrgänge mit deutlich größeren Anteilen belastet. So steigt die implizite Steuer mit zunehmender Alterung der Bevölkerung und pendelt sich erst ab etwa dem Jahrgang 2015 ein (vgl. Abbildung 17a). Die Tatsache, dass die männlichen Jahrgänge von 1960 bis 1970 bereits an der Rückzahlung des Einführungsgeschenk beteiligt sind, bedeutet aber auch, dass diese zwar immer noch den zuvor genannten Einführungsvorteil – resultierend aus den kürzeren Nettobeitragsphasen – erhalten, letztendlich jedoch keinem reellen Vorteil mehr gegenüberstehen. Denn im Vergleich zu einem alternativen kapitalgedeckten System mit dem Marktzins r können sie im Rahmen der umlagefinanzierte SPV nur eine Rendite von ir_k^{Bm} realisieren und sind wegen $ir_k^{Bm} < r$ ($\forall$ $k \geq 1960$) effektiv schlechter gestellt.

Der Grund für diese anscheinend fast alleinige Rückzahlung des Einführungsgeschenks durch die Männer ist der fehlenden Beitragsäquivalenz in der SPV und damit der Tatsache zuzuschreiben, dass Frauen von ihrer im Durchschnitt geringeren Beitragszahlung zur SPV profitieren. Ein Vergleich zu den risikoäquivalenten Prämienzahlungen, wie sie im Rahmen einer kapitalgedeckten Pflegeversicherung bei gleichen Leistungstransfers fällig werden würden, zeigt, dass diese für Frauen stets über den Beitragszahlungen zur SPV liegt. So müssen die Frauen in der kapitalgedeckten Variante exakt den "Preis" für Pflegeleistungen zahlen, der ihrem Risikoprofil entspricht. Dagegen würden Männer im Rahmen der kapitalgedeckten Variante tendenziell entlastet, da sie zwar ebenfalls eine risikoäquivalente Prämie leisten müssten, diese aber deutlich unter ihren Beitragszahlungen zur SPV liegen würde. Dieser Vergleich offenbart damit auch die im Rahmen der SPV stattfindende intragenerative Umverteilung zwischen Männern und Frauen. Exemplarisch illustriert Abbildung 18 die zu erwartenden Prämien- und Beitragsverläufe für ein im Projektionsjahr 2004 20-jähriges weibliches bzw. männliches Individuum. Im Zeitablauf steigt

---

[105] Für eine formale Darstellung siehe Sinn (2000), S. 394 ff.
[106] Zum Vergleich: Die vorgeschriebene Mindestnominalverzinsung für die Berechnung der alters- und geschlechtsspezifischen Prämien mit Alterungsrückstellungen beträgt 3,5 Prozent. Siehe Bundesgesetzblatt (1996), Kalkulationsverordnung, §4. Diese vorgeschriebene Mindestverzinsung, die nach den allgemeinen Bewertungsgrundsätzen des Vorsichtsprinzips erfolgt, stellt damit auch bei schlechter konjunktureller Entwicklung eine Verzinsung von 3,5 Prozent sicher. Betrachtet man demgegenüber die durchschnittliche tatsächliche nominale Nettoverzinsung der privaten Krankenversicherer der letzten 15 Jahre, so lag der nominale Zinssatz im Durchschnitt bei knapp 7 Prozent; vgl. PKV (2004). Insofern erscheint die Annahme eines hier unterstellten langfristigen realen Zinssatzes von 3 Prozent gerechtfertigt. Dennoch ist die Frage, welcher Zinssatz für einen derartigen Vergleich herangezogen wird, von nicht unerheblicher Bedeutung für das Resultat des Vergleichs.

Abbildung 18
Vergleich der zu zahlenden Pflegebeiträge in Rahmen eines kapitalgedeckten Systems und im Rahmen der SPV einer im Projektionsjahr 20-jährigen Frau bzw. eines im Projektionsjahr 20-jährigen Mannes
(Basisjahr 1995, Projektionsjahr 2004, g=1,5%, in Preisen 2004)

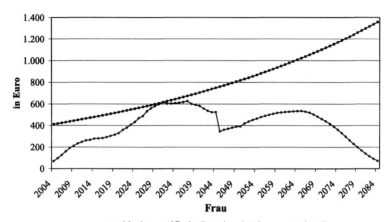

Frau

→ geschlechtsspezifische Prämie mit Alterungsrückstellung
→ Beitragszahlung zur SPV

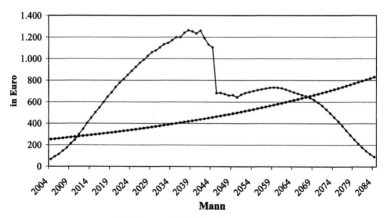

Mann

→ geschlechtsspezifische Prämie mit Alterungsrückstellung
→ Beitragszahlung zur SPV

Quelle: Eigene Berechnungen.

die Prämie – wie auch der Beitrag zur SPV – um 1,5 Prozent aufgrund der Pflegeleistungsdynamisierung.[107] Bei der Ermittlung der zu leistenden Beiträge zur SPV wurden außerdem die defizitbereinigenden Beitragssatzanpassungen berücksichtigt.

Diese in der SPV vorliegende Umverteilung kann mittels einer durchschnittlichen Renditebetrachtung herausgefiltert werden. Damit lässt sich feststellen, welche Generationen – unter Vernachlässigung jeglicher intragenerativen Umverteilungselemente – tatsächlich an der Rückzahlung des Einführungsgeschenks beteiligt sind. Dabei zeigt die durchschnittliche Renditeberechnung (siehe Abbildung 17b), dass alle Generationen ab 1970 und jünger eine implizite Steuer zu tragen haben. Allein die Umverteilung im Rahmen der SPV bewirkt, dass Frauen – trotz Alterung der Bevölkerung – mit der SPV kaum schlechter gestellt sind als in der alternativen kapitalgedeckten Variante (vgl. Abbildung 17a). Damit überkompensiert die intragenerative Umverteilung zu einem Großteil die von den Frauen eigentlich zu tragende implizite Steuer. Die Männer hingegen werden durch die Umverteilung mit einer größeren impliziten Steuer belastet.

Bzgl. der impliziten Steuer sei an dieser Stelle abschließend festgehalten, dass deren Höhe grundsätzlich nicht unerheblich für die Akzeptanz des Sozialversicherungssystems ist. So hängt die Zustimmung zu einem solchen System wesentlich davon ab, wie ausgeprägt die Beziehung zwischen der Höhe der Beitrags-Vorleistung und der Höhe der späteren Gegenleistung ist. Je stärker die Diskrepanz zwischen Beitrags-Vorleistung und späterer Gegenleistung, d.h. je mehr Steuercharakter die Beiträge aufweisen, umso weniger wird die SPV in ihrer eigentlichen Bedeutung, nämlich als Absicherung gegen das Risiko der Pflegebedürftigkeit, wahrgenommen, sondern zunehmend nur als "ungerechter" Kostenfaktor.[108] Dies kann in der Folge dazu führen, dass die Akzeptanz der SPV – zumindest partiell – verloren geht.

4.3 Sensitivitätsanalyse

Die im Folgenden aufgeführten Sensitivitätsanalysen der internen Rendite beziehen sich auf Veränderungen der Bevölkerungsentwicklung sowie auf Veränderungen der Wachstumsrate g.

Demographie. Hinsichtlich unterschiedlicher demographischer Entwicklungen weist die interne Rendite der SPV – bei gegebener Wachstumsrate von $g = 1,5$ Prozent – jeweils ihren unteren und oberen Extremwert unter der Variante 3 (relativ junge Bevölkerung) und der Variante 7

---

[107] Alle Werte sind in Preisen des Jahres 2004 ausgedrückt. Zur Berechnung der geschlechtsspezifischen Prämie wurde angenommen, dass der Barwert aller über den verbleibenden Lebenszyklus anfallenden Pflegeausgaben im Erwartungswert dem Barwert aller zukünftig zu erwarteten Prämienzahlungen entspricht. Der Erwartungswert der Ausgaben für jedes künftige Jahr resultiert aus der Multiplikation der in dem entsprechenden Jahr anfallenden altersspezifischen Ausgaben mit der altersspezifischen Überlebenswahrscheinlichkeit. Derjenige Anteil, der über die laufenden Ausgaben hinausgeht, die so genannte Alterungsrückstellung, wurde mit einem Zinssatz von real 3 Prozent verzinst. An dieser Stelle sei erwähnt, dass als Grundlage für die Berechnungen das Ausgabenprofil des Projektionsjahres dient.
[108] Im Fall der SPV erwächst der Steuercharakter der Beiträge zum einen daraus, dass die Beitragszahlungen einkommensabhängig erhoben, die Leistungen hingegen einkommensunabhängig gewährt werden. Zum anderen nimmt der Steuercharakter der Beiträge demographiebedingt über die Zeit stetig zu, da für gleiche reale Leistungen ein immer höherer Preis in Form steigender Beitragssätze zu leisten ist.

(relativ alte Bevölkerung) auf, weshalb sich die Sensitivitätsbetrachtungen auch auf diese beiden Varianten beschränkt.

Unter den Gegebenheiten des Status quo – dem hypothetischen Fall eines über die Zeit konstanten Beitragssatzes – hat lediglich die unterschiedliche Lebenserwartung der Varianten 3, 5 und 7 einen Einfluss auf die Höhe der internen Rendite. So ist, ungeachtet des vorliegenden Zuwanderungsszenarios, die implizite Rendite einer Kohorte umso größer, je höher die Lebenserwartung ist, was auf die hohen Leistungstransfers der letzten Lebensjahre zurückgeführt werden kann. Damit liegt die interne Rendite unter der Variante 7 (Variante 3), der Variante mit einer hohen (niedrigen) Lebenserwartung, über (unter) derjenigen, die sich unter Bevölkerungsvariante 5 einstellt. Dieser Tatbestand gilt für alle lebenden und zukünftigen Kohorten gleichermaßen, wobei die Veränderlichkeit der Variante 3 bzw. 7 gegenüber den Ergebnissen unter Variante 5 für junge und zukünftige Kohorten, deren fernere Lebenserwartung die der mittelalten bis älteren Jahrgänge übersteigt, naturgemäß ausgeprägter ist. So unterscheidet sich die internen Renditen des Jahrgangs 1935 unter Variante 3, 5 und 7 mit 34,12 Prozent, 34,17 Prozent und 34,22 Prozent kaum voneinander. Dahingegen weichen die internen Renditen des Jahrgangs 1990 – je nach unterstellter Variante – deutlich stärker voneinander ab. Unter Variante 3 liegt diese bei 3,7 Prozent, unter Variante 5 bei 3,85 Prozent und unter Variante 7 bei 4,12 Prozent; vgl. Anhang A, Tabelle A.1.

Unter den realistischen Bedingungen eines über die Zeit steigenden Beitragssatzes bleiben diese Ergebnisse qualitativ nur für die Jahrgänge 1975 und älter erhalten,[109] d.h. nur für diese Kohorten gilt, dass die Rendite unter Variante 7 (Variante 3) über (unter) der aus Variante 5 liegt. Für die Jahrgänge 1980 und jünger kehrt sich dieser Sachverhalt um. Nun kommt der Effekt eines steigenden Beitragssatzes zum Tragen, der dazu führt, dass die Rendite aus Variante 7 (Variante 3) unter (über) der internen Rendite aus Variante 5 liegt. Konkret überwiegen damit die unter der Variante 7 einhergehenden Beitragssatzsteigerungen den Effekt einer höheren Lebenserwartung und damit einer längeren Leistungsbezugsdauer. Die genau umgekehrte Argumentation gilt dabei für die Ergebnisse unter Variante 3.

In diesem Zusammenhang bleibt ferner festzuhalten, dass unter Variante 3, wie unter Variante 5, die Jahrgänge 1970 und jünger an der Rückzahlung des Einführungsgeschenks beteiligt sind, unter Variante 7 sind es die Jahrgänge 1975 und jünger, deren interne Rendite aus dem Umlageverfahren unter der internen Rendite eines äquivalenten kapitalgedeckten Systems mit dem Kapitalmarktzins r liegt.

Wachstumsrate. Zur Darstellung des Effekts auf die internen Renditen, der mit unterschiedlichen Wachstumsraten einhergeht, werden die Parameterwerte auf $g = 1$ Prozent sowie $g = 2$ Prozent gesetzt. Unabhängig davon, ob der Fall des exogenen oder endogenen Beitragssatzszenarios betrachtet wird, gilt für die interne Rendite aller Kohorten, dass diese umso größer ausfällt, je höher der unterstellte allgemeine Produktivitätsfortschritt und damit das Lohnwachstum ist; vgl. Anhang A, Tabelle A.2. Dieses Ergebnis spiegelt dabei den Tatbestand wieder, dass die (makroökonomische) Verzinsung im Umlageverfahren der Wachstumsrate der Lohnsumme ent-

---

[109] Für die Variante 7 gilt dies bereits für die Jahrgänge 1980 und älter.

spricht, die sich wiederum aus der Summe der Wachstumsrate der Erwerbstätigen (vgl. auch die Ergebnisse der Gegenüberstellung der Bevölkerungsvarianten) und der Lohnwachstumsrate ergibt.

Wird abschließend auch hier der Frage nachgegangen, welche Kohorten an der Rückzahlung des Einführungsgeschenks beteiligt sind, so ergibt sich folgendes Bild: Im optimistischen Fall einer Wachstumsrate von $g = 2$ Prozent tragen die Kohorten der Jahrgänge 1980 und jünger die implizite Steuer zur Rückzahlung des Einführungsgeschenks; im Standardfall betrifft dies die Kohorten ab Jahrgang 1970; und im pessimistischen Wachstumsszenario von $g = 1$ Prozent sind alle Kohorten 1965 und jünger mit der impliziten Steuer $r - ir_k^{Bj}$ belastet.

4.4 Zusammenfassende Betrachtung

Durch Berechnung der internen Renditen unterschiedlicher Kohorten konnten alle im Zuge der Einführung der SPV entstehenden Umverteilungseffekte offengelegt werden. In diesem Zusammenhang wurde unterschieden zwischen dem *Einführungsvorteil*, den all jene Kohorten erfahren, die altersbedingt nicht mehr die komplette Beitragsphase zu durchlaufen haben ($ir_k^j - ir_{1975}^j$), der Tilgung der *impliziten Schuld* ($ir_k^j - ir_k^{Bj}$) und der *impliziten Steuer* zur Rückzahlung des Geschenks der ersten Generationen ($r - ir_k^{Bj}$): Während die Finanzierung der Alterung – unabhängig davon, ob Mann oder Frau – von allen, wenn auch insbesondere von den heute jungen und zukünftigen Generationen vorgenommen wird und dies umso mehr, je stärker sich die endogene Beitragssatzanpassung in der Beitragsphase niederschlägt, erfolgt die Bezahlung des Einführungsgeschenks scheinbar fast ausschließlich seitens der Männer. Dies allerdings ist allein auf den Tatbestand starker geschlechtsspezifischer Umverteilungsströme innerhalb der SPV zurückzuführen.

So findet im jetzigen System der SPV eine erhebliche intragenerative Umverteilung zu Gunsten der Frauen statt, und zwar in einem solchen Ausmaß, dass sich weibliche Individuen heute junger und zukünftiger Generationen trotz vorliegender demographischer Entwicklung im Rahmen der SPV nur unmerklich schlechter stellen, als es in einem alternativen kapitalgedeckten System der Fall wäre. Durch diese Umverteilung werden die Frauen so stark entlastet, dass sie netto kaum zur Rückzahlung des Einführungsgeschenks beitragen. Die jungen bzw. mittelalten Männer hingegen gehen als deutliche Verlierer aus der Einführung der SPV auf umlagefinanzierter Basis hervor. Sie müssen nicht nur die *inter*generative Umverteilung zugunsten ihrer Elterngeneration, sondern auch eine *intra*generative Umverteilung zugunsten des weiblichen Geschlechts hinnehmen.

Dabei sind Umverteilungen per se nicht unerwünscht. Vielmehr sind Maßnahmen, die dem Versicherungszweck dienen – hierunter fällt der Risikoausgleich, also die Umverteilung von den Gesunden zu den Pflegebedürftigen – sowie solche, die individuelle Risikomerkmale durch einen (ex-ante) Ausgleich zwischen niedrigen und hohen Risiken wegtypisieren, konstitutiv für eine Sozialversicherung. Dagegen sind reine Einkommensumverteilungen kein genuiner Bestandteil des sozialversicherungstypischen Solidarprinzips, sondern eine gesamtgesellschaftliche Aufgabe, und folglich sozialversicherungsfremd. Da Frauen im Durchschnitt höhere Pflegerisiken besitzen, ist die Umverteilung zwischen Mann und Frau grundsätzlich sozialversicherungstypisch. Die Umverteilung zwischen Männern und Frauen als Folge eines im Durchschnitt geringeren beitragspflichtigen Einkommens der Frauen jedoch ist versicherungsfremd. Ordnungspolitisch korrekt sollte dieser Ausgleich nicht aus dem Beitragsaufkommen der Sozialversicherung finanziert und damit allein von den Versicherten getragen, sondern von allen Steuerzahlern geleistet werden. Damit wäre auch die der SPV innewohnende intragenerative Belastungsverschiebungen vollständig eliminiert.

Kapitel 5

Determinanten der Pflegeausgaben

Neben der in Abschnitt 3.3 aufgezeigten demographischen Komponente und damit der Fallzahlenentwicklung haben jene Faktoren maßgeblich Einfluss auf die Ausgabenentwicklung der SPV, die zu einer Steigerung der Pro-Kopf-Ausgaben führen. Speziell die SPV betreffend gehören hierzu die folgenden drei Faktoren: ein verändertes Inanspruchnahmeverhalten in der Wahl der Art der Pflegeleistungen, die Ausweitung des Pflegebegriffs auf demenzielle Erkrankungen sowie die Dynamisierung der Pflegeleistungen. Während es sich bei Ersterem um einen endogenen Einflussfaktor handelt, der in der Hauptsache von der demographischen Entwicklung getrieben wird und deshalb einen Ausgabeneffekt hervorruft, da unterschiedliche Pflegeformen unterschiedliche Pflegesätze beinhalten, sind die beiden zuletzt genannten Punkte politische Entscheidungsvariablen, die zu den jüngst im Koalitionsvertrag genannten in der SPV durchzuführenden Maßnahmen gehören,[110] wobei die stärkere Berücksichtigung Demenzkranker erstmals im Jahr 2001 erfolgt ist und sich nun auch die weitere Ausdehnung des Leistungskatalogs bereits in der Vorphase ihrer Umsetzung befindet.[111]

Im Rahmen der nachstehenden Analyse werden diese drei Faktoren aufgegriffen und entsprechend ihrer Nachhaltigkeitswirkungen analysiert. Hierbei werden im Rahmen von Kapitel 5.1 jene Determinanten beleuchtet, die eine Veränderung in der Inanspruchnahme der Pflegeleistungen und damit eine Verschiebung des Verhältnisses der ambulanten zur kostenintensiveren stationären Pflege mit sich bringen. Kapitel 5.2 untersucht die Auswirkung, die eine breitere Fassung des Pflegebegriffs mit sich bringt. So beinhaltet dies erstens, dass Bestandsfälle zusätzlich Leistungen erhalten, sowie zweitens, dass ein weiterer Personenkreis leistungsberechtigt wird. Abschließend erfolgt mit Kapitel 5.3 eine ausführliche Analyse bzgl. der Höhe einer realwerterhaltenden Dynamisierungsrate im Pflegesektor sowie die Auswirkungen unterschiedlicher Dynamisierungspfade auf die Nachhaltigkeit der SPV.

---

[110]Siehe hierzu Bundesregierung (2005), S. 106 ff.

[111]So ist zum 13. November 2006 ein Beirat zusammengetreten, dessen Aufgabe es ist, den Pflegebedürftigkeitsbegriffs neu zu definieren sowie die entsprechende Änderung im Begutachtungsverfahren durchzuführen; vgl. BMG (2006a). Das Gesamtvorhaben soll bis zum 30. November 2008 abgeschlossen sein.

5.1 Veränderungen in der Inanspruchnahme von Pflegeleistungen

Wie zuvor in Abschnitt 2.2.2 dargelegt, unterliegt die SPV zweierlei Trends in der Inanspruchnahme von Pflegeleistungen. Zum einen findet ein Wandel innerhalb der ambulanten Pflege statt, nämlich die Verschiebung von Geld- hin zu Sachleistungen, und zum anderen liegt eine Verschiebung von der ambulanten hin zur stationären Versorgungsform vor. Bei Unterstellung einer in Zukunft weitestgehend gleichbleibenden Verteilung der Pflegebedürftigen auf die einzelnen Pflegestufen – hierunter verbirgt sich die Annahme einer in Zukunft unveränderten Einstufungspraxis des MDK sowie die Annahme, dass die Pflegebedürftigen angesichts einer steigenden Lebenserwartung weder mehr noch weniger pflegebedürftig werden –, hat jegliche Art der Verschiebung von einer günstigeren hin zu einer teureren Versorgungsform Auswirkungen auf die zukünftige Ausgabenentwicklung, da es bei gleicher Pflegestufe zu Steigerungen der Pro-Kopf-Ausgaben der SPV kommt (zu den unterschiedlichen Pflegeleistungen siehe auch Tabelle 2, S. 17). In welchem Ausmaß dies der Fall ist, soll im Rahmen dieses Kapitels untersucht werden. Dazu werden in einem ersten Schritt mögliche Ursachen für ein verändertes Inanspruchnahmeverhalten aufgeführt (Abschnitt 5.1.1), bevor in einem zweiten Schritt Szenarien entwickelt werden, die unterschiedliche Schätzungen bzgl. der Veränderungen in den Pflegearrangements abbilden sollen (Abschnitt 5.1.2). Schließlich erfolgt in einem dritten Schritt die Beurteilung der fiskalischen Konsequenzen, die mit einer Erhöhung der Inanspruchnahme professioneller Leistungen für die SPV einhergehen (Abschnitt 5.1.3).[112]

5.1.1 Determinanten der Leistungsinanspruchnahme

Voraussetzung für die Inanspruchnahme von häuslicher Pflege ist gemäß den Pflegeberichten des Medizinischen Dienstes der Spitzenverbände der Krankenkassen (MDS) der Jahre 1998 und 2000 das Vorhandensein einer familialen Pflegeperson.[113] So werden laut der Infratest Studie (2003) 92 Prozent aller in Privathaushalten versorgten Pflegebedürftigen von Familienangehörigen betreut. Bei verheirateten Pflegebedürftigen ist die Hauptpflegeperson zumeist der Ehepartner, bei verwitweten und hochbetagten Pflegebedürftigen übernimmt in der Regel die Tochter die Hauptverantwortung für die Sicherstellung der Versorgung und Betreuung.[114] Damit kommt der Familie eine wichtige Funktion bei der Bewältigung der Pflegebedürftigkeit zu, und jegliche Änderungen, die diesen Personenkreis betreffen, lösen zwangsläufig Veränderungen bei der Wahl der Pflegeform aus.

In Anbetracht der bereits aufgezeigten Bevölkerungsentwicklung kommt es allein demographisch bedingt zu einem Rückgang der potentiellen (familialen) Pflegepersonen – insbesondere was die Versorgung durch die Kinder betrifft. Diese Verschlechterung der Relation von Pflegepotential zu Pflegebedürftigen (relatives Pflegepotential) wird darüber hinaus durch soziostruk-

---
[112] Kapitel 5.1 fußt im Wesentlichen auf Häcker und Raffelhüschen (2007).
[113] Vgl. MDS (1998, 2000).
[114] Vgl. Infratest Sozialforschung (2003), S. 18.

turelle Faktoren, wie sich verändernde Haushalts- und Familienstrukturen und eine zunehmende Erwerbsbeteiligung von Frauen, verschärft.[115] Da die demographische Entwicklung zuvor ausführlich diskutiert worden ist, wird im Folgenden lediglich noch Bezug genommen auf die Determinanten einer veränderten Haushalts- bzw. Familienstruktur und einer steigenden Frauenerwerbsquote. Letzteres ist insofern ein bedeutsamer Parameter, da der Hauptanteil an Pflegepersonen durch Frauen bereitgestellt wird.[116]

Haushalts- und Familienstrukturen. Empirisch gesehen spielen Haushalts- und Familienstrukturen die entscheidende Rolle bei der Wahl der Art der Pflege. Zum einen fällt die familiale Pflege umso geringer und die Inanspruchnahme von professionellen ambulanten Diensten umso höher aus, je kleiner der Haushalt ist, in dem der Pflegebedürftige lebt.[117] Während die Versorgung Pflegebedürftiger in Zwei-, Drei- und Mehrpersonenhaushalten fast ausschließlich auf der familialen Pflege beruht, müssen alleinlebende Pflegebedürftige auf professionelle ambulante Dienste zurückgreifen. Zum anderen ist der Status "Alleinstehend" auch eine der bedeutsamsten Determinanten der Heimübersiedlung. Klein (1998), der für Deutschland eine Analyse anhand des Altenheimsurveys (AHS) des Jahres 1995/1996 und des Sozio-ökonomischen Panels (SOEP) der Jahre 1984 bis 1994 durchführt, kommt zu dem Ergebnis, dass die Faktoren "Familienstand" und "weitere Personen im Haushalt" für einen Heimeintritt ausschlaggebend ist.[118] So sind laut Infratest Sozialforschung (2003, 2006) unter den in Heimen lebenden Pflegebedürftigen 85 Prozent ihrem Familienstand nach entweder verwitwet, geschieden oder ledig – bei den in Privathaushalten versorgten Pflegebedürftigen sind es 68 Prozent.[119]

Gerade aber der Anteil an Einpersonenhaushalten ist in der Vergangenheit kontinuierlich gestiegen bzw. der Anteil an Zwei- und Mehrpersonenhaushalten kontinuierlich gesunken, und zwar von 74,9 Prozent im Jahr 1970 (früheres Bundesgebiet) auf 65,3 Prozent im Jahr 1994 (Deutschland) und auf 62,7 Prozent im Jahr 2004 – ein Trend, wie er auch für die Zukunft erwartet wird.[120] Hochrechnungen des Bundesinstituts für Bevölkerungsforschung (BiB) zur Entwicklung der Bevölkerung in den Privathaushalten nach dem Familienstand bis zum Jahr 2030 zeigen, wie sich die insbesondere für die Wahl der Pflegeform wichtigen Familienkonstellationen "verheiratet" und "nicht-eheliche Lebensgemeinschaft (NEL)" für die Altersgruppe der über 60-Jährigen entwickeln:[121] Gemäß dem Mikrozensus 2002 leben knapp über 80 Prozent der 60- bis 64-Jährigen in

---

[115]Siehe hierzu auch Gilberg (2000), S. 40 ff. Neben sozio*strukturellen* Faktoren führt Gilberg (2000) auch sozio*kulturelle* Faktoren auf, wie die Bereitschaft und Motivation, Pflegeleistungen zu übernehmen, die das familiäre Unterstützungspotential beeinflussen. In den noch folgenden Berechnungen bleiben diese Faktoren unberücksichtigt.
[116]Vgl. hierzu auch Tabelle 9, S. 82.
[117]Siehe hierzu die Studien von Schneekloth et al. (1996), Blinkert und Klie (1999) und Schneekloth und Müller (2000).
[118]Weitere empirische Studien mit ähnlichen Ergebnissen liefern u.a. Börsch-Supan und Spieß (1995) für Deutschland und Headen (1993) für die USA.
[119]Vgl. Infratest Sozialforschung (2003), S. 9, Tab. 1.2 und Infratest Sozialforschung (2006), S. 12, Tab. 2.2.
[120]Siehe Statistisches Bundesamt (2005b), Tab. 2.13, Privathaushalte nach Zahl der Personen, Ländern und Gemeindegrößenklassen. Für eine ausführliche Darstellung der zukünftig zu erwartenden Entwicklung von Lebensformen und Haushalten siehe Hullen (2003).
[121]Die Hochrechnung wurde direkt am Bundesinstitut für Bevölkerungsforschung angefordert. Datenbasis der Hochrechnung bildet die 10. koordinierte Bevölkerungsvorausberechnung des Statistischen Bundesamtes (2003c) sowie der Mikrozensus des Jahres 2002.

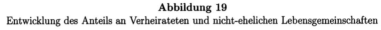

Abbildung 19
Entwicklung des Anteils an Verheirateten und nicht-ehelichen Lebensgemeinschaften

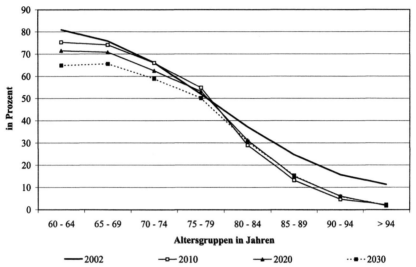

Quelle: Mikrozensus 2002 (Statistisches Bundesamt (2003e)) und Bundesinstitut für Bevölkerungsforschung (Hochrechnungsergebnisse von J. Roloff).

ehelichen oder nicht-ehelichen Lebensgemeinschaften, in der Altersklasse der 75- bis 79-Jährigen sind es rund 52 Prozent und bei den 95-Jährigen und Älteren sind es gerade noch 11 Prozent, die in einer dieser Konstellationen vorzufinden sind; vgl. auch Abbildung 19. Der mit zunehmendem Alter immer geringer werdende Anteil an ehelichen und nicht-ehelichen Lebensgemeinschaften ist dabei auf die vergleichsweise niedrigere Lebenserwartung der Männer zurückzuführen, die wiederum einen höheren weiblichen Witwenstand bedingt. Diesen Verlauf, allerdings auf z.T. deutlich niedrigerem Niveau, weisen auch die Hochrechnungsergebnisse von J. Roloff (BiB) der Jahre 2010, 2020 und 2030 auf.

Während die Altersklasse der 75- bis 79-Jährigen im Zeitablauf wenig Änderung hinsichtlich ihres Anteils an Verheirateten und NEL aufzeigt – dieser bewegt sich um die 50-Prozent-Marke – kommt es zu einem deutlichen Rückgang des Anteils an ehelichen und nicht-ehelichen Lebensgemeinschaften sowohl bei den Altersgruppen der 60- bis 69-Jährigen als auch bei den 80-Jährigen und Älteren. So sinkt der Anteil bei den 60- bis 64-Jährigen um 16 Prozentpunkte auf 65 Prozent im Jahr 2030, bei den 80- bis 84-Jährigen um 7 Prozentpunkte auf 30 Prozent im Jahr 2030 und bei den 95-Jährigen und Älteren um 9 Prozentpunkte auf 2 Prozent. Den Tatbestand geringfügig ansteigender Bevölkerungsanteile an Verheirateten und NEL der Altersklassen der über 80-Jährigen ab dem Jahr 2010 ist dabei auf den Abbau des "Kriegerwitweneffekts" zurückzuführen. So wird die Generation der heute über 70-jährigen Kriegerwitwen verstärkt ab dem Jahr 2010 aus der Bevölkerung herauswachsen, was in dem höheren Anteil an Zusammenlebenden, bspw. anhand der im Jahr 2020 80- bis 84-Jährigen im Vergleich zu den im Jahr 2010 80- bis 84-Jährigen, sichtbar wird.

Der "Kriegerwitweneffekt" zeigt sich mitunter auch an dem heute hohen Anteil in Heimen lebender pflegebedürftiger Frauen. So sind laut BMG (2006b) rund drei Viertel aller in Heimen lebenden Pflegebedürftigen weiblichen Geschlechts, was auf die höhere Lebenserwartung der Frauen und damit der höheren Verwitwungswahrscheinlichkeit, aber vor allem auf den Kriegerwitweneffekt zurückzuführen ist.

Frauenerwerbsquote. Ähnlich "ungünstig" auf die Wahl der Art der Pflege wie die Veränderung der Haushalts- bzw. Familienstrukturen wirkt sich die zu erwartende steigende Erwerbsbeteiligung von Frauen auf das familiale Pflegepotential aus.[122] So sind momentan rund 73 Prozent der Pflegepersonen weiblichen Geschlechts, wovon wiederum 65 Prozent im erwerbsfähigen Alter sind. Mit 54 Prozent ist jede zweite Pflegeperson zwischen 40 und 64 Jahre alt und nur 11 Prozent der Pflegepersonen sind 39 Jahre oder jünger; 33 Prozent der Hauptpflegepersonen sind 65 Jahre und älter (siehe auch Tabelle 9). Angesichts der Tatsache, dass von den Frauen im erwerbsfähigen Alter 60 Prozent *nicht* erwerbstätig sind, ist – abhängig vom Ausmaß der zunehmenden Frauenerwerbsquote – ebenfalls von einer vermehrten Substitution von Geld- zu Sachleistungen und von ambulanter zu stationärer Pflege auszugehen.

Allein in den letzten zehn Jahren hat sich die Erwerbsbeteiligung von Frauen im Alter von 15 bis unter 65 Jahren um 6 Prozent erhöht. Insbesondere aber in den hier relevanten Altersgruppen ab dem 40. Lebensjahr war die Zunahme mit 20,9 Prozent merklich.[123] Diese Entwicklung macht sich ebenfalls in der Zahl der pflichtversicherten Pflegepersonen, die zu 90 Prozent aus Frauen bestehen, für die Jahre 1997 bis 2002 bemerkbar. Hier war ein Rückgang um 11,1 Prozent zu verzeichnen; entsprechend sind die Rentenversicherungsbeiträge für Pflegepersonen gesunken, und zwar von 1,19 Mrd. Euro im Jahr 1997 auf 0,9 Mrd. Euro im Jahr 2005 (siehe auch Tabelle 9). Während also ein negativer Effekt von dem rückläufigen familialen Pflegepotential und damit der Veränderungen in der Wahl von der innerfamiliär geleisteten häuslichen Pflege hin zu einem teilweisen oder vollständigen Einbezug professioneller Dienste in das Pflegearrangement durch eine steigende Frauenerwerbsquote ausgeht, kommt es fiskalisch gesehen aber auch zu zwei positiven Effekten, nämlich erstens zu einer Reduktion der Ausgaben der Sozialleistungen für Pflegepersonen sowie zweitens zu einer Erhöhung der Beitragseinnahmen der SPV.

Ähnlich zu den Haushalts- bzw. Familienstrukturen wird auch bei der Frauenerwerbsquote in Zukunft damit gerechnet, dass der Trend der zunehmenden Erwerbsbeteiligung anhält: Zum einen steigt der Anteil der kinderlosen Frauen, die bereits in der Vergangenheit eine hohe Erwerbsbeteiligung aufwiesen, und zum anderen bleiben immer mehr Mütter erwerbstätig oder kehren nach einer kürzer werdenden familienbedingten Unterbrechungsphase in die Erwerbstätigkeit zurück.[124] Einer Projektion des Institut für Arbeitsmarkt- und Berufsforschung (IAB) zufolge kommt es zu einem Anstieg in der Potentialerwerbsquote von 84,5 Prozent der 30-bis

---

[122]Siehe u.a. auch Chiswick (1976), der in einer empirischen Studie für die USA auf den engen Zusammenhang von Heimeintrittswahrscheinlichkeit und Frauenerwerbsquote verweist.
[123]Vgl. Mikrozensus 2004 (Statistisches Bundesamt (2005c)) und eigene Berechnungen.
[124]Siehe hierzu ausführlich Enquête-Kommission Demographischer Wandel (2002), S. 154 ff.

Tabelle 9
Strukturmerkmale der Pflegepersonen

Demographische Struktur der privaten Hauptpflegeperson von Pflegebedürftigen		Rentenversicherungsbeiträge für Pflegepersonen		
(Angaben in %)			Ausgaben für die soziale Sicherung der Pflegepersonen (in Mrd. €)	Pflichtversicherte Pflegepersonen
	2002	1995	0,31	394.000
Geschlecht		1996	0,93	531.000
Männlich	27			
Weiblich	73	1997	1,19	575.000
		1998	1,16	574.000
Alter				
bis 39	11	1999	1,13	574.000
40 - 64	54			
65 - 79	26	2000	1,07	554.000
80 und älter	7			
keine Angaben	3	2001	0,98	530.000
		2002	0,96	511.000
Erwerbsstatus*				
Vollzeit	19	2003	0,95	463.000 **
Teilzeit	15			
Geringfügig beschäftigt	6	2004	0,93	-
Nicht erwerbstätig	60			
		2005	0,90	-

* Hauptpflegeperson zwischen 15 und 64 Jahren
** vorläufige Zahl, die sich durch Nacherfassungen i.d.R. deutlich erhöht

Quelle: Schneekloth und Müller (2000), Infratest Sozialforschung (2003), BMG (2006b).

39-Jährigen Frauen im Jahr 2010 auf 90,2 Prozent im Jahr 2050.[125] Demgegenüber bleibt die Potentialerwerbsquote der Frauen in der Altersklasse der 40- bis 49-Jährigen bzw. der 50- bis 59-Jährigen im Betrachtungszeitraum 2010 bis 2050 nahezu unverändert bei ca. 93 bzw. 82 Prozent. In der Altersklasse der 60- bis 65-Jährigen wiederum wird ein Anstieg um 14 Prozentpunkte erwartet, ausgehend von einer Potentialerwerbsquote von 29 Prozent im Jahr 2010 auf 43 Prozent im Jahr 2050; vgl. Abbildung 20.

Diese Entwicklungstendenzen in den Indikatoren "Haushalts- und Familienstruktur" und "Frauenerwerbsquote" dienen im Weiteren der Bestimmung des zukünftigen familialen Pflegepotentials. Aufgrund ihrer wichtigen Funktion bei der Bewältigung von Pflegebedürftigkeit haben Veränderungen in diesen Determinanten für die Beurteilung der Finanzlage der SPV Relevanz, da diese eine verstärkte Inanspruchnahme der mit höheren Ausgaben verbundenen professionellen Pflege zur Folge hat, was sich wiederum in der zukünftigen Ausgabenentwicklung der SPV niederschlägt.

---

[125] Diese Projektion wurde direkt beim Institut für Arbeitsmarkt- und Berufsforschung (IAB) angefordert.

5. Determinanten der Pflegeausgaben

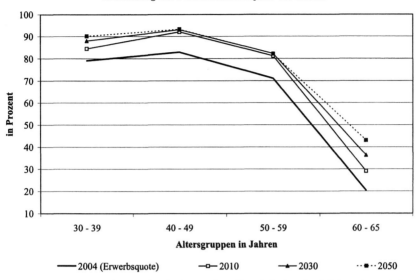

Abbildung 20
Entwicklung der Potentialerwerbsquote der Frauen

Quelle: Mikrozensus 2004 (Statistisches Bundesamt (2005c)) und Institut für Arbeitsmarkt- und Berufsforschung (IAB).

5.1.2 Entwicklung des Pflegepotentials und der Leistungsinanspruchnahme

Für die Bestimmung wie stark der Zusammenhang zwischen einer in Zukunft veränderten Haushalts- und Familienstruktur sowie einer zunehmenden Erwerbsbeteiligung der Frauen und dem Pflegepotential ist, wird auf ein von der Enquête-Kommission in Auftrag gegebenes Gutachten von Blinkert und Klie (2001) zurückgegriffen, welches veränderten Haushaltsstrukturen und Frauenerwerbsquoten bei der Ermittlung des zukünftigen Pflegepotentials Rechnung trägt.[126] Zur Beantwortung der Frage, welche Auswirkungen wiederum ein rückläufiges Pflegepotential auf das Inanspruchnahmeverhalten hat, wird vereinfachend von einem proportional elastischen Zusammenhang ausgegangen.

5.1.2.1 Hochrechnung des Pflegepotentials

Ausgangspunkt der von Blinkert und Klie (2001) durchgeführten Modellrechnung für ein verändertes Inanspruchnahmeverhalten ist die Bestimmung des zukünftig zu erwartenden Pflegepotentials. Dabei unterscheiden Blinkert und Klie (2001) zwischen dem Pflegepotential der Ehegat-

---
[126]Neben der Bestimmung dieser Zusammenhänge führen Blinkert und Klie (2001) Hochrechnungen zur Abschätzung des Pflegepotentials durch; allerdings basieren diese noch auf der 9. koordinierte Bevölkerungsvorausberechnung. In Anlehnung hieran führt auch Rothgang (2004) eine Vorausschätzung des zukünftigen Inanspruchnahmeverhaltens für Nordrhein-Westfalen durch.

ten/Partner und dem der Kinder (30- bis 65-Jährige). Gemäß Infratest Sozialforschung (2003) sind damit rund 70 Prozent der Pflegepersonen erfasst, wobei es sich bei 28 Prozent der Hauptpflegepersonen um (Ehe-)Partner/in und bei 42 Prozent der Pflegepersonen um Tochter, Sohn oder Schwiegertochter handelt.[127] Die Unterteilung des Pflegepotentials in ein intra- und intergeneratives Pflegepotential erlaubt eine adäquate Erfassung der oben aufgeführten Determinanten einer veränderten Haushalts- und Familienstruktur sowie einer steigenden Frauenerwerbsquote. Demzufolge wird sowohl eine gute Annäherung an die jetzige Struktur der Hauptpflegepersonen erreicht, als auch diese gegenwärtige Struktur der Hauptpflegepersonen im Zeitablauf beibehalten. Entsprechend der demographischen Entwicklung nimmt lediglich der Anteil des Partnerpflegepotentials etwas zu. Bezüglich des intra- und intergenerativen Pflegepotentials und dessen Auswirkung auf das Inanspruchnahmeverhalten sei festgehalten, dass für den Fortgang der Analyse nicht dessen absolute Höhe eine Rolle spielt, sondern vielmehr die *Veränderung* dieser Kennziffern ausschlaggebend ist.

Der Schätzwert des Partnerpflegepotentials $POTGAT_{s,i}$ für die Altersgruppe i, mit $i \in \{\{60-69\}; \{70-79\}; \{80-89\}; \{90-100\}\}$, im Jahr s ergibt sich dabei aus der Anzahl der Personen $P_{s,i}$ der Altersgruppe i, der Wahrscheinlichkeit $PZUS_{s,i}$, dass diese mit einem Ehegatten oder sonstigen Partner zusammenleben, sowie der Wahrscheinlichkeit $PHILFE_i$, dass der vorhandene Partner in dieser Altersklasse auch als Helfer in Erscheinung treten kann

$$POTGAT_{s,i} = \frac{1}{2} \cdot P_{s,i} \cdot PZUS_{s,i} \cdot PHILFE_i. \tag{23}$$

Die Wahrscheinlichkeit $PHILFE_i$ wurde der Studie von Blinkert und Klie (2001) entnommen. Die Wahrscheinlichkeit $PZUS_{s,i}$ wiederum stammt aus der direkt am Bundesinstitut für Bevölkerungsforschung angeforderten Hochrechnung der zukünftigen Bevölkerung in den Privathaushalten nach dem Familienstand, die bereits im Rahmen veränderter Haushalts- und Familienstrukturen diskutiert wurde. Während sich $PZUS_{s,i}$ im Zeitablauf ändert – die Hochrechnung erfolgt bis zum Jahr 2030, danach wird $PZUS_{s,i}$ konstant fortgeschrieben –, wird $PHILFE_i$ über die Zeit als konstant angenommen. $PZUS_{s,i}$ umfasst den Anteil der Verheirateten sowie den Anteil an NEL der Altersgruppe i, womit im Wesentlichen die Konstellationen abgedeckt sind, in denen ein Partner vorhanden ist, der die Pflege übernehmen kann. Alle genannten Größen sind in Tabelle 10 aufgeführt.

---

[127]Siehe Infratest Sozialforschung (2003), S. 19. Nicht erfasst werden bei dieser Betrachtung u.a. Eltern, die weitere 14 Prozent an den Pflegepersonen ausmachen. Blinkert und Klie (2001) tragen diesem Personenkreis Rechnung, indem zusätzlich zu den bereits genannten Partner- und Kinderpflegepotential auch ein Pflegepotential für alle Pflegebedürftigen unter 60 Jahre ausgewiesen wird. Da es sich bei den unter 60-jährigen Pflegebedürftigen im ambulanten Bereich zu einem Drittel um Kinder handelt, reflektiert das Pflegepotential der unter 60-jährigen Pflegebedürftigen folglich in der Hauptsache Eltern (siehe hierzu auch MDS (1998), S. 47 ff.). Die Nichtberücksichtigung dieses Pflegepotentials in den hier durchgeführten Berechnungen hat zweierlei Gründe: Zum einen soll der Fokus auf der Altenpflege liegen und zum anderen scheint es eher fraglich, ob – wie bei Blinkert und Klie (2001) angenommen – die Bereitschaft zur Pflege von Kindern gegenüber ihren Eltern dieselbe ist, wie die Bereitschaft der Eltern, ihr Kind zu pflegen. Da dieser Tatbestand wenig zutreffend erscheint, wird in der hier durchgeführten Analyse von der Hochrechnung des Pflegepotentials der unter 60-jährigen Pflegebedürftigen abgesehen und damit implizit unterstellt, dass dieses Pflegepotential über die Zeit unverändert bleibt. Dessen ungeachtet hätte eine Berücksichtigung dieses Personenkreises eine leichte Verschärfung der hier aufgeführten Ergebnisse zur Folge.

5. Determinanten der Pflegeausgaben

Das Kinderpflegepotential $POTKIND_{s,i}$ im Jahr s errechnet sich für die Pflegebedürftigen der Altersgruppe i aus der Anzahl der Männer $P^m_{s,i-30}$ und Frauen $P^f_{s,i-30}$ der Altersgruppe $i-30$. Blinkert und Klie (2001) unterstellen in diesem Zusammenhang, dass sich das intergenerative Pflegepotential im Wesentlichen aus der Zahl der Nichterwerbstätigen in den entsprechenden Altersklassen ergibt. Um darüber hinaus dem Pflegepotential unter den Erwerbstätigen Rechnung zu tragen, wird auf eine Studie von Beck et al. (1997) zurückgegriffen, welche den Anteil der Erwerbspersonen ausweist, die als Pflegepersonen in Erscheinung treten. Dort wird eine Quote (PBQ) von 1 Prozent bei erwerbstätigen Männern und eine Quote von 3 Prozent bei erwerbstätigen Frauen ausgewiesen.[128] Die Erwerbsquoten (EQ) der Männer und Frauen für das Jahr 2004 stammen dabei aus dem Mikrozensus 2004, die Hochrechnung der Potentialerwerbsquote der Frauen wurde – wie zuvor bereits aufgeführt und diskutiert – direkt beim Institut für Arbeitsmarkt- und Berufsforschung (IAB) angefordert. Das Kinderpflegepotential lässt sich für jedes Jahr s demzufolge darstellen als

$$POTKIND_{s,i} = P^m_{s,i-30} \cdot [(1 - EQ^m_{s,i-30}) + EQ^m_{s,i-30} \cdot PBQ^m_s] \\ + P^f_{s,i-30} \cdot [(1 - EQ^f_{s,i-30}) + EQ^f_{s,i-30} \cdot PBQ^f_s]. \tag{24}$$

Damit ist das gesamte durch Ehegatten/Partner und Kinder bereitgestellte Pflegepotential für die Altersgruppe i im Jahr s gegeben durch

$$POTGES_{s,i} = POTGAT_{s,i} + POTKIND_{s,i}. \tag{25}$$

Gemäß den hier durchgeführten Berechnungen sieht die Entwicklung des Pflegepotentials wie folgt aus: Sowohl das Partner- als auch das Kinderpflegepotential weisen einen über die Zeit sinuskurvenartigen Verlauf auf. Bei dem intragenerativen Pflegepotential ist dieser Verlauf zum einen die Folge des Abbaus des Kriegerwitweneffekts, etwa ab dem Jahr 2010, und zum anderen das Resultat der in die Jahre kommenden (jüngsten) Babyboomer-Generationen, etwa ab dem Jahr 2020, die dann dem Partnerpflegepotential zuzurechnen sind. Hierbei überwiegt der demographische Effekt einer Zunahme der über 60-Jährigen, insbesondere bei der Altersklasse der 60- bis 69-Jährigen, den Effekt einer abnehmenden Rate an ehelichen und nicht-ehelichen Lebensgemeinschaften. In der Folge übersteigt das Partnerpflegepotential im Jahr 2020 sein Ausgangsniveau und erreicht im Jahr 2030 sein Maximum von 110 Prozent des Ausgangswertes. Der darauf folgende Abfall im Partnerpflegepotential ist wiederum das Resultat eines nun überkompensierenden Effekts der Singularisierung, wie er insbesondere bei den 80-Jährigen und Älteren ausgeprägt ist, gegenüber dem demographischen Effekt, nämlich der in das Partnerpflegepotential nachwachsenden – im Vergleich zu den Babyboomern kohortenschwächeren – 60- bis 69-Jährigen; vgl. auch Abbildung 21.

Das Kinderpflegepotential, für das im Folgenden zwei Szenarien (Szenario 3 und 4) unterschieden werden – Szenario 1 und 2 werden nachstehend noch aufgeführt –, weist einen zum Partnerpflegepotential vergleichsweise stärkeren Anstieg bis zum Jahr 2025 aus. So werden die

---

[128] Siehe Beck et al. (1997), S. 11.

Tabelle 10
Bevölkerung in Privathaushalten nach dem Familienstand und nach (Potential-)Erwerbsquoten

Hilfebereitschaft und Anteil der Zusammenlebenden in höheren Altersgruppen

(Angaben in %)

	60- bis 69-Jährige	70- bis 79-Jährige	80- bis 89-Jährige	über 90-Jährige
PHILFE	98,0	94,0	71,0	63,0
PZUS				
2002	78,6	59,9	33,3	15,0
2010	74,7	61,6	23,2	4,1
2020	71,1	58,2	25,9	5,2
2030	65,3	55,1	24,6	5,2

Erwerbsquoten in verschiedenen Altersgruppen für Männer und Frauen

(Angaben in %)

	30- bis 39-Jährige	40- bis 49-Jährige	50- bis 59-Jährige	60- bis 65-Jährige
Männer				
2004	96,3	95,8	87,4	38,9
Frauen				
2004	79,1	82,9	71,1	20,4
Durchschnittliche Potentialerwerbsquoten *				
2010	84,5	92,0	81,2	29,1
2020	87,0	92,2	82,6	33,0
2030	88,0	93,0	82,2	36,4
2040	89,2	93,0	82,9	39,7
2050	90,2	93,2	82,2	43,0

* Variante: Zuwanderung 200.000 p.a.

Quelle: Blinkert und Klie (2001), Bundesinstitut für Bevölkerungsforschung (BiB), Mirkozensus 2002 und 2004 (Statistisches Bundesamt (2003e, 2005c)) und Institut für Arbeitsmarkt- und Berufsforschung (IAB).

Babyboomer-Generationen bis zum Jahr 2025 in das intergenerative Pflegepotential einbezogen, bevor sie in den Jahren danach, also ab einem Alter von 60 Jahren, schließlich dem intragenerativen Pflegepotential zugerechnet werden. Während Szenario 3 eine über die Zeit konstante Frauenerwerbsquote annimmt und damit lediglich die demographisch bedingte Veränderung im intergenerativen Pflegepotential widerspiegelt, wird unter Szenario 4 die Veränderung im Erwerbsverhalten der Frauen entsprechend den in Tabelle 10 ausgewiesenen Daten berücksichtigt. So kommt es im Fall einer unveränderten Erwerbsbeteiligung der Frauen (Szenario 3) zu einer Ausweitung des intergenerativen Pflegepotentials auf einen Maximalwert im Jahr 2025 von 108 Prozent des Ausgangswertes und – entsprechend der demographischen Entwicklung – zu einem Absinken dieses Kinderpflegepotentials bis zum Jahr 2050 auf knapp unter 90 Prozent seines Ausgangswertes.

Das Kinderpflegepotential unter Szenario 4 zeigt dieselbe Dynamik auf, jedoch auf deutlich niedrigerem Niveau. So führt die Berücksichtigung einer zunehmenden Potentialerwerbsquote der Frauen zu einem sofortigen Absinken des intergenerativen Pflegepotentials um 26 Prozentpunkte. Wie unter Szenario 3 steigt das Kinderpflegepotential entsprechend der demographischen

Abbildung 21
Entwicklung des absoluten Pflegepotentials für die Jahre 2004 bis 2050

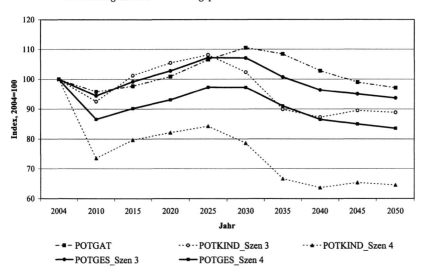

Quelle: Eigene Berechnungen basierend auf Blinkert und Klie (2001).

Entwicklung in den Folgejahren, bis schließlich im Jahr 2025 die letzten Babyboomer als intergeneratives Pflegepotential wegfallen. Entsprechend sinkt das Kinderpflegepotential unter Szenario 4 aufgrund der geringen Zahl nachwachsender Generationen und gleichzeitig zunehmender Potentialerwerbsquote der Frauen auf knapp 65 Prozent seines Anfangswertes (vgl. Abbildung 21).

Deutlich aussagekräftiger als die Entwicklung des absoluten Pflegepotentials ist allerdings die des relativen Pflegepotentials. Erst das Verhältnis von Pflegepotential je Pflegebedürftigem (hier: Empfänger von Pflegegeldleistungen) verdeutlicht, in welchem Ausmaß eine Veränderung im Inanspruchnahmeverhalten zu erwarten ist.[129] Während nämlich die Zahl an Pflegebedürftigen stetig zunimmt, verändert sich die Zahl an informellen Pflegepersonen kaum bzw. ist in der Tendenz rückläufig, was ein über die Zeit stetiges Absinken des relativen Pflegepotentials zur Folge hat. So kommt es bis zum Jahr 2050 zu einem Rückgang des relativen Pflegepotentials auf 45 Prozent (40 Prozent) unter Szenario 3 (Szenario 4) des heutigen Wertes. Zusätzlich zu der Berücksichtigung sich verändernder Haushalts- bzw. Familienstrukturen und der steigenden Erwerbsbeteiligung der Frauen ist in Abbildung 22 die Entwicklung des relativen Pflegepotentials aufgeführt, wie es allein aus der demographischen Entwicklung resultiert (Szenario 2). Hierunter schmilzt das relative Pflegepotential auf 50 Prozent seines Ausgangswertes ab. Schließlich ist noch jenes Szenario abgebildet, welches ein über die Zeit unverändertes Pflegepotential un-

---

[129] Das relative Pflegepotential wird hier als Pflegepotential je Geldleistungsempfänger definiert, da in den folgenden Berechnungen unterstellt wurde, dass der Rückgang im Pflegepotential lediglich einen Rückgang in der Inanspruchnahme von Pflegegeldleistungen nicht aber in der Inanspruchnahme von ambulanten Pflegesachleistungen auslöst. In Bezug auf den Ausgabeneffekt der SPV wird damit ein eher konservatives Szenario abgebildet.

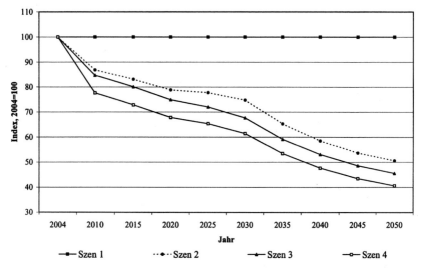

Abbildung 22

Entwicklung des relativen Pflegepotentials (Pflegepotential je Geldleistungsempfänger) für die Jahre 2004 bis 2050

Quelle: Eigene Berechnungen basierend auf Blinkert und Klie (2001).

terstellt (Szenario 1). Welche Wirkungen diese unterschiedlich unterstellten Entwicklungen im Pflegepotential nun auf die Leistungsinanspruchnahme haben, sei im Folgenden untersucht.

5.1.2.2 Veränderungen in der Leistungsinanspruchnahme

Für eine Veränderung im Inanspruchnahmeverhalten der Pflegebedürftigen werden die soeben aufgeführten vier Szenarien betrachtet (für eine Übersicht siehe auch Tabelle 11). Die Szenarien sind dabei derart aufgebaut, dass die einzelnen Determinanten der Inanspruchnahme sukzessive in die Betrachtung miteinbezogen werden:

- **Szenario 1** – dieses entspricht dem in Kapitel 3.3 ausgewiesenen Status quo – unterstellt, dass das informelle Pflegepotential über die Zeit unverändert bleibt. Damit bleiben jegliche demographische Veränderungen im Pflegepotential, die wiederum Rückwirkung auf das Inanspruchnahmeverhalten der Pflegebedürftigen haben, im Rahmen von Szenario 1 ausgeklammert. Dies wiederum bedeutet, dass ein im Zeitablauf konstantes alters-, geschlechts- und pflegestufenspezifisches Inanspruchnahmeverhalten unterstellt wird. Anzahl und Anteil verschiedener Arrangements verändern sich allein aufgrund der demographischen Entwicklung bzw. der sich ändernden Zahl von Pflegebedürftigen in den jeweiligen Altersgruppen.

- Demgegenüber berücksichtigt **Szenario 2** den demographisch bedingten Rückgang im informellen Pflegepotential. Dieses Szenario, welches noch keinerlei Verhaltensänderungen erfasst – dementsprechend werden eine über die Zeit konstante Wahrscheinlichkeit des

Zusammenlebens ($PZUS_{2002,i}$) sowie konstante Frauenerwerbsquoten ($EQ^f_{2004,i-30}$) angenommen –, bildet damit den rein demographie-induzierten Einfluss auf das Inanspruchnahmeverhalten ab.

- Mit **Szenario 3** werden nun außerdem jene Veränderung im Pflegepotential erfasst, die auf Änderungen in der Haushalts- bzw. Familienstruktur ($PZUS_{s,i}$) zurückzuführen sind und damit soziostrukturelle Veränderungen widerspiegeln.

- Diese Beschränkung wiederum wird im Rahmen von **Szenario 4** aufgehoben, in dem nun zusätzlich die zu erwartende steigende Erwerbsbeteiligung der Frauen ($EQ^f_{s,i-30}$) Berücksichtigung findet – eine weitere soziostrukturelle Veränderungen, die das intergenerative Pflegepotential betrifft.

Tabelle 11
Szenarien zur Entwicklung des Pflegepotentials

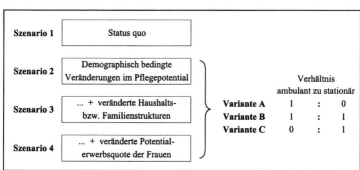

Für den Zusammenhang zwischen dem Rückgang des Pflegepotentials und der Inanspruchnahme von professionellen Pflegeleistungen wird bei den hier durchgeführten Berechnungen eine Elastizität von eins angenommen.[130] Damit führt ein Rückgang des Pflegepotentials um 1 Prozent zu einem Rückgang der Inanspruchnahme von häuslicher Pflege (Pflegegeld) ebenfalls um 1 Prozent. Offen bleibt, ob es zu einer Verschiebung der Versorgungsform hin zu mehr professioneller ambulanter oder zu mehr stationärer Pflege kommt. Da hierüber keinerlei Erkenntnisse vorliegen, werden im Folgenden drei unterschiedliche Verschiebungsvarianten abgebildet, wobei zwei davon die beiden Extremfälle abbilden und damit eine Art Unter- und Obergrenze abstecken. So werden die finanziellen Konsequenzen aufgezeigt, wenn die Pflegebedürftigen – die

---

[130] Sensitivitätsanalysen zur Elastizität zeigen, dass es für die nachstehenden Resultate bzgl. der Veränderungen in der Inanspruchnahme von Pflegeleistungen unerheblich ist, wie hoch der Elastizitätswert gesetzt wird. Grund hierfür ist, dass das Pflegepotential der unterschiedlichen Altersklassen sowohl positive als auch negative Wachstumsraten aufweist – mit den entsprechend positiven bzw. negativen Rückwirkungen auf die Inanspruchnahme von Pflegegeld. Eine symmetrisch gesetzte Elastizität, ob größer oder kleiner eins, führt entsprechend zu stärkeren oder weniger starken Veränderungen in der Inanspruchnahme von Pflegegeld, die sich in der Summe, also über alle Altersklassen hinweg, ausgleichen.

aufgrund des Rückgangs des Pflegepotentials nunmehr externe Pflegeleistungen in ihre Pflegearrangements einbeziehen – ambulante professionelle bzw. stationäre Pflege im Verhältnis 1 : 0 (Variante A), 1 : 1 (Variante B) und 0 : 1 (Variante C) wählen. Darunter stellt Variante A den "günstigsten" Fall dar, da hierunter die Pflegegeldempfänger ausschließlich auf die – im Vergleich zur stationären Pflege – "günstigen" ambulanten Sachleistungen ausweichen. Entsprechend stellt Variante C den "teuersten" denkbaren Fall dar, da das Pflegegeld ausschließlich durch die "teure" stationäre Pflege substituiert wird.[131]

Unter im Zeitablauf konstanten altersspezifischen Quoten für die Inanspruchnahme ambulanter Geld- und Sachleistungen sowie stationärer Leistungen – und damit der Postulierung eines über die Zeit gleichbleibenden (relativen) familialen Pflegepotentials (Szenario 1) – kommt es aufgrund der demographischen Entwicklung zu einer Umschichtung der Inanspruchnahme von Pflegeleistungen. So führt die Veränderung der Altersstruktur zu einer Steigerung der Anzahl der stationär versorgten Pflegebedürftigen von 628.900 im Jahr 2004 auf rund 1,42 Mio. im Jahr 2050 und damit zu einer Zunahme ihres Anteils an allen Pflegebedürftigen von 33 auf 37 Prozent. Die Zahl der Sachleistungsempfänger steigt von rund 319.400 im Jahr 2004 auf 673.700 im Jahr 2050, mit einer Veränderung des Anteils an den Gesamtleistungsempfängern von 16 auf 18 Prozent im Jahr 2050.[132] Entsprechend der Altersumschichtung sinkt der Anteil an Geldleistungsempfängern von derzeit 51 Prozent auf 45 Prozent. Absolut betrachtet steigt die Zahl der Empfänger von Geldleistungen und damit der Empfänger informeller Pflege von 977.500 auf 1,7 Mio. im Jahr 2050. (Für den prozentualen Anteil der Empfänger an unterschiedlichen Pflegearrangements siehe Tabelle 12 und für die Entwicklung der Empfängerzahlen siehe Abbildung 23.)

Die Bedingungen dieses Szenarios mit der dahinterstehenden Annahme eines unveränderten Pflegepotentials sind jedoch anzuzweifeln, da allein demographisch bedingt die Altersklasse der 30- bis 65-jährigen, also das Kinderpflegepotential, zurückgehen wird. Ein Vergleich mit den Szenarien 2, 3 und 4 lässt erkennen, welche Bedeutung demographische und soziostrukturelle Entwicklungen haben können, von denen ein Einfluss auf das Pflegepotential zu erwarten ist. Entsprechend der demographischen Entwicklung des Pflegepotentials (Szenario 2) bzw. der zusätzlich zur demographischen Entwicklung berücksichtigten Entwicklung in den Haushaltsstrukturen (Szenario 3) und dem damit jeweils einhergehenden Rückgang im informellen Pflegepotential kommt es unter Szenario 2 (Szenario 3) zu einem Rückgang der Geldleistungsempfänger von 51 Prozent im Jahr 2004 auf 27 Prozent (25 Prozent) im Jahr 2050. Absolut betrachtet steigt damit die Zahl der Empfänger von Pflegegeld von 977.500 im Jahr 2004 auf 1,04 Mio. im Jahr 2050 in Szenario 2, wohingegen die absolute Zahl an Pflegegeldempfängern unter Szenario 3 nahezu unverändert bleibt. Gegenüber dem Status quo Szenario steigt in Szenario 2 (Szenario 3) die Quote der Inanspruchnahme von Sachleistungen in der "mittleren" Variante B um 11 Prozentpunkte (12 Prozentpunkte) auf 27 Prozent (28 Prozent) im Jahr 2050. Außerdem nimmt die Anzahl der in Heimen versorgten Pflegebedürftigen unter Szenario 2 (Szenario 3), Variante B,

---

[131]Das aktuell in der SPV bestehende Verhältnis von ambulanter professioneller Pflege (inkl. der Empfänger von Kombinationsleistungen) zu stationärer Pflege liegt in etwa bei dem in Variante B ausgewiesenen Verhältnis.

[132]Empfänger von Kombinationsleistungen wurden bei den hier durchgeführten Berechnungen zur Gänze den Sachleistungsempfängern zugerechnet.

von rund 628.900 im Jahre 2004 auf ca. 1,75 Mio. (1,84 Mio.) im Jahre 2050 zu, was einer Steigerung der Heimquote von 13 Prozentpunkten (14 Prozentpunkten) auf 46 Prozent (47 Prozent) entspricht.[133]

Schließlich führen die Umschichtungen im Inanspruchnahmeverhalten unter Szenario 4 zu der stärksten Ausprägung des Heimsog-Effekts bzw. des Trends hin zur professionellen Pflege. Da dieses Szenario zusätzlich die zunehmende Erwerbsbeteiligung von Frauen berücksichtigt, kommt dieses Szenario wahrscheinlich der real zu erwartenden Entwicklung am nächsten. So nimmt der Anteil der stationär versorgten Pflegebedürftigen in Szenario 4, Variante B, bis zum Jahr 2050 auf rund 1,8 Mio. zu, was einer Steigerung der Heimquote von 33 auf 48 Prozent entspricht. Gleichzeitig verdoppelt sich nahezu der Anteil der in Privathaushalten versorgten Pflegebedürftigen, die professionelle Hilfe in Anspruch nehmen (ambulante Sachleistungsempfänger), und verringert sich der Anteil der Pflegegeldbezieher von 51 auf 23 Prozent im Jahr 2050. Während sich die Sachleistungsempfänger und die Empfänger stationärer Leistungen in Szenario 4, Variante B, noch gegenüber Szenario 3, Variante B, erhöhen, sinkt die Zahl an Geldleistungsempfänger in Szenario 4 nun auch absolut, nämlich von 977.500 im Jahr 2004 auf 862.500 im Jahr 2050.

Entsprechend der Zunahme in der Inanspruchnahme professioneller Pflegeleistungen in Abhängigkeit des unterstellten Szenarios verhält es sich auch innerhalb eines Szenarios zwischen den Varianten A, B und C. Dabei sei an dieser Stelle erwähnt, dass die Unterschiede zwischen den Varianten A bis C innerhalb eines Szenarios einen wesentlich stärkeren Effekt haben als ein Vergleich der Szenarien bei gleicher Variante (vgl. auch Tabelle 12). So hat die Berücksichtigung der zunehmenden Erwerbsbeteiligung der Frauen (Szenario 4) gegenüber dem Fall einer konstanten Erwerbsquote (Szenario 3) auf den Anteil an stationären Leistungsempfänger einen vergleichsweise geringeren Effekt, nämlich eine Zunahme von 33 Prozent im Jahr 2004 auf 47 Prozent (Szenario 3, Variante B) bzw. 48 Prozent (Szenario 4, Variante B) im Jahr 2050, als es die Varianten A bis C innerhalb des Szenarios 4 bewirken. Unter Variante A, also jener Variante, in welcher der Rückgang der Pflegegeldempfänger vollständig zu Lasten der ambulanten Sachleistungen geht, bedeutet dies eine Zunahme des Anteils stationärer Leistungsempfänger von 33 auf 37 Prozent, was der Veränderung in Szenario 1 entspricht. Variante B, also der Fall, in dem sich der Rückgang der Pflegegeldempfänger hälftig auf eine verstärkte Inanspruchnahme von Sachleistungen und auf stationäre Pflege verteilt, hätte bereits eine Zunahme des Anteils an Heimbewohnern von 33 auf 48 Prozent zur Folge. Schließlich stellt Variante C den Fall dar, bei dem der Rückgang bei den Empfängern von Pflegegeld vollständig zu Lasten der stationären Pflege geht. Dies wiederum führt zu einem Anstieg des Anteils der stationär Versorgten von 33 Prozent im Jahr 2004 auf 60 Prozent im Jahr 2050.

Welche fiskalischen Konsequenzen mit den hier aufgeführten Veränderungen im Inanspruchnahmeverhalten einhergehen, werden im folgenden Abschnitt anhand der Ausgabenentwicklung sowie den Nachhaltigkeitsindikatoren aufgezeigt.

---

[133]Mit Fokus auf der demographischen Entwicklung untersuchen Schulz et al. (2004) ebenfalls die Verschiebungen in der Inanspruchnahme von Pflegeleistungen. Die von Schulz et al. (2004) erzielten Ergebnisse lassen sich allerdings nur bedingt mit den hier erzielten Ergebnissen vergleichen, was sich im Wesentlichen durch unterschiedlich zugrundegelegte Bevölkerungsvorausberechnungen sowie Parameterwerte begründet.

Tabelle 12
Entwicklung des Anteils der Empfänger unterschiedlicher Pflegearrangements für die Jahre 2004 bis 2050

(Angaben in Prozent)

			2004	2010	2020	2030	2040	2050
Szenario 1		Empfänger von Pflegegeld	51	51	49	48	47	45
		Empfänger ambulanter Sachleistungen	16	17	17	17	18	18
		Empfänger stationärer Leistungen	33	32	34	35	35	37
Szenario 2		Empfänger von Pflegegeld	51	49	43	37	33	27
	Variante A	Empfänger ambulanter Sachleistungen	16	19	23	28	32	36
		Empfänger stationärer Leistungen	33	32	34	35	35	37
	Variante B	Empfänger ambulanter Sachleistungen	16	18	20	23	25	27
		Empfänger stationärer Leistungen	33	33	37	40	42	46
	Variante C	Empfänger ambulanter Sachleistungen	16	17	18	18	18	18
		Empfänger stationärer Leistungen	33	34	39	45	49	55
Szenario 3		Empfänger von Pflegegeld	51	48	42	35	31	25
	Variante A	Empfänger ambulanter Sachleistungen	16	20	24	30	34	38
		Empfänger stationärer Leistungen	33	32	34	35	35	37
	Variante B	Empfänger ambulanter Sachleistungen	16	18	20	24	26	28
		Empfänger stationärer Leistungen	33	34	38	41	43	47
	Variante C	Empfänger ambulanter Sachleistungen	16	17	17	17	18	18
		Empfänger stationärer Leistungen	33	35	41	48	51	57
Szenario 4		Empfänger von Pflegegeld	51	43	37	31	28	23
	Variante A	Empfänger ambulanter Sachleistungen	16	25	29	34	37	40
		Empfänger stationärer Leistungen	33	32	34	35	35	37
	Variante B	Empfänger ambulanter Sachleistungen	16	21	23	26	27	29
		Empfänger stationärer Leistungen	33	36	40	43	45	48
	Variante C	Empfänger ambulanter Sachleistungen	16	17	17	18	17	17
		Empfänger stationärer Leistungen	33	40	46	51	55	60

Quelle: Eigene Berechnungen.

Abbildung 23
Entwicklung der Empfängerzahlen unterschiedlicher Pflegearrangements

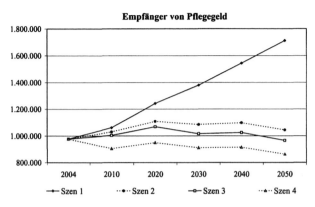

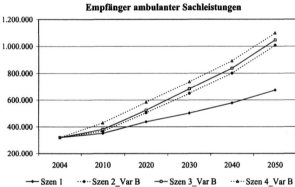

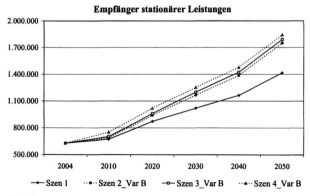

Quelle: Eigene Berechnungen.

5.1.3 Nachhaltigkeitsanalyse

Zu den vorliegenden Berechnungen seien vorab vier Punkte angemerkt. Erstens wird die Hochrechnung des Pflegepotentials der Szenarien 2, 3 und 4 nur bis zum Jahr 2050 vorgenommen, danach wird das dann erreichte Pflegepotential – analog zu Szenario 1 – als konstant angenommen. Zweitens wird in den Berechnungen berücksichtigt, dass es durch den Übergang von Pflegegeld zu professionellen Diensten infolge des Rückgangs der Sozialversicherungsleistungen der Pflegepersonen zu Einsparungen kommt. Drittens wird der steigenden Frauenerwerbsquote auf der Einnahmenseite der SPV Rechnung getragen. Hierzu wird das Beitragsprofil $KVBeitr$ der Frauen entsprechend der in Tabelle 10 aufgeführten zukünftigen Potentialerwerbsquoten angepasst.[134] Viertens bedarf die Wahl einer dauerhaften stationären Versorgung grundsätzlich neben der Einstufungsbegutachtung zusätzlich einer ergänzenden Begutachtung des häuslichen Umfeldes durch den MDK. Wie aber in Abschnitt 2.2.1 bereits erwähnt, handelt es sich bei dieser ergänzenden Begutachtung um eine rein formale Prüfung, die – selbst bei Vorliegen eines entsprechenden häuslichen Umfeldes – auch nicht dazu führt, dass dem Pflegebedürftigen nur die ambulanten Sachleistungen, nicht aber die stationären Leistungen zugestanden werden. Sofern also gemäß den Varianten eine Verschiebung zur stationären Pflege stattgefunden hat, wurden auch die entsprechenden Pflegesätze für den Pflegebedürftigen der jeweiligen Stufe zugerechnet.

Die Betrachtung der Ausgabenentwicklung der unterschiedlichen Leistungsarten der SPV weist einen ähnlichen Verlauf auf wie die Entwicklung der Empfängerzahlen der entsprechenden Leistungstypen. So kommt es in Abhängigkeit des unterstellten Szenarios und/oder der Variante zu mehr oder weniger starken Entwicklungstendenzen in den Ausgaben.[135] Alle im Folgenden ausgewiesenen Größen sind in realer Kaufkraft des Jahres 2004, also wachstums- und inflationsbereinigt, ausgedrückt.

Während die Leistungsausgaben für Pflegegeld in Szenario 1 von ca. 4 Mrd. Euro im Jahr 2004 auf 7,1 Mrd. Euro im Jahr 2050 anwachsen, bleiben die entsprechenden Ausgaben in den Szenarien 2 bis 4 über die Zeit nahezu konstant (siehe auch Abbildung 24). Bei der Entwicklung der ambulanten Sachleistungen, die unter Szenario 1 annähernd zu einer Verdopplung der Ausgaben führen, und zwar von 3,3 Mrd. Euro auf 5,7 Mrd. Euro im Jahr 2050, führen die Verschiebungen im Inanspruchnahmeverhalten in den übrigen Szenarien und Varianten zu einer Verdrei- bis Vervierfachung der Ausgaben. So kommt es bei Unterstellung von Szenario 2, Variante B, bzw. Szenario 4, Variante A, zu einem Anstieg der Ausgaben für ambulante Sachleistungen auf 8,7 Mrd. Euro bzw. 13,1 Mrd. Euro im Jahr 2050. Ein ähnliches Bild zeichnet die Betrachtung der stationären Leistungsausgaben ab, die in Szenario 1 von 8,25 Mrd. Euro auf knapp 17,5 Mrd. Euro im Jahr 2050 steigen. Je nach zugrundeliegendem/r Szenario und Variante kann es hierbei zu einem Ausgabenanstieg auf bis zu 28,3 Mrd. Euro im Jahr 2050 kommen, was mehr als eine Vereineinhalbfachung der Ausgaben für stationäre Leistungen im Vergleich zu

---

[134]Konkret wird dabei das Beitragsprofil $KVBeitr$ gemäß der *Veränderung* in der Potentialerwerbsquote der Frauen angepasst. Die adjustierten Beitragsprofile der Frauen $KVBeitrFEQ$ sind exemplarisch für die Jahre 2010, 2030 und 2050 in Anhang B, Abbildung B.12, aufgeführt.

[135]Siehe auch Yoo et al. (2004), die in einem OECD-Ländervergleich herausstellen, welchen Einfluss das Vorhandensein einer informellen Pflegeperson auf die Ausgaben pro Pflegefall hat.

5. Determinanten der Pflegeausgaben

Szenario 1 bedeuten würde. Wie zuvor bei der Entwicklung der Empfängerzahlen der jeweiligen Pflegearrangements wird auch anhand der hier aufgezeigten Ausgabenentwicklungen ersichtlich, dass die Varianten innerhalb eines Szenarios zu größeren Schwankungen in den Ausgaben führen als die Szenarien untereinander bei gleicher Variante.

Insbesondere von Interesse ist die aggregierte Betrachtung der Leistungsausgaben. Neben den einzelnen Leistungsausgaben beinhalten die Gesamtausgaben nun zusätzlich noch die Sozialleistungen für Pflegepersonen sowie die Verwaltungsausgaben. Diese Betrachtung verdeutlicht, mit welchem fiskalischen Effekt ein verändertes Inanspruchnahmeverhalten einhergehen kann. Hier aufgeführt sind der "günstigste" Fall, die Untergrenze – dargestellt durch Szenario 2, Variante A – sowie der "teuerste" Fall, die Obergrenze – dargestellt durch Szenario 4, Variante C. Die Untergrenze spiegelt dabei den Fall wider, bei dem jeglicher Rückgang im Pflegepotential rein demographisch bedingt ist und die daraus resultierende Substitution der Inanspruchnahme von Pflegegeld ausschließlich zugunsten der ambulanten Sachleistungen geht. Die Obergrenze hingegen ist jener Fall, bei dem der Rückgang im Pflegepotential auf die demographische Komponente, auf veränderte Haushalts- bzw. Familienstrukturen sowie auf eine zunehmende Erwerbsbeteiligung der Frauen zurückzuführen ist. Die sich daraus ergebenden Veränderungen in den Pflegearrangements gehen hier nun voll zu Lasten der stationären Pflege.

Ausgehend von Gesamtleistungsausgaben von ca. 17,5 Mrd. Euro im Jahr 2004, erhöht sich das Ausgabenniveau unter Szenario 1, dem in Kapitel 3.3 ausgewiesenen Status-quo-Szenario, bis zum Jahr 2050 auf mehr als das Eineinhalbfache des heutigen Niveaus. Wegen seines unrealistischen Annahmerahmens eines über die Zeit unveränderten Pflegepotentials in Szenario 1 muss bis zum Jahr 2050 allerdings vielmehr mit einer Ausgabenentwicklung gerechnet werden, die zwischen der hier aufgeführten Unter- und Obergrenze liegt. So ist realistischerweise vielmehr mit einem Gesamtausgabenniveau zu rechnen, das sich bis zum Jahr 2050 gegenüber heute mehr als verzweifacht hat (vgl. Abbildung 25). In absoluten Größen gesprochen, liegen die Ausgaben damit in einem Bereich zwischen 35,7 Mrd. und 39,5 Mrd. Euro.

Analog zur Bestimmung der zukünftigen Ausgabenströme lassen sich auch die Beitragseinnahmen berechnen. Eine Betrachtung der Einnahmenströme der SPV zeigt, dass die Beitragseinnahmen – unabhängig von jeglichen Verschiebungen – bis zum Jahr 2050 auf ca. 87 Prozent ihres Anfangswertes von im Jahr 2004 16,6 Mrd. Euro sinken.[136] Zusammen mit dieser Einnahmenentwicklung und je nach zugrundeliegendem Ausgabenszenario weist der Beitragssatz ausgehend von heute 1,7 Prozent unterschiedlich starke Steigerungen auf. Im Status-quo-Szenario ($Szen1$) liegt der Beitragssatz im Jahr 2025 bei 2,5 Prozent und erreicht im Jahr 2055 einen Maximalwert von knapp 4 Prozent. Die hier ausgewiesenen Unter- und Obergrenze lassen jedoch vielmehr einen Beitragssatz zwischen 2,7 (Untergrenze) und 2,8 (Obergrenze) Prozent im Jahr 2025 und zwischen 4,4 (Untergrenze) und 4,8 (Obergrenze) Prozent[137] im Jahr 2055 vermuten; vgl. Tabelle 13.

---

[136]Die Beitragseinnahmen, die sich unter Szenario 4 – also unter Berücksichtigung der steigenden Erwerbsquote der Frauen – ergeben, belaufen sich im Jahr 2050 demgegenüber auf immerhin noch 90 Prozent ihres Anfangswertes. Aus Darstellungsgründen wurde hier auf die Beitragseinnahmenentwicklung unter Szenario 4 allerdings verzichtet.

[137]Bei der Beitragssatzprojektion der hier ausgewiesenen Obergrenze (Szenario 4, Variante C) wurde die steigende Erwerbsbeteiligung der Frauen berücksichtigt.

Abbildung 24
Ausgabenentwicklung unterschiedlicher Pflegeleistungen
(Basisjahr 2004, in realer Kaufkraft 2004)

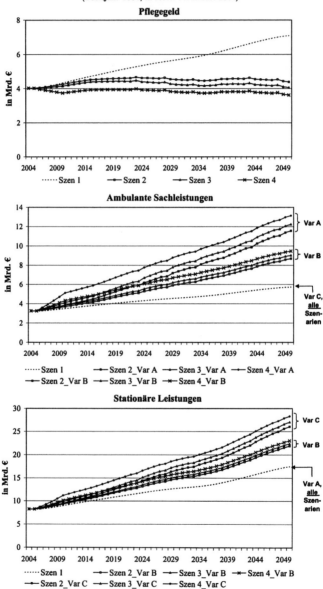

Quelle: Eigene Berechnungen.

5. Determinanten der Pflegeausgaben

Abbildung 25
Gesamtausgaben- und Beitragseinnahmenentwicklung der SPV
(Basisjahr 2004, in realer Kaufkraft 2004)

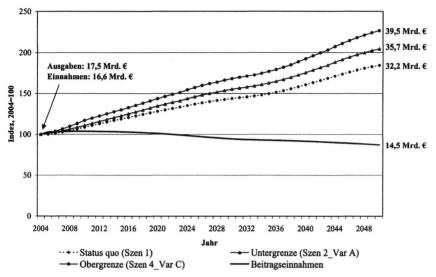

Quelle: Eigene Berechnungen.

Damit sind in Zukunft Beitragssatzsteigerungen zu erwarten, die – wie die Ausgaben – einer gewissen Volatilität unterliegen.

Entgegen den eingangs genannten politischen Entscheidungsvariablen, die eine zumindest teilweise Steuerung der Ausgabenentwicklung erlauben, handelt es sich bei der Veränderung in der Wahl der Pflegearrangements um eine endogene nicht kontrollierbare Variable, die – wie soeben aufgezeigt – erhebliche Schwankungen in den Leistungsausgaben beinhaltet. An dieser Stelle sei deshalb auf einen Vorschlag der Kommission für die Nachhaltigkeit in der Finanzierung der Sozialen Sicherungssysteme (BMGS (2003)), die sogenannte "Rürup-Kommission", eingegangen, der eine Aufhebung der Trennung von ambulant und stationär, d.h. die finanzielle Gleichstellung der ambulanten und stationären Sachleistungsbeträge als weiteren Handlungsbedarf in der Pflege vorsieht. Dieser Vorschlag gehört mittlerweile auch zu einem der im "Dritten Bericht über die Entwicklung der Pflegeversicherung" (BMGS (2004b)) erklärten Ziele und wurde jüngst auch als notwendiger Handlungsbedarf im Rahmen des Koalitionsvertrags aufgegriffen.[138]

So soll zwischen den ambulanten und stationären Pflegesachleistungen eine Angleichung auf 400 Euro in Stufe I und auf 1.000 Euro in Stufe II erfolgen.[139] Für die Pflegestufe III, in der heute

---
[138] Siehe BMGS (2004b), S. 32, und Bundesregierung (2005), S. 107.
[139] Vgl. BMGS (2003), S. 193 ff. In Stufe I (Stufe II) werden damit die ambulanten Sachleistungen, die bisher 384 Euro (921 Euro) betragen, angehoben, die stationären Leistungen, die bei 1.023 Euro (1.279 Euro) liegen, werden gekürzt; vgl. auch Tabelle 2, S. 17. Damit wird der Pflegebedürftigkeitsgrad zum alleinigen Maßstab für die jeweilige Leistungshöhe.

bereits keine Trennung von ambulant und stationär vorliegt, ist die Anhebung von 1.432 Euro auf 1.500 Euro vorgesehen.[140] Insgesamt geht dieser Vorschlag außerdem mit einer Leistungskürzung einher, die aber erst einmal nachrangig ist, insbesondere da der Angleichungssatz der Stufe I auch schon deutlich höher veranschlagt worden ist. Viel relevanter ist die Begründung, mit der die Gleichstellung der ambulanten und stationären Pflegesachleistungen vorangetrieben wird. Denn diese fußt eindeutig auf der Unterstellung eines in der SPV vorliegenden Moral Hazard induzierten Heimsog-Effekts.[141] Moral Hazard bzw. moralisches Risiko liegt dann vor, wenn Verhaltensänderungen im Schadensfall zu einer Überinanspruchnahme der Leistungen führen – damit u.a. auch den Heimsog auslösen.[142] Empirisch lässt sich dieser Moral Hazard induzierte Heimsog-Effekt jedoch nicht bestätigen. Vielmehr entspricht der im SGB XI verankerte Grundsatz "ambulant vor stationär" auch der Präferenzstruktur von Pflegebedürftigen und Pflegepersonen, was durch zahlreiche Repräsentativerhebungen sowie durch die Pflegeberichte des MDS gestützt wird.[143]

Die Begründung für eine Gleichstellung der ambulanten und stationären Pflegesätze sollte daher nicht auf einem (nicht nachgewiesenen) Moral-Hazard-Verhalten basieren, sondern vielmehr hervorheben, dass dadurch eine bessere Einschätzung der zukünftigen Ausgabenentwicklung möglich wird.[144] So kann neben den deutlichen Einspareffekten durch die gewählten Angleichungssätze (Vergleich der Ausgabenentwicklungen $Szen1$ und GS_Szen1) – trotz eines veränderten Inanspruchnahmeverhaltens, welchen Ausmaßes auch immer – im Zuge der Angleichung eine Art Determinismus in der Höhe der Ausgaben erreicht werden. Der Vergleich der (realistischen) Szenarien 2, 3 und 4 untereinander zeigt, dass die Egalisierung der Pflegestufen ein geeignetes Instrument darstellt, um Schwankungen in den Ausgaben zu vermeiden. Da es bei der Gleichstellung der Pflegesätze keine Rolle spielt, in welchem Verhältnis das Pflegegeld durch ambulante oder stationäre Leistungen substituiert wird, haben lediglich die unterstellten

---

[140]Vgl. BMGS (2003), S. 193 ff. Für eine Nachhaltigkeitsanalyse der Angleichung der Pflegesachleistungen siehe auch Häcker et al. (2004).

[141]Vgl. BMGS (2003), S. 194, und Bundesregierung (2005), S. 107.

[142]So ist es aufgrund von Informationsasymmetrien denkbar, dass der Pflegebedürftige eine für die Versicherung zu teure Form der Pflege hinsichtlich der Versorgungsform wählt, also anstelle der informellen die professionelle Pflege, die – wie bereits aufgezeigt – mit höheren Versicherungsleistungen verbunden ist. Zum Begriff des moralischen Risikos vgl. die Primärarbeiten von Arrow (1963, 1986) und Pauly (1968). Überlegungen zu Moral Hazard in der Pflegeversicherung finden sich in Mager (1995) und Rothgang (1997).

[143]Siehe hierzu u.a. Schneekloth und Müller (2000), Infratest Sozialforschung (2003) und MDS (2000). Sowohl die Infratest-Repräsentativbefragung 1998 als auch die des Jahres 2003 und der MDS (2000) stellen heraus, dass eine stationäre Unterbringung für Pflegebedürftige und Angehörige erst dann in Betracht kommt, wenn die häusliche Pflege nicht mehr in erforderlichem Maße gewährleistet werden kann bzw. wenn die "Grenzen der häuslichen Pflege" erreicht sind; vgl. Schneekloth und Müller (2000), S. 86. Die Vermutung einer Bevorzugung der häuslichen Pflege wird auch durch neuere ökonometrische Arbeiten für die USA gestützt. Grabowski und Gruber (2005) bspw. zeigen, dass selbst die Ausdehnung der Generosität der Heimpflege keinerlei Effekt auf die Nachfrage nach Heimpflege hat. Weniger eindeutig ist in diesem Zusammenhang jedoch die Präferenzstruktur der Angehörigen. So entstehen den pflegenden Angehörigen einerseits Opportunitätskosten in Höhe des entgangenen Lohns. In Anlehnung an Beckers (1974) "Rotten-Kid-Theorem" sollte andererseits die Wirkung finanzieller Anreize wie z.B. die Übertragung eines Erbes nicht unterschätzt werden. Wesentlicher Aspekt hierbei ist, wie – in diesem Fall ist der Vertragsgegenstand die häusliche Pflege durch ein Familienmitglied – durch das Aushandeln angemessener Verträge sichergestellt werden kann, dass ein für beide Seiten zufriedenstellendes Vertragsergebnis bzw. ein tragfähiger Interessenausgleich zustande kommt; vgl. u.a. Bergstrom (1989) und Engers und Stern (2002).

[144]An dieser Stelle sei betont, dass dadurch keineswegs der Trend hin zu professionellen Leistungen eingedämmt werden kann, der vielmehr die Folge eines Mangels an familialen Pflegepersonen ist.

5. Determinanten der Pflegeausgaben

Szenarien, die wiederum aber nur wenig untereinander variieren, Einfluss auf die Ausgaben. So verdoppeln sich die Leistungsausgaben bis zum Jahr 2050 gegenüber heute, unabhängig davon, ob sich Szenario 2, 3 oder 4 in Zukunft einstellen wird (siehe Abbildung 26). Gleiches gilt für den Beitragssatz, der – weitestgehend szenarienunabhängig – im Jahr 2025 einen Wert von 2,5 und im Jahr 2050 einen Wert von 4 Prozent erreicht. Durch eine Angleichung der Pflegesätze kann die Entwicklung der Ausgaben und des Beitragssatzes in Zukunft damit deutlich besser "kontrolliert" werden, im Gegensatz zu einer Beibehaltung der Trennung der ambulanten und stationären Versicherungsleistungen. Damit ist eine Gleichstellung der Pflegesätze höchstens als Ausgaben- bzw. Beitragssatzsteuerungsinstrument zu rechtfertigen, da sich hierdurch zukünftige, von der Pflegeform abhängige Ausgaben- bzw. Beitragssatzschwankungen minimieren lassen.

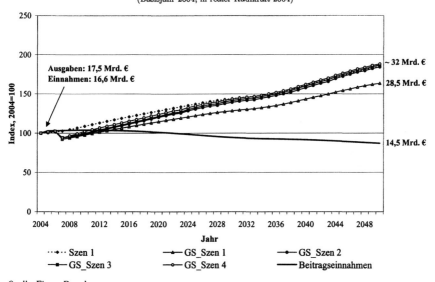

Abbildung 26
Gesamtausgabenentwicklung der SPV bei Angleichung der ambulanten und stationären Pflegesätze
(Basisjahr 2004, in realer Kaufkraft 2004)

Quelle: Eigene Berechnungen.

Entsprechend den aufgezeigten Ausgabenentwicklungen, denen – bis auf Szenario 4 – dieselbe Einnahmenentwicklung gegenübersteht, lassen sich abschließend noch die Nachhaltigkeitsindikatoren einer Veränderung in der Inanspruchnahme von Pflegeleistungen aufführen.[145] Dabei

---

[145] Um den Effekt zu veranschaulichen, den eine steigende Frauenerwerbsquote auf die Einnahmen- und damit Finanzentwicklung der SPV hat, sei an dieser Stelle auf die Nachhaltigkeitslücke unter Status-quo-Bedingungen verwiesen. So führt die Berücksichtigung der steigenden Frauenerwerbsbeteiligung bei den Beitragseinnahmen zu einer Reduktion der Nachhaltigkeitslücke um 1,4 Prozentpunkte von 32,3 Prozent – die sich unter der Statusquo-Annahme einer über die Zeit gleichbleibenden Frauenerwerbsquote ergibt – auf 30,9 Prozent des BIP bei Berücksichtigung der steigenden Erwerbsbeteiligung der Frauen.

Tabelle 13
Nachhaltigkeitsindikatoren bei einer Veränderung in der Inanspruchnahme von Pflegeleistungen
(Basisjahr 2004, g=1,5%, r=3%)

	Status quo (Szenario 1)	Szenario 2			Szenario 3			Szenario 4			Gleichstellung			
		Var A	Var B	Var C	Var A	Var B	Var C	Var A	Var B	Var C	Szen 1	Szen 2	Szen 3	Szen 4
Nachhaltigkeitslücke (in % des BIP)*	32,3	38,8	41,1	43,3	39,6	42,2	44,7	38,9	42,0	45,1	24,2	30,7	31,6	32,4
Veränderung ggü. Status quo	-	20,1%	27,2%	34,1%	22,6%	30,7%	38,4%	20,4%	30,0%	39,6%	-25,1%	-25,3%	-25,1%	-22,9%
Mehrbelastung zukünftiger Generationen (in Euro)	14.100	16.800	17.800	18.800	17.200	18.300	19.400	16.900	18.200	19.500	10.500	13.300	13.700	14.100
Veränderung ggü. Status quo	-	19,1%	26,2%	33,3%	22,0%	29,8%	37,6%	19,9%	29,1%	38,3%	-25,5%	-25,3%	-25,1%	-22,5%
Nachhaltige Einnahmenquote (in % des BIP)	1,34	1,46	1,50	1,54	1,47	1,52	1,56	1,44	1,49	1,54	1,19	1,31	1,33	1,34
Veränderung ggü. Status quo	-	9%	11,8%	14,9%	9,9%	13,3%	16,8%	7,3%	11,3%	15,3%	-11,0%	-12,4%	-12,6%	-10,2%
Einnahmenerhöhung (Prozentpunkte)	0,58	0,70	0,74	0,78	0,72	0,76	0,81	0,68	0,74	0,79	0,44	0,56	0,57	0,58
Nachhaltige Ausgabenquote (in % des BIP)	0,45	0,41	0,40	0,39	0,41	0,39	0,38	0,42	0,40	0,39	0,50	0,46	0,45	0,45
Veränderung ggü. Status quo	-	-8,2%	-10,6%	-12,9%	-9,0%	-11,9%	-14,4%	-6,9%	-10,1%	-13,3%	12,2%	14,7%	14,5%	11,2%
Ausgabensenkung (Prozentpunkte)	-0,34	-0,38	-0,39	-0,40	-0,39	-0,40	-0,41	-0,38	-0,39	-0,40	-0,29	-0,33	-0,34	-0,34
Beitragssatz (in %) 2004	1,7													
2015		1,9	1,9	1,9	1,9	1,9	1,9	1,9	1,9	2,0	1,7	1,7	1,7	1,8
2030		2,8	3,0	3,0	3,1	3,0	3,1	3,2	2,9	3,0	3,1	2,4	2,7	2,7	2,7
2045		3,5	3,9	4,0	4,1	3,9	4,1	4,2	3,8	4,0	4,1	3,1	3,5	3,5	3,6
2060		3,9	4,4	4,5	4,7	4,4	4,6	4,8	4,3	4,5	4,7	3,5	3,9	4,0	4,0

* davon explizites Vermögen der SPV: 0,1% des BIP

Quelle: Eigene Berechnungen.

spiegeln diese Indikatoren im Wesentlichen die anhand der Ausgabenentwicklung bereits aufgezeigten Effekte wider. So üben die Varianten innerhalb eines Szenarios einen deutlich stärkeren fiskalischen Effekt aus, als die Szenarien bei gleicher Variante. Im reinen Demographieszenario (Szenario 2) der Variante A liegt die Nachhaltigkeitslücke bei 38,8 Prozent des BIP, während sie unter Variante C bereits bei 43,3 Prozent des BIP liegt. Ein Vergleich der Variante A bei unterschiedlichen Szenarien weist demgegenüber in Szenario 3 eine Nachhaltigkeitslücke von 39,6 Prozent und in Szenario 4 von 38,9 Prozent des BIP auf. Dabei ist der Unterschied in der Nachhaltigkeitslücke von Szenario 3 auf 4 im Vergleich zu Szenario 2 auf 3 mit –0,7 Prozentpunkten sogar negativ. Offensichtlich überwiegt unter Szenario 4 der positive Einnahmeneffekt, der sich durch die höhere Frauenerwerbsquote bedingt. Er überkompensiert damit auch den Teil des ebenfalls mit der höheren Frauenerwerbsquote einhergehenden negativen Ausgabeneffekts einer verstärkten Inanspruchnahme professioneller Pflegeleistungen. Dieser Effekt nimmt allerdings mit steigendem Professionalisierungsgrad bei der Wahl der Pflegeform ab. Unter Variante C können die Beitragsmehreinnahmen durch die steigende Erwerbsbeteiligung der Frauen die ebenfalls damit einhergehende Verschiebung in den Pflegearrangements nicht länger kompensieren. Tabelle 13 enthält neben der Nachhaltigkeitslücke auch alle anderen verwendeten Nachhaltigkeitsindikatoren. Wie anhand diesen ferner ersichtlich wird, bringt die Gleichstellung der Pflegesätze – jeweils verglichen mit dem entsprechenden Szenario ohne Gleichstellung – eine leichte Verbesserung in der Nachhaltigkeit, wobei dieses Ergebnis wesentlich von der hier unterstellten Höhe der anzugleichenden Pflegesätze abhängt. So liegt die Mehrbelastung zukünftiger Generationen ohne Gleichstellung der Pflegesätze unter den Gegebenheiten des Szenarios 3, Variante B, bei 18.300 Euro; im Fall mit Gleichstellung liegt die Mehrbelastung zukünftiger Generationen demgegenüber bei 13.700 Euro.

Insgesamt bleibt festzuhalten, dass ein verändertes Inanspruchnahmeverhalten angesichts des rückläufigen Pflegepotentials in Zukunft unabwendbar ist. Bei gegebener Differenzierung in den Pflegesätzen schlägt sich dies dementsprechend auch in der Ausgabenentwicklung und damit in der Nachhaltigkeit der SPV nieder – allerdings bleibt das genaue Ausmaß ungewiss. Demgegenüber kann durch eine Politik der Angleichung der Pflegesätze zwar diese "Unsicherheit" eingedämmt werden. Ob damit aber eine Verbesserung der Nachhaltigkeit einhergeht, hängt vom Tatbestand einer damit gleichzeitig vollzogenen durchschnittlichen Leistungskürzung durch eine Angleichung der Sachleistungen auf einem niedrigeren Niveau ab.

5.1.4 Sensitivitätsanalyse

Für die im Folgenden durchgeführte Sensitivitätsanalyse wurden die Variante 1 (kleinste Bevölkerungszahl) und Variante 9 (größte Bevölkerungszahl) sowie die Variante 3 (relativ junge Bevölkerung) und Variante 7 (relativ alte Bevölkerung) berücksichtigt.

Während unter Variante 1 die geringste und unter Variante 9 die höchste Zahl an Pflegebedürftigen zu verzeichnen ist, weisen die Varianten 3 und 7 jeweils die unteren und oberen Extremwerte im Rückgang des relativen Pflegepotentials und damit auch im Rückgang der Pflegegeldempfänger auf. Die stärkste Abnahme im relativen Pflegepotential liegt unter der Bevölkerungsvariante 7 vor. Hierunter kommt es, abhängig von dem unterstellten Szenario, zu einem Sinken des relativen Pflegepotentials auf im Jahr 2050 44,8 Prozent unter Szenario 2 und 36,1 Prozent unter Szenario 4. Entsprechend gehen die Pflegegeldempfänger von heute knapp 51 Prozent auf 25,2 Prozent (Szenario 2) bzw. 20 Prozent (Szenario 4) im Jahr 2050 zurück; vgl. Anhang A, Tabelle A.3. Entsprechend stärker ist – im Vergleich zu Variante 5 – auch die Verschiebung hin zu professionellen ambulanten Sachleistungen und/oder stationären Pflegeleistungen.

Welche Auswirkungen hiervon nun außerdem auf die Nachhaltigkeit der SPV ausgehen, ist in Anhang A, Tabelle A.4, illustriert. Die fett gedruckten Werte geben die besten bzw. schlechtesten Nachhaltigkeitswerte bei jeweils gleichem Szenario an. Wiederum lassen sich im Rahmen dieser Sensitivitätsanalyse die Erkenntnisse aus dem Basisfall bestätigen: Bei gleicher Lebenserwartung steigt der Wert des Indikators Nachhaltigkeitslücke mit zunehmender Außenwanderung;

die Werte aller übrigen Indikatoren sinken mit zunehmender Außenwanderung. Und bei gleichem unterstellten Außenwanderungssaldo sind die Werte aller Nachhaltigkeitsindikatoren umso besser, je geringer die Lebenserwartung ist. Während die Nachhaltigkeitslücke – unabhängig von dem betrachteten Szenario und der Verschiebungsvariante – ihren niedrigsten bzw. höchsten Wert unter der Variante 1 bzw. der Variante 9 annimmt, stellen sich bei allen übrigen Indikatoren die besten Nachhaltigkeitswerte unter der Variante 3 und die schlechtesten Werte unter der Variante 7 ein. So erreicht bspw. der Beitragssatz unter den Gegebenheiten des Szenarios 4, Variante C, im Jahr 2055 sein Maximum von 4 Prozent unter der Bevölkerungsvariante 3, von 4,8 Prozent unter der Bevölkerungsvariante 5 und von 5,8 Prozent unter der Bevölkerungsvariante 7.

Insgesamt bestätigen die Sensitivitätsanalysen damit den erheblichen Einfluss auf den nichtnachhaltigen Zustand der SPV, den eine Veränderung in der Inanspruchnahme von Pflegeleistungen mit sich bringt.

5.2 Ausweitung des Pflegebegriffs auf Demenzkranke

Eine der SPV seit ihrem Bestehen anhaftende Kritik ist, dass der Hilfe- und Betreuungsbedarf von demenziell Erkrankten im Vergleich zu der somatisch begründeten Pflegebedürftigkeit nicht angemessen berücksichtigt wird. Zurückzuführen ist dies auf den in § 14 Abs. 4 SGB XI gefassten Begriff der Pflegebedürftigkeit und den entsprechend festgesetzten Hilfebedarf. Demzufolge begrenzt sich der bei der Feststellung der Pflegebedürftigkeit berücksichtigungsfähige Hilfebedarf auf die Verrichtungen im Ablauf des täglichen Lebens, wie Körperpflege, Ernährung, Mobilität und Hauswirtschaft. Der Hilfebedarf von Personen mit erheblichen Einschränkungen der Alltagskompetenz (PEA) bzw. des in der öffentlichen Diskussion vereinfachend als demenzkrank bezeichneten Personenkreises wird durch das SGB XI nur insofern berücksichtigt, als er sich in den Verrichtungen des täglichen Lebens niederschlägt, nicht aber den darüber hinausgehenden Beaufsichtigungs- und Betreuungsaufwand beinhaltet.

Da jegliche breitere Fassung des Pflegebegriffs unmittelbar einer Leistungsausweitung gleichzusetzen ist – so geht damit einher, dass ein weiterer Personenkreis leistungsberechtigt wird und/oder Bestandsfälle zusätzliche Leistungen erhalten –, soll im Rahmen dieses Abschnitts das Ausmaß einer solchen Maßnahme, welche de facto eine zusätzliche Verschärfung der Status-quo-Entwicklung beinhaltet, analysiert werden. Hierfür wird in Abschnitt 5.2.1 ein Problemaufriß der aktuell in der Diskussion stehenden Leistungsausweitung für demenziell Erkrankte gegeben. Daran anknüpfend erfolgt in Abschnitt 5.2.2 eine Vorausberechnung der Zahl an Demenzkranken, bevor in Abschnitt 5.2.3 die finanziellen Konsequenzen einer solchen Leistungsausweitung für die SPV aufgezeigt werden.[146]

---

[146]Die folgenden Abschnitte stützten sich auf frühere Beiträge von Häcker und Raffelhüschen (2005a, 2005b, 2006b).

5.2.1 Stärkere Berücksichtigung Demenzkranker: PflEG-2

Der Diskussion über die inadäquate bzw. z.T. fehlende Absicherung des Risikos einer Demenzerkrankung wurde erstmals mit dem Pflegeleistungs-Ergänzungsgesetz (PflEG) vom 14. Dezember 2001 entgegengetreten.[147] Wesentlicher Bestandteil des zum 1. Januar 2002 in Kraft getretenen PflEG ist die zusätzliche Unterstützung jener Pflegebedürftigen, die einen besonders hohen Bedarf an allgemeiner Betreuung und Beaufsichtigung haben (§ 45a SGB XI). Die im Rahmen des PflEG gewährten Zusatzleistungen betragen maximal 460 Euro pro Jahr (§ 45b SGB XI). Allerdings werden nur Pflegebedürftige aus dem ambulanten oder teilstationären Bereich begünstigt, die bereits zu den Leistungsempfängern der Stufen I bis III zählen. Die Tatsache, dass im Rahmen des PflEG sowohl die Pflegebedürftigen der stationären Pflege als auch insbesondere die der Stufe 0 unberücksichtigt geblieben sind – zu den Stufe-0-Fällen gehören jene Pflegebedürftige, die gerade keine Leistungen der SPV mehr erhalten, da sie das Zeitlimit für den notwendigen Hilfebedarf gerade unterschreiten –, wurde mit dem zu diesem Zeitpunkt vorliegenden engen finanziellen Handlungsspielraum begründet. Hierzu heißt es: "Auf Grund [der] bestehenden finanziellen Rahmenbedingungen ist es nicht möglich, mit diesem Gesetz [Anm: das PflEG] die Demenzproblematik durchgreifend zu lösen [...]. So erlaubt der Finanzrahmen auch nicht, den allgemeinen Beaufsichtigungs- und Betreuungsbedarf mit einem pauschalen Zeitzuschlag von täglich 30 oder 40 Minuten bei der Feststellung der Pflegebedürftigkeit und der Zuordnung zu den einzelnen Pflegestufen zu berücksichtigen."[148] Schätzungen hierzu ergaben, dass ein Zeitzuschlag von 30 Minuten der SPV jährlich Mehrausgaben in Höhe von mindestens 0,8 Mrd. Euro bescheren würden, was mit einem Beitragssatz von 1,7 Prozent nicht hätte finanziert werden können.[149]

Ungeachtet dessen wurde eben dieser Vorschlag von der Rürup-Kommission im Jahr 2003 erneut aufgegriffen, obgleich sich die Finanzlage seit dem Zeitpunkt des PflEG weiter verschlechtert hatte. Die finanziell nun (anscheinend) doch bewältigbare Situation wurde mit der Neuordnung der stationären medizinischen Behandlungspflege zugunsten der SPV begründet, die eine kostenneutrale Finanzierung der Mehrausgaben bei einem Zeitzuschlag von 30 Minuten i.H.v. 0,75 Mrd. Euro erlaube.[150] Bzgl. der Abschätzung der demographisch bedingt zukünftig steigenden Kosten für Demenzkranke heißt es lediglich, dass für die kostenneutrale Finanzierung dieser Mehrausgaben weitere Umfinanzierungen erfolgen müssten, sofern diese nicht von den Minderausgaben der stationären Behandlungspflege abgedeckt werden.

Seit dieser Vorschlag von der Rürup-Kommission aufgegriffen und das Thema damit wieder verstärkt in die Öffentlichkeit getragen wurde, gehört die stärkere Berücksichtigung Demenzkranker bei der Leistungsgewährung zu einer der dringlichsten Forderungen im Rahmen der SPV.[151] So existiert mittlerweile auch ein weiterer Vorschlag, um den Bedürfnissen von Pflegebedürftigen

---
[147]"Gesetz zur Verbesserung der Pflegeleistungen für Pflegebedürftige mit erheblichem allgemeinen Betreuungsaufwand", BT-Drs. 14/7154.
[148]Deutscher Bundestag (2001), BT-Drs. 14/7154, S. 12.
[149]Vgl. Deutscher Bundestag (2001), BT-Drs. 14/7154, S. 12.
[150]Siehe BMGS (2003), S. 199.
[151]Siehe hierzu u.a. den "Dritter Bericht über die Entwicklung der Pflegeversicherung" des BMGS (2004b) sowie Bundesregierung (2005), S. 92.

mit allgemeinem Betreuungsaufwand gerecht zu werden. Dieser, aus einem Eckpunktepapier für ein Gesetz zur nachhaltigen Reform der Pflegeversicherung des BMG stammend, unterscheidet sich insofern von dem der Rürup-Kommission, als hierin nun eine Leistungspauschale anstelle der zeitlichen Bemessung der Pflegebedarfe vorgesehen ist.

Zur Quantifizierung der fiskalischen Konsequenzen dieser beiden Vorschläge auf die SPV – gewissermaßen die Umsetzung eines Pflegeleistungs-Ergänzungsgesetzes Nr. 2 (PflEG-2) – ist eine Hochrechnung der Zahl Demenzkranker sowie die Bestimmung des jeweils leistungsberechtigten Personenkreises für die kommenden Jahrzehnte notwendig.

5.2.2 Hochrechnung der Zahl Demenzkranker

Für die Vorausberechnung der Zahl Demenzkranker bis zum Jahr 2050 werden die Prävalenzraten von Demenzerkrankungen herangezogen, die den Anteil der Dementen einer bestimmten Altersklasse in der Bevölkerung zu einem bestimmten Zeitpunkt ausweisen. Dabei überträgt die hier durchgeführte Vorausberechnung den heutigen Stand der Prävalenzraten auf die Bevölkerungsstruktur der kommenden Jahrzehnte. Zur Abbildung der veränderten Bevölkerungsstruktur wird die 5. Variante der 10. koordinierten Bevölkerungsvorausberechnung des Statistischen Bundesamtes (2003a) verwendet. Da von konstanten Prävalenzraten ausgegangen wird, wird u.a. abstrahiert von möglichem medizinisch-technischen Fortschritt in diesem Bereich.

Die im folgenden aufgeführten und auf zahlreichen Meta-Analysen und Feldstudien basierenden Prävalenzraten von Demenzerkrankungen (geschichtet nach 5-Jahresgruppen) stammen dabei von Bickel (2000), wobei diese ausschließlich die mittelschweren bis schweren Demenzen erfassen. Eine Unterscheidung nach Mann und Frau erfolgt nicht, da es laut Bickel (2000) bei Altersgleichheit kaum geschlechtsspezifische Unterschiede im Erkrankungsrisiko gibt.

Die Prävalenzraten des Demenzsyndroms steigen mit dem Alter fast exponentiell an. So kommt es nach jeweils fünf Altersjahren zu einer mehr als Verdopplung der Prävalenzrate: Während von der Altersklasse der 65- bis 69-Jährigen nur 1,2 Prozent an Demenz erkrankt sind, liegt diese bei den 70- bis 74-Jährigen bereits mehr als doppelt so hoch, nämlich bei 2,8 Prozent. Im Altersbereich zwischen 75 und 79 Jahren liegt die Prävalenzrate bei 6 Prozent, in der Altersklasse der 80- bis 84-Jährigen (85- bis 89-Jährigen) bei 13,3 Prozent (23,9 Prozent) und erreicht bei den 90-Jährigen und Älteren im Mittelwert 34,6 Prozent.[152] Die Pflegewahrscheinlichkeiten in der SPV – wie sie an anderer Stelle bereits aufgeführt wurden – liegen im Vergleich hierzu absolut betrachtet höher, allerdings weisen sie insgesamt über die Altersklassen keine so starke Zunahme auf wie die Prävalenzraten des Demenzsyndroms.

Unter Einbezugnahme der Bevölkerungsentwicklung und der unterstellten konstanten Prävalenzraten kommt es in den nächsten Jahrzehnten zu einem jährlichen Anstieg in der Zahl Demenzkranker von ca. 28.000 Personen. In den Jahren ab 2035 bis 2050 wird der Anstieg aufgrund der überproportionalen Zunahme von Höchstbetagten sogar noch steiler ausfallen. Absolut betrachtet steigt damit die Zahl der Demenzkranken von ca. 1,1 Mio. im Jahr 2007 auf etwa 1,8

---

[152]In den vorliegenden Berechnungen wurde außerdem die Prävalenzrate der Altersgruppe der 45- bis 64- Jährigen berücksichtigt, die bei 0,1 Prozent liegt.

Mio. im Jahr 2030 und auf über 2,5 Mio. im Jahr 2050 (vgl. Tabelle 14, Spalte 1). Da für die im Weiteren durchgeführten Berechnungen bzgl. der Mehrausgaben der SPV nur der Versichertenkreis der SPV berücksichtigt wird, beziehen sich die in Spalte 2 der Tabelle 14 dargestellten Zahlen an Demenzkranken nur auf den SPV-Versichertenkreis.

Ferner ist in Tabelle 14, Spalte 4, die Entwicklung der Zahl Pflegebedürftiger aufgeführt, die gemäß dem momentan geltenden Status quo den Pflegestufen I bis III zugeordnet sind (im Folgenden als "SQ-Pflegebedürftige" bezeichnet). Von momentan knapp 2 Mio. Pflegefällen steigen diese auf knapp über 3 Mio. im Jahr 2030 und auf etwa 4 Mio. im Jahr 2050. Inbegriffen in den SQ-Pflegebedürftigen ist auch ein Teil der demenziell Erkrankten, die bislang Leistungen im Bereich der Grundpflege und – sofern diese Leistungen in den ambulanten Bereich fallen und dieser Personenkreis außerdem Betreuung und Beaufsichtigung bedürfen – zusätzlich Betreuungsleistungen gemäß § 45b SGB XI erhalten. Damit lassen sich die SQ-Pflegebedürftige unterteilen in eine Gruppe von Pflegebedürftigen, die (vorrangig) einer demenziellen Erkrankung unterliegen sowie in die Gruppe der "übrigen Pflegebedürftigen", deren Pflegebedürftigkeit rein somatisch bedingt ist. Die Entwicklung der Anzahl an Demenzkranken, die bereits Pflegeleistungen erhalten, sowie die Anzahl der "übrigen Pflegebedürftigen" ist gesondert in Spalte 3, respektive Spalte 5, aufgezeigt. Hierzu sei angemerkt, dass eine strikte Trennung der Pflegebedürftigen in die Kategorien "dement" und "nicht dement" aufgrund der Multimorbidität der Pflegebedürftigen natürlich nicht ganz unproblematisch ist. Die (künstliche) Aufteilung erfolgt hier anhand von PEA-Quoten des MDS (2002) sowie anhand der im Vierten Altenbericht der Bundesregierung (BMFSFJ (2002)) ausgewiesenen Quote an demenziell Erkrankten in stationären Pflegeeinrichtungen. Den PEA-Quoten zufolge sind rund 31 Prozent aller ambulanten und teilstationären Pflegebedürftigen auch Leistungsempfänger nach § 45b SGB XI.[153] Im Bereich der stationären Pflege sind rund 60 Prozent dem Personenkreis der Demenzkranken zuzuordnen.[154] Im Mittel liegt der Anteil von Demenzkranken an den Gesamtpflegebedürftigen demzufolge bei rund 41 Prozent. Daraus wiederum kann der Anteil an Demenzkranken berechnet werden, der bereits Pflegeleistungen erhält und damit pflegebedürftig i.S.d. § 14 SGB XI ist. Dieser Anteil liegt bei etwa 85 Prozent.

Die beiden in der Diskussion stehenden Konzepte bzgl. einer Umsetzung der Ausweitung des Pflegebegriffs sind zum einen der Vorschlag einer zeitlichen Bemessung, wie von der Rürup-Kommission angedacht, und zum anderen eine Leistungspauschale, wie aus einem Eckpunktepapier des BMG hervorgeht. Während bei der zeitlichen Bemessung (im Folgenden als PflEG-2.1-Vorschlag bezeichnet) allen Demenzkranken ein Zeitzuschlag zum im Bereich der Grundpflege festgestellten zeitlichen Hilfebedarf gewährt wird und die betreffenden Personen damit in eine höhere Pflegestufe rutschen, verbleiben die leistungsberechtigten Personen im Rahmen der Leistungspauschale (im Folgenden als PflEG-2.2-Vorschlag bezeichnet) in ihren jeweiligen Pfle-

---

[153] Der Anteil der Pflegebedürftigen mit eingeschränkter Alltagskompetenz (PEA) in Pflegestufe I beträgt 23,7 Prozent, in Pflegestufe II 37,8 Prozent und in Pflegestufe III 52,3 Prozent an allen ambulanten und teilstationären Pflegebedürftigen, siehe MDS (2002), S. 71. Zwar handelt es sich bei diesen PEA-Quoten um Inzidenzraten (Neuerkrankungsraten), da diese sich aber auf das erste Jahr nach Umsetzung des PflEG beziehen, entsprechen diese Inzidenzraten auch gleichzeitig den Prävalenzraten.
[154] Vgl. BMFSFJ (2002), S. 168.

gestufen und erhalten stattdessen einen monatlichen Leistungsbetrag von 100 Euro. Einbezogen werden hierbei auch jene Versicherten, die noch nicht die Voraussetzungen für die Einstufung in die Pflegestufe I erfüllen, sich also noch in der Pflegestufe 0 befinden.

PflEG-2.1-Pflegebedürftige. Laut Rürup-Kommission führt der Zeitzuschlag von 30 Minuten für Demenzkranke zu folgenden pflegebedürftigen Neufällen bzw. Höherstufungen bereits Pflegebedürftiger. Die Zahlen basieren dabei auf Begutachtungsergebnissen des MDK aus dem Jahr 1998: Erstmals als pflegebedürftig eingestuft würden demzufolge 60.000 Personen (Stufe-0-Fälle), 84.000 Personen müssten von Pflegestufe I in Stufe II und 34.000 Personen von Pflegestufe II in Stufe III höhergestuft werden – Tabelle 14, Spalten 6 bis 8, führt die jeweiligen Entwicklungen bis zum Jahr 2050 auf.[155] Die Spalten 9 bis 11 weisen wiederum die jährlichen Nettozugänge der Stufen I bis III aus. Demnach liegen in der Pflegestufe I – trotz der Neuzugänge – negative Nettozugänge von Dementen vor, während die Stufen II und III positive Nettozugänge von Demenzkranken verbuchen. In Spalte 12 dargestellt ist die Gesamtzahl der Pflegefälle (hier mit "PflEG-2.1-Pflegebedürftige" bezeichnet), bestehend aus dem momentan leistungsberechtigten Personenkreis sowie den Neufällen durch Umsetzung des PflEG-2.1. Entsprechend würde die Zahl der Pflegebedürftigen von 2,1 Mio. im Jahr 2007 auf 3,1 Mio. im Jahr 2030 und auf über 4,1 Mio. im Jahr 2050 ansteigen. Ein Vergleich der Entwicklung der Gruppe der PflEG-2.1-Pflegebedürftigen mit der Entwicklung des Personenkreises der SQ-Pflegebedürftigen zeigt, dass erstere überproportional zunehmen, was auf die zuvor bereits angesprochene stärkere Zunahme der Prävalenzrate von Demenzerkrankungen über die Altersklassen im Vergleich zu den Prävalenzraten von Pflegebedürftigkeit zurückzuführen ist. Dies kann anhand einer relativen Betrachtung verdeutlicht werden: Während die SQ-Pflegebedürftigen bis zum Jahr 2050 um ca. 196 Prozent ansteigen werden, kommt es bei den PflEG-2.1-Pflegebedürftigen immerhin zu einem Anstieg von 208 Prozent bis zum Jahr 2050.

PflEG-2.2-Pflegebedürftige. Die Hochrechnung der Zahl an Gesamtpflegebedürftigen stellt sich im Fall der Einführung einer Leistungspauschale insofern schwieriger heraus, da bislang keine Schätzungen dafür vorliegen, ab welchem Schweregrad an Demenz sich der Betroffene für eine Leistungspauschale in Höhe von 100 Euro qualifiziert. Im Folgenden wurde deshalb eine Unter- und Obergrenze festgesteckt, innerhalb derer sich der pauschalenberechtigte Personenkreis bewegt. Als Untergrenze (PflEG-2.2.a) wurde angenommen, dass nicht mehr Personen für die Leistungspauschale infrage kommen als momentan bereits Leistungsempfänger gemäß § 45b SGB XI sind. In Tabelle 14, Spalte 13, aufgeführt sind die Demenzkranken, die bislang bereits ambulante Leistungen aus der SPV erhalten. Folglich ist die Zahl der PflEG-2.2.a-Pflegebedürftigen identisch mit der Zahl der SQ-Pflegebedürftigen. Die Obergrenze (PflEG-2.2.b) stellt demgegenüber den Fall dar, dass alle potentiell dem ambulanten Bereich zuordenbaren Demenzkranken (mittelschwere bis schwere Fälle) Empfänger der Leistungspauschale sind. Im Unterschied zur Untergrenze werden damit nun auch die Stufe-0-Fälle berücksichtigt. Ausgehend von knapp

---

[155] Siehe BMGS (2003), S. 198 f. Da diese Zahlen auf dem Jahr 1998 basieren, dürfte die Anzahl der Neufälle im Jahr 2007 nach den hier durchgeführten Berechnungen nun bei knapp 64.400 Neuzugängen liegen. Entsprechend liegen die Zahlen bei 90.200 (36.500) Pflegebedürftigen, die von Stufe I (II) in Stufe II (III) wechseln.

Tabelle 14
Entwicklung der Zahl Demenzkranker im Zeitraum 2007 bis 2050

	Zahl der Demenzkranken			Zahl der SQ-Pflegebedürftigen		Neuzugänge	PflEG-2.1: zeitliche Bemessung						PflEG-2.2: Leistungspauschale			
	insgesamt	bezogen auf den SPV-Versichertenkreis			davon "übrige Pflegebedürftige" i.S.d. §14 SGB XI		Höherstufungen von Pflegestufe I in II	Höherstufungen von Pflegestufe II in III	jährliche Nettozugänge in Pflegestufe I	jährliche Nettozugänge in Pflegestufe II	jährliche Nettozugänge in Pflegestufe III	Zahl der PflEG-2.1-Pflegebedürftigen	Untergrenze: nur bisherige §45b SGB XI Empfänger	Zahl der PflEG-2.2.a-Pflegebedürftigen	Obergrenze: mittelschwere bis schwere Demenzen	Zahl der PflEG-2.2.b-Pflegebedürftigen
			davon pflegebedürftig i.S.d. §14 SGB XI													
	(1)	(2)	(3)	(4)	(5)=(4)-(3)	(6)	(7)	(8)	(9)=(6)-(7)	(10)=(7)-(8)	(11)=(8)	(12)=(4)+(6)	(13)	(14)	(15)	(16)
2007	1.098.912	989.021	837.439	2.028.392	1.190.953	64.393	90.150	36.489	-25.757	53.661	36.489	2.092.785	432.478	2.028.392	510.759	2.106.673
2010	1.180.821	1.062.739	899.859	2.143.215	1.243.356	69.192	96.869	39.209	-27.677	57.660	39.209	2.212.407	464.713	2.143.215	548.829	2.227.331
2015	1.349.063	1.214.157	1.028.070	2.393.325	1.365.255	79.051	110.671	44.796	-31.620	65.876	44.796	2.472.376	530.925	2.393.325	627.026	2.489.426
2020	1.507.520	1.356.768	1.148.824	2.619.408	1.470.584	88.336	123.670	50.057	-35.334	73.613	50.057	2.707.744	593.286	2.619.408	700.674	2.726.797
2025	1.653.583	1.488.225	1.260.133	2.828.206	1.568.073	96.895	135.653	54.907	-38.758	80.746	54.907	2.925.101	650.769	2.828.206	768.562	2.945.999
2030	1.774.131	1.596.718	1.351.997	3.013.115	1.661.118	103.959	145.542	58.910	-41.583	86.632	58.910	3.117.074	698.210	3.013.115	824.591	3.139.496
2035	1.896.623	1.706.961	1.445.344	3.179.105	1.733.761	111.136	155.591	62.977	-44.454	92.614	62.977	3.290.241	746.418	3.179.105	881.524	3.314.211
2040	2.074.746	1.867.271	1.581.084	3.410.384	1.829.300	121.574	170.203	68.892	-48.629	101.311	68.892	3.531.958	816.518	3.410.384	964.313	3.558.179
2045	2.296.418	2.066.776	1.750.012	3.722.362	1.972.350	134.563	188.388	76.252	-53.825	112.136	76.252	3.856.925	903.757	3.722.362	1.067.343	3.885.948
2050	2.476.118	2.228.506	1.886.955	3.988.831	2.101.876	145.093	203.130	82.219	-58.037	120.911	82.219	4.133.924	974.478	3.988.831	1.150.865	4.165.218

Quelle: Statistisches Bundesamt (2003c), Bickel (2000), BMG (2006b) und eigene Berechnungen.

510.800 im Jahr 2007 wächst der leistungsberechtigte Personenkreis auf 824.600 im Jahr 2030 und auf 1,15 Mio. im Jahr 2050 an; vgl. Spalte 14. Entsprechend liegt auch die Zahl der PflEG-2.2.b-Pflegebedürftigen über den SQ-Pflegebedürftigen. Ausgehend von 2,1 Mio. im Jahr 2007 wächst deren Zahl auf knapp 4,2 Mio. im Jahr 2050 an und übersteigt damit auch die Zahl PflEG-2.1-Pflegebedürftigen um 31.300 Personen.

5.2.3 Nachhaltigkeitsanalyse

Neben der soeben aufgezeigten unterschiedlich starken Entwicklung in der Zahl der "PflEG-2-Pflegebedürftigen" spielt vor allem auch die jeweilige Höhe der Leistungsausweitung der beiden Vorschläge eine Rolle. Während der PflEG-2.2-Vorschlag eine Pauschale von 100 Euro je Leistungsberechtigtem vorsieht, entspricht im Fall der zeitlichen Bemessung des PflEG-2.1-Vorschlags die Höherstufung Demenzkranker in etwa einer Pauschale von 400 Euro. Abhängig davon also, welche Form eines PflEG-2-Vorschlags Umsetzung findet, unterscheiden sich deren Ergebnisse hinsichtlich ihrer Nachhaltigkeitswirkung.

So liegen die durch den Zeitzuschlag für Demenzkranke (PflEG-2.1) verursachten Mehrausgaben bei ca. 0,95 Mrd. Euro im Jahr 2007; alle Größen sind wiederum in realer Kaufkraft 2004 ausgedrückt.[156] In den Folgejahren erhöhen sich die Mehrausgaben unter dem PflEG-2.1 durchschnittlich um weitere 23,3 Mio. Euro jährlich.

Wird anstelle der zeitlichen Bemessung eine Leistungspauschale gewährt, so entstehen im Umsetzungsjahr des PflEG-2.2 – je nach leistungsberechtigtem Personenkreis – Mehrausgaben i.H.v. 0,52 Mrd. (Untergrenze) bzw. 0,61 Mrd. Euro (Obergrenze). Jährlich erhöhen sich diese um weitere 14,9 Mio. (Untergrenze) bzw. 17,6 Mio. Euro (Obergrenze). Diese Mehrausgaben ergeben sich dabei ausschließlich aus der Anzahl der Leistungsempfänger, unabhängig davon, welcher Pflegestufe sie angehören.

Entsprechend dieser grob skizzierten Ausgabenentwicklung gestaltet sich auch das Resultat in den Nachhaltigkeitslücken der unterschiedlichen Varianten des PflEG-2. So steigt die Nachhaltigkeitslücke unter der großzügigeren Leistungsgewährung des PflEG-2.1 von 32,3 Prozent (Status quo) auf 36,7 Prozent des BIP, während die Nachhaltigkeitslücke in der Pauschalvariante des PflEG-2.2 um 2,5 (Untergrenze) bzw. 3 Prozentpunkte (Obergrenze) auf 34,8 (Untergrenze) bzw. 35,3 Prozent des BIP (Obergrenze) zunimmt. Damit überwiegt der Ausgabeneffekt einer höheren "Pauschale" im Rahmen der zeitlichen Bedarfsbemessung den Effekt, dass unter dem PflEG-2.2.b-Vorschlag der leistungsberechtigte Personenkreis größer ist als unter dem PflEG-2.1-Vorschlag. Tabelle 15 enthält neben der Nachhaltigkeitslücke auch alle anderen verwendeten Nachhaltigkeitsindikatoren vor und nach dem PflEG-2. Während der Indikator Mehrbelastung zukünftiger Generationen unter dem PflEG-2.2 zwischen 15.100 und 15.300 Euro liegt, beträgt

---

[156]Die Rürup-Kommission beziffert die anfänglichen Mehrkosten auf 0,75 Mrd. Euro, siehe BMGS (2003), S. 199. Das Bayerisches Staatsministerium für Arbeit und Sozialordnung, Familie und Frauen (BSTMAS (2004)), S. 13, rechnet demgegenüber mit Mehrausgaben im Einführungsjahr i.H.v. ca. 1 Mrd. Euro. Die Abweichung in den Mehrausgaben zu Häcker und Raffelhüschen (2005b) rührt daher, dass sich die dort durchgeführten Berechnungen auf alle Pflegebedürftigen – also ambulante und stationäre Leistungsempfänger – bezieht, während sich die hier durchgeführten Berechnungen ausschließlich auf ambulante Leistungsempfänger beschränken.

dieser unter dem PflEG-2.1 ca. 16.000 Euro. Im Zuge des PflEG-2.1 nimmt die notwendige Erhöhung der Einnahmen von 0,55 auf 0,66 Prozentpunkte zu, die notwendige Senkung der Ausgaben beträgt nun 0,37 anstelle von 0,34 Prozentpunkten.

Tabelle 15
Nachhaltigkeitsindikatoren bei Umsetzung des PflEG-2-Vorschlags
(Basisjahr 2004, $g=1,5\%$, $r=3\%$)

	Status quo	PflEG-2.1	PfleEG-2.2	
			PflEG-2.2a	PflEG-2.2b
Nachhaltigkeitslücke (in % des BIP) *	32,3	36,7	34,8	35,3
Veränderung ggü. Status quo	-	13,6%	7,7%	9,3%
Mehrbelastung zukünftiger Generationen (in Euro)	14.100	16.000	15.100	15.300
Veränderung ggü. Status quo	-	13,5%	7,1%	8,5%
Nachhaltige Einnahmenquote (in % des BIP)	1,34	1,42	1,38	1,39
Veränderung ggü. Status quo	-	6%	3,4%	4,0%
Einnahmenerhöhung (Prozentpunkte)	0,55	0,66	0,63	0,64
Nachhaltige Ausgabenquote (in % des BIP)	0,45	0,42	0,43	0,43
Veränderung ggü. Status quo	-	-5,7%	-3,4%	-3,9%
Ausgabensenkung (Prozentpunkte)	-0,34	-0,37	-0,36	-0,36

* davon explizites Vermögen der SPV: 0,1% des BIP

Quelle: Eigene Berechnungen.

Neben der Berechnung der Auswirkungen, die das PflEG-2 auf die Nachhaltigkeitsindikatoren hat, können die Konsequenzen der beiden Varianten des PflEG-2 auch auf die Beitragssatzentwicklung aufgezeigt werden. In beiden Varianten des PflEG-2 ist bereits mit der Umsetzung eine Erhöhung des Beitragssatzes notwendig. Dieser steigt unter dem PflEG-2.1 auf 2,9 Prozent im Jahr 2030 und auf 4,3 Prozent im Jahr 2055. Demgegenüber erreicht der Beitragssatz unter dem PflEG-2.2.b (PflEG-2.2.a) ein Maximum von knapp 4,2 Prozent (4,1 Prozent) im Jahr 2055 – aus Gründen der Übersichtlichkeit wurde in Abbildung 27 auf die Darstellung der Beitragssatzentwicklung des PflEG-2.2.a verzichtet.

Ungeachtet der Tatsache, welche Form des PflEG-2 Umsetzung findet, wird eine neue Runde von Einführungsgeschenken verteilt – die zudem an einen Personenkreis gehen, der ohnehin von der Einführung der SPV als Umlageverfahren profitiert hat – und damit eine weitere implizite Schuld auf das System der SPV geladen. Insofern stellt sich auch nicht die Frage nach dem "günstigsten" Weg zur stärkeren Berücksichtigung Demenzkranker, was seitens der Politik immer wieder – auf Kosten zukünftiger Generationen – versprochen wird. Vielmehr ist die Frage zu beantworten, wie die bestehenden Ansprüche zu bedienen sind und damit auch wie gesichert

Abbildung 27
Beitragssatzentwicklung der SPV bei Umsetzung des PflEG-2-Vorschlags
(Basisjahr 2004)

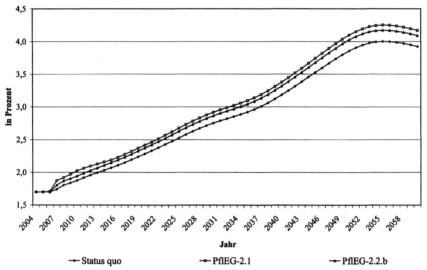

Quelle: Eigene Berechnungen.

werden kann, dass die Personen, die seit Inkrafttreten des SGB XI die aktuellen Pflegejahrgänge finanzieren, diese Solidarität später auch für sich bei alternder Bevölkerung erwarten können. Rückendeckung gegenüber einer breiteren Definition des Pflegebegriffs erhält der Gesetzgeber in diesem Zusammenhang auch vom Bundesverfassungsgericht.[157] So wurde eine Beschwerde gegen die strenge Verrichtungsbezogenheit des Pflegebedürftigkeitsbegriffs zu Ungunsten Demenzkranker abgelehnt. In der Begründung wurde dabei festgehalten, dass es im Gestaltungsspielraum des Gesetzgebers liegt, die Beitragsbelastung auch mit Hilfe der Definition der Pflegebedürftigkeit in Grenzen zu halten.[158]

5.2.4 Sensitivitätsanalyse

Hinsichtlich der Auswirkungen eines PflEG-2 auf die Nachhaltigkeit der SPV umfasst die hier durchgeführte Sensitivitätsanalyse wiederum die Varianten 1 und 9 sowie 3 und 7.

Die höchste Zahl an Demenzkranken und damit auch an potentiellen PflEG-2-Empfängern ist unter der Variante mit der höchsten Bevölkerungszahl (Variante 9) gegeben. Hierunter steigt die Zahl demenziell Erkrankter auf 2,76 Mio. bis zum Jahr 2050 an und liegt damit mehr als 11 Prozent über der Zahl an Demenzkranken unter der Variante 5. Diese stärkere Zunahme überträgt sich entsprechend auch auf die Entwicklung der PflEG-2.1- und PflEG-2.2-Pflegebedürftigen.

---
[157]Vgl. BVerfG, 1 BvR 452/99 vom 22.5.2003, Absatz-Nr. (1 - 28).
[158]Vgl. BVerfG, 1 BvR 452/99 vom 22.5.2003, Absatz-Nr. (22).

Unter Variante 1, das Szenario mit der niedrigsten Lebenserwartung und der geringsten jährlichen Außenwanderung und damit auch der niedrigsten Bevölkerungszahl, werden die genau umgekehrten Resultate erzielt; vgl. Anhang A, Tabelle A.5.

Gemäß diesen unterschiedlich stark zunehmenden Entwicklungen in der Zahl der potentiell Leistungsberechtigten führen auch die Nachhaltigkeitsindikatoren unter den entsprechenden Bevölkerungsvarianten zu unterschiedlichen Werten. Allerdings weisen alle auf eine deutliche Verschärfung des nicht-nachhaltigen Zustands der SPV gegenüber dem jeweiligen Status quo hin.

Wie im Basisfall hat auch hier der Indikator Nachhaltigkeitslücke seinen geringsten (höchsten) Wert unter einem PflEG-2 bei Vorliegen von Variante 1 (Variante 9). Die Indikatoren Mehrbelastung zukünftiger Generationen, nachhaltig Einnahmenquote, nachhaltige Ausgabenquote und der Beitragssatz führen unter Variante 3 zu den geringsten Nachhaltigkeitswerten und unter Variante 7 zu ihren jeweils höchsten Werten, vgl. Tabelle A.6. Die fett gedruckten Werte markieren dabei wiederum die besten bzw. schlechtesten Nachhaltigkeitswerte bei jeweils gleichem PflEG-2-Vorschlag.

Auch unter der stärkeren Berücksichtigung Demenzkranker bei der Leistungsgewährung bleibt im Rahmen der Sensitivitätsanalyse die Aussage uneingeschränkt gültig, dass bei gleicher Lebenserwartung die Nachhaltigkeitslücke (alle anderen Indikatoren) mit steigender Zuwanderung steigt (sinken) und sich bei gleicher angenommenen Außenwanderung die Nachhaltigkeitswerte aller Indikatoren bei einer Verlängerung der Lebenserwartung verschlechtern.

5.3 Dynamisierung der Pflegeleistungen

Seit ihrer Einführung sind die ambulanten und stationären Pflegeleistungen der Stufen I bis III in ihrer Höhe unverändert geblieben; eine von der Bundesregierung durch Rechtsverordnung diskretionär vorgenommene Leistungsdynamisierung (§ 30 SGB XI) ist bislang nicht erfolgt. Orientiert allein an der allgemeinen Preisentwicklung ist dies gleichbedeutend mit einer Politik der Abschmelzung des Wertes der Versicherungsleistung in Bezug auf die damit finanzierbaren Pflegeleistungen. Gemessen an der tatsächlichen Preissteigerungsrate hat der Realwert der Pflegeleistungen von 1995 bis heute um 13,1 Prozent abgenommen.[159]

Die bislang zwar oft diskutierte, aber nie vollzogene Dynamisierung der Pflegeleistungen ist vorrangig auf die damit einhergehenden Mehrausgaben zurückzuführen. Diese würden, abhängig vom Dynamisierung- bzw. Indexierungsparameter, zwangsläufig zu einer Verschärfung der Finanzierungssituation der SPV führen. So ist nach geltendem Recht, § 30 SGB XI, eine Dynamisierung nur in Abhängigkeit der Beitragssatzstabilität möglich. Gleichzeitig aber ist es Ziel und Legitimationsbasis der SPV, die "Teilkaskoabsicherung" auf ihrem realen Niveau zu bewahren und damit eine (erneute) pflegebedingte Sozialhilfebedürftigkeit zu vermeiden. Obwohl es mittlerweile zu den erklärten Zielen in der SPV gehört, *dass* eine Dynamisierung gemäß

---
[159]Vgl. PKV (2005a), S. 2.

dem Kriterium der Realwerterhaltung der Pflegeleistungen erfolgen sollte,[160] ist bislang offen geblieben, *wie hoch* diese Indexierung im Pflegesektor anzusetzen ist. Offenbar der damit einhergehenden Finanzierungsproblematik bewusst, herrscht zumindest seitens der Politik die Tendenz, die zur Realwerterhaltung notwendige Dynamisierung möglichst niedrig festzusetzen. So schlägt bspw. die Rürup-Kommission eine (nominelle) Indexierung der Pflegeleistungen vor, die unterhalb der Nominallohnentwicklung liegt. Der Vorschlag lautet, die Leistungspauschalen in Höhe des Durchschnitts aus allgemeinem Preisindex und (realer) Lohnsteigerung zu dynamisieren.[161]

Wie hoch der Dynamisierungsparameter gewählt werden muss, der – zumindest annähernd – dem Erhalt der Kaufkraft der Pflegeversicherungsleistungen dient, soll im Folgenden theoretisch anhand des Baumol'schen Kostenkrankheitsmodells veranschaulicht (Abschnitt 5.3.1) und empirisch anhand der vergangenen Ausgabenentwicklung der Sozialhilfekategorie *Hilfe zur Pflege* quantifiziert werden (Abschnitt 5.3.2). Da der Dynamisierungspfad entscheidend für die Gesamtausgabenentwicklung der SPV ist, wird mittels der Nachhaltigkeitsindikatoren – hierunter speziell der Beitragssatzprojektion – wiederum der finanzielle Mehrbedarf aufgezeigt, den eine derartige für alle Zukunft unterstellte (stetige) Leistungsdynamisierung nach sich zieht (Abschnitt 5.3.3).[162]

5.3.1 Baumol'sche Kostenkrankheit und Pflegesektor

Die Tatsache, dass manche Branchen des Dienstleistungssektors einem Kostenproblem unterliegen, wurde erstmals von Baumol und Bowen (1965) empirisch und von Baumol (1967) theoretisch dargestellt und wird in der ökonomischen Literatur daher als "Baumol's Cost Disease" oder auch – allerdings weniger geläufig – als "Bowen's Curse" bezeichnet. Die Kostenkrankheit stellt dabei das Phänomen überproportional steigender Preise bei gleichzeitig unterproportional zunehmenden Produktivitätssteigerungen dar. Dabei führen folgende Konstellationen zu eben dieser Kostenproblematik: Während in den meisten Wirtschaftssektoren, insbesondere im industriellen Sektor, erhebliche Produktivitätssteigerungen durch technischen Fortschritt und erhöhte Kapitalintensität möglich sind, fällt eine Zunahme an Arbeitsproduktivität im Dienstleistungssektor, wo das Endprodukt in der personellen Komponente liegt, aufgrund fehlender Standardisierungsmaßnahmen bzw. nur geringer Rationalisierungspotentiale deutlich geringer aus. Gleichzeitig aber entwickeln sich die Löhne im Dienstleistungssektor im Gleichschritt mit den an die Produktivitätszuwächse gekoppelten Löhnen der übrigen Wirtschaft, da es – unter Annahme langfristig mobiler Arbeitsmärkte – ansonsten zu einer Abwanderung von Arbeitskräften im Dienstleistungssektor kommen würde. Das Zusammenwirken gleicher Lohn-, aber ungleicher Produktivitätsentwicklungen zwischen den Sektoren bewirkt, dass die (Lohn-)Stückkosten und – bei Annahme einer Proportionalität der Preise – die Preise im Dienstleistungssektor gegenüber der Gesamtwirtschaft überdurchschnittlich stark zunehmen. Ist die Nachfrage nach den entsprechenden Dienstleistungsgütern zudem relativ preisunelastisch und bleibt damit der reale

---
[160]Siehe hierzu u.a. Bundesregierung (2005), S. 106 ff.
[161]Siehe BMGS (2003), S. 192f. Siehe hierzu aber auch SVR (2004), S. 420 f.
[162]Die Abschnitte 5.3.2 und 5.3.3 beziehen sich dabei auf eine frühere Arbeit von Häcker (2007).

5. Determinanten der Pflegeausgaben

Anteil des Konsums von Dienstleistungen am Gesamtkonsum konstant, so führt dies zu einem steigenden realen Ausgabenanteil für Dienstleistungen am BIP. Zur Veranschaulichung dieses Preis- und Ausgabeneffekts wird im Folgenden das Baumol'sche Modell der Kostenkrankheit, ein ausschließlich angebotsseitiges neoklassisches Wachstumsmodell mit exogenem technischen Fortschritt, skizziert.[163]

Betrachtet sei eine einfache Zwei-Sektoren-Ökonomie, bestehend aus einem "nicht-progressiven" Sektor 1 (im Folgenden den Pflegesektor darstellend) und einem "progressiven" Sektor 2 (repräsentativ für die übrigen Wirtschaftssektoren) mit Arbeit als einzigem Inputfaktor. Während Sektor 1 durch eine konstante Produktivität gekennzeichnet ist, finden in Sektor 2 regelmäßige (exponentielle) Produktivitätszuwächse mit der konstanten Rate β statt.[164] Bei linearhomogenen Produktionsfunktionen ist der Output des Sektors 1 bzw. 2 zu jedem Zeitpunkt t damit gegeben durch

$$Y_{1t} = a_1 L_{1t} \tag{26}$$
$$Y_{2t} = a_2 L_{2t} e^{\beta t}, \tag{27}$$

wobei $a_1, a_2 > 0$ Konstanten sind und L_{1t} bzw. L_{2t}, mit $L_{1t} + L_{2t} = \overline{L}$, der eingesetzten Arbeitsmenge in Sektor 1 bzw. 2 entspricht. Nominallöhne bzw. Nominallohnsteigerungen werden über beide Sektoren hinweg als identisch angenommen. Ferner wird unterstellt, dass die Nominallöhne w_t genauso stark steigen wie die Produktivität im progressiven Sektor,[165] d.h.

$$w_t = a_2 p_{2t} e^{\beta t}, \tag{28}$$

mit p_{2t} als Preis des Sektors 2.[166] Um den Nominallohn auf dem Niveau der Produktivität des Sektors 2 zu halten, müssen die (Lohn-)Stückkosten und – sofern sich die Preise proportional zu den Kosten entwickeln – damit auch die Preise im nicht-progressiven Sektor 1 im Zeitablauf ständig gegenüber den Preisen des Sektors 2 ansteigen. Dies führt in Sektor 1 im Zeitablauf zu einer relativen Preiserhöhung der Pflegeleistung, während das in Sektor 2 produzierte Gut relativ billiger wird. Entsprechend ergibt sich für die Entwicklung des Relativpreises

$$\frac{p_{1t}}{p_{2t}} = \frac{w_t L_{1t}/Y_{1t}}{w_t L_{2t}/Y_{2t}} = \frac{a_2}{a_1} e^{\beta t}, \tag{29}$$

was aufgrund gleicher Nominallöhne in beiden Sektoren der Entwicklung der inversen Produktivitätsrelation zwischen den beiden Sektoren entspricht: So führt ein im Vergleich zur übrigen Wirtschaft unterproportionaler Produktivitätsanstieg zu einer überproportionalen Preissteige-

---

[163]Soweit nicht anders gekennzeichnet, basiert die folgende Darstellung auf der von Baumol (1967).
[164]Voraussetzungen für ein regelmäßiges Produktivitätswachstum sind laut Baumol (1967) technologische Innovationen und Sachkapitalakkumulation, wobei ein so definiertes regelmäßiges Produktivitätswachstum ausschließlich in der industriellen Warenproduktion stattfinden kann.
[165]Hinter gleichen Nominallohnsteigerungen verbirgt sich die Annahme langfristig mobiler Arbeitsmärkte, hinter Nominallohnsteigerungen, die dem Produktivitätswachstum entsprechen, die Annahme eines vollkommenen Wettbewerbs.
[166]Pro-Kopf-Größen sind hier durch Kleinbuchstaben gekennzeichnet.

rung. Der Effekt eines schneller ansteigenden Preisniveaus für Pflegeleistungen als es der allgemeine Preisindex vorgibt – dieser wird üblicherweise am Preisindex des BIP oder am Verbraucherpreisindex gemessen –, wird auch als negativer Preisstruktureffekt bezeichnet.[167]

Neben dem Preiseffekt kann auch noch ein realer Ausgabeneffekt aufgezeigt werden. Dieser ergibt sich, wenn infolge einer relativ preisunelastischen Nachfrage nach Pflegeleistungen[168] das Ausbringungsmengenverhältnis des Pflegesektors und der übrigen Sektoren gleich bleibt und folglich

$$\frac{Y_{1t}}{Y_{2t}} = k \qquad (30)$$

gilt.[169] Diese Bedingung erfordert eine Reallokation von Arbeit von Sektor 2 zu Sektor 1. Unter Annahme einer über die Zeit unveränderlichen Arbeitseinsatzmenge $\overline{L}$ und unter Aufrechterhaltung der neoklassischen Vollbeschäftigungsannahme ergibt sich für den Sektor 1 demzufolge eine positive Wachstumsrate des Arbeitskräftepotentials von

$$\hat{L}_{1t} = \frac{\dot{L}_{1t}}{L_{1t}} = \frac{\beta}{1 + \frac{a_2}{a_1} k e^{\beta t}} > 0, \qquad (31)$$

mit $\dot{L}_{1t} = \partial L_{1t}/\partial t$.[170] Entsprechend weist das Arbeitskräftepotential in Sektor 2 eine negative Wachstumsrate auf.

Dieser zur Aufrechterhaltung des Ausbringungsmengenverhältnisses k notwendige Mehreinsatz an Arbeitskräften in Sektor 1 führt dazu, dass die "realen" Ausgaben für Pflegeleistungen steigen.[171] Von Baumol (1967) nun zwar nicht explizit aufgezeigt, ergibt sich aus diesem Modell gleichwohl, dass es – im Fall eines über die Zeit konstanten Ausbringungsmengenverhältnisses – zu einem stärkeren Wachstum der "realen" Pflegeausgaben im Vergleich zur Wachstumsrate des realen BIP kommt. Ausgehend vom nominalen BIP und den nominalen Pflegeausgaben der Periode t, $BIP_t^{nom} = p_{1t}Y_{1t} + p_{2t}Y_{2t}$ und $LTC_t^{nom} = p_{1t}Y_{1t}$, ergibt sich eine nominale Wachstumsrate des BIP, respektive eine nominale Dynamisierungsrate der Pflegeausgaben von[172]

$$\hat{BIP}_t^{nom} = \beta + \hat{p}_{2t} \quad < \quad \hat{LTC}_t^{nom} = \beta + \hat{L}_{1t} + \hat{p}_{2t}. \qquad (32)$$

---

[167]Siehe hierzu auch SVRKAiG (2003), S. 42.
[168]Da die Inanspruchnahme von Pflegeleistungen im Fall der Pflegebedürftigkeit unvermeidbar und außerdem nicht substituierbar ist, liegt hier typischerweise eine sehr geringe Preiselastizität der Nachfrage vor; siehe hierzu auch Schreyögg (2002).
[169]Dies setzt voraus, dass die produzierten Mengen auch immer der realen Nachfrage entsprechen.
[170]Dieses Resultat gilt unabhängig davon, ob eine über die Zeit konstante Bevölkerung unterstellt wird oder ob diese mit der Rate m wächst; siehe hierzu auch Harvey (1998). In letzterem Fall wäre m auf die rechte Seite von Gleichung (31) hinzuzuaddieren.
[171]Da zur Ermittlung der realen Größen eine Deflationierung mit dem allgemeinen Preisindex π_t, (und nicht etwa mit dem speziellen Pflegepreisindex p_{1t}) durchgeführt wird, ist die Bezeichnung eines "realen" Wachstums bei den Pflegeausgaben nicht ganz adäquat, da das "reale" Wachstum hier mitunter von den speziellen Preiseffekten der Pflegedienstleistungen herrührt. In der weiteren Analyse werden die "realen" Wachstumsraten der Pflegeleistungen deshalb als Dynamisierungsraten bezeichnet.
[172]Da $\overline{L} = const.$ entspricht die Wachstumsrate des BIP der Wachstumsrate des Pro-Kopf-BIP. Gleiches gilt für die Dynamisierungsrate der Pflegeausgaben.

5. Determinanten der Pflegeausgaben

Mit $\pi_t = p_{2t}$ als dem allgemeinen Preisindex folgt entsprechend die reale Wachstums- bzw. Dynamisierungsrate[173]

$$B\hat{I}P_t^{real} = \beta \quad < \quad L\hat{T}C_t^{real} = \beta + \hat{L}_{1t}. \tag{32'}$$

Die realen Pflegeausgaben $L\hat{T}C_t^{real}$ steigen mit β, dem Preisstruktureffekt, der sich mit dem allgemeinen Preisbereinigungsindex nicht herausrechnen lässt, sowie mit $\hat{L}_{1,t}$, dem Mehreinsatz an Arbeitskräften, der notwendig ist, um das Verhältnis der realen Menge von Pflegeleistungen zu den übrigen Gütern aufrecht erhalten zu können. Demgegenüber steigen die Ausgaben des Sektors 1 – durch das sinkende Arbeitskräftepotential – mit einer geringeren Rate als die Produktivitätswachstumsrate β. Insgesamt wächst das BIP damit wiederum genau mit der konstanten Rate β.

Dementsprechend nimmt auch der Anteil der nominalen bzw. realen Pflegeleistungen am nominalen bzw. realen BIP über die Zeit stetig zu, was durch Betrachtung der Pflegeausgabenquote $LTCQ$ deutlich wird

$$LTCQ_t^{nom} = \frac{p_{1,t} Y_{1,t}}{p_{1,t} Y_{1,t} + p_{2,t} Y_{2,t}} = \frac{1}{1 + \frac{a_1}{a_2} \frac{1}{k e^{\beta t}}}. \tag{33}$$

Insgesamt betrachtet, kann mit dem Modell im Zeitablauf also eine relative Verteuerung der Pflegeleistungen (Gleichung (29)), ein steigender Anteil an der Gesamtbeschäftigung (Gleichung (31)) sowie eine steigende Pflegeausgabenquote (Gleichung (33)) aufgezeigt werden – drei Effekte, die alle empirische Evidenz haben: Der negative Preiseffekt lässt sich – da es keinen speziell ausgewiesenen Preisindex für Pflegeleistungen gibt – exemplarisch anhand der Relativpreisentwicklung von typisch personalintensiven Dienstleistungsbereichen, wie Friseurleistungen, Beherbergungs- und Gaststättendienstleistungen sowie der Dienstleistungen im Bildungswesen, für Deutschland aufzeigen. Zu Illustrationszwecken sind außerdem die Relativpreise der Gesamtgesundheitsausgaben unterschiedlicher Länder aufgeführt; vgl. Abbildung 28a. Ebenfalls kann der steigende Anteil der Beschäftigten im Dienstleistungsbereich an der Gesamtbeschäftigung und damit das vergleichsweise stärkere Wachstum der Beschäftigten im Dienstleistungsbereich dargelegt werden. Während die Gesamtbeschäftigung im Zeitraum 1985 bis 2004 eine durchschnittliche jährliche Wachstumsrate von 0,65 Prozent aufweist, liegt die durchschnittliche jährliche Wachstumsrate für den Dienstleistungsbereich bei 3,33 Prozent; siehe Abbildung 28b. Auch die Pflegeausgabenquote (Leistungen der HzP zum BIP) ist im Zeitablauf kontinuierlich gestiegen, und zwar von 0,16 Prozent im Jahr 1970 auf 0,52 Prozent im Jahr 1994; vgl. Abbildung 28c. Im nachstehenden Abschnitt soll nun quantifiziert werden, in welchem Ausmaß Gleichung (32') empirische Evidenz hat. Folglich soll auch ermittelt werden, wie hoch der (zukünftige) realwerthaltende Index für Pflegeleistungen der SPV ist.

---

[173]Streng genommen müsste hier eine Deflationierung mit dem aus p_{1t} und p_{2t} gewichteten Preisindex π_t erfolgen. Da die Pflegeausgaben am BIP jedoch nur einen sehr kleinen Teil ausmachen und damit die Gewichtung von p_{1t} am allgemeinen Preisindex vernachlässigbar klein ist, wird an dieser Stelle vereinfachend angenommen, dass p_{2t} dem allgemeinen Index π_t entspricht.

Abbildung 28
Empirische Relevanz der Baumol'schen Kostenkrankheit und ihrer Implikationen

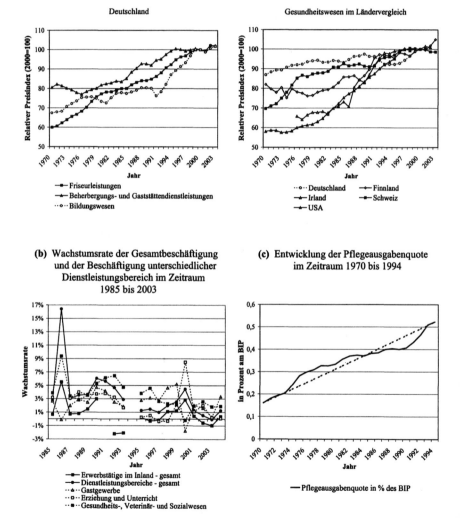

(a) Entwicklung des Relativpreises unterschiedlicher Dienstleistungsbereiche im Zeitraum 1970 bis 2003

(b) Wachstumsrate der Gesamtbeschäftigung und der Beschäftigung unterschiedlicher Dienstleistungsbereich im Zeitraum 1985 bis 2003

(c) Entwicklung der Pflegeausgabenquote im Zeitraum 1970 bis 1994

Quelle: Statistisches Bundesamt (1972b-2006b), OECD (2005) und eigene Berechnungen.

5.3.2 Dynamisierungsrate der Leistungen der Hilfe zur Pflege für den Zeitraum 1970 bis 1994

Für die Berechnung der (zukünftigen) kaufkraftstabilisierenden Dynamisierungsrate der SPV wird das Wachstum der Pro-Kopf-Pflegeleistungen, gewährt durch die HzP, der Jahre 1970 bis 1994 zugrundegelegt. Hierfür wird eine Deflationierung aller Ausgabengrößen auf das Jahr 1970 mit dem Preisindex der Lebenshaltung (Verbraucherpreisindex) vorgenommen.[174] Wie zuvor bereits angedeutet, sei auch an dieser Stelle hingewiesen, dass durch die Deflationierung mit dem allgemeinen Preisindex die im Folgenden aufgeführten Wachstumsraten neben den realen Produktivitätssteigerungen ebenfalls die (speziellen) Preissteigerungen des Pflegesektors enthalten. In der weiteren Analyse werden die Wachstumsraten der Pro-Kopf-Pflegeleistungen daher als Dynamisierungsraten bezeichnet.

Die Ausgaben der HzP, unterteilt in den ambulanten und stationären Leistungstyp i, berechnen sich für jedes Jahr s als mit der Kohortengröße gewichtete Summe der altersspezifischen Pro-Kopf-Leistungen

$$H_s^i \stackrel{!}{=} \sum_{k=s-D}^{s} h_{s,s-k}^i P_{s,k}, \quad \text{für} \quad 1970 \leq s \leq 1994 \tag{5"}$$

Veränderungen in den Ausgaben der HzP innerhalb dieses Zeitraums ergeben sich zum einen durch Veränderungen in den Pro-Kopf-Leistungen sowie zum anderen durch Veränderungen in der Bevölkerungsstruktur. Die Veränderungen in den Pro-Kopf-Leistungen lassen sich gemäß

$$h_{s,s-k}^i = (1 + d_s^i) h_{s-1,s-k}^i, \quad \text{für} \quad 1970 \leq s \leq 1994. \tag{34}$$

beschreiben, wobei d_s^i die Dynamisierungsrate bezeichnet, die es im Folgenden zu ermitteln gilt.

Für die Erstellung der Pro-Kopf-Leistungen bzw. der Leistungsprofile $h_{s,s-k}^i$ werden Querschnittsdaten benötigt, die aus Daten der Fachserie 13 Reihe 2 des Statistischen Bundesamtes des Jahres 1970 (vgl. Statistisches Bundesamt (1970a)) sowie aus Bevölkerungsdaten des Statistischen Jahrbuchs generiert wurden (vgl. Statistisches Bundesamt (1972b)).[175] Das mittels dieser Daten erzeugte Rohprofil des Jahres 1970 wird für den gesamten hier betrachteten Zeitraum als konstant angenommen, womit eine über die Zeit unveränderte relative altersspezifische Transferposition unterstellt wird. Die makroökonomischen Aggregatsdaten der HzP für die Jahre 1970 bis 1994 stammen aus der Fachserie 13 Reihe 2 des Statistischen Bundesamtes (vgl. Statistisches Bundesamt (1970a-1994a)).[176]

In Abbildung 29 sind die alters- und geschlechtsspezifischen Pro-Kopf-Leistungen der Jahre 1970 und 1985 – jeweils ausgedrückt in Preisen 1970 – exemplarisch aufgeführt. Während die

---

[174] Für die Deflationierung wurde der Preisindex der Lebenshaltung eines 4-Personen-Haushalts von Arbeitern und Angestellten mit mittlerem Einkommen verwendet; vgl. Statistisches Bundesamt (2004b), Tab. 19.10.
[175] Neben den Bevölkerungsdaten des Jahres 1970 handelt es sich hierbei um die alters- und geschlechtsspezifische Zusammensetzung der Empfänger der HzP sowie um deren Aufteilung auf den ambulanten und stationären Bereich, wie es bereits in Kapitel 2.1.2 aufgeführt worden ist.
[176] Bzgl. der Aggregatsdaten siehe auch Kapitel 2.1.2.

Abbildung 29
Alters- und geschlechtsspezifische ambulante und stationäre Leistungsprofile der Jahre 1970 und 1985
(in Preisen 1970)

Ambulante Pro-Kopf-Leistungen

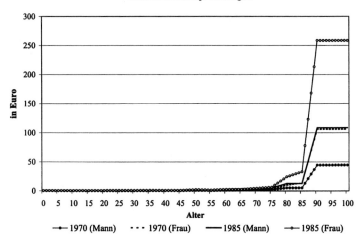

Stationäre Pro-Kopf-Leistungen

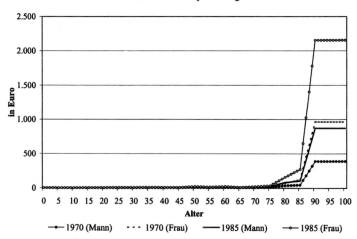

Quelle: Eigene Berechnungen.

Altersklassen bis 74 Jahre im Durchschnitt nahezu keine HzP-Transfers erhalten, kommt es für die Altersklassen der über 80-Jährigen zu einem exponentiellen Anstieg in den ambulanten und stationären Leistungstransfers. Während ein im Jahr 1970 80-jähriges männliches bzw. weibliches Individuum ca. 38 Euro (5 Euro) bzw. 71 Euro (10 Euro) p.a. erhielt, waren es bei einem im selben Jahr 90-jährigen männlichen bzw. weiblichen Individuum bereits 390 Euro (45 Euro) bzw. 964 Euro (106 Euro) für stationäre (ambulante) Leistungen. Diese Betrachtung durchgeführt für das Jahr 1985 zeigt, dass dieselben Altersklassen vergleichsweise deutlich höhere Transfers empfingen. So bekam ein 80-jähriger Mann bzw. eine 80-jährige Frau 84 Euro (13 Euro) bzw. 152 Euro (24 Euro) und ein 90-jähriger Mann bzw. eine 90-jährige Frau 871 Euro (109 Euro) bzw. 2.154 Euro (259 Euro) an stationären (ambulanten) Leistungen. Neben den Unterschieden im ambulanten und stationären Leistungsniveau sowie zwischen Männern und Frauen zeigen sich bei dieser Pro-Kopf-Betrachtung vor allem die Leistungszuwächse der HzP-Transfers über die Jahre.

Hinsichtlich der im Folgenden aufgezeigten Dynamisierungsraten d_a^i sei erwähnt, dass diese Größen von realen Leistungsausweitungen des HzP-Leistungskatalogs weitestgehend ausgenommen sind. So erfolgt einerseits die Erfassung des Datenbestandes erst ab dem Jahr 1970, wodurch das "Erste" und "Zweite Gesetz zur Änderung des BSHG" vom 31. August 1965 bzw. vom 14. August 1969 von der Betrachtung ausgeschlossen sind; andererseits fällt aber sowohl das "Dritte Gesetz zur Änderung des BSHG" vom 25. März 1974 sowie das Gesundheits-Reformgesetz (GRG) vom 1. Januar 1989 in den entsprechenden Zeitrahmen. Während Ersteres mit realen Leistungsverbesserungen verbunden war – hier fand eine Herabsetzung der Altersgrenze für den Bezug von Pflegegeld vom dritten auf das erste Lebensjahr, eine Heraufsetzung des monatlichen Pflegegeldes von 150 DM auf 180 DM sowie das Einfügen eines neuen Absatzes zur Anpassung des Pflegegeldes statt –, brachte das Gesundheits-Reformgesetz (GRG) – bezogen auf die HzP – Leistungskürzungen. So wurden unter dem GRG erstmals (ambulante) Leistungen für Schwerpflegebedürftige in den Leistungskatalog der GKV aufgenommen, was auf die HzP angerechnet wurde. Da die hier ausgewiesenen Dynamisierungsraten lediglich den speziellen Preisanstieg, nicht aber reale Leistungsausweitungen erfassen sollen, erfolgt bei der nachstehenden Berechnung der durchschnittlichen jährlichen Dynamisierungsrate d eine Bereinigung von den Reformjahren. Lediglich die Pflegegelddynamisierung im Rahmen der dritten Novellierung des BSHG wird in der Dynamisierungsrate wiedergegeben, da es sich bei dieser Pflegegelddynamisierung weniger um eine Leistungsverbesserung als vielmehr um eine Anpassungen an die Preisentwicklung des Pflegesektors handelt. So war es Ziel des im Jahr 1974 neu eingerichteten Absatzes 6 des § 69 BSHG, die *notwendige* Dynamisierung des Pflegegeldes sicherzustellen.

In Abbildung 30 ist die jährliche Dynamisierungsrate, unterschieden nach ambulantem und stationärem Leistungstyp, für den Zeitraum 1970 bis 1994 dargestellt. Ebenfalls abgebildet ist die Wachstumsrate des Pro-Kopf-BIP. Obwohl die Dynamisierungsrate im Zeitablauf eine ähnliche Dynamik wie die Wachstumsrate des BIP aufweist, lag die Dynamisierungsrate der Pro-Kopf-Leistungen – von einigen wenigen Jahren abgesehen – über der Wachstumsrate des Pro-Kopf-BIP. So waren insbesondere die Jahre 1970 bis 1981 durch eine deutlich über der BIP-Wachstumsrate liegende Dynamisierungsrate gekennzeichnet. In den Jahren 1982 bis 1990 lagen die Dynamisierungsrate und die Wachstumsrate des BIP wiederum näher beieinander. Erst seit Anfang der 1990er Jahre hat sich abermals eine zunehmende Diskrepanz zwischen den Raten herausgebildet.

Abbildung 30
Dynamisierungs- und Wachstumsraten der ambulanten und stationären Pflegeleistungen und des BIP pro Kopf für den Zeitraum 1970 bis 1994

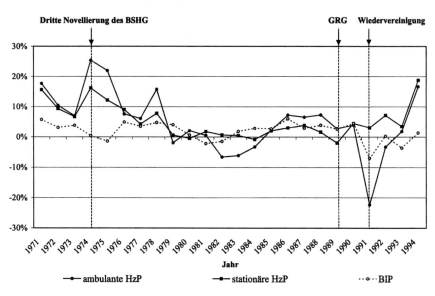

Quelle: Statistisches Bundesamt (2004b) und eigene Berechnungen.

Über den gesamten Zeitraum betrachtet ergeben sich dementsprechend als geometrisches Mittel berechnete durchschnittliche jährliche Dynamisierungsraten von 3,03 Prozent im ambulanten bzw. 4,25 Prozent im stationären Sektor; siehe auch Tabelle 16.[177] Die Tatsache, dass die stationäre Dynamisierungsrate über der ambulanten liegt, scheint dabei den Tatbestand einer überproportionalen Preissteigerung im Pflegesektor zu bestätigen, wobei dies innerhalb des Pflegesektors bei der sehr personalintensiven Heimpflege stärker ausgeprägt ist als bei der

---

[177] Ein deutlicher Ausschlag in der zeitlichen Betrachtung der Dynamisierungsrate liefert das erste Jahr nach der Wiedervereinigung (1991). Da hierbei ebenso wie im Jahr 1994, das Jahr vor Einführung der SPV, zahlreiche nicht voneinander trennbare Effekte auf die Wachstumsrate einwirken, wurden diese Dynamisierungsraten bei der Berechnung des durchschnittlichen jährlichen Dynamisierungsfaktors nicht berücksichtigt. Ebenfalls nicht berücksichtigt wurden die Dynamisierungsraten des Reformjahres 1974 und des Folgejahres 1975, da dieses das erste volle Jahr nach Inkrafttreten des Änderungsgesetzes war. Unproblematisch hingegen ist die Einbeziehung der Wachstumsrate von 1970 auf 1971, da 1970 das erste volle Jahr nach Inkrafttreten der Zweiten Novellierung des BSHG war. Die in Tabelle 16 aufgeführten Klammerwerte der ambulanten und stationären Pro-Kopf-Leistungen liefern die "unbereinigten" Dynamisierungsraten.

Tabelle 16
Durchschnittliche jährliche Dynamisierungs- und Wachstumsraten

	Pro-Kopf-Leistungen		Pro-Kopf-BIP	HzP-Ausgaben		BIP
aus Daten der Jahre 1970-1994	3,87%		1,82%	8,22%		3,04%
	darunter			darunter		
	ambulant	stationär		ambulant	stationär	
	3,03%	4,25%		7,24%	8,34%	
	[4,49%]*	[5,24%]*		[2,63%]**	[2,94%]**	
Daten für Projektion ab 2007	3,19%		1,50%			
	darunter					
	ambulant	stationär				
	2,49%	3,50%				

* unbereinigte Dynamisierungsraten
** rein demographische bedingtes Wachstum

Quelle: Eigene Berechnungen.

Hauspflege. Ein Vergleich zu der im selben Zeitraum vorliegenden durchschnittlichen jährlichen Wachstumsrate des Pro-Kopf-BIP weist auf einen deutlich niedrigeren Wert hin, wie er bereits bei der vergleichenden Betrachtung von Wachstums- und Dynamisierungsrate im Zeitablauf deutlich gemacht werden konnte. So betrug diese gerade einmal 1,82 Prozent. Damit lag die Dynamisierungsrate der ambulanten Pro-Kopf-Leistungen um 1,21 Prozentpunkte, die Dynamisierungsrate der stationären Pro-Kopf-Leistungen um 2,43 Prozentpunkte über der Pro-Kopf-BIP Wachstumsrate. Zweifellos ist dies die empirische Bestätigung der aus dem Baumol'schen Kostenkrankheitsmodell hervorgehenden theoretischen Implikation, dass die "reale" Wachstumsrate der Pro-Kopf-Pflegeleistungen über der realen Wachstumsrate des Pro-Kopf-BIP liegt.[178]

Ebenfalls in Tabelle 16 aufgeführt sind die durchschnittlichen jährlichen Wachstumsraten der Ausgabenaggregate, wobei die Werte in Klammern das rein demographisch bedingte Wachstum ausweisen. Demzufolge lag die Wachstumsrate der ambulanten (stationären) Leistungsausgaben bei 7,24 Prozent (8,34 Prozent), wobei 2,63 Prozent (2,94 Prozent) auf die Veränderung in der Bevölkerungsstruktur zurückzuführen ist, d.h. sowohl auf die Veränderung in der Empfängerzahl als auch auf Veränderungen in deren Altersstruktur.

Ausgehend von den Dynamisierungsraten der Pro-Kopf-Pflegeleistungen, bzw. ausgehend von dem hier ermittelten Verhältnis von Dynamisierungs- zu Wachstumsrate, soll im folgenden

---

[178] Theoretisch könnte die Preissteigerung im Pflegebereich auch auf eine Qualitätssteigerung zurückgeführt werden. Allerdings wären überproportionale Preissteigerungen nur bei einer überproportionalen Zunahme der in den Leistungen erbrachten Qualität gerechtfertigt, wofür es allerdings keinerlei empirische Evidenz gibt.

Abschnitt nun das fiskalische Ausmaß der realwerterhaltenden Dynamisierung auf die SPV aufgezeigt werden. Dabei führt Tabelle 16 die für die weitere Analyse verwendeten Dynamisierungs- und Wachstumsraten auf.

5.3.3 Nachhaltigkeitsanalyse

Um das aus den Daten der Jahre 1970 bis 1994 ermittelte Verhältnis von Dynamisierungs- und Wachstumsrate für die Projektion ab dem Jahr 2007 beizubehalten, ist die kaufkraftstabilisierende Dynamisierungsrate bei einer für die Zukunft unterstellten allgemeinen Wachstumsrate von $g = 1,5$ Prozent auf $d = 3,19$ Prozent festzusetzen. Für eine getrennte Dynamisierung von ambulanten und stationären Leistungen – wie es für die nachstehenden Berechnungen erfolgt ist – ergibt sich entsprechend eine Indexierungsrate von $d^{amb} = 2,49$ Prozent für ambulante und $d^{stat} = 3,50$ Prozent für stationäre Leistungen (siehe auch Tabelle 16). Mit diesen über die Zeit konstanten Wachstums- und Dynamisierungsraten wird unterstellt, dass alle Generationen von einer "Pflegepolitik" betroffen sein werden – deren Einnahmenströme mit dem allgemeinen Produktivitätsfortschritt und deren Ausgabenströme mit der Pflegedynamisierungsrate wachsen – die ansonsten jedoch unverändert Bestand hat.[179] Von einer rückwirkenden Dynamisierung, wie beispielsweise vom SVRiG (2005) vorgeschlagen, wird bei den folgenden Berechnungen abgesehen.[180]

Tabelle 17
Dynamisierungsszenarien

		reale Dynamisierungsrate d*
Szenario 1	Realwerterhaltende Dynamisierung	2,49 % bzw. 3,50 %
Szenario 2	Dynamisierung nach Fetzer et al. (2001)	2,5 %
Szenario 3	Dynamisierung gemäß Produktivitätsfortschritt	1,5 %
Szenario 4	Keine Dynamisierung	0%
Szenario 5	Stabiler Beitragssatz (negative Dynamisierung)	< 0%

* Für die Beitragssatzprojektion von Szenario 1 wurden jeweils die getrennten Dynamisierungsraten des ambulanten und stationären Sektors angewendet. Für die Beitragssatzprojektionen der übrigen Szenarien hingegen wurde die durchschnittliche Indexierung verwendet.

---

[179]Es sei an dieser Stelle noch einmal betont, dass die Dynamisierung mit der Rate d lediglich eine Kaufkraftstabilisierung der Pflegeleistungen sicherstellt und nicht etwa mit einer Leistungsausweitung gleichzusetzen ist.
[180]Vgl. SVRiG (2005), S. 52.

5. Determinanten der Pflegeausgaben

Im Folgenden werden unterschiedliche Dynamisierungsszenarien betrachtet. Angefangen mit der realwerterhaltenden bis hin zur beitragssatzstabilisierenden Indexierung der Pflegeleistungen sollen jeweils die Auswirkungen der entsprechenden Dynamisierungspolitik auf den Beitragssatz sowie auf das Leistungsniveau aufgezeigt werden; vgl. Tabelle 17.[181] Zusätzlich zu den Beitragssatzprojektionen, die unter Berücksichtigung der demographischen Entwicklung vorgenommen werden, sind ergänzend mit Tabelle 18 jene Beitragssätze aufgeführt, die sich allein durch die Dynamisierung der Leistungen ergeben. Die dort ausgewiesenen Resultate stellen die Beitragssatzentwicklung der SPV, *neutralisiert* um den Demographieeffekt, dar, also unter Annahme einer stationären Bevölkerung, was den durch die Dynamisierung der Pflegeleistungen induzierten Ausgabeneffekt illustrieren soll. Verbal beschrieben wird im Weiteren nun allerdings der Fall unter Berücksichtigung der demographischen Entwicklung.

Tabelle 18
Beitragssatzentwicklung der SPV bei Annahme einer stationären Bevölkerung in unterschiedlichen Dynamisierungsszenarien
(Basisjahr 2004)

	Szenario 1	Szenario 2	Szenario 3	Szenario 4	Szenario 5
2004			1,7%		
2010	1,84%	1,82%	1,77%	1,70%	1,63%
2020	2,11%	1,98%	1,77%	1,46%	1,25%
2030	2,42%	2,17%	1,77%	1,26%	0,97%
2040	2,79%	2,37%	1,77%	1,08%	0,77%
2050	3,24%	2,59%	1,77%	0,93%	0,62%
2060	3,76%	2,83%	1,77%	0,81%	0,51%

Quelle: Eigene Berechnungen.

Bei einer Dynamisierungspolitik, die eine Kaufkraftstabilisierung der Pflegeleistungen (Szenario 1) zum Ziel hat, kommt es ausgehend vom Jahr 2006 und einem Beitragssatz von 1,7 Prozent zu einer Erhöhung im Beitragssatz auf knapp 2,7 Prozent im Jahr 2020. Entsprechend der immer weiter voranschreitenden demographischen Alterung setzt sich der Beitragssatzanstieg fort und erreicht im Jahr 2040 einen Wert von 4,8 Prozent bzw. einen Wert von 7,6 Prozent im Jahr 2055 (siehe Abbildung 31a).[182] Dieselbe Dynamik, allerdings auf einem niedrigeren Niveau, erreicht die Beitragssatzentwicklung des Szenarios 2. Dieses Szenario unterstellt ein Wachstum im Pflegebereich welches um einen Prozentpunkt über der allgemeinen realen Produktivitätssteigerung liegt.[183] Im Unterschied zu Szenario 1 steigt der Beitragssatz nun von 1,7 Prozent

---

[181] Für eine Betrachtung der Wirkung unterschiedlicher Dynamisierungspfade auf die Entwicklung des Beitragssatzes und des Leistungsniveaus der SPV siehe auch Rothgang und Schmähl (1995).

[182] Für den Zeitraum 2006 bis 2050 beträgt das rein demographisch bedingte Wachstum der Leistungsausgaben der SPV durchschnittlich jährlich 1,24 Prozent.

[183] Bislang von Fetzer et al. (2002) sowie u.a. von Häcker und Raffelhüschen (2004a, 2005a) als für den Pflegebereich realwerterhaltendes Wachstumsszenario verwendet, dient dieses in Anbetracht der hier aus vergangenen Daten ermittelten Dynamisierungsrate eher als konservative Schätzung für die zukünftige Ausgabenentwicklung.

Abbildung 31
Beitragssatzprojektionen sowie (reales) Leistungsniveau der SPV in unterschiedlichen Dynamisierungsszenarien
(Basisjahr 2004, g=1,5%)

(a) Beitragssatzentwicklung der SPV für die Jahre 2004 bis 2060 unter Berücksichtigung der demographischen Entwicklung

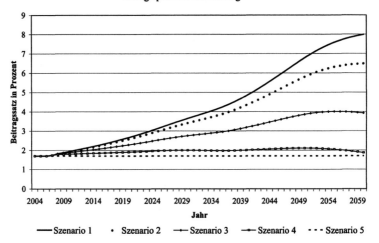

(b) Reales Leistungsniveau der SPV für die Jahre 2004 bis 2060

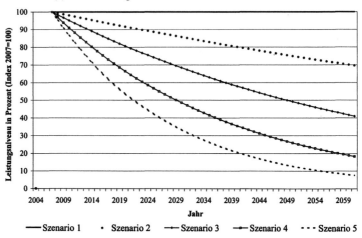

Quelle: Eigene Berechnungen.

im Jahr 2006 auf 3,4 Prozent im Jahr 2030 und erreicht einen Wert von 6,3 Prozent im Jahr 2055.[184] Unter der Annahme, dass die Realwerterhaltung der Leistungen eine Indexierungsrate von 3,19 Prozent erfordert – wie für die Darstellung in Abbildung 31b angenommen –, führt die Dynamisierung der Pflegeleistungen von 2,5 Prozent – obwohl oberhalb des allgemeine Produktivitätsfortschritts liegend – zu einer deutlichen Leistungsabschmelzung. Demzufolge erhält ein Pflegebedürftiger im Jahr 2030 gerade noch 85 Prozent des heutigen Pflegeleistungsniveaus.

Je geringer die Indexierung der Pflegeleistungen nun gewählt wird, desto geringer fällt zwar die damit einhergehende Beitragssatzsteigerung aus, desto geringer ist aber auch das in Zukunft zu erwartende Leistungsniveau der Pflegeversicherungsleistungen. Einerseits bedeutet eine Indexierung gemäß dem allgemeinen Produktivitätsfortschritt (Szenario 3) – dies entspricht dem in Kapitel 3.3 ausgewiesenen Status quo – "lediglich" einen Beitragssatzanstieg auf maximal 4 Prozent; andererseits führt dies aber auch zu einem noch stärkeren Absinken des Wertes der Versicherungsleistungen im Vergleich zu Szenario 2. Gemessen an dem heutigen Leistungsniveau werden bei einer dem allgemeinen Produktivitätsfortschritt identisch vorgenommenen Dynamisierung der Pflegesätze im Jahr 2035 nur noch 63 Prozent des heutigen Versorgungsniveaus an Versicherungsleistung im Fall der Pflegebedürftigkeit gewährt. Angenommen, die Politik kann sich – angesichts der offensichtlich mit jeder Indexierung einhergehenden Mehrausgaben – zu keiner realen Dynamisierung der Pflegeleistungen (Szenario 4) entschließen, dann ist – in Anbetracht der Tatsache, dass dies eine erhebliche Leistungskürzung nach sich zieht – dennoch ein Ansteigen des Beitragssatzes bis zu einem Wert von knapp über 2 Prozent nicht zu verhindern. So führt das reale Einfrieren der Leistungen dazu, dass ein Pflegebedürftiger in zwanzig Jahren nur noch knapp über die Hälfte des heutigen Leistungsniveaus erhält. In weiteren zwanzig Jahren, also um das Jahr 2047, sind dies dann gerade noch 28 Prozent aller heutigen Leistungen.[185] Ein fünftes hier aufgeführtes Szenario soll schließlich noch jene Politikvariante abbilden, die streng das Ziel der Beitragssatzstabilisierung in der SPV verfolgt. In diesem Fall muss sogar eine negative Dynamisierung der Leistungen vollzogen werden. Im Vergleich zu Szenario 4 bedeutet dies also ein aktives Zurückfahren des realen Versorgungsniveaus der SPV.

Ob es tatsächlich die aus vergangenen Daten ermittelte Dynamisierungsrate von 3,19 Prozent ist, die in Zukunft eine Kaufkraftstabilisierung der Pflegeleistungen gewährleistet, oder ob eher die hier als konservative Schätzung bezeichnete Dynamisierungsrate von 2,5 Prozent zutrifft, kann und soll hier nicht abschließend geklärt werden.[186] Allerdings erscheint es plausibel,

---

[184]Unterschiede zu Häcker und Raffelhüschen (2005a) ergeben sich hier dadurch, dass für das stärkere Ausgabenwachstum der Pflegeleistungen eine lange Frist von 80 Jahren unterstellt wurde und nicht wie bei Häcker und Raffelhüschen (2005a) eine mittlere Frist von 40 Jahren angenommen wurde.

[185]An dieser Stelle sei auf einen Reformvorschlag zur SPV verwiesen, der auf der Nicht-Dynamisierung der Pflegeleistungen basiert, das sogenannte "Einfriermodell" der SPV. Dieses von Fetzer et al. (2003) stammende Konzept sieht mittels des realen Einfrierens der Leistungen eine sukzessive Abschaffung der SPV vor. Als Regulierungsmaßnahme wird hierunter allerdings simultan eine aktuarische Rücklagenbildung verpflichtend eingeführt, welche die unterschiedlich hoch ausfallenden Versorgungslücken decken und damit das heutige Versorgungsniveau für alle heute lebenden und künftigen Kohorten gleichermaßen aufrechterhalten soll. Reformvarianten hierzu stammen u.a. vom Verband der privaten Krankenversicherungen e.V. (siehe PKV (2005a)) sowie vom Bayerischen Staatsministerium für Arbeit und Sozialordnung, Familie und Frauen (siehe BSTMAS (2004)).

[186]Wird davon ausgegangen, dass eine Dynamisierungsrate von 2,5 Prozent für die Realwerterhaltung der Leistungen ausreicht, dann ändern sich die in Abbildung 31b dargestellten realen Leistungsverläufe zwar quantitativ,

anzunehmen, dass eine Realwerterhaltung der Leistungen der SPV nur mit einer Indexierung erfolgen kann, die oberhalb des allgemeinen Produktivitätsfortschritts liegt. Jede anders ausgerichtete Dynamisierungspolitik bringt zwar moderatere Beitragssatzsteigerungen mit sich, allerdings beinhaltet dies auch eine Abschmelzung der Pflegeleistungen und damit des Versicherungsumfangs.

Tabelle 19
Nachhaltigkeitsindikatoren bei unterschiedlicher Dynamisierung der Leistungen
(Basisjahr 2004, g=1,5%, r=3%)

	Status quo	Szenario 1: Realwerterhaltende Dynamisierung	Szenario 2: Dynamisierung nach Fetzer et al. (2001)	Szenario 3: Dynamisierung gemäß Produktivitätsfortschritt (Status quo)	Szenario 4: keine Dynamisierung (Einfrieren der Leistungen)	Szenario 5: Stabiler Beitragssatz
Nachhaltigkeitslücke (in % des BIP) *	32,3	107,9	77,1	32,3	0,5	-14,1
Veränderung ggü. Status quo	-	234,1%	138,7%	-	-98,5%	-143,7%
Mehrbelastung zukünftiger Generationen (in Euro)	14.100	46.700	33.400	14.100	300	-6.100
Veränderung ggü. Status quo	-	231,2%	136,9%	-	-97,9%	-143,3%
Nachhaltige Einnahmenquote (in % des BIP)	1,34	2,71	2,15	1,34	0,76	0,50
Veränderung ggü. Status quo	-	102%	60,6%	-	-43,0%	-62,7%
Einnahmenerhöhung (Prozentpunkte)	0,55	1,95	1,40	0,55	0,01	-0,25
Nachhaltige Ausgabenquote (in % des BIP)	0,45	0,22	0,28	0,45	0,78	1,19
Veränderung ggü. Status quo	-	-50,5%	-37,8%	-	75,2%	167,4%
Ausgabensenkung (Prozentpunkte)	-0,34	-0,57	-0,51	-0,34	-0,01	0,40

* davon explizites Vermögen der SPV: 0,1% des BIP

Quelle: Eigene Berechnungen.

Um einer umfassenden Nachhaltigkeitsanalyse Rechnung zu tragen, sind an dieser Stelle auch alle anderen Nachhaltigkeitsindikatoren aufgeführt. So nimmt die Nachhaltigkeitslücke unter der in Szenario 1 ausgewiesenen Leistungsdynamisierung einen Wert von 107,9 Prozent des BIP an – gewissermaßen das Äquivalent zu den unter Szenario 1 aufgezeigten starken Beitragssatzsteigerungen. Entsprechend einer geringeren Dynamisierungsrate liegt die Nachhaltigkeitslücke bei 77,1 Prozent im konservativen realwerterhaltenden Szenario 2, bei 32,2 Prozent des BIP im Fall einer dem Produktivitätsfortschritt identischen Dynamisierung (Status quo) und bei 0,5

---

nicht jedoch qualitativ. So wäre der Abfall im Leistungsniveau bei einer Dynamisierungsrate unterhalb von 2,5 Prozent zwar immer noch vorhanden, allerdings nicht mehr so stark ausgeprägt. Für den Fall, dass bereits im Rahmen des konservativen Szenarios eine Kaufkrafterhaltung gewährleistet werden würde, würde nun die Indexierungspolitik gemäß dem allgemeinen Produktivitätsfortschritt ($d = 1,5$ Prozent) implizieren, dass das Leistungsniveau im Jahr 2035 76 Prozent beträgt und nicht – wie zuvor im Rahmen des realwerterhaltenden Szenario von $d = 3,19$ Prozent ausgewiesen – nur 63 Prozent.

Prozent des BIP, sofern die Leistungen nicht angepasst werden. Soll eine Beitragssatzstabilität gewahrt werden, so kommt es wegen der dann notwendigen negativen Indexierung und damit sukzessiven Leistungskürzung zu einer negativen Nachhaltigkeitslücke und damit einem Nachhaltigkeitsvermögen von 14,1 Prozent des BIP. Analog zu dieser quantitativen Ausrichtung der Nachhaltigkeitslücke verhalten sich auch die Indikatoren Mehrbelastung zukünftiger Generationen und nachhaltige Einnahmen- und Ausgabenquote; vgl. Tabelle. 19. Diese Indikatoren verweisen auch auf den starken Einfluss, den unterschiedliche Dynamisierungsgrade der Leistungen mit sich bringen. Liegt der Wert des Indikators Mehrbelastung zukünftiger Generationen bei 46.700 Euro unter Szenario 1, so reduziert sich dieser auf 300 Euro im Fall einer Nicht-Dynamisierung der Pflegeleistungen, wie in Szenario 4 unterstellt.

5.3.4 Sensitivitätsanalyse

Abschließend soll auch bzgl. der Leistungsdynamisierung eine Sensitivitätsanalyse erfolgen. Im Unterschied zu den Sensitivitätsanalysen aus den beiden letzten Abschnitten, die in ihrer Ergebnisstruktur – im Vergleich der Bevölkerungsvarianten untereinander – denjenigen aus dem Basisfall entsprochen haben, kommt es unter Berücksichtigung unterschiedlich hoher Dynamisierungsraten nun zu Veränderungen im Ranking eines Indikators im Variantenvergleich; vgl. Anhang A, Tabelle A.7.

Beachtenswert sind hierbei die folgenden Ergebnisse. Für die Nachhaltigkeitslücke gilt – unabhängig von dem unterstellten Dynamisierungsparameter –, dass bei gleicher Lebenserwartung der Nachhaltigkeitswert umso schlechter ausfällt, je höher die Zuwanderung ist. Zudem weist die Nachhaltigkeitslücke ihren besten bzw. schlechtesten Nachhaltigkeitswert unter der Variante 1, respektive Variante 9, aus. Außerdem kommt es – mit steigendem Dynamisierungsparameter – innerhalb dieser Ober- und Untergrenze nun außerdem zu folgendem Effekt: Je höher die Dynamisierungsrate ist, umso stärker wiegt für die Höhe des Wertes der Nachhaltigkeitslücke eine Zunahme im Außenwanderungssaldo im Vergleich zu einer Zunahme in der Lebenserwartung. Damit gewinnt die Zunahme der Fallzahlen gegenüber einer Verlängerung der Phase des maximalen Transfererhalts an Bedeutung, m.a.W. überwiegt ab einem bestimmten Dynamisierungsgrad der Effekt, dass "Viele" im Durchschnitt wenig erhalten gegenüber dem Effekt, dass "Wenige" im Durchschnitt viel erhalten. Dies lässt sich durch einen Vergleich der Nachhaltigkeitslücke unter den Varianten 5 und 7 bei unterschiedlichen Dynamisierungsparametern veranschaulichen.

Zwar ist bei Variante 7 die angenommene Lebenserwartung höher ist als bei Variante 5, dafür ist die unterstellte jährliche Nettozuwanderung bei Variante 7 geringer als bei Variante 5. Während die Nachhaltigkeitslücke bei einer Dynamisierung von $d = 1,5$ Prozent unter der relativ alten Bevölkerung der Variante 7 einen schlechteren Nachhaltigkeitswert ausweist als unter Variante 5, ist dieser Wert bei einer Dynamisierung von $d = 2,5$ Prozent nur noch knapp schlechter. Bei einer Dynamisierung von $d = 3,19$ Prozent kommt es nun zu einem Reranking des Indikators Nachhaltigkeitslücke im Variantenvergleich. So hat die Nachhaltigkeitslücke unter Variante 7 sogar einen besseren Wert vorzuweisen als unter Variante 5. Eine entsprechende Aussage lässt sich auch bei Betrachtung von Variante 3 und Variante 5 machen; denn die Nachhaltigkeitslücke schneidet unter der relativ jungen Bevölkerung der Variante 3 gegenüber Variante 5 mit zunehmender Dynamisierung kaum besser ab und würde bei einer Dynamisierungsrate von knapp über $d = 3,19$ Prozent sogar schlechter abschneiden. Damit bewirkt das Zusammenspiel von hoher Dynamisierung und hoher Zuwanderung eine überproportionale Verschlechterung der Nachhaltigkeitsergebnisse.

Ähnlich verhält es sich auch für die Werte der Indikatoren nachhaltige Einnahmenquote und nachhaltige Ausgabenquote. Allerdings bleibt die bislang geltende Aussage für diese Indikatoren, dass bei gleicher Lebenserwartung eine höhere Zuwanderung zu einer Verbesserung der Nachhaltigkeitswerte führt, nur teilweise gültig. Während die nachhaltige Einnahmenquote unter einer Dynamisierung von $d = 2,5$ Prozent bei gleicher angenommener Lebenserwartung mit zunehmendem Außenwanderungssaldo abnimmt, dreht sich im Fall der Dynamisierung von $d = 3,19$ Prozent dieses Ergebnis um: der Wert des Indikators nachhaltige Einnahmenquote steigt bei gleicher unterstellter Lebenserwartung mit zunehmender Zuwanderung. Damit erzielt die Außenwanderung, trotz der von ihr induzierten Verjüngung der Bevölkerung, ab einer bestimmten Dynamisierungshöhe keine Pro-Kopf-Verbesserung mehr. Für den Indikator nachhaltige Ausgabenquote liegt dieser sich umkehrende Effekt bei einer Dynamisierung von $d = 3,19$ Prozent ebenfalls vor. So sinkt die nachhaltige Ausgabenquote – bei gleicher unterstellter Lebenserwartung – mit zunehmendem Außenwanderungssaldo von 0,46 Prozent (Variante 1) auf 0,24 Prozent des BIP (Variante 3). Die fett gedruckten Werte markieren die besten bzw. schlechtesten Nachhaltigkeitswerte bei jeweils gleichem zugrundegelegten Dynamisierungsparameter.

Lediglich für den Indikator Mehrbelastung zukünftiger Generationen bzw. dem Indikator Beitragssatz bleibt das Ergebnis der Basisvariante gültig, nämlich dass bei gegebener Lebenserwartung der Nachhaltigkeitswert mit steigender Zuwanderung sinkt.[187]

Unabhängig von dem zugrundegelegten Dynamisierungsparameter bleibt – analog zum Basisfall – für alle Indikatoren uneingeschränkt gültig, dass sich ihre Nachhaltigkeitswerte unter gegebenem Außenwanderungssaldo bei einer Verlängerung der Lebenserwartung verschlechtern.

5.4 Zusammenfassende Betrachtung und "Best-Guess-Szenario"

Im Rahmen diese Kapitels konnte erstens veranschaulicht werden, welche Auswirkungen von einer Verschiebung bei der Wahl der Art der Pflegeleistung auf die Finanzentwicklung der SPV ausgehen. Während die Politik versucht, sich dieses Problems des zunehmenden Trends hin zu professionellen Leistungen zu entledigen, indem sie eine Angleichung der ambulanten und stationären Pflegesachleistungen vorsieht, wobei es damit für die Ausgabenentwicklung der SPV

---

[187]Das im Vergleich zur Nachhaltigkeitslücke dennoch bessere Abschneiden des Indikators Mehrbelastung zukünftiger Generationen erklärt sich dadurch, dass die Nachhaltigkeitslücke unter einer Variante mit hoher Zuwanderung noch auf eine relativ große zukünftige Bevölkerungszahl aufgeteilt wird. Eine ähnliche Argumentation gilt auch für das mit zunehmender Zuwanderung bessere Abschneiden des Beitragssatzes.

unerheblich wird, welcher Pflegeleistungstyp gewählt wird, bleibt es Fakt, dass die Aufhebung der Trennung der ambulanten und stationären Pflegesätze weder das richtige noch ein wirksames Instrument darstellt, um dem fehlenden familialen Pflegepersonen zu begegnen. So ist eine Gleichstellung der Pflegesätze höchstens als Steuerungsinstrument der Ausgaben bzw. des Beitragssatzes zu rechtfertigen, da unabhängig davon, welche Form des Pflegearrangements gewählt werden muss, stets gleiche Leistungstransfers anfallen. Dies ändert allerdings nichts an dem Tatbestand, dass eine Verschiebung zur Inspruchnahme vermehrt professioneller Pflege stattfindet, die lediglich nicht in den Ausgaben der SPV sichtbar wird.

Als zweiter Punkt wurde die momentan diskutierte stärkere Einbeziehung Demenzkranker aufgegriffen. Da der Pflegebegriff verrichtungsbezogen ist und damit nur Mängel einschließt, die sich auf körperliche Einschränkungen beziehen, geht er auf die spezifischen Fähigkeitsstörungen von Demenzkranken nur unzureichend ein. Die Frage, ob es sich bei der "Begrenzung" des Pflegebegriffs um eine Diskriminierung zu Ungunsten Demenzkranker handelt, ist zwar grundsätzlich eine durchaus berechtigte Frage, kann dennoch aber nicht abgekoppelt von der vorliegenden Finanzierungslage gesehen werden, insbesondere da die breitere Fassung des Pflegebegriffs mit erheblichen Mehrausgaben verbunden ist. Mitunter dient der momentan gefasste Pflegebegriff auch der (bewussten) Eingrenzung der Ausgaben. Folgerichtig gilt es innerhalb des Finanzierungsrahmens der SPV auch vorrangig, bestehende Ansprüche zu bedienen, und zwar gemäß dem für alle gleichermaßen geltenden Pflegebegriff. Angesichts der in der SPV vorliegenden Finanzierungsprobleme ist damit von einer breiteren Differenzierung des Pflegebedürftigkeitsbegriffs abzusehen.

Mit der Ermittlung eines Dynamisierungsparameters für Pflegeleistungen wurde drittens dargelegt, welche Dynamisierungsvorschrift tatsächlich notwendig ist, um einen Realwerterhalt der Versicherungsleistungen für alle Kohorten aufrecht zu erhalten. Mittels der Betrachtung von Beitragssatzprojektionen und dem jeweiligen korrespondierenden realen Leistungsniveau konnte der Zielkonflikt zwischen Kaufkraft- und Beitragssatzstabilisierung hervorgehoben werden: Entweder kann in der jetzigen Ausgestaltung der SPV der Beitragssatz stabil gehalten werden – dann aber wird die Zielvorgabe einer Aufrechterhaltung des Versicherungsniveaus nicht erreicht, woran aber wiederum die Legitimationsbasis und Existenzberechtigung der SPV knüpft – oder aber eine Kaufkraftstabilisierung wird erreicht – dann aber muss mit erheblichen Beitragssatzsteigerungen gerechnet werden. Gemäß diesem Ergebnis steht die jetzige Ausgestaltung der SPV damit vor einem erheblich größeren Reformbedarf als bislang vermutet, zumal die Dynamisierung von allen drei genannten Faktoren die massivste Verschärfung des nicht-nachhaltigen Zustands der SPV mit sich bringt.

Während die isolierten Analysen der einzelnen Determinanten der Pflegeausgaben ein umfassendes Bild über das jeweilige Ausmaß an Ausgabensteigerungen der SPV wiedergeben konnten, soll an dieser Stelle und damit abschließend der gebündelte Effekt aller drei Faktoren im Rahmen eines "Best-Guess-Szenarios" betrachtet werden. Denn erst im Rahmen dieses Best-Guess-Szenarios tritt das vollständige Ausmaß der Unterfinanzierung der SPV zutage. Entsprechend der zuvor aufgezeigten Beitragssatzentwicklungen ist nachstehend eine stilisierte Zusammensetzung des Beitragssatzes unter Berücksichtigung aller drei ausgabendeterminierenden Faktoren für die Jahre 2004 bis 2060 aufgezeigt; vgl. Abbildung 32.

Abbildung 32
Beitragssatzentwicklung der SPV im "Best-Guess-Szenario"
(Basisjahr 2004)

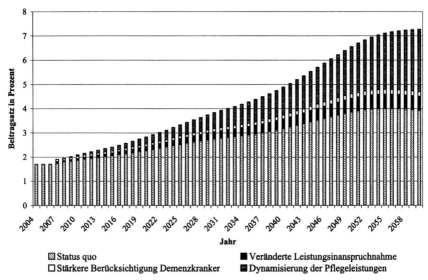

Quelle: Eigene Berechnungen.

Unter den Standardbedingungen steigt der Beitragssatz ausgehend von 1,7 Prozent im Jahr 2006 auf 3,3 Prozent im Jahr 2025 und auf 7,1 Prozent im Jahr 2055.[188] Damit kommt es zu einer mehr als Vervierfachung des Beitragssatzes der SPV – ein Tatbestand, der die Fortführung des Status quo dieses Sozialversicherungszweigs in mehrfacher Hinsicht sehr in Frage stellt. Denn steigende Beitragssätze bedingen nicht nur eine niedrigere Rendite und damit eine Benachteiligung der Jüngeren im Vergleich zu den Älteren, darüber hinaus führen steigende Beitragssätze auch zu einer beschäftigungsfeindlichen Belastung des Faktors Arbeit, was in der Folge wiederum die Finanzierung der laufenden Pflegeleistungen gefährdet. Da das Umlageverfahren aber auch als Solidarverbund zwischen der ökonomisch aktiven und passiven Generation verstanden werden muss, sollten die Kosten der Bevölkerungsalterung nicht nur den Jüngeren angelastet, sondern diese Kosten gleichmäßiger auf alle Mitglieder des Solidarverbundes, also auch auf die Älteren, verteilt werden. Aus den oben genannten Gründen führt daher kein Weg an einer umfassenden Reform der SPV vorbei. Wie eine grundlegende Systemreform der SPV aussehen kann bzw. auszusehen hat, sei im nachstehenden Kapitel aufgeführt.

---
[188] Für die Berechnung des hier ausgewiesenen Best-Guess-Szenarios wurden die jeweiligen mittleren Varianten bzw. Ausprägungen der in den Abschnitten 5.1 bis 5.3 aufgeführten Determinanten gewählt.

Kapitel 6

Intergenerative Verteilungseffekte von Finanzierungsreformen der Sozialen Pflegeversicherung

Angesichts der nicht tragfähigen Finanzierung der SPV haben verschiedene Kommissionen und Wissenschaftler eine Reihe von Vorschlägen zu einer (mehr oder weniger) grundlegenden Strukturreform der SPV vorgelegt. Vorrangiges Ziel aller Konzepte ist es, die Zunahme der impliziten intergenerativen Transfers innerhalb der SPV zu vermeiden – der Tatbestand, dass durch die sich abzeichnende demographische Entwicklung ein immer größer werdender Anteil des Beitrags der Jüngeren zur Finanzierung der Pflegeausgaben für die Älteren aufgewendet werden muss. Die Reformmaßnahmen reichen dabei von der Anpassung bestehender umlagefinanzierter Systeme – hier tauchen u.a. die bereits aus der Debatte der GKV bekannten Ansätze wieder auf – bis hin zum Ausbau kapitalgedeckter Finanzierungsmechanismen. Im Unterschied zur GKV, wo ein Umstieg in die Kapitaldeckung eine nur wenig geeignete Reformmaßnahme darstellen würde, trifft dieser Sachverhalt für die SPV weniger zu: Zum einen müssen aufgrund ihrer erst relativ kurzen Bestehenszeit keine besonderen Rücksichten auf Leistungsansprüche von Versicherten genommen werden, da sie durch die bislang geleisteten Beitragszahlungen noch keinen Eigentumsschutz erworben haben. In dieser Hinsicht empfiehlt es sich auch, die Umstellung möglichst zeitnah durchzuführen, damit die abzulösenden Ansprüche aus dem alten System nicht zu hoch werden. Zum anderen ist die SPV eine Teilkasko-Versicherung, die nur einen Teil der Leistungen bis zu einer definierten Obergrenze trägt, was die Kalkulation der Ausgaben deutlich einfacher macht als im Fall der GKV.

Die im Folgenden aufgeführten (einnahmenorientierten) Reformvorschläge sind gemäß ihrer langfristigen Systemausrichtung kategorisiert. Die im Umlageverfahren verbleibenden Reformkonzepte sind in Kapitel 6.1 aufgeführt, jene Konzepte, die den Umstieg in eine Kapitaldeckung vorsehen, finden sich in Kapitel 6.2. Wegen der rein einnahmenorientierten Betrachtung wurde allen Modellen ein identisches Pflegeleistungsniveau zugrundegelegt.[189] Die Ausführungen jedes

---

[189] Nicht betrachtet wird in diesem Zusammenhang das in Abschnitt 5.3.3 bereits erwähnte Einfriermodell, da dieses mittels einer Leistungsabschmelzung einen Übergang in die Kapitaldeckung herbeiführt und damit eher der Kategorie ausgabenorientierter Reformvorschläge zuzuordnen ist.

Reformkonzepts unterliegt dem folgenden Aufbau: Zunächst werden die Modellkomponenten erläutert, gefolgt von der Betrachtung des damit einhergehenden Budgets. Sofern für den Fortgang der Untersuchung außerdem weitere Beitrags- und/oder Leistungsprofile notwendig sind, werden auch diese aufgeführt. Schließlich erfolgt eine umfassende Analyse der mit dem jeweiligen Reformkonzept einhergehenden intergenerativen Verteilungseffekten. Zuletzt erfolgt mit Kapitel 6.3 eine zusammenfassende Betrachtung.

6.1 Umlageprinzip als langfristiges Finanzierungsverfahren

Die im Rahmen diesen Abschnitts aufgeführten Reformkonzepte, die das Umlageprinzip als langfristiges Finanzierungsverfahren beibehalten, bedienen sich unterschiedlicher Maßnahmen, um einer Zunahme der impliziten intergenerativen Transfers entgegenzuwirken. Während das Modell der Bürgerversicherung die Umverteilung zwischen den Generationen im Wesentlichen durch die Ausweitung des Umlageverfahrens und die Einbeziehung weiterer Einkunftsarten einzudämmen versucht, geht das Modell der Bürgerpauschale – ebenfalls neben der Ausweitung des Umlageverfahrens – den Weg über die Erhebung einkommensunabhängiger Beiträge, was aus Sicht der Rentner einer impliziten Beitragserhöhung gleichkommt. Eine explizite Beitragserhöhung für Rentner wird demgegenüber erst im Rahmen des Rürup-Konzeptes vorgenommen. Die nachstehende Analyse soll aufzeigen, inwiefern sich welche Maßnahmen zur Minderung der intergenerativen Transfers eignen. Die drei genannten Reformkonzepte sind dabei nach Maßgabe ihrer intergenerativen Umverteilungswirkungen aufgeführt, wobei zuerst das Bürgerversicherungsmodell (Abschnitt 6.1.1), dann das Bürgerpauschalenmodell (Abschnitt 6.1.2) und schließlich das Modell der Rürup-Kommission (Abschnitt 6.1.3) diskutiert werden. Abschließend erfolgt in Abschnitt 6.1.4 noch ein Vergleich der Reformkonzepte.

6.1.1 Bürgerversicherungsmodell

Modellkomponenten. Obwohl sich der Begriff der "Bürgerversicherung" von seiner eigentlichen Wortbedeutung her rein auf den Versichertenkreis bezieht und keinerlei Aussagen über andere potentielle Reformelemente trifft, wird das Konzept der *Bürgerversicherung Pflege* analog zur Bürgerversicherung in der GKV als Agglomerat der folgenden von Lauterbach et al. (2005) vorgeschlagenen Elemente gesehen: Erstens ist die Pflichtmitgliedschaft der gesamten Bevölkerung in der SPV vorgesehen. Konkret wird dabei die Ausdehnung des bestehenden Versichertenkreises auf Beamte, Selbständige sowie Arbeitnehmer mit einem (Erwerbs-)Einkommen oberhalb der bisherigen Versicherungspflichtgrenze anvisiert.[190] Zweitens soll die Erhöhung der Beitragsbemessungsgrenze der GKV von monatlich 3.562,50 Euro auf das Niveau der GRV in Höhe von

---
[190]Die Ausweitung des Versichertenkreises würde einen Neuzugang von rund neun Millionen Personen in die SPV beinhalten; siehe BMG (2006b).

6. Intergenerative Verteilungseffekte von Finanzierungsreformen der SPV

monatlich 5.250 Euro erfolgen und drittens die Erweiterung der Beitragsbemessungsgrundlage um weitere Einkommensarten – hierunter fallen Einkommen aus Vermietung und Verpachtung sowie Kapitaleinkommen. Abgesehen von den fiskalischen Effekten des jeweiligen Reformelements, was im Weiteren noch zu untersuchen sein wird, seien vorab ein paar grundsätzliche Aspekte der einzelnen Maßnahmen beleuchtet.

Die Ausweitung des Versichertenkreises betreffend, können zwei Argumente für eine Aufhebung der Pflichtversicherungsgrenze geltend gemacht werden. Das erste Argument bezieht sich auf eine mögliche negative Risikoselektion. So erlaubt die durch die Pflichtversicherungsgrenze verursachte Spaltung von gesetzlicher und privater Pflegekassen eine Risikoentmischung und damit die Entstehung zwei verschiedener Versicherungsmärkte. Das zweite Argument für die Aufhebung der Pflichtversicherungsgrenze bezieht sich auf einen verteilungspolitischen Aspekt. So ist es – abgesehen von der rein historischen Begründung– nicht zu rechtfertigen, weshalb sich Arbeitnehmer mit einem Einkommen bis zur Versicherungspflichtgrenze an den in der SPV stattfindenden Umverteilungen beteiligen müssen, während sich Personen mit einem Einkommen oberhalb dieser Grenze für die PPV entscheiden können, die diese Umverteilungselemente nicht enthält.[191,192] Neben der Umverteilung von gesund zu krank ist von Vertretern der Bürgerversicherung durch die Aufhebung der Pflichtversicherungsgrenze vor allem die Umverteilung von reich zu arm intendiert. Diesem rein vertikalen Umverteilungsargument ist jedoch entgegenzusetzen, dass die anzustrebende Gleichbehandlung nicht in der Ausdehnung der Versicherungspflicht besteht. So lässt sich eine Umverteilung von reich zu arm nur über progressive, nicht aber mittels proportionaler Tarife erwirken, weshalb jede Form von Einkommensumverteilung im Steuer-Transfer-System erfolgen sollte.[193]

Deutlich umstrittener als die Aufhebung der Pflichtversicherungsgrenze ist allerdings die Erhöhung der Beitragsbemessungsgrenze auf das Niveau der GRV. Der Einwand gegenüber dieser Maßnahme begründet sich dabei im Wesentlichen in den unterschiedlichen Finanzierungsprinzipien der SPV und der GRV.[194] Während nämlich in der GRV eine direkte Beitragsäquivalenz herrscht – Leistungen und Gegenleistungen stehen für den Versicherten in einem nachvollziehba-

---
[191] Als Umverteilungsströme finden in der SPV – neben einer vertikalen Umverteilung und dem versicherungsimmanenten Ausgleich – Umverteilungen von Jung zu Alt, von Männern zu Frauen und von Kinderlosen zu Familien statt. Zur Quantifizierung dieser Umverteilungsströme siehe SVR (2005), S. 364, Tab. 36. Auch in der PPV existieren größtenteils diese Umverteilungsströme. Diese in der Prämiengestaltung der PPV implementierten Umverteilungs- und Umlageelemente sind auf § 110 SGB XI sowie auf die gesetzliche Beitragshöchstbeschränkung zurückzuführen. So mussten bei Einführung der Pflegeversicherung in der PPV Alterungsrückstellungen für ältere Jahrgänge nachfinanziert werden, was über eine Umlage zu Lasten Jüngerer vorgenommen wurde, siehe hierzu ausführlich Riedel (2003).
[192] Im Bereich der Krankenversicherung wird dieser intragenerativen Ungleichbehandlung und damit dem Argument für die Aufhebung der Versicherungspflichtgrenze oftmals das Argument der Quersubventionierung der GKV entgegengesetzt, mit dem Tatbestand, dass die PKV für gleiche Leistungen höhere Preise bezahlt, wodurch sich auch PKV-Versicherte solidarisch am System der GKV beteiligen würden. Diese Form von Quersubventionierung liegt durch die PPV jedoch nicht vor. Davon abgesehen verweisen Greß und Wasem (2001) für die Krankenversicherung zudem auf den eher unbestimmten Nettoeffekt dieser unterschiedlichen Formen des Solidarausgleichs.
[193] Hinzu kommt, dass der proportionale Beitragssatz durch die Beitragsbemessungsgrenze eine regressive Wirkung entfaltet.
[194] Siehe hierzu auch SVRKAiG (1998), S. 292 f. Zweifellos ließe sich an dieser Stelle auch die Festlegung der Beitragsbemessungsgrenze der GKV auf 75 Prozent der Bemessungsgrenze der GRV kritisieren, die normativ nicht zu begründen ist.

ren Zusammenhang –, ist diese in der SPV nicht gegeben.[195] Einer Erhöhung der Beitragsbemessungsgrenze steht in der SPV keine äquivalente Leistungsausweitung gegenüber. Dies wiederum hat zur Folge, dass der Beitrag zur SPV zunehmend den Charakter einer linearen Lohnsteuer erhält, was zusätzlich zu Verzerrungen des Arbeitsangebots führen kann.[196] Die Stärkung des Umverteilungselements zu Lasten des Versicherungscharakters und die infolgedessen zunehmende Überschneidung von Sozialversicherungssystem und Steuer-Transfer-System führt außerdem zu einer erhöhten Ineffizienz und Intransparenz der Umverteilungsprozesse.[197]

Dieser Effekt wird verstärkt, wenn außerdem noch die dritte Komponente des Bürgerversicherungsvorschlags, nämlich die Verbreiterung der Bemessungsgrundlage, einbezogen wird. Das im Zuge dieser Maßnahme häufig vorgetragene Argument allerdings verweist auf die striktere Anwendung des Leistungsfähigkeitsprinzips. Da sich die finanzielle Leistungsfähigkeit nicht allein durch das Erwerbseinkommen bestimmt, sondern durch die gesamte finanzielle Leistungsfähigkeit eines Versicherten, trägt die Einbeziehung weiterer Einkommensarten in die Beitragspflicht zu einer stärkeren horizontalen Gleichbehandlung bei.[198] In Anbetracht der Tatsache, dass für breite Bevölkerungsschichten die Bedeutung des Arbeitsentgelts in den letzten Jahrzehnten zurückgegangen und der Anteil an anderen Einkunftsarten am gesamten verfügbaren Einkommen gestiegen ist, erlangt dieser Aspekt durchaus an Relevanz. Gegenüber längerfristigen Verschiebungen der Einkommensstruktur zugunsten von Kapitalerträgen wirkt eine Ausweitung der Bemessungsgrundlage damit stabilisierend auf die Einnahmen der SPV. Ungeachtet dessen verbleibt die Frage, ob und – wenn ja – inwieweit das Leistungsfähigkeitsprinzip mit dem Versicherungsgedanken verquickt werden sollte.[199] Ein wichtiger Einwand gegen eine Ausweitung der Bemessungsgrundlage liegt darüber hinaus in der Erhebungs- und Entrichtungsproblematik der sonstigen Einkunftsarten. So sind insbesondere die Einkünfte aus Kapitalvermögen schwer zu erfassen. Neben steuerrechtliche Fragen, wie bspw. Verluste oder das bei Mieteinkommen geltende Nettoprinzip zu behandeln sind, stellt sich auch die Frage, wer die Beiträge einziehen soll. Unabhängig davon, ob der Beitragseinzug letztlich von den Pflegekassen oder den Finanzämtern durchgeführt wird, dürften die relativ hohen Inkassokosten in keinem angemessenen Verhältnis zu den durch die Ausweitung der Bemessungsgrundlage erzielten Beitragsmehreinnahmen stehen.[200]

Budget. Die Berechnungen für die im Rahmen der Bürgerversicherung erzielten Mehreinnahmen und -ausgaben basieren auf einem von Bork (2004) geschätzten Mikrosimulationsmodell für Beitragsaufkommens- und Ausgabeneffekte in der GKV. Die für die GKV geschätzten Werte werden entsprechend auf die SPV übertragen.[201] Insgesamt belaufen sich die Beitragsmehrein-

---

[195] In der GKV liegt lediglich in Bezug auf das Krankengeld eine gewisse Äquivalenzbeziehung vor.
[196] Vgl. u.a. Rürup und Wille (2004), SVR (2003), S. 210, und SVR (2004), S. 390.
[197] Für eine ausführliche Analyse hierzu siehe auch Breyer und Haufler (2000).
[198] Siehe hierzu u.a. auch SVRKAiG (1998), S. 295 ff., und SVR (2002), S. 284 f.
[199] Für eine diesbezügliche Diskussion siehe SVRKAiG (1995), S. 164.
[200] Zu den administrativen Problemen einer Einführung der Bürgerversicherung der GKV, siehe u.a. Zipperer (2003) und SVR (2003), S. 211.
[201] Die hier für das Bürgerversicherungskonzept durchgeführten Berechnungen fußen zu einem Großteil auf Häcker und Raffelhüschen (2005a, 2005b).

nahmen durch die Implementierung einer Bürgerversicherung im Jahr 2007 auf insgesamt rund 5,24 Mrd. Euro (ausgedrückt in realer Kaufkraft 2004).[202] Diese zusätzlichen Einnahmen lassen sich wie folgt aufschlüsseln: Durch die Ausweitung des Versichertenkreises auf Beamte, Selbständige sowie gutverdienende Arbeitnehmer ergeben sich Mehreinnahmen von knapp 2,9 Mrd. Euro.[203] Die Erweiterung der Bemessungsgrundlage um weitere Einkommensarten liefert – für den gesamten Versichertenkreis betrachtet – ein zusätzliches Beitragsaufkommen in Höhe von ca. 1,42 Mrd. Euro, die Erhöhung der Beitragsbemessungsgrenze auf monatlich 5.250 Euro generiert weitere Mehreinnahmen von rund 0,92 Mrd. Euro.

Tabelle 20
Budget der Bürgerversicherung für das Jahr 2007
(in realer Kaufkraft 2004)
in Mrd. Euro

I. Ausgaben		19,29	II. Einnahmen		22,45
Bisheriger SPV-Versichertenkreis		17,94	Bisherige Beiträge der SPV-Versicherten		17,21
Neu hinzukommender Versichertenkreis		1,35	Ausweitung des Versichertenkreises		2,90
			Erweiterung der Beitragsbemessungsgrundlage (1)		
				bisherige SPV-Versicherte	0,94
				neu hinzukommende Versicherte	0,48
			Erhöhung der Beitragsbemessungsgrenze (inklusive (1))		
				bisherige SPV-Versicherte	0,63
				neu hinzukommende Versicherte	0,29
			III. Finanzierungssaldo		3,16

Quelle: Eigene Berechnungen.

Im Unterschied zu den beiden zuletzt genannten Komponenten stehen den Mehreinnahmen durch die Ausweitung des Versichertenkreises auch zusätzliche Mehrausgaben gegenüber. Bei Unterstellung einer zu den bisherigen SPV-Versicherten gleichen alters- und geschlechtsspezifischen Leistungsinanspruchnahme der neu in die SPV eintretenden Versicherten ergeben sich im Jahr 2007 zusätzliche Ausgaben für die SPV von rund 1,35 Mrd. Euro.

---

[202]Sofern nicht anders gekennzeichnet, sind alle in diesem Kapitel ausgewiesenen Größen in realer Kaufkraft 2004 ausgedrückt.

[203]Der mit einer Überführung des PPV-Personenkreises in die SPV verbundene Vorschlag, die bislang in der PPV gebildeten Alterungsrückstellungen – diese belaufen sich laut PKV (2005b) auf 14 Mrd. Euro – für die Sicherung der finanziellen Stabilität der SPV heranzuziehen, ist aus verfassungsrechtlicher Sicht abzulehnen. So stehen diesen Alterungsrückstellungen Ansprüche der Versicherten gegenüber, deren Entzug einer Enteignung gleichkommen würde. Die Alterungsrückstellungen unterliegen uneingeschränkt der verfassungsrechtlichen Eigentumsgarantie des Art. 14 GG, siehe hierzu ausführlich Depenheuer (2005).

Tabelle 20 zeigt das Budget der SPV, welches sich bei einer fiktiven Einführung des Bürgerversicherungsmodells im Jahr 2007 einstellen würde. Demnach kommt es im Einführungsjahr der Bürgerversicherung zu einem Einnahmenüberschuss von 3,16 Mrd. Euro.

Profile. Für die Berechnung der isolierten Generationenbilanz sind – zur Verteilung und Fortschreibung der mit dem Bürgerversicherungskonzept neu hinzukommenden Aggregatsposten – folgende altersspezifischen Profile notwendig: Den Mehreinnahmen der bisherigen SPV-Versicherten aus der Erweiterung der Beitragsbemessungsgrundlage wird das Profil *Kapitalsteuer* (*KapSt*) zugrundegelegt.[204] Demgegenüber werden die zur Erfassung der Erhöhung der Beitragsbemessungsgrenze notwendigen Profile mit den bisherigen Beitragsprofilen verteilt. Für die Mehreinnahmen aus der Ausweitung des Versichertenkreises findet ein von Fetzer und Hagist (2004) erstelltes Profil *Beitrag zur GKV von Beamten, Selbständigen sowie übrigen Arbeitnehmern* (*KVBeitrRest*) Verwendung, welches auf Daten der PKV (2003) und des Zweiten Versorgungsberichtes der Bundesregierung (BMI (2001)) basiert. Die Profile finden sich in Anhang B, Abbildung B.13 und B.14.

Für die Ausgabenseite der Bürgerversicherung wurde, wie bereits erwähnt, angenommen, dass die Leistungsprofile des neu hinzukommenden Versichertenkreises zu den bisher SPV-Versicherten identisch sind. Bei der Fortschreibung wird hier aber zusätzlich der speziellen Altersverteilung der Beamten, Pensionären und restlichen PPV-Versicherten Rechnung getragen. Hierbei wird angenommen, dass die überproportionalen (Neu-)Einstellungen der vergangenen Jahrzehnte in Zukunft nicht mehr auftreten und sich der neue Versichertenkreis langfristig wie der restliche Teil der Bevölkerung entwickelt, vgl. Fetzer und Hagist (2004). Diese Annahme liegt auch der Fortschreibung der Mehreinnahmen aus der Ausweitung des Versichertenkreises zugrunde.

Intergenerative Verteilungseffekte. Welche Finanzierungseffekte mit der Reform einer Bürgerversicherung einhergehen, sei im Folgenden anhand der Wirkungen der einzelnen Komponenten der Bürgerversicherung aufgeschlüsselt dargestellt.

Wird allein der Effekt betrachtet, der mit einer Ausweitung des Versichertenkreises einhergeht, also der reine Struktureffekt der Bürgerversicherung, so wirkt sich dieser nur geringfügig positiv aus. Die Nachhaltigkeitslücke des Status quo reduziert sich gerade einmal um 0,1 Prozentpunkte auf 32,2 Prozent des BIP. Obwohl die PPV-Versicherten mit relativ hohen Beiträgen in die SPV einsteigen, scheinen diese gerade auszureichen, um ihre (eigenen) Ausgaben zu decken. Dagegen werden durch die Erweiterung der Beitragsbemessungsgrundlage Mehreinnahmen erzielt, denen keine weiteren Mehrausgaben gegenüberstehen. Die Nachhaltigkeitslücke reduziert sich ausgehend von 32,2 Prozent um weitere 3,5 Prozentpunkte auf 28,7 Prozent des BIP. Unter zusätzlicher Berücksichtigung der Ausweitung der Beitragsbemessungsgrundlage sinkt die Nachhaltigkeitslücke aufgrund des Einnahmenzuflusses nochmals um 2,8 Prozentpunkte auf 25,9 Prozent. Die gleichen quantitativen Ergebnisse weisen auch die übrigen in Tabelle 21 aufgeführten Nachhaltigkeitsindikatoren auf. So sinkt die Mehrbelastung zukünftiger Generationen

---

[204]Datengrundlage für das Profil *KapSt* bildet die EVS 2003 (Statistisches Bundesamt (2003d)), vgl. Hagist et al. (2006).

ausgehend von 14.100 Euro im Status quo auf 11.200 Euro bei voller Implementation der Bürgerversicherung. Die nachhaltige Einnahmenquote (Ausgabenquote) sinkt (steigt) von 1,34 Prozent (0,45 Prozent) im Status quo auf 1,11 Prozent (0,54 Prozent) des BIP bei Umsetzung des Bürgerversicherungskonzepts.

Tabelle 21
Nachhaltigkeitsindikatoren der Bürgerversicherung
(Basisjahr 2004, g=1,5%, r=3%)

	Status quo	Struktureffekt (Ausweitung des Versichertenkreises)	... + Erweiterung der Beitragsbemessungsgrundlage	... + Erhöhung der Beitragsbemessungsgrenze: **Bürgerversicherung**
Nachhaltigkeitslücke (in % des BIP) *	32,3	32,2	28,7	25,9
Mehrbelastung zukünftiger Generationen (in Euro)	14.100	14.000	12.400	11.200
Nachhaltige Einnahmenquote (in % des BIP)	1,34%	1,25%	1,17%	1,11%
Nachhaltige Ausgabenquote (in % des BIP)	0,45%	0,48%	0,51%	0,54%

* davon explizites Vermögen der SPV: 0,1% des BIP

Quelle: Eigene Berechnungen.

Die zum Ausgleich der jährlichen Defizite notwendigen Beitragssatzerhöhungen sind in Abbildung 33 aufgeführt. So reichen die relativ höheren Beiträge der PPV-Versicherten zwar anfänglich aus, um in der kurzen Frist ein Ansteigen des Beitragssatzes zu verhindern; allerdings verschärfen sich die im Status quo der SPV bestehenden Finanzierungsprobleme zusätzlich aufgrund der ungünstigeren Altersstruktur der PPV-Versicherten. Dies wird durch den relativ stärker ansteigenden Beitragssatz bei der isolierten Betrachtung des Struktureffekts der Bürgerversicherung im Vergleich zum Status quo deutlich. Etwa ab dem Jahr 2035 hat der Beitragssatz unter der Ausweitung des Versichertenkreises (Struktureffekt) den Beitragssatz des Status quo eingeholt, der schließlich im Jahr 2055 sein Maximum von 4,1 Prozent erreicht.[205] Der Grund für die stärkere Beitragssatzentwicklung ist, dass die Bevölkerungsgruppe der PPV-Versicherten wegen der Beamteneinstellungswelle der 1970er Jahre schneller altert als die durchschnittliche Bevölkerung, was über die mit dem Alter zunehmende Leistungsinanspruchnahme zu relativ schnell ansteigenden zusätzlichen Pflegeausgaben führt. Damit ist der anfänglich vermehrte Mittelzufluss in den kommenden Jahrzehnten durch vermehrte Leistungsverpflichtungen teuer, i.S.v. mit einem höheren Beitragssatz, zu bezahlen. Werden außerdem die ausschließlich Mehreinnahmen generierende Komponenten einer erweiterten Beitragsbemessungsgrundlage und -grenze berücksichtigt,

---

[205] Fetzer (2006), der das Konzept der Bürgerversicherung analog für die GKV berechnet, zeigt ebenfalls den isolierten Struktureffekt der Bürgerversicherung auf. Allerdings liegt der GKV-Beitragssatz bei Betrachtung des Struktureffekts stets unter dem GKV-Beitragssatz des Status quo, siehe Fetzer (2006), S. 178. Dieses Exempel verdeutlicht nochmals die ausgeprägtere Demographieanfälligkeit der SPV im Vergleich zur GKV.

kann der Beitragssatz zwar bis zum Jahr 2024 konstant gehalten werden, aber im Jahr 2025 steigt der Beitragssatz dann sprunghaft auf über 2 Prozent und erreicht sein Maximum mit 3,8 Prozent im Jahr 2055.

Abbildung 33
Beitragssatzentwicklung der SPV durch Ausweitung des Versichertenkreises und unter der Bürgerversicherung
(Basisjahr 2004)

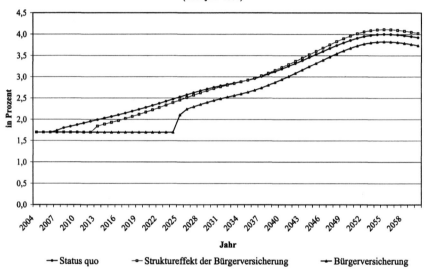

Quelle: Eigene Berechnungen.

Neben der Reformevaluierung mittels des soeben durchgeführten Vergleichs von Nachhaltigkeitsindikatoren und der Beitragssatzentwicklungen vor und nach der Reform ermöglicht es die Methode der Generationenbilanzierung, die mit einer Reform einhergehenden intergenerativen Verteilungswirkungen altersspezifisch zu quantifizieren. Zur Berechnung der Reformbelastungen wird, wie im Methodikteil des Kapitels 3.1.1 aufgeführt, die Differenz der Generationenkonten nach und vor der Reform für jeden Jahrgang gebildet. Diese liefert die Be- bzw. Entlastung eines durchschnittlichen Individuums einer Kohorte über dessen restlichen Lebenszyklus durch die Reform. Um die reforminduzierte Belastung unterschiedlicher Generationen vergleichen zu können, wird diese in eine Belastungswirkung pro verbleibendem Lebensjahr (Annuität) umgerechnet. Mit Hilfe des so ermittelten Maßes der reforminduzierten Mehrbelastung pro verbleibendem Lebensjahr ($mb_{t,k}^{Ref}$) lassen sich die intergenerativen Verteilungswirkungen einer Reform zwischen allen heutigen und zukünftigen Generationen vergleichen und bewerten. Dabei wird nun lediglich zu Erklärungszwecken auf ein exogenes Beitragssatzszenario (konstanter Beitragssatz) zurückgegriffen. Der Fokus bei der Beurteilung der reforminduzierten intergenerativen Umverteilungseffekte liegt im Folgenden auf den endogenen Beitragssatzszenarien (defizitbereinigender Beitragssatz).[206]

Im *exogenen* Beitragssatzszenario steigen die Durchschnittszahlungen der im Basisjahr 35-Jährigen und Jüngeren unter dem reinen Struktureffekt der Bürgerversicherung – im Vergleich zum Status quo – um jährlich zwischen 4 Euro (35-Jähriger) und knapp 15 Euro (20-Jähriger), was sich durch die höheren Beitragszahlungen des neu hinzutretenden Versichertenkreises bedingt. Demgegenüber steigen aber auch die durchschnittlichen Leistungen aller Jahrgänge älter als 40 Jahre durch die Ausweitung des Versichertenkreises, was ebenfalls auf den neu in das System eintretenden Personenkreis zurückzuführen ist, der über seinen verbleibenden Lebenszyklus wesentlich mehr Leistungen empfängt, als er an Beiträgen einbezahlt. Dabei rührt der Sprung in der Minderbelastung zwischen den 65- und 70-Jährigen daher, dass sich in dem bisherigen PPV-Versichertenkreis gegenüber der restlichen Bevölkerung unterproportional wenig Menschen befinden, die älter als 65 Jahre sind. Den maximalen Nettotransfer erhält der durchschnittlich 85-Jährige mit 117 Euro pro verbleibendem Lebensjahr. Anders formuliert, kommt es durch die Ausweitung des Versichertenkreises zu einer erneuten Verteilung von Einführungsgeschenken – nun an den Kreis der bislang PPV-Versicherten. Diese Einführungsgeschenke, die alle im Basisjahr 40-Jährigen und Älteren erhalten, führen zu einer Mehrbelastung zukünftiger Generationen ("–1"-Jähriger) in Höhe von 7 Euro pro Jahr.

Unter Berücksichtigung aller mit dem Bürgerversicherungskonzept von Lauterbach et al. (2005) einhergehenden Komponenten wird nun bei allen im Basisjahr 0- bis 55-Jährigen eine Mehrbelastung im Vergleich zum Status quo erzeugt. Diese ist mit 66 Euro pro verbleibendem Lebensjahr maximal für einen 20-Jährigen, der die komplette Beitragsphase zu den neuen Beitragserhebungsbedingungen durchlaufen muss. Dementsprechend erhalten auch "nur" die 60- bis 90-Jährigen Einführungsgeschenke, die sich im Maximum für einen 85-Jährigen auf nunmehr 78 Euro pro verbleibendem Lebensjahr belaufen. Für den "–1"-Jährigen kommt es gegenüber dem Status quo zu einer Entlastung von 50 Euro pro verbleibendem Lebensjahr, da der Personenkreis der 0- bis 55-Jährigen bereits stärker zur Finanzierung der (eigenen) Pflegeleistungen herangezogen wird.

Werden nun die intergenerativen Verteilungseffekte betrachtet, die sich im *endogenen* Beitragssatzszenario einstellen, so sind im Fall des reinen Struktureffekts alle Kohorten ab dem 15. Lebensjahr weniger stark mehrbelastet bzw. stärker minderbelastet als im exogenen Fall. Wiederum ist dies darauf zurückzuführen, dass beim Struktureffekt erstmalig im Jahr 2013 eine Beitragssatzanpassung erfolgt, während dies im Status quo bereits im Jahr 2007 der Fall ist. Demgegenüber sind die im Basisjahr 0- bis 10-Jährigen bzw. ist der "–1"-Jährige aufgrund des ab dem Jahr 2035 höher liegenden Beitragssatzes unter dem Struktureffekt – gegenüber dem Beitragssatz des Status quo – stärker mehrbelastet als es im exogenen Szenario der Fall war.

Dieser Sachverhalt trifft auch bei Betrachtung der alle Komponenten umfassenden Bürgerversicherung zu: Im Vergleich zum exogenen Beitragssatzszenario sind hierunter alle lebenden Ko-

---

[206]Hierbei ist stets die im Rahmen von Kapitel 3.3.2 aufgeführte Problematik im Auge zu behalten: Zum einen ist die Mehr- bzw. Minderbelastung für den im Basisjahr 0- und "–1"-Jährigen nicht zwingend identisch, und zum anderen steht der "–1"-Jährige (quantitativ) nun nicht mehr repräsentativ für zukünftige Generationen.

140 6. Intergenerative Verteilungseffekte von Finanzierungsreformen der SPV

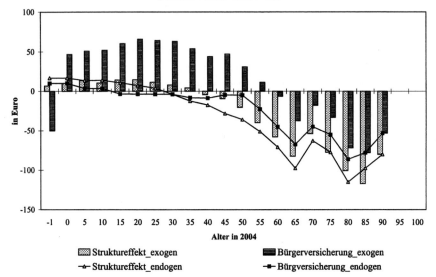

Abbildung 34
Reforminduzierte Mehr- und Minderbelastung pro verbleibendem Lebensjahr (Annuität) durch die Bürgerversicherung
(Basisjahr 2004, g=1,5%, r=3%)

Quelle: Eigene Berechnungen.

horten weniger mehrbelastet bzw. stärker minderbelastet, da der Effekt einer höheren Beitragsbemessung mit verzögerter Beitragsanpassung den Effekt der Status-quo-Beitragsbemessung mit einem im Jahr 2007 bereits ansteigenden Beitragssatz überwiegt. Folglich drehen sich auch die Ergebnisse zwischen Struktureffekt und Bürgerversicherung gegenüber dem exogenen Szenario insofern um, als nun die breitere Einnahmenbasis durch die Bürgerversicherung und der damit zeitlich verzögerte Beitragssatzanstieg junge und zukünftige Kohorten tendenziell weniger stark mehrbelastet als im Fall des reinen Struktureffekts. Hierbei steigt der Beitragssatz nicht wie im Status quo erstmalig bereits im Jahr 2007, sondern erst im Jahr 2013 an. Dieses Ergebnis kehrt sich erst wieder für Kohorten ab einem Alter von 35 Jahren und älter um. So sind diese Kohorten aufgrund ihrer kürzeren Restlebensdauer grundsätzlich weniger stark von Beitragssatzsteigerungen, dafür aber direkt von einer breiteren Beitragsbemessung betroffen.

6.1.2 Bürgerpauschalenmodell

Modellkomponenten. Das hier aufgeführte Modell einer *Bürgerpauschale Pflege* entstammt dem Vorschlag des SVR (2004).[207] Wie zuvor bei der Bürgerversicherung fand auch der Entwurf des Modells der Bürgerpauschale in Anlehnung an das Bürgerpauschalprämienmodell der GKV

---

[207]Vgl. SVR (2004), S. 418 ff.

6. Intergenerative Verteilungseffekte von Finanzierungsreformen der SPV

statt und sieht entsprechend die folgenden drei zentralen Elemente vor: Die Ausweitung des Versichertenkreises auf die gesamte Wohnbevölkerung, die Erhebung einkommensunabhängiger Pauschalprämien – wobei die beitragsfreie Mitversicherung von nicht-erwerbstätigen Ehegatten entfällt und lediglich Kinder weiterhin beitragsfrei mitversichert bleiben – sowie die Gewährung einer Prämiensubvention für Personen mit geringerem Einkommen, die aus Steuermitteln finanziert wird.

Grundgedanke bei der Erhebung einkommensunabhängiger Beiträge ist die Stärkung des Äquivalenzprinzips. So ist in der jetzigen Ausgestaltung der SPV – aufgrund einer nicht vorhandenen (positiven) Korrelation des Pflegerisikos mit dem (Lohn-)Einkommen – keine Äquivalenz von Leistungen und Gegenleistungen gegeben. Zahlt demgegenüber jeder Versicherte einer Kasse den identischen Betrag, der den durchschnittlichen Pflegeausgaben seiner Pflegekasse pro Person in dieser Periode entspricht, kann mit der Pauschalprämie zumindest eine kostenorientierte Beitragsäquivalenz bzw. eine gesellschaftlich angelegte (Risiko-)Äquivalenz realisiert werden.[208] Durch die Entkopplung der Beitragszahlungen von den Arbeitseinkommen wird damit tendenziell auch ein positiver Effekt sowohl auf das Arbeitsangebot als auch auf die -nachfrage erzielt. So verliert der SPV-Beitrag seinen lohnsteuerähnlichen Charakter, wodurch arbeitsangebotsverzerrende Effekte vermieden werden.[209] Aus Sicht der Arbeitgeber wiederum bedeuten Erhöhungen der Pflegeausgaben über steigende SPV-Beiträge nicht mehr automatisch auch höhere Lohn(neben)kosten. Darüber hinaus wird die Beitragsgrundlage gegen Konjunktur- und Arbeitsmarktschwankungen stabilisiert; und da Rentner im Bürgerpauschalenmodell ebenfalls den einheitlichen Pauschalenbeitrag leisten, ist das System etwas weniger von der demographischen Entwicklung abhängig.

Hinsichtlich der verteilungspolitischen Treffgenauigkeit wird durch die Abkehr von einkommensabhängigen Beiträgen die Separierung des Versicherungs- vom Umverteilungsziel erreicht. Versicherungsfremde Umverteilungen werden nahezu vollständig aus der SPV eliminiert. Lediglich ein versicherungsimmanenter Ausgleich zwischen hohen und niedrigen Pflegerisiken sowie Jungen und Alten findet statt. Um eine finanzielle Überforderung einkommensschwacher Gruppen zu vermeiden, wird im Steuer-Transfer-System ein sozialer Ausgleichsmechanismus

---

[208] Würden die Beiträge wie bei einer kapitalgedeckten kohortenspezifischen Prämienberechnung hingegen risikoäquivalent nach Maßgabe des individuellen Risikos kalkuliert werden, so ließe sich der Steuercharakter der Beiträge zur Gänze eliminieren. Ob bei Umsetzung des Versicherungsgedankens das Prinzip der (Risiko-)Äquivalenz letztlich individuell oder gesellschaftlich angelegt wird, spielt – zumindest in der langen Frist – keine Rolle. So liegt das Äquivalenzprinzip trotz einheitlicher Pauschalprämie vor, wenn man davon ausgeht, dass die Prämie ex-ante, also vor Kenntnis von Merkmalen wie Pflegerisiko oder Geschlecht (Schleier des Nichtwissens), von der Versicherung erhoben wird. Lediglich eine Differenzierung nach dem Alter könnte vorgenommen werden, wobei auch dies über die Zeit wiederum in einer einheitlichen Pauschalprämie (je Pflegekasse) münden würde.

[209] Entscheidend für positive Beschäftigungseffekte ist allerdings die Veränderung der Grenzbelastung der Arbeitseinkommen; siehe hierzu u.a. BMGS (2003), S. 164, SVR (2004), S. 391 f., und Rürup und Wille (2004), S. 22. Für Personen ohne Prämiensubvention – und damit i.d.R. Versicherte mittlerer und höherer Einkommens – hat eine Pauschalprämie den Charakter einer Kopfsteuer ohne verzerrende Effekte, denn eine Erhöhung des Einkommens führt zu keiner zusätzlichen Belastung mit SPV-Beiträgen. Für zuschussbedürftige Personen bleiben die Verzerrungen auf der Arbeitsangebotsseite jedoch erhalten, da eine Erhöhung des Einkommens zu einer Verringerung der Prämiensubvention führt. Ob das Pauschalensystem zu einem Anstieg der Beschäftigung führt, hängt damit entscheidend von der Gestaltung des sozialen Ausgleichs ab. So besteht die Gefahr, dass die positiven Beschäftigungseffekte der Abkopplung der Beiträge vom Arbeitsverhältnis durch negative Beschäftigungseffekte infolge der erforderlichen Steuererhöhung konterkariert werden; siehe hierzu auch SVR (2004), S. 392.

installiert, der individuelle Prämienzuschüsse gewährt. Dabei wird eine Überforderungsgrenze so festgelegt, dass die Pauschalprämie einen bestimmten Prozentsatz des (Brutto-)Haushaltseinkommens nicht überschreitet. Eine vom SVR (2004) genannte Variante des Bürgerpauschalenmodells liegt in der Festlegung eines höheren Eigenanteilssatz für Rentner, wobei der höhere Eigenanteilssatz für Rentner damit begründet wird, dass so die Rentner stärker an der Finanzierung ihrer eigenen Ausgaben beteiligt werden und damit ein Teil des Einführungsgewinns abgeschöpft werden kann.[210] Das für den sozialen Ausgleich erforderliche Zuschussvolumen wird – ganz oder teilweise – aus dem zusätzlichen Aufkommen finanziert, das sich aus der progressiven Versteuerung der als Bruttolohn ausgeschütteten (und eingefrorenen) Arbeitgeberbeiträge zur SPV ergibt.[211] Die Übertragung der notwendigen Einkommensumverteilung in das Steuer-Transfer-System erlaubt, dass diese transparent, effizient und zielgenau durchgeführt werden kann.

Budget. Dem Vorschlag des SVR (2004) wird eine monatliche Prämie von 25 Euro je Erwachsenem (18 Jahre und Älter) zugrundegelegt – ein Pauschalenbeitrag, der den durchschnittlichen Pflegeausgaben pro Person im Jahr 2007 entspricht.[212] Im Umsetzungsjahr der Reform der SPV führt dies zu Gesamtprämieneinnahmen i.H.v. 20,1 Mrd. Euro.

Für die Berechnung der durch die Versteuerung der ausbezahlten Arbeitgeberbeiträge erzielten Steuermehreinnahmen werden die Arbeitgeberanteile – also der hälftige Anteil an den versicherungspflichtigen Beitragseinnahmen des Jahres 2007 – i.H.v. ca. 6,3 Mrd. Euro mit einem durchschnittlichen Grenzsteuersatz von 30,2 Prozent multipliziert. Dieser Grenzsteuersatz entspricht dem Durchschnittsgrenzsteuersatz der Jahre 2004, 2005 und 2006 unter dem Einkommensteuertarif 2005.[213] Hieraus resultieren Steuermehreinnahmen i.H.v. 1,92 Mrd. Euro. Wird außerdem die Steuerpflicht für Zuschüsse der Arbeitgeber für Beamte berücksichtigt, so ergeben sich weitere Einkommensteuermehreinnahmen von rund 0,24 Mrd. Euro,[214] so dass insgesamt ein Volumen von 2,16 Mrd. Euro für die Gegenfinanzierung der Prämienzuschüsse zur Verfügung steht; siehe auch Tabelle 22.[215]

Die für den sozialen Ausgleich notwendige Kalkulation der Prämiensubvention erfolgt auf Basis eines Modells von Fetzer und Hagist (2004), wobei die hier verwendete Datengrundlage auf der EVS 2003 (Statistisches Bundesamt (2003d)) beruht. In diesem Modell werden die Pauschalprämien für alle in einem Haushalt lebenden Erwachsenen addiert und überprüft, ob die

---

[210]Vgl. SVR (2004), S. 420.
[211]Zur Umwandlung der bisherigen Arbeitgeberbeiträge in Bruttolohn, siehe Rürup und Wille (2004), S. 24 ff.
[212]Der momentan in der SPV vorliegende Tatbestand der nicht-wettbewerblich ausgerichteten Pflegekassen bedingt für alle Versicherten zunächst identische Pauschalenbeiträge. Erst unter wettbewerblichen Rahmenbedingungen stellen sich – als Ergebnis des Wettbewerbs durch die Ausschöpfung von Effizienzreserven – unterschiedliche Prämienhöhen ein.
[213]Vgl. Boss und Elender (2004), S. 14, Tab. 9.
[214]Die durchschnittlichen Beiträge der Beamten und Pensionäre, die mit Hilfe von Daten des Statistischen Bundesamtes (2004d), Fachserie 14 Reihe 6, sowie aus dem Zweiten Versorgungsbericht der Bundesregierung (BMI (2001)) berechnet werden, belaufen sich im Jahr 2007 auf knapp 1,6 Mrd. Euro. Hiervon wiederum wird der hälftige Betrag mit dem Grenzsteuersatz von 30,2 Prozent (Boss und Elender (2004)) multipliziert, wodurch sich die zu ermittelnden Steuermehreinnahmen berechnen lassen.
[215]Die Steuermehreinnahmen von 2,16 Mrd. Euro entsprechen auch dem vom SVR (2004) errechneten Betrag, vgl. SVR (2004), S. 420.

6. Intergenerative Verteilungseffekte von Finanzierungsreformen der SPV

Tabelle 22
Budget der Bürgerpauschale und sozialer Ausgleich für das Jahr 2007
(in realer Kaufkraft 2004)
in Mrd. Euro

SPV			
I. Ausgaben	19,29	II. Einnahmen	20,11
Bisheriger SPV-Versichertenkreis	17,94	Prämieneinnahmen (25 € pro Monat)	20,11
Neu hinzukommender Versichertenkreis	1,35		
		III. Finanzierungssaldo	0,82
Var A SOZIALER AUSGLEICH Eigenanteilsatz 2%			
I. Ausgaben	1,50	II. Einnahmen	2,16
Prämiensubvention	1,50	Besteuerung der bisherigen AG-Anteile	2,16
		Steuermehrbedarf	-
		III. Finanzierungssaldo	0,66
Var B SOZIALER AUSGLEICH Allg. Eigenanteilsatz 2%, Eigenanteilsatz Rentner 3,5%			
I. Ausgaben	1,04	II. Einnahmen	2,16
Prämiensubvention	1,04	Besteuerung der bisherigen AG-Anteile	2,16
		Steuermehrbedarf	-
		III. Finanzierungssaldo	1,12

Quelle: Eigene Berechnungen.

Summe der Prämien den zuvor festzulegenden Eigenanteilssatz des Haushaltseinkommens übersteigen oder nicht. Für den Fall, dass die Summe der von einem Haushalt zu zahlenden Prämien den Eigenanteilssatz des Haushaltseinkommens übersteigt, wird der Differenzbetrag dem Haushaltsvorstand zugeschrieben. Schließlich werden die betreffenden Haushalte auf die Bevölkerung hochgerechnet. Wird – wie vom SVR (2004) vorgesehen – der Eigenanteilssatz auf 2 Prozent des Haushaltseinkommens festgelegt (Variante A), so ergibt sich bei einer Bürgerpauschale von 25 Euro pro Monat ein Subventionsbedarf i.H.v. 1,5 Mrd. Euro im Jahr 2007. Wird für Rentner (65 Jahre und Älter) alternativ der Eigenanteilssatz auf 3,5 Prozent gesetzt (Variante B), so liegt der Subventionsbedarf bei 1,04 Mrd. Euro, siehe auch Tabelle 22.[216] Entsprechend folgt,

---

[216] Die vom SVR (2004) ausgewiesenen Subventionierungsvolumina liegen bei 3 Mrd. Euro im Fall einer allgemeinen Überforderungsgrenze von 2 Prozent und bei 2,5 Mrd. Euro im Fall der speziellen Überforderungsgrenze für Rentner; vgl. SVR (2004), S. 420. Diese Abweichung in den Ergebnissen lässt sich im Wesentlichen mit den unterschiedlich verwendeten Datengrundlagen erklären. So basieren die Berechnungen des SVR (2004) auf einer auf das Jahr 2003 hochgerechneten Version der EVS 1993, während den hier durchgeführten Berechnungen die EVS 2003 zugrundeliegt. Mit der vom SVR (2004) adjustierten EVS 1993 wird offensichtlich der Effekt unterschätzt, dass sich die Einkommens- und Vermögenslage des älteren Teils der Bevölkerung in den letzten Jahren unter allen Altersgruppen am stärksten verbessert hat, wodurch wiederum der Subventionsbedarf deutlich überschätzt wird.

dass der Subventionsbedarf umso niedriger ausfällt, je höher die Überforderungsgrenze gewählt wird.

Zur Schließung möglicher Finanzierungslücken stehen im Rahmen der Durchführung im Steuer-Transfer-System prinzipiell mehrere Möglichkeiten offen. Der SVR (2005) schlägt diesbezüglich entweder die Anhebung des Einkommensteuertarifs oder der Erhöhung des Umsatzsteuersatzes vor.[217] Im Folgenden soll eine Erhöhung des Umsatzsteuersatzes der Gegenfinanzierung dienen. Die Umsatzsteuer bietet sich insofern an, als diese – im Unterschied zur Einkommensteuer – relativ altersunspezifisch bezahlt wird und damit zu einer relativ gleichmäßigen Belastung über alle Generationen hinweg führt.[218]

Profile. Die für die Umsetzung des Konzepts der Bürgerpauschale notwendigen altersspezifischen Profile betreffen die Einnahmen durch die Pauschalprämie, die annahmegemäß auf alle Erwachsenen ($\geq$ 18 Jahre) gleichmäßig mit Hilfe des Profils *NullEins* verteilt wird. Für den Prämienzuschuss wird das altersspezifische Profil *PraemSubPauschale* (allgemeine Überforderungsgrenze) sowie *PraemSubPauschaleRent* (spezielle Überforderungsgrenze für Rentner) mit Hilfe des zuvor bereits erwähnten Modells von Fetzer und Hagist (2004) generiert. Hierfür wird für jeden Jahrgang ein gewichtetes Mittel des (auf die Bevölkerung hochgerechneten) Prämiensubventionsbedarfs bestimmt, so dass für das betreffende Jahr 2007 ein altersspezifisches Prämiensubventionsprofil entsteht. Die Mehreinnahmen aus der Versteuerung der ausgeschütteten Arbeitgeberanteile werden mit Hilfe eines leicht modifizierten Profils *Lohnsteuer* (*LohnSt*) verteilt. Die Modifikation des Profils *LohnSt* besteht darin, dass dieses – gemäß dem Profil *KVBeitr* – ab einem Alter von 65 Jahren auf Null gesetzt wurde. Grund hierfür ist die Tatsache, dass Rentner bereits die vollen 1,7 Prozent zur SPV beitragen und insofern keiner weiteren Besteuerung der Arbeitgeberanteile unterliegen. Für die zur Gegenfinanzierung des Subventionsbedarfs notwendigen Steuermehreinnahmen findet schließlich noch das Profil *Umsatzsteuer* (*USt*) Verwendung.[219] Die Profilverläufe finden sich in Anhang B, Abbildungen B.15 bis B.19.

Intergenerative Verteilungseffekte. Im Unterschied zur bisherigen Nachhaltigkeitsanalyse, in der ausschließlich alle Zahlungsströme von und zur SPV betrachtet wurden, tauchen im Rahmen des Konzeptes der Bürgerpauschale nun außerdem Zahlungsströme auf, die "außerhalb" des parafiskalischen Systems der SPV fließen. Hierbei handelt es sich um die Zahlungsströme des sozialen Ausgleichs. Um auch diese im Rahmen einer Nachhaltigkeitsanalyse zu erfassen, ist in der Regel die Analyse im gesamtstaatlichen System notwendig. Die Einbettung des sozialen Ausgleichs in die gesamtstaatliche Bilanz würde – wie es auch bei den Zahlungsströmen von und zur SPV der Fall ist – die einzelnen Effekte nahezu verschwinden lassen, da das Budget

---

[217] Vgl. SVR (2005), S. 381. Welche der beiden Varianten letztlich gewählt wird, unterliegt einer Abwägung zwischen direkter und indirekter Steuer, Wachstums- und Beschäftigungsproblemen sowie politischer Umsetzbarkeit. Zu den verteilungs-, beschäftigungs- und wachstumspolitischen Konsequenzen verschiedener Finanzierungsformen des Steuermehrbedarfs siehe u.a. SVRKAiG (1998), S. 333, Peffekoven (2005), Wagner (2005) und Kroker und Pimpertz (2005).

[218] Demgegenüber wird die Einkommensteuer hauptsächlich von den Erwerbspersonen bezahlt, was diese zugleich deutlich demographieabhängiger macht.

[219] Datengrundlage der Profile *LohnSt* und *USt* bildet die EVS 2003; siehe hierzu auch Hagist et al. (2006).

des sozialen Ausgleichs im Vergleich zum Gesamtstaatsbudget einen nur sehr geringen Umfang hat. Da der soziale Ausgleich direkt gegenfinanziert werden muss, alle anderen gesamtstaatlichen Zahlungsströme davon unberührt bleiben und der soziale Ausgleich damit in sich wiederum ein geschlossenes System darstellt, wird er für die weitere Analyse ebenfalls in Form einer isolierten Generationenbilanz betrachtet.

Um in der Nachhaltigkeitsanalyse eine bessere Interpretation der reforminduzierten Effekte zu ermöglichen, wird das Konzept der Bürgerpauschale im Folgenden in seine einzelnen Komponenten zerlegt. Hierfür wird der Effekt isoliert, der – unter Beibehaltung des bestehenden Versichertenkreises – mit einer Erhebung einkommensunabhängiger Beiträge einhergeht. Dieses Konzept ist bereits aus der Debatte der GKV bekannt und wird in der nachstehenden Analyse auch mit dem Begriff des Kopfpauschalenmodells bezeichnet.

Unter Beibehaltung des SPV-Versichertenkreises kann die Nachhaltigkeitslücke durch den Umstieg auf ein Kopfpauschalensystem im Jahr 2007 gegenüber dem Status quo auf 25 Prozent des BIP reduziert werden; vgl. Tabelle 23. Dabei resultiert die Verbesserung um 7,3 Prozentpunkte des BIP daher, dass nun die Beiträge nicht mehr vorwiegend von den künftig weniger werdenden Erwerbspersonen bezahlt werden, wodurch sich die durchschnittlichen Beitragszahlungen reduzieren, sondern der gleiche absolute Beitrag von allen Versicherten abverlangt wird. Während nämlich die Höhe der Beitragseinnahmen im Status quo vor allem von der Anzahl der Erwerbstätigen abhängt, spielt bei der Kopfpauschale nur die Zahl aller Beitragszahler (inklusive der Rentner) eine Rolle, wodurch der demographische Finanzierungseffekt etwas eingedämmt wird. Mithin werden auch die intergenerativen Transfers von jung zu alt reduziert, da die Kopfpauschale im Durchschnitt eine Beitragserhöhung für Rentner bedeutet. Trotzdem bleiben die ausgabenseitigen Effekte auch im Kopfpauschalenmodell erhalten.

Wird nun der Effekt betrachtet, der mit einer Ausweitung des Versichertenkreises einhergeht, so steigt die Nachhaltigkeitslücke ausgehend von 25 Prozent im Kopfpauschalenmodell auf 27,8 Prozent des BIP im Bürgerpauschalenmodell. Dies wiederum lässt darauf schließen, dass der neu hinzukommende Teil der Bevölkerung, also der bisherige PPV-Versichertenkreis, im Barwert mehr Ausgaben verursacht als er an Einnahmen erbringt und damit eine Verschärfung des ausgabenseitigen Effekts nach sich zieht. Gleichwohl bleibt die Reduktion in der Nachhaltigkeitslücke gegenüber dem Status quo erhalten, wobei die Verringerung im Wert der Nachhaltigkeitslücke allein auf die Erhebung eines einkommensunabhängigen Beitrags zurückzuführen ist.

Sowohl im Konzept der Kopf- als auch der Bürgerpauschale muss außerdem der soziale Ausgleich betrachtet werden.[220] Da die Ausschüttung und Versteuerung der Arbeitgeberbeiträge nicht nur im Jahr 2007, sondern auch in Zukunft stets den Subventionsbedarf übersteigt, der bei einer über die Zeit (in realer Kaufkraft) gleichbleibenden Pauschale von 25 Euro zu leisten ist, sammelt sich ein Nachhaltigkeitsvermögen an. Dieses ist dabei umso größer, je höher die

---

[220]Unter dem Aspekt einer Gleichbehandlung von SPV- und PPV-Versicherten wird bei Implementierung einer Überforderungsgrenze beiden Versichertenkreisen – sofern diese Personenkreise nicht wie unter der Bürgerpauschale zusammengeführt werden – die Prämiensubvention gewährt. Den sozialen Ausgleich betreffend ist es folglich irrelevant, ob das Konzept der Kopf- oder Bürgerpauschale betrachtet wird, da aus Gründen der Gleichbehandlung auch für die PPVler die Überforderungsgrenze gelten muss.

Tabelle 23
Nachhaltigkeitsindikatoren der Bürgerpauschale
(Basisjahr 2004, g=1,5%, r=3%)

	Status quo	Kopfpauschale (25 Euro)	Bürgerpauschale (25 Euro)			
Nachhaltigkeitslücke - SPV (in % des BIP) *	32,3	25,0	27,8			
Mehrbelastung zukünftiger Generationen - SPV (in Euro)	14.100	10.900	12.100			
Nachhaltige Einnahmenquote (in % des BIP)	1,34%	1,13%	1,14%			
Nachhaltige Ausgabenquote (in % des BIP)	0,45%	0,53%	0,52%			
		Var A	Var B	Var A	Var B	
Nachhaltigkeitslücke - Sozialer Ausgleich (in % des BIP)	-	-0,9	-2,4	-0,9	-2,4	
Mehrbelastung zukünftiger Generationen - Sozialer Ausgleich (in Euro)	-	-400	-1.000	-400	-1.000	

* davon explizites Vermögen der SPV: 0,1% des BIP

Quelle: Eigene Berechnungen.

Überforderungsgrenze gewählt wird, was wiederum dem damit einhergehenden geringer anfallenden Prämiensubventionsbedarf zuzuschreiben ist. Wird ein allgemeiner Eigenanteilssatz von 2 Prozent des Haushaltseinkommens bestimmt (Variante A), so beläuft sich das Nachhaltigkeitsvermögen des sozialen Ausgleichs auf 0,9 Prozent des BIP. Bei einer gewollt stärkeren Belastung der Rentner, also einem Eigenanteilssatz von 3,5 Prozent für diesen Personenkreis (Variante B), liegt das Nachhaltigkeitsvermögen bei 2,4 Prozent des BIP.

Allerdings kann auch ein System der Bürgerpauschale nicht von der demographischen Entwicklung abgekoppelt werden, so dass defizitbereinigende Anpassungen der Pauschalprämie für den jährlichen Budgetausgleich nicht ausbleiben. Die Entwicklung der Bürgerpauschale ist in Abbildung 35 aufgeführt. Die Bürgerpauschale liegt ausgehend von 25 Euro im Jahr 2007 bei knapp 27 Euro im Jahr 2015, bei 34 Euro im Jahr 2030 und erreicht ihr Maximum von 47 Euro im Jahr 2055.

Sofern die Überforderungsgrenze – wie hier unterstellt – im Zeitablauf nicht auf einen höheren Prozentsatz adjustiert wird, steigt nach Maßgabe dieser Pauschalprämienentwicklung damit auch der Subventionsbedarf. In Abbildung 36a ist der mit endogener Anpassung der Pauschalen notwendige Subventionsbedarf sowie die Entwicklung der durch die Versteuerung der ausgeschütteten SPV-Arbeitgeberanteile gewonnen Einnahmen zur Finanzierung des Subventionsbedarfs aufgeführt. Während die Einnahmen durch die versteuerten Arbeitgeberanteile unter Variante A (Variante B) bis zum Jahr 2016 (2022) ausreichen, um den Subventionsbedarf zu finanzieren, ist danach eine Erhöhung des Umsatzsteuersatzes notwendig, um auch im Rahmen des sozialen Ausgleichs jährlich ein ausgeglichenes Budget aufzuweisen. So steigt der Subventionsbedarf un-

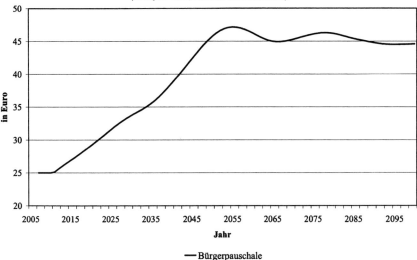

Abbildung 35
Entwicklung der Bürgerpauschale
(Basisjahr 2004, in realer Kaufkraft 2004)

— Bürgerpauschale

Quelle: Eigene Berechnungen.

ter Variante A (Variante B) im Maximum auf 8,4 Mrd. Euro (10,9 Mrd. Euro) im Jahr 2055 an. Die budgetausgleichende Erhöhung des Umsatzsteuersatzes ist in Abbildung 36b aufgeführt. Entsprechend dem durch die versteuerten Arbeitgeberanteile entstehenden positiven Finanzierungseffekt, kann der Umsatzsteuersatz, der zum 1. Januar 2007 von 16 auf 19 Prozent angehoben wurde, je nach angenommener Überforderungsgrenze anfänglich auf unter 19 Prozent gedrückt werden.

Welche Mehr- bzw. Minderbelastungen mit dem Konzept der Bürgerpauschale einhergehen – das Kopfpauschalenmodell wird aus Illustrationszwecken ebenfalls hinzugezogen – sei im Folgenden wiederum anhand des exogenen sowie des endogenen Beitragsszenarios illustriert.[221] Für eine bessere Verständlichkeit der einzelnen Effekte wird hierunter jeweils zuerst der Fall ohne sozialen Ausgleich und dann erst der Fall mit sozialem Ausgleich betrachtet.

Im *exogenen* Beitragsszenario führt die Einführung des Kopfpauschalenmodells – unter Vernachlässigung des sozialen Ausgleichs – zu einer Mehrbelastung bei allen im Basisjahr lebenden Kohorten (vgl. Abbildung 37). So sind die 0- bis 15-Jährigen mit rund 50 Euro pro verbleibendem Lebensjahr belastet. Demgegenüber nehmen die Mehrbelastungen für die 20- bis 30-Jährigen wieder ab, da die relativ hohen Beitragszahlungen, welche im bisherigen System von Erwerbspersonen zu bezahlen sind, durch die vergleichsweise niedrigere Kopfpauschale ersetzt werden. Dieser Sachverhalt dreht sich bei den 35- bis 60-Jährigen wieder um. So nehmen die Generatio-

---

[221] Das endogene Beitragsszenario umfasst neben der endogenen Bürgerpauschalenanpassung ebenfalls die damit einhergehende endogene Umsatzsteuersatzanpassung.

Abbildung 36
Entwicklung des Prämiensubventionsbedarfs und des Umsatzsteuersatzes bei endogener Bürgerpauschalenanpassung
(Basisjahr 2004)

(a) Prämiensubventionsbedarf (in realer Kaufkraft 2004)

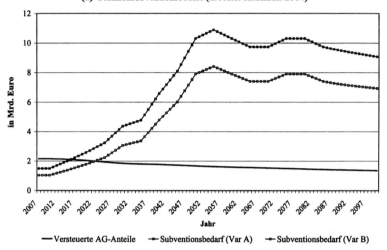

(b) Notwendiger jährlicher Umsatzsteuersatz zur Finanzierung des Subventionsbedarfs

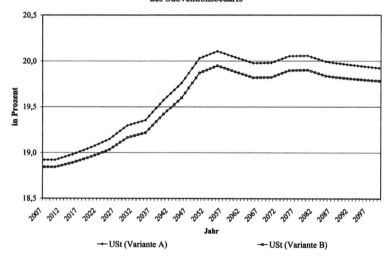

Quelle: Eigene Berechnungen.

6. Intergenerative Verteilungseffekte von Finanzierungsreformen der SPV   149

nenkonten aufgrund der zur Status-quo-Beitragszahlung vergleichsweise höheren Kopfpauschalenzahlung zu. Ein 60-Jähriger erfährt mit 135 Euro pro verbleibendem Lebensjahr die maximale Mehrbelastung. Für alle älteren Kohorten nimmt die Mehrbelastung aufgrund der kürzeren verbleibenden Restlebensdauer und dem damit geringeren Barwert an Pauschalenbeiträgen wieder ab. Dennoch ist offensichtlich, dass eine Pauschale vor allem für die Rentnerhaushalte eine deutliche Mehrbelastung im Vergleich zur einkommensabhängigen Beitragserhebung des Status quo bedeutet. Der "-1"-Jährige wird bei Einführung der Kopfpauschale mit 67 Euro pro verbleibendem Lebensjahr deutlich entlastet, da unter der Kopfpauschale die implizite Verschuldung der SPV durch lebende Kohorten bereits etwas abgebaut wird.

Abbildung 37
Reforminduzierte Mehr- und Minderbelastung pro verbleibendem Lebensjahr (Annuität) durch die Kopf- und Bürgerpauschale – ohne sozialen Ausgleich
(Basisjahr 2004, g=1,5%, r=3%)

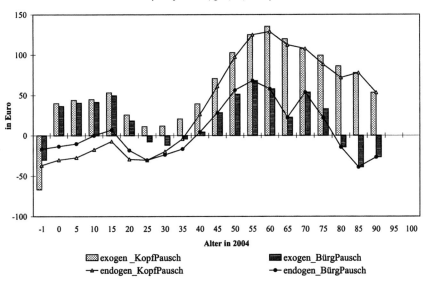

Quelle: Eigene Berechnungen.

Bei Umsetzung des Konzepts der Bürgerpauschale stellen sich ähnliche intergenerative Verteilungseffekte ein wie im Fall der Kopfpauschale, allerdings liegen die Mehrbelastungen bei den lebenden Kohorten auf einem vergleichsweise niedrigeren Niveau. Dies ist auf folgenden Sachverhalt zurückzuführen: Trotz der Tatsache, dass die Pauschale eine höhere Beitragszahlung bedeutet als der einkommensabhängige Beitrag sind weiterhin alle lebenden Generationen Nettotransferempfänger der SPV, was auch für den neu in das System stoßenden Personenkreis gilt. Dies wiederum ist gleichzusetzen mit einer Verringerung in den Durchschnittszahlungen, und folglich sind auch die Mehrbelastungen geringer als im Fall der Kopfpauschale. Jahrgänge zwischen 25 und 35 Jahre sind sogar minderbelastet, was in diesem Zusammenhang dadurch bedingt ist, dass die Pauschale nur geringfügig höher ist als der in diesen Lebensjahren zu leistende einkommensabhängige Beitrag. Kohorten ab einem Alter von 40 Jahren, die sich bereits in einer Lebenszyklusphase befinden, in der die Pauschalprämie den einkommensabhängigen Beitrag übersteigt, sind mehrbelastet. Gleichzeitig ist die Mehrbelastung geringer als im Fall der Kopfpauschale, da hier Nettoleistungsempfänger in das System stoßen, was bei den 80- bis 95-Jährigen im Durchschnitt wiederum zu einem Nettotransfer zwischen 14 und 38 Euro pro verbleibendem Lebensjahr führt. Aufgrund der relativ schwach besetzten Jahrgänge der über 70-Jährigen in der bisherigen PPV erklärt sich die wiederum höhere Durchschnittszahlung für die Jahrgänge der 70 bis 75-Jährigen im Vergleich zu den 65-Jährigen. Die Minderbelastung des "-1"-Jährigen liegt im Bürgerpauschalenmodell bei ca. 30 Euro pro verbleibendem Lebensjahr und fällt damit geringer aus als die Minderbelastung im Rahmen des Kopfpauschalenmodells. Dies ist dem Effekt zuzuschreiben, dass im Vergleich zum Status quo durch die Pauschale zwar ein Teil der impliziten Schuld abgetragen wird, gleichzeitig aber durch die Ausweitung des Versichertenkreises auf die gesamte Bevölkerung wiederum auch eine neue implizite Schuld aufgenommen wird.

Die Berücksichtigung des sozialen Ausgleichs im exogenen Beitragsszenario führt – unabhängig davon, ob das Kopf- oder Bürgerpauschalenmodell betrachtet wird – im Fall einer allgemeinen Überforderungsgrenze von 2 Prozent zu einer Erhöhung der reforminduzierten Mehrbelastung bei allen 0- bis 40-Jährigen.[222] Da im exogenen Beitragsszenario keine Anhebung des Umsatzsteuersatzes erfolgt (vgl. Tabelle 22), resultiert die Mehrbelastung bei diesen Jahrgängen allein aus den zu versteuernden Arbeitgeberanteilen, die im Durchschnitt damit auch den belastungsmindernden Effekt der Prämiensubvention überkompensiert. Erst für die 45-Jährigen und Älteren überwiegt der positive Effekt der Prämiensubvention, so dass diese Kohorten gegenüber dem Status quo durch den sozialen Ausgleich allesamt geringer mehrbelastet sind als ohne den sozialen Ausgleichsmechanismus. Im Fall einer speziellen Überforderungsgrenze für Rentner von 3,5 Prozent werden die soeben aufgeführten Effekte noch verstärkt. So kommt es für die 0- bis 50-Jährigen zu einer Erhöhung der reforminduzierten Mehrbelastung, was daraus resultiert, dass der positive Effekt der Prämiensubvention durch den in der Rentenphase vorliegenden höheren Eigenanteilssatz geringer ausfällt und der negative Effekt aus der Versteuerung der Arbeitgeberanteile umso stärker ins Gewicht fällt. Für alle Kohorten 55 Jahre und älter folgt, dass sie gleich belastet sind – ob mit oder ohne sozialen Ausgleich. Dies kann im Wesentlichen darauf zurückgeführt werden, dass der durchschnittliche Rentnerhaushalt mit einer monatlichen Prämie von 25 Euro nicht unter den Eigenanteilssatz von 3,5 Prozent fällt.

Im *endogenen* Beitragsszenario ohne Berücksichtigung des sozialen Ausgleich ändert sich für die Kohorten 45 Jahre und älter nahezu kaum etwas an der jeweiligen kohortenspezifischen Mehr- bzw. Minderbelastung – unabhängig davon, ob das Modell der Kopf- oder der Bürgerpauschale betrachtet wird; vgl. Abbildung 37. Demgegenüber zeigt sich für alle im Basisjahr 0- bis 40-Jährigen eine (deutliche) Entlastung gegenüber dem Status quo. Dieser Minderbelastungs-

---

[222] Aus Übersichtlichkeitsgründen wurde auf die graphische Darstellung der Mehr- und Minderbelastungen im exogenen Beitragsszenario unter Berücksichtigung des sozialen Ausgleichs verzichtet.

effekt rührt dabei allein aus der Erhebung einer Pauschalprämie, was dadurch deutlich wird, dass alle 20-Jährigen und Jüngeren, die noch die komplette Beitragsphase zu durchlaufen haben, durch das Kopfpauschalenmodell gegenüber dem Status quo entlastet werden. Die Ausweitung des Versichertenkreises, wie im Rahmen des Konzepts der Bürgerpauschalen angedacht, dämpft diesen Entlastungseffekt, da die defizitbereinigende Pauschalanpassung im Bürgerpauschalenmodell schärfer ausfällt als im Kopfpauschalenmodell – der analoge Sachverhalt zu dem im Rahmen der Bürgerversicherung aufgezeigten Struktureffekt. Die Minderbelastung bei einem im Basisjahr 0-Jährigen liegt bei Umsetzung des Kopfpauschalenmodells bei 67 Euro, bei Umsetzung des Bürgerpauschalenmodells dagegen bei 17 Euro pro verbleibendem Lebensjahr.

Unter Einbezugnahme der sozialen Abfederung, die eine Versteuerung der Arbeitgeberanteile, die Erhöhung des Umsatzsteuersatzes sowie die Prämiensubvention beinhaltet, stellen sich im endogenen Beitragsszenario die folgenden Effekte ein (vgl. hierzu auch Abbildung 38): Alle 55-Jährigen und Älteren sind unter Berücksichtigung des sozialen Ausgleichsmechanismus nun weniger stark belastet als ohne diesen. Im Fall einer Überforderungsgrenze für Rentner von 3,5 Prozent (Variante B) rühren die Minderbelastungen im Vergleich zum Fall ohne sozialen Ausgleich allerdings weniger aus der Prämiensubvention her, sondern vielmehr aus der Senkung des Umsatzsteuersatzes von 19 auf 18,8 Prozent (siehe Abbildung 36b). So existieren kaum Rentner-

Abbildung 38
Reforminduzierte Mehr- und Minderbelastung pro verbleibendem Lebensjahr (Annuität) durch die Bürgerpauschale – mit sozialem Ausgleich
(Basisjahr 2004, g=1,5%, r=3%)

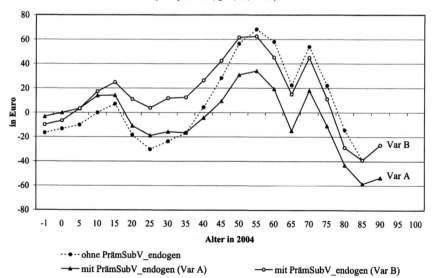

Quelle: Eigene Berechnungen.

haushalte, die mit einer monatlichen Prämie von anfänglich 25 Euro unter dem Eigenanteilssatz von 3,5 Prozent liegen. Wird hingegen nur der allgemeine Eigenanteilssatz von 2 Prozent (Variante A) erhoben, so rühren die Minderbelastungen der 55-Jährigen und Älteren nun sowohl aus dem niedrigeren Umsatzsteuersatz als auch aus der Prämiensubvention. Die im Basisjahr 5- bis 35-Jährigen (5- bis 50-Jährigen) sind durch den sozialen Ausgleich und der Festsetzung einer allgemeinen (speziellen) Überforderungsgrenze von 2 Prozent (3,5 Prozent) stärker mehrbelastet als ohne soziale Abfederung. Dies ist *einerseits* darauf zurückzuführen, dass die Versteuerung der Arbeitgeberanteile den Entlastungseffekt der Prämiensubvention im Durchschnitt konterkariert. So ist die Mehrbelastung unter der an das Rentenalter gekoppelten Überforderungsgrenze von 3,5 Prozent auch höher als bei einem für alle gleichermaßen geltenden Eigenanteilssatz von 2 Prozent; die Mehrbelastung liegt bei einem 15-Jährigen unter Variante B bei 25 Euro und unter Variante A bei 14 Euro pro verbleibendem Lebensjahr. Der Entlastungseffekt durch die Prämiensubvention setzt unter Variante A bei den im Basisjahr 40-Jährigen und Älteren ein, unter Variante B erst bei den 55-Jährigen und Älteren. *Andererseits* kommt es im endogenen Beitragsszenario auch zu einer Erhöhung des Umsatzsteuersatzes, die umso höher ausfällt, je niedriger die Überforderungsgrenze gewählt wird. Eine Betrachtung des im Basisjahr 0-Jährigen sowie des "-1"-Jährigen zeigt, dass diese gegenüber dem Status quo im Fall einer Bürgerpauschale mit sozialem Ausgleich weniger stark entlastet sind als ohne soziale Abfederung und das umso mehr, je niedriger der Eigenanteilssatz gewählt wird. So überwiegt bei diesen Jahrgängen der belastende Effekt aus der Versteuerung der Arbeitgeberanteile und der Anhebung des Umsatzsteuersatzes den entlastenden Effekt durch die Prämiensubvention.

Die Frage, inwiefern es plausibel ist, eine über die Zeit gleichbleibende Überforderungsgrenze anzunehmen, sei dahingestellt. So wird mit dieser Annahme unterstellt, dass – da die Beitragszahlung zur SPV bei unverändertem Eigenanteilssatz über die Zeit gleich bleibt – alle alterungsbedingten Erhöhungen allein vom Steuer-Transfer-Mechanismus aufgefangen werden, wodurch die Sozialversicherung in zunehmendem Maße ins Steuer-Transfer-System übertragen wird. Im Extremfall führt dies zu einem rein steuerfinanzierten Transfer-Modell, bei dem nach Bedürftigkeitsgesichtspunkten Personen mit geringem Einkommen aus allgemeinen Haushaltsmitteln unterstützt werden.

6.1.3 Modell der Rürup-Kommission

Modellkomponenten. Zentraler Aspekt im Modell der Rürup-Kommission, dem sogenannten *Modell des intergenerativen Lastenausgleichs*,[223] das sowohl am bestehende Versichertenkreis als auch an den einkommensabhängigen Beiträgen festhält, ist eine Erhöhung des Beitragssatzes für Rentner. Im Unterschied zum Konzept der Bürgerpauschale werden Rentner nun explizit über höhere Beitragszahlungen stärker zur Finanzierung der Leistungen herangezogen. Auch diesem Vorschlag liegt mithin das Ziel zugrunde, den Anteil der intergenerativen Transfers, den die jeweils Jungen zu leisten haben, einzudämmen.

---

[223]Vgl. BMGS (2003), S. 200 ff.

6. Intergenerative Verteilungseffekte von Finanzierungsreformen der SPV

Konkret sieht das Modell der Rürup-Kommission die Einführung eines sogenannten generativen Ausgleichssatzes vor, ein Beitragssatz, den Rentner als Aufschlag zum allgemeinen Beitragssatz leisten müssen. Dieser beläuft sich im Umsetzungsjahr der Reform auf 2 Prozent der beitragspflichtigen Einnahmen. Dieser generative Ausgleichsbeitragssatz soll eine Senkung des allgemeinen Beitragssatzes auf 1,5 Prozent ermöglichen, so dass der an die SPV abzuführende Beitragssatz von Rentnern insgesamt 3,5 Prozent beträgt.[224] Die Altersbeiträge sind über die Zeit gestaffelt, so dass der generative Ausgleichssatz auf 2,4 Prozent im Jahr 2020 und auf 2,6 Prozent im Jahr 2030 ansteigt. Arbeiter und Angestellte hingegen verbleiben dauerhaft bei einem Beitragssatz von 2 Prozent, wobei dieser einer besonderen Aufteilung unterliegt, da gleichzeitig ein individueller Kapitalstock aufgebaut werden soll: Ein Teil, nämlich der allgemeine Beitragssatz von 1,5 Prozent, wird an die SPV abgeführt, die restlichen 0,5 Prozent gehen an ein privates Pflegekonto. Zum Zeitpunkt des Renteneintritts wird das so angesparte Kapital als zusätzliche Leibrente ausgezahlt.[225] Dies soll dazu dienen, die demographisch bedingt steigenden Altersbeiträge abzufedern, so dass alle Rentner-Generationen über die Zeit mit einem Altersbeitragssatz von netto ca. 1,8 Prozent gleich belastet sind, was dem Altersbeitrag auf Renten abzüglich der privat angesparten Rente entspricht.[226] Der Beitragssatz zur Bildung des individuellen Kapitalstocks wird im Zeitablauf sukzessive reduziert und der allgemeine Beitragssatz der SPV im gleichen Ausmaß erhöht, so dass der Gesamtbeitragssatz schließlich im Jahr 2030 an die 2-Prozent-Marke stößt (zur Staffelung des allgemeinen sowie des generativen Beitragssatzes siehe auch Abbildung 39). So wird erreicht, dass Arbeitnehmer und Rentner jeder Generation die gleichen Belastungen tragen müssen, den Belastungssprung von der Erwerbs- in die Rentenphase einbezogen.

Während auch im Konzept der Rürup-Kommission die stärkere Beteiligung der Rentner an der Pflegeausgabenfinanzierung mit der Tatsache begründet wird, dass so die Rentner stärker an den Kosten, die sie selbst verursachen, beteiligt werden – und damit eine Verringerung der im Umlagesystem impliziten Umverteilung von jung zu alt erreicht wird –, ist die direkte Beitragserhöhung für Rentner das deutlich schärfer Instrument zur Reduktion intergenerativer Umverteilung im Vergleich zum Bürgerpauschalenkonzept des SVR (2004) – auch hinsichtlich der speziellen Überforderungsgrenze für Rentner. Insofern wird im Rürup-Modell die intergenerative Gleichbehandlung deutlich offensiver angegangen. Dennoch findet keine Behebung der in der SPV vorliegenden ordnungspolitischen Mängel statt: Die Beiträge bleiben an das Lohnein-

---

[224] Im ursprünglichen Rürup-Modell wird der Altersbeitrag aus Vertrauensschutzgründen erst ab dem Jahr 2010 erhoben. Um die unterschiedlichen hier aufgeführten Reformoptionen allerdings besser miteinander vergleichen zu können, wird auch das Modell der Rürup-Kommission bereits im Jahr 2007 umgesetzt. Aufgrund der seit Veröffentlichung dieses Vorschlags verschärften Finanzierungslage reicht es zudem nicht mehr aus, den allgemeinen Beitragssatz bei 1,2 Prozent festzusetzen. Stattdessen ist die Erhöhung auf 1,5 Prozent notwendig.
[225] Diese Form der Kapitalbildung entspricht einer externen individuellen Kapitalbildung, ähnlich der Riester-Rente. Jeder Versicherte spart für sich selbst an, um die zu einem späteren Zeitpunkt gestiegenen Beiträge der SPV durch die Auflösung seines Kapitalstocks finanzieren zu können. Damit lassen sich zwar Beitragsbelastungen über den eigenen Lebenszyklus glätten, nicht aber lässt sich – wie bspw. durch einen kollektiven Kapitalstock möglich – eine intergenerative Umverteilung beheben. Siehe hierzu Kapitel 6.2.1.
[226] Für die Berechnungen im Rahmen der Generationenbilanzierung spielen allerdings ausschließlich die an die SPV entrichteten Beiträge eine Rolle. Die Zahlungen, die dem Aufbau eines individuellen Kapitalstock dienen und zur Beitragsglättung eingesetzt werden, bleiben der Mehr- bzw. Minderbelastungsanalyse außen vor.

kommen gekoppelt, und die unsystematische Umverteilung innerhalb des Versicherungssystems wird beibehalten.

Budget. Mit Umsetzung des Rürup-Vorschlags ergibt sich für das Jahr 2007 folgendes Budget für die SPV. Durch das Senken des allgemeinen Beitragssatzes auf 1,5 Prozent belaufen sich die Einnahmen der SPV nunmehr auf 15,26 Mrd. Euro. Gleichzeitig werden ca. 3,71 Mrd. Euro durch den generativen Ausgleichsbeitrag, der sich im Jahr 2007 für Rentner auf 2 Prozent beläuft, eingenommen. Insgesamt werden damit Beitragseinnahmen in Höhe von 18,97 Mrd. Euro erzielt. Mit Gesamtausgaben von 17,94 Mrd. Euro kommt es im Umsetzungsjahr des Rürup-Vorschlags zu einem Einnahmenüberschuss von 1,03 Mrd. Euro; vgl. Tabelle 24.

Tabelle 24
Budget des Rürup-Kommissions-Modells für das Jahr 2007
(in realer Kaufkraft 2004)

in Mrd. Euro

I. Ausgaben	17,94	II. Einnahmen	18,97
SPV-Versichertenkreis	17,94	Beiträge der SPV-Versicherten (Beitragssatz: 1,5 Prozent)	15,26
		Generativer Ausgleichsbeitrag (Beitragssatz: 2,0 Prozent)	3,71
		III. Finanzierungssaldo	1,03

Quelle: Eigene Berechnungen.

Intergenerative Verteilungseffekte. Aufgrund der im Vergleich zum Status quo deutlichen Beitragssatzerhöhung für Rentner und der damit verbreiterten Einnahmenbasis der SPV wird durch das Modell der Rürup-Kommission eine entsprechend nachhaltigere Situation der SPV geschaffen. Dieses Reformkonzept erzielt eine Reduktion der Nachhaltigkeitslücke um 20 Prozentpunkte auf 12,3 Prozent des BIP. Damit drittelt sich auch der Wert des Indikators Mehrbelastung zukünftiger Generationen von 14.100 Euro auf 5.300 Euro. Die nachhaltige Einnahmenquote sinkt von 1,34 Prozent auf 0,95 Prozent des BIP, die nachhaltige Ausgabenquote steigt von 0,45 Prozent auf 0,66 Prozent des BIP; vgl. Tabelle 25.

Mit der bis zum Jahr 2030 festgelegten Beitragsstaffelung ist der Budgetausgleich in der SPV jedes Jahr gegeben. Mit dem Jahr 2030, der Zeitpunkt, zu dem das Rürup-Modell gewissermaßen endet, ist eine defizitbereinigende Beitragssatzanpassung notwendig. Hierfür wurde der generative Beitrag auf seinem im Jahr 2030 erreichten Niveau von 2,6 Prozent fixiert und lediglich der allgemeine Beitragssatz der jährlichen Anpassung unterworfen. Ausgehend von knapp über 2 Prozent im Jahr 2030 steigt der allgemeine Beitragssatz, der von allen Erwerbstätigen zu leisten ist, auf 2,7 Prozent im Jahr 2045 und erreicht sein Maximum von 3,2 Prozent im Jahr 2055. Entsprechend liegt der Beitragssatz für Rentner im Jahr 2030 bei 4,6 Prozent, im Jahr 2045 bei 5,3 Prozent und im Jahr 2055 bei 5,8 Prozent; vgl. Abbildung 39.

6. Intergenerative Verteilungseffekte von Finanzierungsreformen der SPV

Tabelle 25
Nachhaltigkeitsindikatoren des Rürup-Modells
(Basisjahr 2004, g=1,5%, r=3%)

	Status quo	Rürup-Kommission
Nachhaltigkeitslücke (in % des BIP) *	32,3	12,3
Mehrbelastung zukünftiger Generationen (in Euro)	14.100	5.300
Nachhaltige Einnahmenquote (in % des BIP)	1,34%	0,95%
Nachhaltige Ausgabenquote (in % des BIP)	0,45%	0,66%

* davon explizites Vermögen der SPV: 0,1% des BIP

Quelle: Eigene Berechnungen.

Welche intergenerativen Verteilungseffekte mit dem Rürup-Modell einhergehen, sei im Folgenden wiederum anhand des exogenen sowie des endogenen Beitragsszenarios illustriert. Im *exogenen* Beitragssatzszenario weisen die intergenerativen Verteilungseffekte auf eine Mehrbe-

Abbildung 39
Beitragssatzentwicklung im Status quo und unter dem Reformvorschlag der Rürup-Kommission
(Basisjahr 2004)

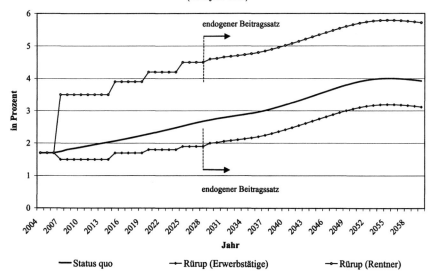

Quelle: Eigene Berechnungen.

lastung aller im Basisjahr lebenden Generationen hin. Diese Mehrbelastung, die sich für einen 0-Jährigen im Vergleich zum Status quo auf 110 Euro pro verbleibendem Lebensjahr beläuft, steigt mit zunehmendem Alter der im Basisjahr lebenden Kohorten. So ist ein 60-Jähriger bei gegebener Beitragsstaffelung im Rürup-Vorschlag mit 219 Euro pro verbleibendem Lebensjahr mehrbelastet, vgl. Abbildung 40. Für alle älteren Jahrgänge wiederum sinkt die Mehrbelastung. Dies ist auf die kürzere verbleibende Restlebensdauer und damit auch auf die geringere Zeitspanne des Durchlebens der exogen vorgegebenen Beitragssatzstaffelung zurückzuführen. Gegenüber dem Status quo ist der "–1"-Jährige mit knapp 184 Euro pro verbleibendem Lebensjahr minderbelastet. Dies ist das Resultat dessen, dass die heute lebenden Generationen bereits stärker zur Finanzierung ihrer eigenen Ausgaben herangezogen werden.

Abbildung 40
Reforminduzierte Mehr- und Minderbelastung pro verbleibendem Lebensjahr (Annuität) durch das Rürup-Kommissions-Modell
(Basisjahr 2004, g=1,5%, r=3%)

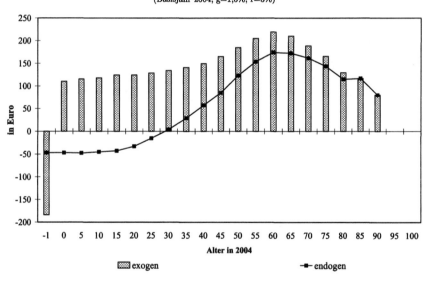

Quelle: Eigene Berechnungen.

Im *endogenen* Beitragssatzszenario sind dahingegen alle 0- bis 25-Jährigen durch das Rürup-Modell mit bis zu 47 Euro pro verbleibendem Lebensjahr minderbelastet. Ursächlich hierfür ist die Tatsache, dass der im Rürup-Modell vorliegende "zeitnahe" Effekt eines im Vergleich zum Status quo niedrigeren Beitragssatzes in der Erwerbsphase und der "zeitferne" Effekt eines in der Rentenphase zusätzlich zu leistenden generativen Beitrags, den Effekt des bereits im Jahr 2007 steigenden Status-quo-Beitragssatzes übersteigt. Während der im Basisjahr 30-Jährige im Vergleich zur Status-quo-Entwicklung weder mehr- noch minderbelastet ist, steigt die Mehrbelastung für alle älteren Jahrgänge an. Diese fällt allerdings geringer aus als im exogenen Szenario vorgegeben, und zwar umso mehr, je weiter ein Jahrgang von der Rentenphase mit den generativen Beiträgen entfernt und je länger seine verbleibende Erwerbsphase – mit den im Vergleich zum Status quo niedrigeren Beitragssätzen des Rürup-Modells – ist. Da die 85-Jährigen und Älteren aufgrund ihrer nur kurzen verbleibenden Restlebensdauer von den Beitragssatzsteigerungen des Status quo kaum bzw. überhaupt nicht betroffen sind, ist ihre Mehrbelastung letztlich unverändert zum exogenen Beitragsszenario (siehe auch Abbildung 40).

6.1.4 Vergleich der Reformmodelle

Abschließend soll an dieser Stelle eine vergleichende Betrachtung der im Umlageverfahren verbleibenden Reformkonzepte erfolgen: das Bürgerversicherungsmodell, das Bürgerpauschalenmodell und das Modell der Rürup-Kommission. Angesichts der mit der jeweiligen Reformoption unterschiedlich einhergehenden Budgets und der unterschiedlichen Abgrenzungen des Personenkreises ist ein Vergleich allerdings nur eingeschränkt möglich. Um dennoch einen Anhaltspunkt bzgl. der Verteilungswirkungen der unterschiedlichen Reformkonzepte zu erhalten, wird – bei jeweils gleichem Personenkreis – eine Budgetäquivalenz der unterschiedlichen Reformmodelle hergestellt. Sinnvoll miteinander vergleichen lassen sich damit das Konzept der Bürgerversicherung mit der Bürgerpauschale, und über den Vergleich der Bürger- und der Kopfpauschale wiederum kann ein Vergleich zum Rürup-Konzept hergestellt werden.

Die Einnahmenumfänge der jeweiligen Reformkonzepte im Jahr 2007 sind in Tabelle 26 dargestellt, wobei fiktive Vorschläge bzw. Hilfskonstrukte kursiv aufgeführt sind. Die fett gedruckten Vorschläge sind jeweils budgetäquivalent: So ist eine monatliche Pauschale von 28 Euro erforderlich, um das Konzept der Bürgerpauschale einnahmenäquivalent zur Bürgerversicherung zu gestalten. Für den Vergleich des Rürup-Modells zum Kopfpauschalenmodell wiederum ist eine Pauschalprämie von 26 Euro erforderlich.

Ein Vergleich der reforminduzierten Mehr- bzw. Minderbelastungen im *exogenen* Beitragsszenario von Bürgerversicherung und budgetäquivalenter Bürgerpauschale – ohne Berücksichtigung des sozialen Ausgleichs – offenbart, dass alle lebenden Kohorten, mit Ausnahme der 20- bis 35-Jährigen, durch die 28-Euro-Bürgerpauschale stärker mehrbelastet werden als durch die Bürgerversicherung; vgl. Abbildung 41. Dies ist im Wesentlichen dem Tatbestand zuzuschreiben, dass eine Pauschalprämie einer impliziten Beitragserhöhung in der Rentenphase gleichkommt. Lediglich die Jahrgänge, die am Anfang ihrer Erwerbsphase stehen, sind durch die Bürgerpauschale weniger stark belastet als durch die Bürgerversicherung. Begründen lässt sich dies damit, dass die einkommensabhängigen Beiträge der Bürgerversicherung in der Erwerbsphase im Durchschnitt höher sind als die Beitragszahlung in Form der 28-Euro-Bürgerpauschale. Im Unterschied zur 25-Euro-Bürgerpauschale führt die 28-Euro-Pauschale außerdem dazu, dass der neu in die SPV eintretende Personenkreis im Durchschnitt zumindest das einbezahlt, was er an Leistungen von der SPV erhält.[227] Davon abgesehen, dass also alle lebenden Generationen mit der 25-Euro-

---

[227] Aus Übersichtlichkeitsgründen wurde auf die graphische Darstellung der Mehr- und Minderbelastungen durch die 25-Euro-Bürgerpauschale und die 25-Euro-Kopfpauschale verzichtet.

Tabelle 26
Einnahmenumfang alternativer Reformkonzepte im Jahr 2007
(in realer Kaufkraft 2004)

Reformkonzept	Einnahmen insgesamt (in Mrd. €)	Einnahmen SPV-Versicherten-kreis (in Mrd. €)	Einnahmen neu hinzu-kommender Versicherten-kreis (in Mrd. €)	Prämien-subventions-bedarf (in Mrd. €) Var A	Var B	Versteuerung der ausge-schütteten Arbeitgeber-beiträge (in Mrd. €)	Zusätzlicher Umsatz-steuerbedarf (in Mrd. €) Var A	Var B
Status quo	17,21	17,21						
Bürgerversicherung	22,45	18,77	3,67					
Bürgerpauschale (28 €)	22,45	20,59	1,85	2,28	1,57	2,16	0,12	-
Bürgerpauschale (25 €)	20,11	18,45	1,66	1,50	1,04	2,16	-	-
Kopfpauschale (25 €)	18,45	18,45		1,50	1,04	2,16	-	-
Kopfpauschale (26 €)	18,97	18,97		1,74	1,20	2,16	-	-
Rürup-Kommission	18,97	18,97						

Quelle: Eigene Berechnungen.

Pauschale weniger stark belastet sind als mit einer Bürgerpauschale von 28 Euro, sind die Mehr- bzw. Minderbelastungsverläufe der beiden Bürgerpauschalen ähnlich. Damit offenbart dieser Vergleich, dass zukünftige Kohorten umso stärker minderbelastet sind, je stärker heutige Kohorten bereits zur Finanzierung der Leistungen herangezogen werden. Analog hierzu verhält es sich für den Vergleich der 25-Euro- und 26-Euro-Kopfpauschale. Da unter diesem Reformszenario kein neuer Personenkreis in die SPV stößt, ist die Mehrbelastung – insbesondere in der Rentenphase – relativ höher als im Fall der Bürgerpauschalen.

Schließlich kann nun durch das zum Rürup-Konzept budgetgleiche 26-Euro-Kopfpauschalensystem ein Vergleich der intergenerativen Verteilungseffekte gezogen werden. Gegenüber der 26-Euro-Pauschale weist das Modell der Rürup-Kommission eine deutlich stärkere Belastung aller im Basisjahr lebenden Generationen aus. Diese erreicht ihr Maximum von 219 Euro pro verbleibendem Lebensjahr für einen durchschnittlichen 60-Jährigen. Während die Belastung für einen im Jahr 2004 0-Jährigen bei 110 Euro pro Jahr liegt, erfahren alle zukünftigen Kohorten eine Minderbelastung von 184 Euro pro Jahr. Obwohl die Rentner mit einer Kopfpauschale von 26 Euro im Vergleich zum Status quo bereits deutlich mehrbelastet sind, werden die älteren Jahrgänge durch die explizite Beitragserhöhung im Rürup-Modell noch stärker zur Finanzierung herangezogen. Entsprechend fällt aber auch die Entlastung zukünftiger Generationen und damit die Reduktion intergenerativer Transfers von allen bislang genannten Konzepten im Rürup-Modell am größten aus.

Im Fall des *endogenen* Beitragsszenarios – hier wird aus Übersichtlichkeitsgründen nur der Fall der Prämiensubvention der Variante B aufgeführt – kommt es zu den folgenden intergenerativen Verteilungseffekten. Dabei ist festzuhalten, dass es im endogenen Fall bzgl. der Verteilungswirkung kaum eine Rolle spielt, welche der hier betrachteten Bürger- bzw. Kopfpauschalenbeträge zugrunde gelegt werden. Der Grund hierfür ist, dass eine anfänglich hohe Pauschale lediglich

6. Intergenerative Verteilungseffekte von Finanzierungsreformen der SPV 159

Abbildung 41
Vergleich reforminduzierter Mehr- und Minderbelastung pro verbleibendem Lebensjahr
(Annuität) von unterschiedlichen umlagefinanzierten Reformkonzepten ohne sozialen Ausgleich
– exogenes Beitragsszenario
(Basisjahr 2004, g=1,5%, r=3%)

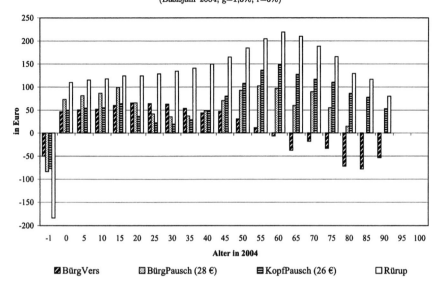

Quelle: Eigene Berechnungen.

den Zeitpunkt einer Pauschalanpassung etwas verzögert, was insgesamt kaum einen Effekt auf die reforminduzierten Mehr- und Minderbelastungen ausübt.

Während durch die Bürgerversicherung die älteren Jahrgänge gegenüber der Status-quo-Entwicklung entlastet, junge und zukünftige Generationen gegenüber dem Status quo jedoch mehrbelastet werden, lässt sich durch das Konzept der Bürgerpauschale ein Teil der in der SPV liegenden intergenerativen Umverteilung zurücknehmen. Zwar werden auch hierunter die ältesten noch lebenden Jahrgänge entlastet, allerdings erfolgt eine Mehrbelastung der restlichen im Basisjahr lebenden Kohorten, was wiederum zu einer Entlastung zukünftiger Generationen im Vergleich zum Status quo führt. Mit dem Konzept der Kopfpauschale wird diesem Sachverhalt noch stärker Rechnung getragen, das damit zu begründen ist, dass nicht nur die sich jeweils in der Rentenphase befindlichen Personen stärker zur Finanzierung der Pflegeausgaben herangezogen werden (insbesondere im Rahmen der hier betrachteten Variante B), sondern – im Vergleich zur Bürgerpauschale – auch keine weiteren Einführungsgeschenke gemacht werden, die von den jungen und zukünftigen Kohorten abzubezahlen sind. Letzteres wird durch die Gegenüberstellung der Minderbelastung des "-1"-Jährigen bei der Kopf- und bei der Bürgerpauschale ersichtlich.

Der stärkste, die jungen und zukünftigen Generationen entlastende Effekt wird durch das Rürup-Konzept erzielt, welches explizit eine Beitragserhöhung für den Personenkreis der Rent-

Abbildung 42
Vergleich reforminduzierter Mehr- und Minderbelastung pro verbleibendem Lebensjahr (Annuität) von unterschiedlichen umlagefinanzierten Reformkonzepten mit sozialem Ausgleich- endogenes Beitragsszenario
(Basisjahr 2004, g=1,5%, r=3%)

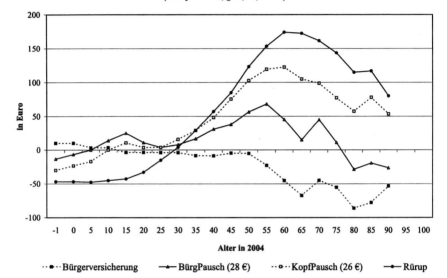

Quelle: Eigene Berechnungen.

ner vornimmt und damit einen Großteil der impliziten Transfers von jung zu alt eindämmt. So veranschaulicht insbesondere der Vergleich zum Konzept der Kopfpauschale mit der Überforderungsgrenze von 3,5 Prozent, dass der Rürup-Vorschlag deutlich zu Lasten der älteren Kohorten umverteilt. Damit findet mittels des Rürup-Konzepts die stärkste Rücknahme der intergenerativen Umverteilung statt.

6.2 Kapitaldeckungsprinzip als langfristiges Finanzierungsverfahren

Anders als bei umlagebasierten Finanzierungsverfahren findet in einem rein kapitalgedeckten System keine intergenerative Lastverschiebungen statt, da jede Kohorte für ihre eigenen Leistungen aufkommt.[228] Allerdings ist der Übergang vom Umlageverfahren in die Kapitaldeckung mit temporären Mehrbelastungen und damit intergenerativen Lastverschiebungen verbunden.

---
[228] Für einen umfassenden Überblick zu den Vor- und Nachteilen einer umlagefinanzierten bzw. kapitalgedeckten Pflegeversicherung, auf die hier weiter nicht eingegangen wird, siehe u.a. Schmähl (1992), Greiner und Schulenburg (1996) und Rothgang (2001), S. 152 ff.

6. Intergenerative Verteilungseffekte von Finanzierungsreformen der SPV

Dabei sind die Mehrbelastungen nichts anderes als vorhandene Anwartschaften, die mit dem Umstieg in das kapitalgedeckte System transparent gemacht werden. Insofern entsteht die intergenerative Lastverschiebung auch nicht durch den Systemwechsel, sondern wird durch diesen – sofern der Wechsel zeitnah durchgeführt wird – vielmehr begrenzt.

Welche Kohorten in welchem Ausmaß von der Lastverteilung betroffen werden, hängt davon ab, wie der Übergang gestaltet wird.[229] Hierzu werden im Folgenden drei unterschiedliche Reformoptionen aufgezeigt, die auf unterschiedliche Art und Weise eine intertemporale Lastverteilung vornehmen, wobei – analog zum vorherigen Abschnitt – auch hier die Vorschläge nach Maßgabe ihrer intergenerativen Umverteilungswirkungen aufgeführt sind. Als erstes wird das Modell der Herzog-Kommission betrachtet, das durch den Aufbau eines kollektiven Kapitalstocks versucht, die "Umstiegskosten" auf möglichst viele Kohorten zu verteilen. Das Auslaufmodell von Häcker und Raffelhüschen (2004a) wiederum wählt den Weg eines kohortenspezifischen Umstiegs. Damit werden die bestehenden impliziten Anwartschaften zumindest der risikonahen Fälle sowie der Bestandsfälle noch innerhalb des Umlagesystems bedient. Im Modell des Kronberger Kreises hingegen ist der Umstieg in die Kapitaldeckung für alle und sofort vorgesehen, wobei die alten und ältesten Jahrgänge die "Umstiegskosten" im Wesentlichen selber tragen.

6.2.1 Modell der Herzog-Kommission

Modellkomponenten. Das hier aufgeführte Modell eines zeitlich verlagerten Umstiegs in die Kapitaldeckung beruht auf dem von der Kommission "Soziale Sicherheit", der sogenannten Herzog-Kommission, vorgestellten Reformvorschlag.[230] Wesentlicher Bestandteil dieses Modells ist die Überführung der SPV in ein kapitalgedecktes System durch den vorherigen Aufbau eines kollektiven Kapitalstocks. Dieser wird zu einem späteren – im vorhinein festgelegten Zeitpunkt – aufgelöst und zugunsten älterer Versicherter bei der individuellen Alterungsrückstellung eingesetzt. Für den Aufbau des kollektiven Kapitalstocks sieht dieses Konzept vor, den Beitragssatz ausgehend von 1,7 Prozent dauerhaft bis zum Jahr 2030 auf 3,5 Prozent anzuheben.[231] Ab dem Jahr 2030 besteht eine private Versicherungspflicht.[232] Entsprechend wird für alle Versicherten

---

[229] Theoretisch kann die mit dem Umstieg auftretende (Zusatz-)Last durch die Umverteilung der impliziten in eine offene Staatsschuld beliebig auf verschiedene Generationen verteilt werden. Sofern die Umstellung aber nicht durch eine Erhöhung der Staatsschuld finanziert wird, besteht lediglich noch die Möglichkeit einer sofortigen intergenerativen Lastverschiebung, welche die lebenden Generationen be- und zukünftige Generationen entlastet.
[230] Siehe hierzu Kommission "Soziale Sicherheit" (2003), S. 28 ff. Dieser Vorschlag findet sich auch unter den von der Rürup-Kommission abgelehnten Reformoptionen; siehe hierzu BMGS (2003), S. 216 f.
[231] In dem ursprünglichen Konzept der Herzog-Kommission liegt der Beitragssatz bei 3,2 Prozent. Angesichts der inzwischen verbleibenden kürzeren Übergangsphase sowie bedingt durch die Tatsache, dass der Beitragssatz gleichzeitig auch der Deckung sämtlicher bis zum Jahr 2030 anfallender Ausgaben dient, muss dieser – analog zum Fall des Rürup-Modells – auf 3,5 Prozent angehoben werden. Im Rahmen des Herzog-Modells wird alternativ auch die Einbeziehung weiterer Einkunftsarten erwogen, um den Beitragssatz entsprechend niedriger ansetzen zu können; siehe Kommission "Soziale Sicherheit" (2003), S. 32. Von dieser Alternative wird im Folgenden allerdings abgesehen.
[232] Mit einer allgemeinen Versicherungspflicht, die gleichzeitig auch den Umfang der zu versichernden Leistung bestimmen muss, kann sichergestellt werden, dass sich auch leistungsfähige Personen absichern, die bei Eintreten einer Pflegebedürftigkeit andernfalls der Allgemeinheit zur Last fallen würden. So lässt sich der negative externe Effekt der Sozialhilfegarantie auf die Versicherungsentscheidung beim Pflegeproblem nur durch eine Versicherungspflicht internalisieren. Für eine ausführliche Wohlfahrtsanalyse hierzu siehe Prinz (1987), S. 79 ff.

eine versicherungsmathematisch kalkulierte Prämie eingeführt. Für den Personenkreis aller im Jahr 2030 45-Jährigen und Älteren wird diese Prämie durch die Auflösung des zuvor gebildeten kollektiven Kapitalstocks auf 54 Euro pro Monat gedeckelt. Für die Versichertengruppe unter 45 Jahre wird die jeweils kohortenspezifische Prämie fällig.[233] Kinder sind beitragsfrei mitversichert. Der bisherige Arbeitgeberbeitrag zur SPV wird abgeschafft und vom Umstiegsjahr 2030 an als Bruttolohn ausbezahlt und versteuert. Auch in diesem Vorschlag ist ein Prämienzuschuss vorgesehen, der sich – wie im Steuerrecht üblich – am Haushaltseinkommen orientiert. So wird die Überforderungsgrenze, analog zu den bisherigen und zu den noch folgenden Vorschlägen, auf 2 Prozent des Haushaltseinkommens festgelegt.

Sowohl bei den gedeckelten Prämien der im Jahr 2030 über 45-Jährigen als auch bei den nach dem Eintrittsalter differenzierten Prämien (kohortenspezifische Prämien) der unter 45-Jährigen sind Alterungsrückstellungen zu bilden. Hierfür wird angenommen, dass der Barwert aller über den verbleibenden Lebenszyklus anfallenden Pflegekosten auf Grundlage des Ausgabenprofils des Ausgangsjahres – hier das Jahr 2030 – im Erwartungswert dem Barwert aller zukünftig zu erwarteten Prämienzahlungen entspricht.[234] Derjenige Anteil, der über die laufenden Kosten hinausgeht, die sogenannte Alterungsrückstellung, wird hier mit einem realen Zinssatz von 3 Prozent verzinst.[235] Der Erwartungswert der Ausgaben für jedes künftige Jahr wird berechnet, indem die im entsprechenden Jahr anfallenden altersspezifischen Kosten mit einer altersspezifischen Überlebenswahrscheinlichkeit multipliziert werden. Zur Berechnung der Überlebenswahrscheinlichkeiten muss für jede im Jahr 2030 lebende Kohorte bzw. für in allen späteren Jahren Neugeborene die Sterbetafel 2001/2003 des Statistischen Bundesamtes (2004c) auf die künftig höhere Lebenserwartung angepasst werden, um den doppelten Alterungsprozess adäquat abzubilden. Die Entwicklung der zukünftigen Lebenserwartung orientiert sich wiederum an der fünften Variante der 10. koordinierten Bevölkerungsvorausberechnung des Statistischen Bundesamtes (2003c); siehe hierzu auch Fetzer et al. (2005).

Abbildung 43a zeigt für das Ausgangsjahr 2030 die kohortenspezifische Prämien aller Jahrgänge sowie die im Rahmen des Herzog-Modells gedeckelten Prämien. Die kohortenspezifischen Prämien steigen dabei nach Maßgabe des Lebensalters an. So fließen die "billigen" jungen Jahre mit steigendem Lebensalter nicht mehr in die Kalkulation ein, die "teuren" alten Jahre hingegen unterliegen nicht nur einer schwächeren Diskontierung, sondern gehen auch mit einer höheren Wahrscheinlichkeit in die Prämienkalkulation ein, da mit zunehmendem Alter auch die Wahrscheinlichkeit steigt, überhaupt diese "teuren" Jahre zu erreichen. So ist die Wahrscheinlichkeit

---
[233]Steuerrechtlich wäre es im Rahmen der privaten Pflegeversicherungspflicht außerdem sinnvoll, die privaten Versicherungsprämien als Sonderausgaben von der Bemessungsgrundlage der Einkommensteuer abziehbar zu machen. Die unten aufgeführten Berechnungen verzichten allerdings aus Vereinfachungsgründen auf die Einbeziehung dieser Maßnahme.
[234]Da sich die kohortenspezifischen Prämien erst im Wettbewerb zwischen den Versicherungen einstellen, kann a priori keine genaue Aussage bzgl. deren Höhe getroffen werden. Insofern werden jene kohortenspezifischen Prämien angenommen, die sich nach Maßgabe des Ausgabenprofils des Jahres 2030 berechnen und die in der SPV erwartet werden können. Es wird davon ausgegangen, in dem sich keine nennenswerten Effizienzgewinne einstellen, die wiederum niedrigere Prämien nach sich ziehen könnten.
[235]Zur Rechtfertigung bzgl. der Wahl dieses Zinssatzes siehe auch S. 71. Die Alterungsrückstellung wiederum dient der Prämienglättung über den eigenen Lebenszyklus. So werden die Rückstellungen im Alter des Versicherten aufgelöst, um so die anfallenden höheren Ausgaben finanzieren zu können, ohne die Prämie zu erhöhen.

Abbildung 43
Entwicklung der kohortenspezifischen kapitalgedeckten Prämie im Rahmen des Herzog-Modells
(Basisjahr 2004, g=1,5%, r=3%, in realer Kaufkraft 2004)

(a) Prämienverlauf im Jahr 2030

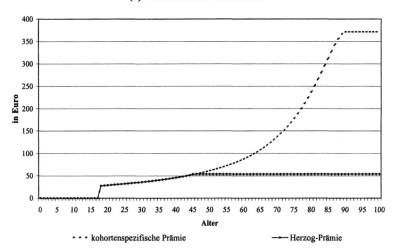

(b) Prämienverläufe für die Jahre 2030, 2050, 2070 und 2090

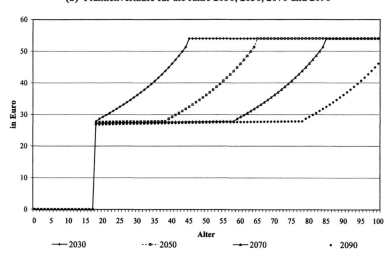

Quelle: Eigene Berechnungen.

im Jahr 2007 für einen 90-Jährigen im Jahr 2008 noch 91 Jahre zu werden wesentlich höher, als die Wahrscheinlichkeit für einen im Jahr 2007 50-Jährigen im Jahr 2048 das Alter von 91 Jahre zu erreichen. Während im Herzog-Vorschlag alle 44-Jährigen und Jüngeren genau ihre kohortenspezifische Prämie zu leisten haben, wird diese für die 45-Jährigen und Älteren durch Auflösung des Kapitalstocks begrenzt. Demgemäß leistet ein 18-Jähriger knapp 28 Euro pro Monat an Prämienzahlung und ein 44-Jährigen in etwa 51 Euro. Alle über 45-Jährigen und Älteren leisten eine gedeckte Prämie von monatlich 54 Euro.

Um die Entwicklung der kapitalgedeckten Prämie im Zeitablauf zu illustrieren, ist diese für die Jahre 2050, 2070 und 2090 dargestellt, und zwar zu Vergleichszwecken wieder jeweils in realer Kaufkraft des Basisjahres 2004. Ein Blick auf Abbildung 43b lässt erkennen, dass im Jahr 2050 alle 18- bis 38-Jährigen, im Jahr 2070 alle 18- bis 58-Jährigen quasi die gleiche Prämie zu leisten haben. Diese Entwicklung führt sich so fort, bis schließlich nur noch Kohorten existieren, die zu Beginn ihres 18. Lebensjahres mit dem Aufbau von Alterungsrückstellungen begonnen haben.

Abschließend zu diesen Modellspezifikationen soll nun noch auf die in Verbindung mit dem Herzog-Kommissions-Modell aufzuführende Kritik eingegangen werden. Diese bezieht sich zum einen auf die Erhöhung des einkommensabhängigen Beitragssatzes und den damit einhergehenden, an vorheriger Stelle bereits aufgeführten, negativen Beschäftigungs- und Wachstumseffekten sowie zum anderen auf die Zugriffsproblematik des kollektiven Kapitalstocks. Während dem ersten Kritikpunkt durch den Umstieg auf Kopfpauschalen begegnet werden kann, bleibt der zweite Kritikpunkt bestehen. So kann das Risiko eines Zugriffs der Politik auf den kollektiven Kapitalstock, der im Unterschied zu einem individuellen Kapitalstock nicht durch Art. 14 GG geschützt ist, selbst dann nicht ausgeschlossen werden, wenn die Verwaltung einer unabhängigen Institution übertragen werden würde.[236] Neben der Gefahr eines Missbrauchs zu sachfremden Zielen durch die Politik lassen sich außerdem ordnungspolitische Bedenken sowie Renditeüberlegungen aufführen, die gegen eine Kapitalbildung in staatlich kontrollierten Fonds oder direkt in staatlichen Budgets sprechen.[237]

Abgesehen von diesen Aspekten, hat ein kollektiver Kapitalstock – im Unterschied zur individuellen externen Kapitalstockbildung, wie bspw. im Rahmen des Rürup-Vorschlags – aber Auswirkungen auf die intergenerative Verteilung und ist insofern geeignet, die intergenerativen Transfers des Umlagesystems zu reduzieren. So werden in der Aufbauphase des kollektiven Deckungsstocks nämlich auch jene belastet, die voraussichtlich nicht von der durch den Kapitalstock bewirkten Deckelung der kapitalgedeckten Prämien profitieren. Mithin entzieht der Kapitalbildungsanteil vom Beitrag der älteren Versicherten eben diesem Personenkreis einen Teil ihres Einführungsgewinns, wodurch sich die intergenerativen Verteilungseffekte des Umlagesystems etwas mildern.

---

[236]Die Politikanfälligkeit eines Deckungsstocks zeigt sich sehr nachdrücklich auch in der Geschichte der GRV; siehe hierzu Manow (2000). So ist eine schrittweise Abschmelzung der Schwankungsreserve der GRV durch den Gesetzgeber auf inzwischen 20 Prozent einer Monatsausgabe erfolgt. Als sehr illustrativ erweist sich in diesem Zusammenhang auch der Ausspruch des Ökonomen Joseph Schumpeter eher lege ein Hund einen Wurstvorrat an, als ein Politiker eine Rücklage.
[237]Siehe hierzu u.a. SVR (2004), S. 395, und World Bank (1994), S. 93 ff.

6. Intergenerative Verteilungseffekte von Finanzierungsreformen der SPV

Budget. Durch die Beitragssatzerhöhung auf 3,5 Prozent werden im Umsetzungsjahr der Reform 2007 Mehreinnahmen in Höhe von 17,49 Mrd. Euro erzielt. Da der Beitragssatz von 3,5 Prozent sowohl zur Deckung der Defizite als auch zur Bildung eines Kapitalstocks herangezogen werden soll, kann gemäß der Beitragssatzentwicklung des Status quo jedoch nur der Betrag zu einem Kapitalstock angespart werden, der über den reinen Finanzierungsanteil bzw. Umlageanteil hinausgeht. Dementsprechend liegt/liegen das Finanzierungssaldo und damit die im Jahr 2007 möglichen Rücklagen bei 16,76 Mrd. Euro; vgl. Tabelle 27.

Tabelle 27
Budget des Herzog-Kommissions-Modells für das Jahr 2007
(in realer Kaufkraft 2004)
in Mrd. Euro

SPV			
I. Ausgaben	17,94	**II. Einnahmen**	34,70
SPV-Versichertenkreis	17,94	Bisherige Beiträge der SPV-Versicherten	17,21
		Mehreinnahmen durch Erhöhung des Beitragssatzes (Aufbau kollektiver Kapitalstock)	17,49
		III. Finanzierungssaldo	16,76

Quelle: Eigene Berechnungen.

Die Entwicklung des kollektiven Kapitalstocks ist in Abbildung 44 aufgezeigt. Obwohl der "aktive" Ansparprozess mit dem Jahr 2029 beendet ist – zu diesem Zeitpunkt beläuft sich der Kapitalstock auf 16,2 Prozent des BIP –, steigt der kollektive Kapitalstock bis zum Jahr 2039 auf 18,2 Prozent des BIP an. Dieser anhaltende Anstieg ist der Tatsache zuzuschreiben, dass der Verzinsungseffekt größer als der Entsparungseffekt ist. Erst ab dem Jahr 2039 baut sich der Kapitalstock sukzessive ab, bis er sich schließlich im Jahr 2085 auf Null reduziert hat – das Jahr des Ablebens der letzten Kohorte mit gedeckten Prämien.

Mit Abschaffung der SPV und Umstellung auf ein reines kapitalgedecktes Prämiensystem im Jahr 2030, ergibt sich das folgende den sozialen Ausgleichsmechanismus betreffende Budget; vgl. auch Tabelle 28. Die für die soziale Flankierung notwendige Prämiensubvention beträgt 11,49 Mrd. Euro im Jahr 2030, wobei das Subventionsvolumen durch die Prämiendeckelung der 45-Jährigen und Älteren noch begrenzt wird.[238] Durch die Ausschüttung und Versteuerung des Arbeitgeberanteils werden im Jahr 2030 Einnahmen i.H.v. 1,89 Mrd. Euro erzielt.

Für den notwendigen Steuermehrbedarf zur Gegenfinanzierung der Prämiensubvention wurde im Folgenden jener Steuermehrbedarf unterstellt, der im Fall der Subventionierung altersspezifischer Prämien notwendig ist, was einem Steuermehreinnahmenvolumen von 3,48 Mrd. Euro entspricht. Im Unterschied zu kapitalgedeckten Prämien werden altersspezifische Prämien so bemessen, dass sie die durchschnittlichen altersspezifischen Kosten eines laufenden Jahres genau

---
[238] Der von der Herzog-Kommission ausgewiesene Subventionsbedarf wird mit ca. 9 Mrd. Euro jährlich beziffert.

Abbildung 44
Entwicklung des kollektiven Kapitalstocks im Herzog-Kommissions-Modell
(Basisjahr 2004, g=1,5%, r=3%)

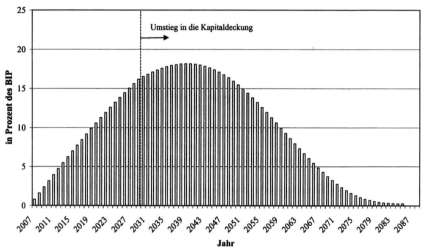

Quelle: Eigene Berechnungen.

decken.[239] Folglich wird bei den altersspezifischen Prämien auch kein Kapital in Form von Alterungsrückstellungen gebildet, welches zur Glättung der (eigenen) altersbedingt ansteigenden Prämie eingesetzt wird. So findet mit der Bildung von Alterungsrückstellungen nichts anderes statt, als ein zeitliches Vorziehen von Teilen später zu leistender Prämien.

Da sich der auf Grundlage der altersspezifischen Prämien ermittelte Subventionsbedarf im Jahr 2007 auf 5,37 Mrd. Euro beläuft, der Subventionsbedarf der Herzog-Prämien mit Alterungsrückstellungen demgegenüber 12,87 Mrd. Euro beträgt, impliziert dies, dass der Staat den für Prämien mit Alterungsrückstellungen notwendigen Subventionsbedarf teilweise durch eine Schuldenaufnahme finanzieren muss. Diese implizite Annahme hat ihre Berechtigung, weil sich im Rahmen einer Nachhaltigkeitsanalyse andernfalls das widersinnige Ergebnis einstellen würde, dass ein schlichtes Vorziehen späterer Prämien (Prämien mit Alterungsrückstellungen) langfristig zu höheren Steuereinnahmen und dementsprechend zu einer geringeren Nachhaltigkeitslücke führen würde.[240] Während nämlich das Zuschussvolumen von altersspezifischen Prämien anfänglich

---

[239]Der Verlauf altersspezifischer Prämie ist damit deckungsgleich zum durchschnittlichen Leistungsprofil der SPV, wie in Abbildung 9, S. 49, aufgezeigt.
[240]Vgl. auch Fetzer (2006), S. 170 f. Um die Konzepte des Herzog-Modells, des Auslaufmodells und des Kronberger-Kreis-Modells sinnvoll einander gegenüberstellen zu können, richtet sich die Ermittlung des Subventionsbedarf im Fall der Erhebung altersspezifischer Prämien in allen drei Modellen auf das Jahr 2007. Somit ist hiervon auch das Modell der Herzog-Kommission betroffen, obwohl die Kapitaldeckung dieses Modells erst im Jahr 2030 eingeführt wird. Im exogenen Beitragsszenario (konstanter Umsatzsteuersatz) wird hierdurch allen drei Konzepten derselbe Umsatzsteuersatzpfad zugrundegelegt. Die Gegenfinanzierung des Subventionsbedarfs bei der Erhebung altersspezifischer Prämien erfordert eine Erhöhung des Umsatzsteuersatzes auf 19,5 Prozent.

Tabelle 28
Budget des sozialen Ausgleichs im Herzog-Kommissions-Modell im Jahr 2030
(in realer Kaufkraft 2004)

in Mrd. Euro

SOZIALER AUSGLEICH Eigenanteilsatz 2%			
I. Ausgaben	12,87	II. Einnahmen	5,37
Prämiensubvention *	12,87	Ausschüttung des AG-Anteils	1,89
		Steuermehrbedarf **	3,48
		III. Finanzierungssaldo	-7,50

* Subventionsbedarf im Jahr 2007 im Fall altersspezifischer Prämien : 5,37 Mrd. Euro
** Bemessung auf Basis des Steuermehrbedarfs im Fall der Erhebung altersspezifischer Prämien (notwendige Erhöhung des Umsatzsteuersatzes um 0,5 Prozentpunkte auf 19,5 Prozent)

Quelle: Eigene Berechnungen.

niedriger ist als das von Prämien mit Alterungsrückstellungen, steigt der Subventionsbedarf bei altersspezifischen Prämien aufgrund der demographischen Entwicklung, wohingegen der Subventionsbedarf im Fall von Prämien mit Alterungsrückstellungen im Zeitablauf abnimmt. Letzteres ist darauf zurückzuführen, dass immer mehr Kohorten nachrücken, die von ihrem 18. Lebensjahr an mit dem Aufbau von Alterungsrückstellungen begonnen haben, und dass immer mehr jener Jahrgänge versterben, die altersbedingt mit hohen kohortenspezifischen Prämien in das kapitalgedeckte System einsteigen mussten.

Profile. Für den Prämienzuschuss findet das altersspezifische Profil *Prämiensubvention im Herzog-Modell* (*PraemSubHerzog*) Verwendung, welches mit Hilfe des zuvor bereits erwähnten Modells von Fetzer und Hagist (2004) generiert wird. Im Unterschied zu der bisherigen Vorgehensweise reicht es hier aber nicht mehr aus, dieses Profil über die Zeit konstant fortzuschreiben; vielmehr muss der Tatsache Rechnung getragen werden, dass sich die Prämienverläufe, wie in Abbildung 43 dargestellt, verschieben. Nach Maßgabe dieser Veränderung im Prämienverlauf muss auch die entsprechende Veränderung im Profil *PraemSubHerzog* berücksichtigt werden, siehe Anhang B, Abbildung B.20.

Intergenerative Verteilungseffekte. Während die Nachhaltigkeitslücke der SPV aufgrund der Außerkraftsetzung des Umlageverfahrens verschwindet, entsteht durch die Errichtung des durch das kapitalgedeckte System notwendigen sozialen Ausgleichs zur Abfederung der Prämienzahlungen eine Nachhaltigkeitslücke in Höhe von 2,1 Prozent des BIP 2004.

Erfolgt die jährliche Budgetanpassung des sozialen Ausgleichs über eine Angleichung des Umsatzsteuersatzes, so ist mit dem Jahr 2030 eine Erhöhung des Umsatzsteuersatzes von 19 auf 20,6 Prozent notwendig. Da der Subventionsbedarf entsprechend der kohortenspezifischen Prämienentwicklung von im Jahr 2030 12,87 Mrd. Euro auf 9,4 Mrd. Euro im Jahr 2050 und auf 2,3 Mrd. Euro im Jahr 2085 sinkt, kann auch der Umsatzsteuersatz ausgehend von seinem Höchstwert von 20,6 Prozent im Jahr 2030 sukzessive reduziert werden. So liegt der budgetausgleichende Umsatzsteuersatz im Jahr 2050 bei 20,1 Prozent und bei 19,1 Prozent im Jahr 2085; vgl. Abbildung 45.

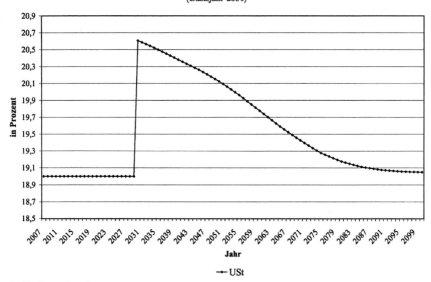

Abbildung 45
Notwendiger jährlicher Umsatzsteuersatz zur Finanzierung des Subventionsbedarfs im Modell der Herzog-Kommission
(Basisjahr 2004)

Quelle: Eigene Berechnungen.

Die mit der Realisierung des Herzog-Kommissions-Modells einhergehenden intergenerativen Verteilungseffekte können wiederum anhand des exogenen und endogen Beitragsszenarios, ohne und mit sozialem Ausgleich veranschaulicht werden.

Durch die Erhöhung des einkommensabhängigen Beitragssatzes auf 3,5 Prozent erfahren im *exogenen* Beitragssatzszenario alle heute lebenden Generationen eine Mehrbelastung gegenüber dem Status quo – unabhängig davon, ob unter Berücksichtigung des im Jahr 2030 installierten sozialen Ausgleichs oder nicht; vgl. Abbildung 46. Im Fall ohne sozialen Ausgleich sind die im Basisjahr 0-Jährigen mit einer Mehrbelastung von 70 Euro pro verbleibendem Lebensjahr konfrontiert. Mit zunehmendem Alter der jeweiligen Jahrgänge steigt diese Mehrbelastung an. So sind insbesondere die sich bereits in der Erwerbsphase befindlichen Kohorten von der sofortigen Beitragssatzerhöhung auf 3,5 Prozent betroffen. Bis nämlich die Jüngsten im Basisjahr lebenden Kohorten die Erwerbsphase erreichen, in der die hohen einkommensabhängigen Beiträge zu entrichten sind, ist die verbleibende Zeitspanne der Kapitalakkumulation nur noch kurz, so dass junge Kohorten folglich auch eine nur kurze Phase mit hohen Beitragssätzen zu durchlaufen haben – auch wirkt hier der Effekt einer stärkeren Diskontierung dieser Zahlungsströme.

Umso stärker allerdings sind jene Kohorten betroffen, die wesentlich zur Kapitalstockbildung beitragen, also vor allem die 25- bis 60-Jährigen. Die im Basisjahr 50-Jährigen erfahren mit 662 Euro pro verbleibendem Lebensjahr eine maximale Mehrbelastung. Für alle älteren Jahrgänge nimmt die Mehrbelastung wieder ab, was darauf zurückzuführen ist, dass der erhöhte Beitragssatz diese Kohorten in ihrer Rentenphase trifft, in der die einkommensabhängigen Beiträge – gegenüber der Erwerbsphase – geringer ausfallen. Damit tragen auch alle 75-Jährigen und Älteren zur Kapitalstockbildung bei, die zum Zeitpunkt der Kapitalstockauflösung aber nicht mehr am Leben sind.

Abbildung 46
Reforminduzierte Mehr- und Minderbelastung pro verbleibendem Lebensjahr (Annuität) durch das Herzog-Modell – ohne und mit sozialem Ausgleich
(Basisjahr 2004, g=1,5%, r=3%)

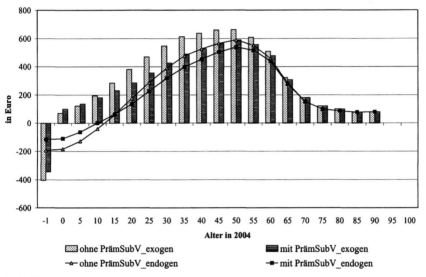

Quelle: Eigene Berechnungen.

Im Fall mit sozialem Ausgleich sind alle im Basisjahr 10- bis 65-Jährigen wiederum weniger stark belastet als ohne diesen. Obwohl der Umsatzsteuersatz im Jahr 2030 auf 19,5 Prozent angehoben werden muss, erhalten diese Jahrgänge mit dem sozialen Ausgleich im Durchschnitt netto mehr Prämiensubvention als sie durch die Erhöhung des Umsatzsteuersatzes zusätzlich an Ausgaben haben.[241] Dies ist insofern plausibel, da es im Jahr 2030 auch genau jene Kohorten sind, die aufgrund ihres Alters bereits relativ hohe Prämienzahlungen zu leisten haben – auch wenn diese für die dann 45-Jährigen und Älteren gedeckelt sind. Der "-1"-Jährige sowie die im

---

[241] Im exogenen Beitragssatzszenario orientiert sich die notwendige Erhöhung des Umsatzsteuersatzes an dem Steuermehrbedarf, wie er im Budget zur Berechnung der Nachhaltigkeitslücke in Tabelle 28 ausgewiesen ist.

Basisjahr 0- bis 5-Jährigen sind mit demselben, nur umgekehrt anzuwendenden Argument mit sozialem Ausgleich weniger minderbelastet als im Fall ohne den sozialen Ausgleichsmechanismus. Im Szenario der *endogenen* Beitragssatz- bzw. Umsatzsteuersatzanpassung fällt die Mehrbelastung gegenüber dem Status quo für alle im Basisjahr lebenden Generationen geringer aus. Die 0- bis 10-Jährigen sind dabei sogar minderbelastet: Im Fall ohne sozialen Ausgleichsmechanismus liegt die Minderbelastung für den 0-Jährigen bei 184 Euro pro verbleibendem Lebensjahr und im Fall mit sozialem Ausgleich bei 110 Euro. Die Tatsache, dass im endogenen Szenario alle im Basisjahr lebenden Kohorten weniger stark belastet sind als im exogenen Szenario – unabhängig davon, ob der Fall mit oder ohne sozialen Ausgleich betrachtet wird – liegt allein an den nun außerdem berücksichtigten Status-quo-Beitragssatzsteigerungen. Der Grund dafür, dass die im Basisjahr 0- bis 10-Jährigen sowie der "-1"-Jährige wiederum im endogenen Szenario ohne sozialen Ausgleich stärker minderbelastet sind als im Fall mit sozialem Ausgleich ist der Tatsache zuzuschreiben, dass diese Kohorten, die aufgrund ihres Alters eine vergleichsweise geringe kohortenspezifische Prämie zu leisten haben, durch die notwendige Umsatzsteuersatzerhöhung und die zu versteuernden Arbeitgeberanteile mehr belastet werden als sie durch die Prämiensubvention bei einer Überforderungsgrenze von 2 Prozent Entlastung finden. Dieser Effekt kehrt sich erst für die im Basisjahr 15-Jährigen und Älteren um, die wiederum durch die Prämiensubvention stärker entlastet werden als sie durch die Erhöhung des Umsatzsteuersatzes und – sofern altersbedingt davon überhaupt noch betroffen – die Versteuerung der Arbeitgeberanteile belastet werden. Die maximale Mehrbelastung beträgt für einen im Basisjahr 50-Jährigen ohne (mit) sozialen Ausgleich 590 Euro (539 Euro) pro verbleibendem Lebensjahr.[242]

6.2.2 Auslaufmodell

Modellkomponenten. Zentrales Element des Auslaufmodells von Häcker und Raffelhüschen (2004a, 2004b) ist der kohortenspezifische Umstieg in ein kapitalgedecktes System.[243] Dieser Vorschlag sieht ein Ausscheiden all jener Versicherten vor, die im Jahr 2007 unter einer bestimmten Altersgrenze liegen. Im Auslaufmodell liegt diese Ausscheidegrenze bei 60 Jahren. Damit fallen alle im Jahr 2007 "unter 60-Jährigen" (diese Bezeichnung bezieht sich ausschließlich auf das Jahr 2007) aus der derzeitigen SPV heraus und müssen stattdessen eine kapitalgedeckte kohortenspezifische Pflegeversicherung abschließen.[244] Der verbleibende Personenkreis, also alle "60-Jährigen

---

[242]Würde im Rahmen des Herzog-Modells anstelle eines Beitragssatzes von 3,5 Prozent eine Kopfpauschale erhoben, was letztlich einen Teil der Kritik an diesem Modell etwas eindämmen würde, so würden die im Basisjahr lebenden jungen Kohorten tendenziell stärker belastet als im vorliegenden Fall. Hierbei wäre dann außerdem zu beachten, dass mit dem Jahr 2007 ein sozialer Ausgleich implementiert werden müsste.

[243]Ähnlich zum Auslaufmodell ist das sogenannte Kohortenmodell des SVR (2004), welches in leicht abgewandelter Form auf Basis des Auslaufmodells entstanden ist; vgl. SVR (2004), S. 413 ff. Auch Ottnad (2003) unterbreitet einen dem Auslaufmodell ähnlichen Reformvorschlag.

[244]Die Frage, wie mit den bislang eingezahlten Beiträgen der Systemausscheider verfahren werden soll, ist nicht unumstritten. Häcker und Raffelhüschen (2004a, 2004b) bspw. schlagen vor, die bisherigen Einzahlungen mit langfristigen Schuldverschreibungen zu bedienen, um so den Systemausscheidern einen entsprechenden Eigentumsschutz zu gewährleisten. (Die nachstehenden Berechnungen verzichten aus Vereinfachungsgründen allerdings auf die Einbeziehung dieser Maßnahme). Der Kronberger Kreis (2005) hingegen lehnt jegliche Rückerstattung der eingezahlten Beiträge ab. Zum einen mit der Begründung des "historischen Fehlers" der Einführung der SPV, der alle Beteiligten zwingt, die entstandenen Kosten hinzunehmen. Und zum andern wird – neben der Schwierigkeit

6. Intergenerative Verteilungseffekte von Finanzierungsreformen der SPV

und Älteren" (diese Bezeichnung bezieht sich ebenfalls ausschließlich auf das Jahr 2007), fällt unter eine Art Vertrauensschutz, der beinhaltet, dass die Betreffenden weiterhin in den Genuss der Leistungen der SPV kommen.[245]

Zur Bewerkstelligung dieses kohortenspezifischen Umstiegs sind folgende Beiträge in der Ausphasungsperiode der SPV zu erheben: Für alle in der SPV-Verbleibenden, also alle "60-Jährigen und Älteren", wird eine Kopfpauschale in Höhe von 62 Euro pro Monat festgesetzt. Mit dem entsprechenden Gesamtaufkommen aus dieser Kopf- bzw. Pflegepauschale erfolgt eine Basisfinanzierung der im Zeitablauf zuerst zunehmenden und dann schrittweise abnehmenden Leistungsausgaben. Dabei ist dieser Ausgabenverlauf darauf zurückzuführen, dass die verbleibende Versichertengruppe der SPV immer älter wird und in zunehmendem Maße Leistungen der SPV in Anspruch nimmt. Da jedoch keine weiteren Jahrgänge nachrücken, wird die Versichertengruppe stetig kleiner und damit nehmen auch die Leistungsausgaben ab. Dennoch reicht die Kopfpauschale in Höhe von 62 Euro nicht aus, um sämtliche Ausgaben abzudecken. Deshalb müssen die "unter 60-Jährigen" zusätzlich einen einkommensabhängigen Beitrag, eine Art Pflegesolidarbeitrag, leisten, der den Fehlbetrag in den jährlich laufenden Ausgaben ausgleicht.[246] Dieser Pflegesoli wird für die komplette Ausphasungsperiode bis einschließlich dem Jahr 2047 – zu diesem Zeitpunkt verstirbt die letzte "SPV-Generation" – auf dem durchschnittlichen Niveau von 0,6 Prozent festgelegt.[247] Die Pflegepauschale in Höhe von 62 Euro der "60-Jährigen und Älteren" sowie der Solidarbeitrag von durchschnittlich 0,6 Prozent der "unter 60-Jährigen" wurden dabei so festgelegt, dass sämtliche im Rahmen des Auslaufmodells entstehende Defizite gedeckt werden, die durch den Altersaufbau der in der SPV-Verbleibenden bedingt sind.[248] Um auch im Rahmen des Auslaufmodells die notwendige soziale Abfederung zu gewährleisten, wird – wie zuvor – ein Eigenanteilssatz i.H.v. 2 Prozent des Haushaltseinkommens festgelegt, der gleichermaßen für den Personenkreis der "unter 60-Jährigen" für die von ihnen zu leistende kohortenspezifische Prämie und den Personenkreis der "60-Jährigen und Älteren" für die von ihnen zu entrichtende Pflegepauschale gilt. Ferner findet die beitragsfreie Mitversicherung von Kindern Berücksichtigung.

---

der Feststellung des Umfangs der Zahlungen – die Frage aufgeworfen, inwiefern es sinnvoll ist, die Forderung, die Beiträge zurückzuzahlen, durchzusetzen. So kann sich diese Forderung nur an den Steuerzahler richten, wobei der Personenkreis der Zahler und Empfänger weitgehend identisch ist.

[245] Im ursprünglichen Vorschlag von Häcker und Raffelhüschen (2004a) ist lediglich der Anspruch auf inflationsgesicherte Leistungen vorgesehen, nicht aber auf realwerterhaltende Leistungen, wie im Folgenden unterstellt wird. Für die hier anzustrebende Vergleichbarkeit der unterschiedlichen Reformkonzepte wird von dieser an der Ausgabenseite ansetzenden Maßnahme des Auslaufmodells abgesehen.

[246] Das Kohortenmodell des SVR (2004) schlägt demgegenüber eine sogenannten Altenpauschale vor, was eine schärfere Trennung von Versicherungs- und Umverteilungsgedanken erlaubt.

[247] Gemäß dem Ausgabenverlauf der SPV würde sich folgende (endogene) Entwicklung des Solidarbeitrags einstellen. Ausgehend von 0,42 Prozent im Jahr 2007 steigt der Pflegesoli entsprechend der Zunahme in den Leistungsausgaben für den Personenkreis der SPV-Verbleibenden bis zum Jahr 2029 auf knapp 0,94 Prozent. In den Folgejahren sinkt der Solidarbeitrag stetig, bis er schließlich im Jahr 2047 vollständig außer Kraft gesetzt werden kann, womit die staatlichen Verpflichtungen zur Gänze abgelöst sind.

[248] Da demzufolge auch Variationen in beiden Größen in die eine oder andere Richtung denkbar sind, besteht Handlungsspielraum, um die "60-Jährigen und Älteren" oder die "unter 60-Jährigen" mehr oder weniger stark zur Finanzierung der Leistungsausgaben heranzuziehen. Das hier festgelegte Niveau der Ausgleichspauschalen in Höhe von 62 Euro entzieht dem entsprechenden Personenkreis Teile ihres Einführungsgewinns und leitet diese an die zukünftigen Beitragszahler weiter.

172 6. Intergenerative Verteilungseffekte von Finanzierungsreformen der SPV

Abbildung 47
Entwicklung der kohortenspezifischen kapitalgedeckten Prämie sowie der Kopfpauschale im Rahmen des Auslaufmodells
(Basisjahr 2004, g=1,5%, r=3%, in realer Kaufkraft 2004)

(a) Prämien- und Pauschalenverlauf im Jahr 2007

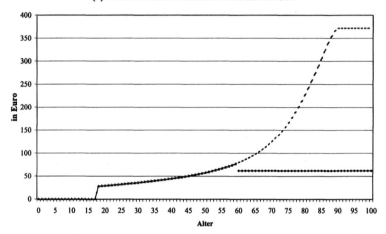

- - - kohortenspezifische Prämie   —•— Auslauf ("unter 60-Jährige")   —•— Auslauf ("60-Jährige und Ältere")

(b) Prämien- und Pauschalenverläufe für die Jahre 2007, 2025, 2050 und 2075

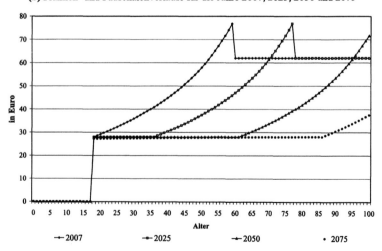

—•— 2007   —•— 2025   —•— 2050   • 2075

Quelle: Eigene Berechnungen.

6. Intergenerative Verteilungseffekte von Finanzierungsreformen der SPV

Die kohortenspezifische Prämie mit Alterungsrückstellung, die alle "unter 60-Jährigen" durch den Übergang in eine kapitalgedeckte Pflegeversicherung leisten müssen, wird – wie bereits im Rahmen des Herzog-Modells erläutert – nach dem versicherungstechnischen Äquivalenzprinzip gebildet: Die Beitragskalkulation erfolgt nach Maßgabe des Barwerts aller über den verbleibenden Lebenszyklus anfallenden Pflegekosten auf Grundlage des Ausgabenprofils des Ausgangsjahres 2007. Der Verlauf der kohortenspezifischen Prämie und die von den "60-Jährigen und Älteren" zu leistenden Kopfpauschale im Jahr 2007 sowie die Entwicklung derselbigen für die Jahre 2025, 2050 und 2075 ist in Abbildung 47a,b dargestellt.[249] Im Unterschied zum Herzog-Modell liegt nun ein Sprung zwischen der kohortenspezifischen Prämienzahlung, welche die im Jahr 2007 59-Jährigen zahlen müssen und die sich auf knapp 77 Euro pro Monat beläuft, und der Kopfpauschale der "60-Jährigen und Älteren" an die SPV, die 62 Euro beträgt, vor.[250]

Tabelle 29
Budget des Auslaufmodells für das Jahr 2007
(in realer Kaufkraft 2004)
in Mrd. Euro

SPV			
I. Ausgaben	13,59	II. Einnahmen	19,44
"60-Jährige und Ältere"	13,59	Pflegeprämien der "60-Jährigen und Älteren" (62 Euro mtl.)	13,72
		Solidarbeitrag der "unter 60-Jährigen" (0,6 Prozent)	5,72
		III. Finanzierungssaldo	5,85
SOZIALER AUSGLEICH			
Eigenanteilsatz 2%			
I. Ausgaben	14,43	II. Einnahmen	5,37
Prämiensubvention *	14,43	Ausschüttung des AG-Anteils	2,16
		Steuermehrbedarf **	3,21
		III. Finanzierungssaldo	-9,06

* Subventionsbedarf im Jahr 2007 im Fall altersspezifischer Prämien : 5,37 Mrd. Euro
** Bemessung auf Basis des Steuermehrbedarfs im Fall der Erhebung altersspezifischer Prämien (notwendige Erhöhung des Umsatzsteuersatzes um 0,5 Prozentpunkte auf 19,5 Prozent)

Quelle: Eigene Berechnungen.

---

[249] Wie bspw. bei Einführung der PPV geschehen (vgl. Riedel (2003)), würde realistischerweise wohl auch im Rahmen der Kapitaldeckung in einer längeren Einführungsphase ergänzend eine umlagefinanzierte Subventionierung der Prämien für ältere Versicherte (45 Jahre und älter) installiert, wodurch innerhalb der Kapitaldeckung Prämienobergrenzen festgelegt werden würden. Hierzu sei allerdings angemerkt, dass mit diesem impliziten Umlageverfahren erhebliche Umverteilungen einhergehen können.

[250] Während im Herzog-Modell die Deckelung der Prämien der 45-Jährigen und Älteren über den Kapitalstock erfolgt, wird im Auslaufmodell die Deckelung der Kopfpauschale gewissermaßen dadurch erreicht, dass von den "unter 60-Jährigen" ein Solidarbeitrag geleistet wird.

Budget. Mit dem Ausscheiden aller "unter 60-Jährigen" aus dem bisherigen System des SPV reduzieren sich die Ausgaben im Jahr der Reformumsetzung auf 13,59 Mrd. Euro. Durch die Erhebung einer Kopfpauschale von 62 Euro, die von allen "60-Jährigen und Älteren" zu leisten ist, werden Einnahmen in Höhe von 13,72 Mrd. Euro generiert. Die Einnahmen aus dem Solidarbeitrag, der von allen "unter 60-Jährigen" entrichtet wird, belaufen sich auf 5,72 Mrd. Euro, so dass im Reformjahr 2007 ein Einnahmenüberschuss von 5,85 Mrd. Euro vorliegt.

Die bei Umsetzung des Auslaufmodells wiederum notwendige Prämiensubvention liegt im Jahr 2007 bei 14,28 Mrd. Euro. Wie im Rahmen des Herzog-Modells bereits erläutert, richtet sich der zur Gegenfinanzierung notwendige Steuermehrbedarf nach dem Subventionsbedarf und damit nach dem Steuermehrbedarf im Fall der Erhebung altersspezifischer Prämien. Dieser beläuft sich im Jahr 2007 auf 3,21 Mrd. Euro. Zusammen mit der Versteuerung der Arbeitgeberanteile in Höhe von 2,16 Mrd. Euro kommt es den sozialen Ausgleichsmechanismus betreffend zu einem negativen Finanzierungssaldo von 9,06 Mrd. Euro; vgl. Tabelle 29 auf der vorherigen Seite.

Profile. Für den Prämienzuschuss findet das altersspezifische Profil *Prämiensubvention im Auslaufmodell (PraemSubAuslauf)* Verwendung, welches mit Hilfe des von Fetzer und Hagist (2004) konzipierten Modells gewonnen wurde. Um dem sich im Zeitablauf verändernden altersspezifischen Prämienverlauf Rechnung zu tragen (siehe hierzu Abbildung 47), wird auch im Rahmen des Auslaufmodells ein sich über die Zeit veränderndes altersspezifisches Subventionsprofil berücksichtigt; siehe Anhang B, Abbildung B.21.

Intergenerative Verteilungseffekte. Durch das Ausphasen der SPV bis zum Jahr 2047 wird die Nachhaltigkeitslücke – wie zuvor im Modell der Herzog-Kommission – auf Null reduziert. Gleichzeitig entsteht durch den sozialen Ausgleichsmechanismus eine Nachhaltigkeitslücke von 4,4 Prozent des BIP.

Für die Gewährleistung eines jährlich ausgeglichenes Budgets des sozialen Ausgleichsmechanismus muss mit Reformbeginn im Jahr 2007 der Umsatzsteuersatz von 19 auf 20,8 Prozent angehoben werden. In den Folgejahren kann der Umsatzsteuersatz ausgehend von 20,8 Prozent schrittweise mit dem sinkenden Subventionsbedarf reduziert werden, vgl. hierzu Abbildung 48.[251] Dementsprechend liegt der Umsatzsteuersatz im Jahr 2030 bei knapp 20,2 Prozent und pendelt sich schließlich ab dem Jahr 2065 auf ca. 19,1 Prozent ein.

Welche Mehr- bzw. Minderbelastungen mit dem Auslaufmodell einhergehen, sei im Weiteren illustriert, wobei zuerst wieder der Fall des exogenen und dann der Fall des endogenen Beitragssatzszenarios betrachtet wird.

Im *exogenen* Beitragsszenario ohne sozialen Ausgleich werden, im Vergleich zum Status quo, alle im Basisjahr lebenden Kohorten mehrbelastet. Dabei rührt die Mehrbelastung bei den 0- bis 55-Jährigen zum einen daraus, dass sie keinerlei Leistungen von der SPV mehr erhalten – an dieser Stelle sei daran erinnert, dass im Status quo alle lebenden Jahrgänge Nettotransferemp-

---

[251] Entsprechend der in Abbildung 47b aufgezeigten kohortenspezifischen Prämienentwicklung der "unter 60-Jährigen" und der Kopfpauschale der über "60-Jährigen und Älteren" sinkt der Subventionsbedarf von im Jahr 2007 14,43 Mrd. Euro auf 9,78 Mrd. Euro im Jahr 2030, auf 3,26 Mrd. Euro im Jahr 2055 und auf 1,8 Mrd. Euro im Jahr 2085; siehe hierzu auch noch Abbildung 53 auf S. 184.

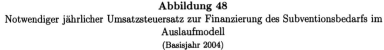

Abbildung 48
Notwendiger jährlicher Umsatzsteuersatz zur Finanzierung des Subventionsbedarfs im Auslaufmodell
(Basisjahr 2004)

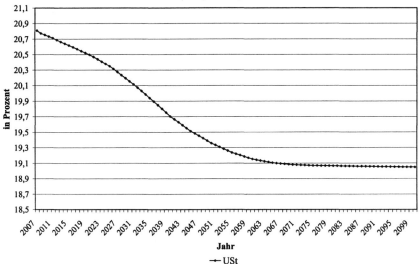

Quelle: Eigene Berechnungen.

fänger der SPV sind. Dies bedeutet insbesondere für die ausscheidenahen Jahrgänge, also die im Basisjahr 50- und 55-Jährigen, eine hohe Mehrbelastung. Zum anderen ist ein durchschnittlicher Solidarbeitragssatz von 0,6 Prozent zu leisten, dem keinerlei Gegenleistung gegenübersteht. Die maximale Belastung, welche die 55-Jährigen zu tragen haben, beläuft sich auf 637 Euro pro verbleibendem Lebensjahr. Demgegenüber ist der im Basisjahr jüngste SPV-Ausscheider, also der 0-Jährige, mit 117 Euro pro verbleibendem Lebensjahr belastet.

Auch die im System der SPV Verbleibenden werden im Rahmen des Auslaufmodells stärker belastet, was – da keinerlei Leistungskürzungen erfolgen – allein auf die, im Vergleich zu dem Status-quo-Beitragssatz, hohe Kopfpauschale von 62 Euro pro Monat zurückzuführen ist. So ist der jüngste in der SPV verbleibende Jahrgang, der im Basisjahr 60-Jährige, mit jährlich 561 Euro mehrbelastet; ein im Basisjahr 90-Jähriger trägt noch eine Mehrbelastung von 240 Euro pro verbleibendem Lebensjahr gegenüber dem Status quo. Der "–1"-Jährige hingegen ist mit knapp 344 Euro pro verbleibendem Lebensjahr minderbelastet. Diese Minderbelastung ist dabei das Resultat daraus, dass erstens in der SPV bestehende implizite Anwartschaften durch das Auslaufmodell in das kapitalgedeckte System übertragen werden und dort von jedem einzelnen selbst nachzufinanzieren sind, und dass zweitens die noch zu bedienenden Anwartschaften der "60-Jährigen und Älteren" geringer ausfallen, da dieser Personenkreis im Vergleich zum Status quo deutlich mehr zur Finanzierung der eigenen Leistungen beiträgt.

Abbildung 49
Reforminduzierte Mehr- und Minderbelastung pro verbleibendem Lebensjahr (Annuität) durch das Auslaufmodell – ohne und mit sozialem Ausgleich
(Basisjahr 2004, g=1,5%, r=3%)

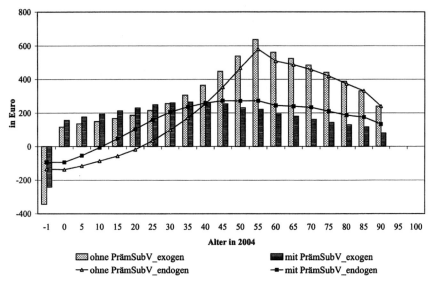

Quelle: Eigene Berechnungen.

Auch unter Berücksichtigung des sozialen Ausgleichs bleiben alle lebenden Jahrgänge im exogenen Beitragsszenario mehrbelastet. Allerdings ist die Mehrbelastung pro verbleibendem Lebensjahr über die Kohorten hinweg gleichmäßiger verteilt. Mit der Installation eines sozialen Ausgleichsmechanismus geht einher, dass alle im Basisjahr 0- bis 30-Jährigen gegenüber dem Fall ohne sozialen Ausgleich stärker belastet sind, wohingegen alle 35-Jährigen und Älteren durch die Prämiensubvention (deutlich) entlastet werden. Bei den Kohorten 35 Jahre und älter überkompensiert die Prämiensubvention, die sie aufgrund ihrer relativ hohen zu leistenden kohortenspezifischen Prämien bzw. aufgrund der SPV-Kopfpauschale erhalten, den sie ebenfalls treffenden höheren Umsatzsteuersatz, der im exogenen Fall bei 19,5 Prozent liegt.[252] Die Jungen wiederum, die aufgrund der altersbedingt niedrigeren Prämie in geringerem Ausmaß unter die Überforderungsgrenze fallen, die aber hauptsächlich die Versteuerung der Arbeitgeberanteile sowie den gleichfalls für sie geltenden höheren Umsatzsteuersatz tragen, sind durch den sozialen Ausgleich im Durchschnitt folglich auch stärker belastet als ohne diesen.

Wird das *endogene* Beitragssatzszenario sowie der Fall ohne sozialen Ausgleich betrachtet, so stellt sich nur eine geringfügige Änderung in der Mehrbelastung der 55-Jährigen und Älteren gegenüber dem exogenen Szenario ohne sozialen Ausgleich ein. Dies ist darauf zurückzuführen,

---

[252] Dieser Wert orientiert sich wiederum an dem Steuermehrbedarf, wie er im Budget zur Berechnung der Nachhaltigkeitslücke in Tabelle 29 ausgewiesen ist.

dass jene Kohorten aufgrund ihrer kürzeren verbleibenden Restlebensdauer grundsätzlich weniger stark von den Beitragssatzsteigerungen des Status quo betroffen sind, was umso mehr zutrifft, je älter die entsprechende Kohorte ist. Damit gilt auch, dass die durch das Auslaufmodell induzierte Mehrbelastung umso geringer ausfällt, je jünger eine Kohorte – bei den 20-Jährigen und Jüngeren bedeutet dies sogar eine Minderbelastung, was auf die starke Beitragssatzentwicklung im Status quo zurückzuführen ist. Damit sind diese Jahrgänge mit dem Ausstieg aus der SPV (und dem Einstieg in ein kapitalgedecktes System), trotz des von ihnen zu leistenden Solidarbeitrags von 0,6 Prozent, entlastet.

Werden nun außerdem die Zahlungsströme hinzugezogen, die im Rahmen des sozialen Ausgleichs fließen, so reduzieren sich die Belastungsspitzen, welche durch die isolierte Betrachtung der Ausphasung der SPV entstehen. Ein 55-Jähriger ist infolgedessen mit gerade noch 273 Euro pro verbleibendem Lebensjahr mehrbelastet. Wie im exogenen Fall trifft auch im endogenen Fall mit derselben Argumentation der Sachverhalt zu, dass Kohorten 40 Jahre und jünger ohne sozialen Ausgleich weniger stark mehrbelastet bzw. stärker minderbelastet sind als mit sozialem Ausgleich. So überkompensiert bei jungen Kohorten der belastungsmehrende Effekt aus der Versteuerung der Arbeitgeberanteile und dem höheren Umsatzsteuersatz den belastungsmindernden Effekt aus der Prämiensubvention. Dennoch wird durch den sozialen Ausgleichsmechanismus eine deutliche Belastungsglättung über alle Generationen hinweg erreicht.[253]

6.2.3 Modell des Kronberger Kreises

Modellkomponenten. Das zu den bislang aufgeführten Reformkonzepten wohl andere Extrem – und damit der Gegenpol zum Konzept der Bürgerversicherung – ist das Modell des Kronberger Kreises (2005) der Stiftung Marktwirtschaft. Dieser Vorschlag sieht vor, die SPV sofort und vollständig abzuschaffen und damit die intra- und intergenerativen Mängel des bestehenden Systems postwendend zu beheben.

Eckpunkte dieses Reformkonzepts sind eine allgemeine Versicherungspflicht bei risikoabhängigen Prämien durch private und im Wettbewerb stehende Versicherer. Wie in der heutigen PPV sollen die privaten Pflegekassen einem Diskriminierungsverbot für die Kriterien Geschlecht und individuellem Pflegerisiko unterliegen. Als Prämiendifferenzierungsmerkmal für die Basis-

---

[253] Welche Auswirkungen unterschiedliche Parameterkonstellationen auf die hier aufgeführten Ergebnisse haben, sei an dieser Stelle abschließend kurz erwähnt. Wird an der Stellschraube des Solidarbeitrags und der Kopfpauschale etwas verändert, so bedarf jede Senkung des Solidarbeitrags eine deutlich schärfere Erhöhung der Kopfpauschale, um zu gewährleisten, dass den Leistungsausgaben der SPV auch entsprechende Einnahmen gegenüberstehen. Dies ist insofern schlüssig, als der Solidarbeitrag von einem relativ großen Personenkreis getragen wird, der im Zeitablauf stetig größer wird, wohingegen die Kopfpauschale von einem relativ kleinen Personenkreis zu entrichten ist, der über die Zeit immer kleiner wird. Insofern schlagen sich diesbezügliche Veränderungen auch in dem entsprechenden Ausmaß auf die Mehr- bzw. Minderbelastungen nieder. Variationen in der Altersgrenze spielen eine eher untergeordnete Rolle. So ist der Effekt als eher gering einzustufen, wenn versucht wird, aus Gründen der Belastungsglättung das Ausscheidealter vorzuziehen. Hierdurch wird zwar der Effekt eines Leistungswegfalls der ausscheidenahen Jahrgänge gemildert, allerdings verlängert sich die Ausphasungsperiode der SPV, was die Dauer des zu leistenden Pflegesolis wiederum verlängert. Umgekehrt führt eine Verschiebung der Altersgrenze nach hinten zwar zu einer kürzeren Ausphasungsdauer, andererseits ist die Belastung durch den Wegfall der SPV-Leistungen für knapp unter der Ausscheidegrenze liegende Kohorten größer.

178   6. Intergenerative Verteilungseffekte von Finanzierungsreformen der SPV

versorgung verbleibt den Versicherungen damit nur das Alter.[254] Die Mitversicherung nichterwerbstätiger Ehegatten entfällt, lediglich Kinder sind beitragsfrei mitversichert. Wie auch unter dem Herzog-Modell und dem Auslaufmodell ist die Ausschüttung und Versteuerung der bisherigen Arbeitgeberanteile zur SPV vorgesehen. Für Bedürftige wird eine Unterstützung aus öffentlichen Mitteln installiert. Die entsprechende Überforderungsgrenze wird für die nachstehende Analyse wiederum auf 2 Prozent festgesetzt.

Wie bei den z.T. oben diskutierten Modellen gelingt auch mit diesem Reformvorschlag eine vollständige Abkopplung der Versicherung des Pflegerisikos von den Lohnnebenkosten, was langfristig mit den bereits erwähnten positiven Impulsen für den Arbeitsmarkt einhergehen dürfte. Durch die sofortige Überführung aller Kohorten in das kapitalgedeckte Versicherungssystem wird außerdem jegliche weitere Lastverschiebung auf jüngere Generationen vermieden. Damit impliziert das Modell des Kronberger Kreises zweifellos die stärkst mögliche Rücknahme des Einführungsgewinns.

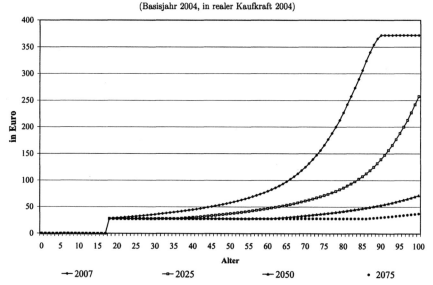

Abbildung 50
Entwicklung der kohortenspezifischen kapitalgedeckten Prämie im Modell des Kronberger Kreises
(Basisjahr 2004, in realer Kaufkraft 2004)

Quelle: Eigene Berechnungen.

Die Berechnung der Prämien mit Alterungsrückstellung erfolgt entsprechend der bereits aufgezeigten Vorgehensweise. Für jeden Versicherten wird ein individueller Kapitalbestand ange-

---

[254]Voraussetzung für einen effizienzsteigernden Wettbewerb unter den neuen Versicherungen ist laut Kronberger Kreis (2005) insbesondere die Gewährleistung der Portabilität der individualisierten Kapitalrückstellungen.

sammelt, der nach versicherungsmathematischen Kenntnissen ausreicht, die Aufwendungen für die Pflege des Versicherten bis zu dessen Tod zu decken. Damit werden die Beiträge risikoproportional entsprechend dem Erwartungswert der Leistungen erhoben. Die kohortenspezifischen Prämien, die im Jahr 2007 bei Umstieg in die vollständige Kapitaldeckung bei den jeweiligen Jahrgängen anfallen, steigen nach Maßgabe des Lebensalters an. Entsprechend liegt die Prämie für einen im Jahr 2007 18-Jährigen bei 27 Euro, für einen 50-Jährigen bei 58 Euro und bei 372 Euro pro Monat für einen über 90-Jährigen.[255] Um die Entwicklung der kohortenspezifischen Prämie im Zeitablauf zu illustrieren, ist diese außerdem für die Jahre 2025, 2050 und 2075 dargestellt; siehe Abbildung 50. Dies lässt erkennen, dass alle im Jahr 2050 18- bis 61-Jährigen quasi die gleiche Prämie zu leisten haben. Bei älteren Kohorten ist die Prämie, verglichen mit dem Jahr 2007, bereits deutlich geringer. Dies ist dem Tatbestand zuzuschreiben, dass alle im Jahr 2050 betrachteten Kohorten, die älter als 61 Jahre sind, diese 43 Jahre schon genutzt haben, um Alterungsrückstellungen aufzubauen.

Budget. Durch den vollständigen Umstieg der SPV in ein kapitalgedecktes System entfällt das SPV-Budget im Jahr 2007 zur Gänze. Insofern bleibt an dieser Stelle lediglich die Betrachtung des Budgets des sozialen Ausgleichs.

Tabelle 30
Budget des Kronberger-Kreis-Modells für das Jahr 2007
(in realer Kaufkraft 2004)
in Mrd. Euro

SOZIALER AUSGLEICH			
Eigenanteilsatz 2%			
I. Ausgaben	33,36	II. Einnahmen	5,37
Prämiensubvention *	33,36	Ausschüttung des AG-Anteils	2,16
		Steuermehrbedarf **	3,21
		III. Finanzierungssaldo	-27,98

* Subventionsbedarf im Jahr 2007 im Fall altersspezifischer Prämien : 5,37 Mrd. Euro
** Bemessung auf Basis des Steuermehrbedarfs im Fall der Erhebung altersspezifischer Prämien (notwendige Erhöhung des Umsatzsteuersatzes um 0,5 Prozentpunkte auf 19,5 Prozent)

Quelle: Eigene Berechnungen.

Das mit der kohortenspezifischen Prämie einhergehende Subventionsvolumen beträgt nunmehr 33,36 Mrd. Euro. Werden die Einnahmen aus der Versteuerung der Arbeitgeberanteile, die

---

[255] In Anlehnung an die zuvor aufgeführten Modelle und entgegen dem Kronberger-Kreis-Vorschlag wird hier von einer Prämie mit Umlageelementen und damit von einem Höchstbetrag für die aufzuwendende Versicherungsprämie abgesehen. Grundsätzlich beinhaltet die Prämienobergrenze – diese wurde im Modell des Kronberger Kreises auf 50 Euro festgesetzt – eine nicht kostendeckende Prämie für die älteren Jahrgänge und eine Subventionierung der Prämien für Ältere durch Jüngere im Rahmen eines impliziten Umlageverfahrens, was – wie an anderer Stelle bereits erwähnt – starke Umverteilungseffekte beinhalten kann. Allerdings nimmt diese zusätzliche Beitragslast bei den Jüngeren mit Ableben der älteren Jahrgänge und dem Nachrücken weiterer junger Jahrgänge im Zeitablauf ab, da die Umlageelemente zum einen geringer werden und zum anderen auf immer mehr Köpfe verteilt werden können.

sich auf ca. 2,16 Mrd. Euro belaufen, und die Steuermehreinnahmen, die sich an der Erhebung altersspezifischer Prämien bemessen und ca. 3,21 Mrd. Euro betragen, gegenübergestellt, so liegt im Umsetzungsjahr des Reformkonzepts des Kronberger Kreises ein negativer Finanzierungssaldo in Höhe von 27,98 Mrd. Euro vor; vgl. hierzu Tabelle 30.

Profile. Auf Grundlage der kohortenspezifischen Prämien, die im Rahmen des Konzepts des Kronberger Kreises zu leisten sind, wird mit Hilfe des Modells von Fetzer und Hagist (2004) das Profil *Prämiensubvention im Kronberger Kreis Modell* (*PraemSubKronberg*) erstellt. Auch hier wird berücksichtigt, dass sich der altersspezifische Verlauf der kohortenspezifischen Prämie über die Zeit verändert und sich damit auch das Profil *PraemSubKronberg* dementsprechend im Zeitablauf anpasst; siehe Anhang B, Abbildung B.22.

Intergenerative Verteilungseffekte. Durch den notwendigen sozialen Ausgleich kommt es mit der unterstellten Gegenfinanzierung, die sich auf Grundlage von altersspezifischen Prämien berechnet, zu einer Nachhaltigkeitslücke von 11,4 Prozent des BIP. Gleichzeitig reduziert sich die Nachhaltigkeitslücke der SPV auf Null.

Werden die Defizite aus dem sozialen Ausgleich jährlich durch eine Anpassung des Umsatzsteuersatzes beglichen, so liegt der notwendige Umsatzsteuersatz im Jahr 2007 bei 23,6 Prozent. Mit geringer werdendem Prämiensubventionsbedarf nimmt auch der Umsatzsteuersatz sukzessive ab. So sinkt der Subventionsbedarf nach Maßgabe der Veränderung im altersspezifischen Prämienverlauf von 33,36 Mrd. Euro im Jahr 2007 auf 10,4 Mrd. Euro im Jahr 2030 und auf auf 2,3 Mrd. Euro im Jahr 2065. Dementsprechend beträgt der Umsatzsteuersatz im Jahr 2030 noch 20,2 Prozent und stabilisiert sich ab dem Jahr 2065 auf etwa 19,1 Prozent; vgl. hierzu auch Abbildung 51.

Welche intergenerativen Verteilungseffekte mit dem Modell des Kronberger Kreises einhergehen, sei im Folgenden wiederum anhand des exogenen sowie des endogenen Beitragsszenarios mit und ohne sozialen Ausgleich illustriert.

Im *exogenen* Beitragsszenario ohne sozialen Ausgleich kommt es im Vergleich zum Status quo zu einer Mehrbelastung aller lebenden Generationen. Dies ist allein darauf zurückzuführen, dass keinerlei Leistungen mehr durch die SPV gewährt werden. Da im Kapitaldeckungsverfahren das Äquivalenzprinzip gilt, sich Beiträge und Leistungen im Barwert also genau entsprechen, spiegelt die hier vorliegende Mehrbelastung aller lebenden Kohorten die Tatsache wider, dass im Status quo alle Kohorten Nettotransferempfänger sind; vgl. hierzu auch Abschnitt 3.3.1. Damit bedeutet die sofortige Abschaffung der SPV für alle Generationen folglich auch einen Leistungswegfall, was sich in Form der Mehrbelastung ausdrückt. Anders formuliert handelt es sich bei der Mehrbelastung also um das als Annuität ausgedrückte Spiegelbild der Status quo Generationenkonten: so steigt die Mehrbelastung, je kürzer die verbleibende Phase zu den (im Durchschnitt) transferstarken Jahren ist. Da im Status quo der 85-Jährige den Empfänger mit dem maximalen Transfererhalt darstellt, ist es auch eben dieser Jahrgang, der mit einer maximalen Mehrbelastung von 2.279 Euro pro verbleibendem Lebensjahr konfrontiert ist; vgl. Abbildung 52. Der "−1"-Jährige ist mit knapp 404 Euro pro verbleibendem Lebensjahr minderbelastet. Dies ist wie-

6. Intergenerative Verteilungseffekte von Finanzierungsreformen der SPV

Abbildung 51
Notwendiger jährlicher Umsatzsteuersatz zur Finanzierung des Subventionsbedarfs im Modell des Kronberger Kreises
(Basisjahr 2004)

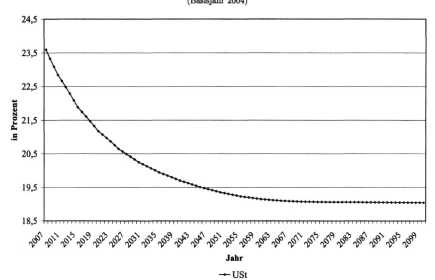

Quelle: Eigene Berechnungen.

derum der als Annuität ausgedrückte Betrag, den der "–1"-Jährige zur Tilgung der impliziter Schuld hätte beitragen müssen.

Unter Berücksichtigung der Zahlungsströme des sozialen Ausgleichsmechanismus bleiben zwar alle lebenden Kohorten mehrbelastet, allerdings sinkt die Mehrbelastung merklich für alle 35-Jährigen und Älteren. So kann die Mehrbelastung aus dem sofortigen Ausstieg aus der SPV, insbesondere für die über 60-Jährigen, durch die Prämiensubventionszahlungen eingedämmt werden. Allerdings kompensiert die Prämiensubvention nicht den Leistungswegfall der SPV, weshalb bspw. der 85-Jährige trotz allem noch mit 838 Euro pro verbleibendem Lebensjahr belastet ist. Alle im Basisjahr 0- bis 30-Jährigen werden demgegenüber durch den sozialen Ausgleich stärker belastet als ohne diesen, was damit zu begründen ist, dass diese Kohorten tendenziell wenig Prämiensubvention erhalten, aber für die Finanzierung derselbigen über die Versteuerung der Arbeitgeberanteile und über den höheren Umsatzsteuersatz, der sich im exogenen Szenario auf 19,5 Prozent beläuft, aufkommen müssen.[256] Auch die zukünftigen Generationen sind mit 204 Euro pro verbleibendem Lebensjahr weniger stark entlastet als ohne sozialen Ausgleichsmechanismus.

Während sich im *endogenen* Beitragssatzszenario ohne sozialen Ausgleich für die Kohorten der 65-Jährigen und Älteren kaum etwas in ihrer Mehrbelastung ändert – dies ist darauf zurück-

---

[256] Dieser Wert orientiert sich an dem Steuermehrbedarf, wie er im Budget zur Berechnung der Nachhaltigkeitslücke in Tabelle 30 ausgewiesen ist.

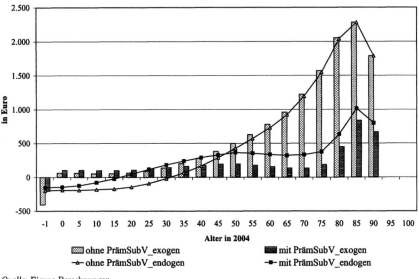

Abbildung 52
Reforminduzierte Mehr- und Minderbelastung pro verbleibendem Lebensjahr (Annuität) im Modell des Kronberger Kreises – ohne und mit sozialem Ausgleich
(Basisjahr 2004, g=1,5%, r=3%)

Quelle: Eigene Berechnungen.

zuführen, dass diese Jahrgänge aufgrund ihres Lebensalters von den Beitragssatzsteigerungen im Status quo der SPV nur in geringen Maße bis gar nicht mehr betroffen sind –, fällt die Mehrbelastung bei den unter 60-Jährigen im Vergleich zum exogenen Szenario ohne sozialen Ausgleich geringer aus. Dies ist umso mehr der Fall, je jünger die entsprechende Kohorten und folglich umso mehr sie im Status quo von Beitragssatzsteigerungen betroffen sind. Da im Status quo offensichtlich ein immer größer werdender Anteil des Beitrags der Jüngeren zur Finanzierung der Pflegeausgaben für die Älteren aufgewendet werden muss, wird selbst noch ein im Basisjahr 30-Jähriger durch den Ausstieg aus der SPV entlastet. Die stärkste Entlastung mit 190 Euro pro verbleibendem Lebensjahr erfahren der 0- sowie der "–1"-Jährige, die durch den Ausstieg aus dem Umlageverfahren die komplette Beitragsphase mit steigenden SPV-Beitragssätzen und damit der Zahlung von intergenerativen Transfers entgehen.

Im Fall mit sozialem Ausgleich sind zwar der "–1"-Jährige sowie die 0- bis 15-Jährigen noch entlastet gegenüber dem Status quo, allerdings in geringerem Ausmaß als ohne sozialen Ausgleichsmechanismus. Dies wiederum ist darauf zurückzuführen, dass die jungen Kohorten aufgrund ihres Alters und mit der von ihnen zu leistenden Prämienzahlung im Durchschnitt kaum für eine Prämiensubvention in Frage kommen. Dennoch tragen vor allem diese Kohorten wesentlich zur Finanzierung des Subventionsbedarfs sowohl über den erhöhten Umsatzsteuersatz als auch über die Versteuerung der Arbeitgeberanteile bei. Erst für die Jahrgänge 50 Jahre und älter kehrt sich dieser Sachverhalt um. So wiegt bei diesen Kohorten die Entlastung durch den Prämiensubventionserhalt stärker als die Belastung durch den höheren Umsatzsteuersatz.

6.2.4 Vergleich der Reformmodelle

Abschließend sollen nun auch die Reformvorschläge, die den Übergang in die Kapitaldeckung vorsehen, einander gegenübergestellt werden: das Modell der Herzog-Kommission, das Auslaufmodell sowie das Modell des Kronberger Kreises. Wiederum soll ein rein qualitativer Vergleich aufzeigen, welche Generationen durch das entsprechende Reformmodell vornehmlich belastet und welche Kohorten in der Tendenz entlastet werden.

Vorab seien diesbezüglich die Prämiensubventionsbedarfe dargestellt, die jeweils unter den drei Konzepten anfallen. Der Zuschussbedarf, der sich durch den vollständigen Umstieg im Modell des Kronberger Kreises ergibt und im Jahr 2007 rund 33,4 Mrd. Euro beträgt, sinkt überproportional und halbiert sein Volumen binnen der ersten zehn Jahre; vgl. Abbildung 53.[257] Der Prämiensubventionsbedarf im Rahmen des Auslaufmodells beträgt aufgrund der gedeckelten Kopfpauschalen für die "60-Jährigen und Älteren" anfänglich ca. 14,4 Mrd. Euro. Auch hierunter sinkt das Zuschussvolumen, allerdings nicht in dem Ausmaß wie jenes des Kronberger Kreises, da hier mit Ableben der älteren Kohorten keine Prämien von 300 Euro, sondern lediglich Pflegepauschalen von 62 Euro entfallen. Etwa ab dem Jahr 2040 sind die Subventionsbedarfe der beiden Reformkonzepte gleich, dies ist der Zeitpunkt, zu dem auch die im Auslaufmodell SPV-Verbleibenden nahezu verstorben sind. Im Rahmen des Herzog-Modells – hier fällt erstmalig im Jahr 2030 die Prämiensubvention an – liegt das Zuschussvolumen bei etwa 12,9 Mrd. Euro und sinkt stetig, bis es sich schließlich im Jahr 2090 mit ca. 1,8 Mrd. Euro an die Subventionsbedarfe der anderen beiden Reformkonzepte angeglichen hat – dies ist der Zeitpunkt, zu dem in allen drei Modellen die Kohorten mit nunmehr ausschließlich kohortenspezifischen Prämien konfrontiert sind und zu dem sich die dann lebenden Jahrgänge den jeweils altersbedingt niedrigen Prämien gegenübersehen.

Ein Vergleich der Reformmodelle im *exogenen* Beitragsszenario ohne sozialen Ausgleich legt die Belastungsverteilung der jeweiligen Konzepte offen: Durch den Aufbau eines kollektiven Kapitalstocks und den erst zu einem späteren Zeitpunkt durchgeführten Umstieg in die Kapitaldeckung werden im Herzog-Konzept vornehmlich die 20- bis 50- Jährigen mit bis zu 660 Euro pro verbleibendem Lebensjahr belastet, wohingegen die 70-Jährigen und Älteren mit 100 Euro pro verbleibendem Lebensjahr relativ gering belastet werden; vgl. Abbildung 54. Das Auslaufmodell von Häcker und Raffelhüschen (2004a) geht diesbezüglich deutlich offensiver an die Rücknahme des Einführungsgeschenks heran, und zwar durch vergleichsweise höhere Beiträge, die von den alten und ältesten Kohorten zu leisten sind. Dementsprechend sind die 65-Jährigen mit 525 Euro und die 90-Jährigen mit 240 Euro pro verbleibendem Lebensjahr im Vergleich zum Herzog-Modell deutlich stärker belastet. Die größte Mehrbelastung pro verbleibendem Lebensjahr im Rahmen des Auslaufmodells erfahren die Jahrgänge um die Ausscheidegrenze herum.

---

[257] Da das Subventionsvolumen überproportional mit steigender Prämie zunimmt, kommt es umgekehrt auch zu einem überproportionalen Rückgang des Subventionsbedarfs bei sinkender Prämie.

Abbildung 53
Entwicklung des Prämiensubventionsbedarfs im Herzog-Kommissions-Modell, im Auslaufmodell und im Kronberger-Kreis-Modell
(Basisjahr 2004)

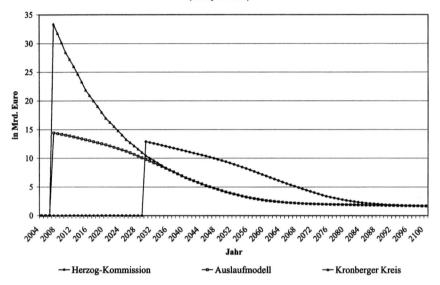

→ Herzog-Kommission   → Auslaufmodell   → Kronberger Kreis

Quelle: Eigene Berechnungen.

Mit Abstand den stärksten Rücknahmeeffekt übt von allen drei Konzepten das Modell des Kronberger Kreises aus. Hierunter sind insbesondere die 65-Jährigen und Älteren durch den sofortigen Umstieg in die Kapitaldeckung mehrbelastet, wobei die Belastung allein daher rührt, dass nun sämtliche SPV-Leistungen entfallen. Im Auslaufmodell und im Herzog-Modell dagegen rührt die Mehrbelastung der älteren Jahrgänge daher, dass diese im Vergleich zum Status quo eine höhere Beitragszahlung zu leisten haben, und nicht aus einem Leistungswegfall.

Dieses Ergebnis der unterschiedlichen Verteilungseffekte der drei Reformkonzepte untereinander bleibt auch im *endogenen* Beitragsszenario – nun außerdem unter Betrachtung des sozialen Ausgleichs – gültig. Darunter sind die intergenerativen Verteilungswirkungen gegenüber dem exogenen Szenario allerdings gleichmäßiger über die Jahrgänge verteilt. Dies liegt zum einen darin begründet, dass allein die Berücksichtigung des Beitragssatzanstiegs im Status quo dazu führt, dass alle Kohorten durch die entsprechende Reform weniger stark mehrbelastet bzw. stärker minderbelastet sind als es unter der Annahme eines konstanten Status quo Beitragssatzes von 1,7 Prozent der Fall ist. Zum anderen verhindert der soziale Ausgleich Belastungsspitzen bei den einzelnen Kohorten. Hiervon allerdings ausgenommen sind die im Modell des Kronberger Kreises 80-Jährigen und Älteren, bei denen der Leistungswegfall auch durch die sehr hohe Prämiensubventionierung nicht aufgefangen werden kann.

6. Intergenerative Verteilungseffekte von Finanzierungsreformen der SPV 185

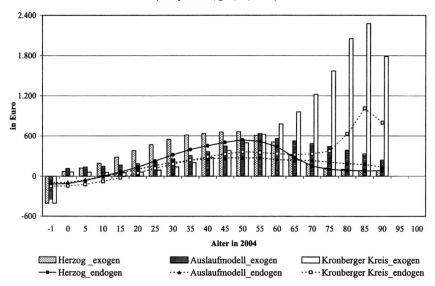

Abbildung 54
Vergleich reforminduzierter Mehr- und Minderbelastung pro verbleibendem Lebensjahr (Annuität) von unterschiedlichen kapitalgedeckten Reformkonzepten
(Basisjahr 2004, g=1,5%, r=3%)

Quelle: Eigene Berechnungen.

Insgesamt betrachtet wird bei allen drei Modellen eine deutliche Entlastung junger und zukünftiger Generationen im Vergleich zum Status quo erreicht – selbst unter Berücksichtigung des sozialen Ausgleichs, der auf diese Kohorten im Durchschnitt stets einen belastenden Effekt mit sich bringt.[258]

6.3 Zusammenfassende Betrachtung

Neben den hier aufgeführten Reformkonzepten ist zweifelsohne ein Kontinuum an weiteren Modellvarianten denkbar, die einer der Kategorie Umlageverfahren oder Kapitaldeckungsverfahren zugeordnet werden können und die sich unterschiedlicher Stellschrauben bedienen, um eine Zunahme der impliziten intergenerativen Transfers zu vermeiden. Mittels der hier aufgeführten Reformkonzepte, anhand derer ein möglichst breites Spektrum an Handlungsmöglichkeiten abzude-

---

[258]Obwohl in den vorliegenden Berechnungen nicht explizit aufgeführt, sind natürlich Variationen in der Höhe der Überforderungsgrenze denkbar. Dabei beinhaltet jegliche Erhöhung in der Überforderungsgrenze auch einen geringeren Subventionsbedarf. Entsprechend wirkt jede Erhöhung der Überforderungsgrenze tendenziell entlastend auf die jungen Kohorten, dafür aber belastend auf die mittelalten und alten Jahrgänge.

cken versucht wurde, sollte eine grundsätzliche Einschätzung der Wirkungsweise unterschiedlich miteinander kombinierter Reformelemente möglich sein.

So unterliegen Reformkonzepte, die im Umlageverfahren verweilen, unabhängig von ihrer Ausgestaltung grundsätzlich dem Problem, dass sie der in der Bevölkerungsstruktur angelegten intergenerativen Umverteilung nicht nachhaltig entgegenwirken können. Durch eine Ausweitung der Beitragsbemessung, wie bspw. im Modell der Bürgerversicherung, wird zwar eine stabilere Basisfinanzierung erzielt, jedoch ändert dies nichts an dem Sachverhalt, dass es im Zeitablauf auch hierunter zu einer Zunahme der impliziten intergenerativen Transfers kommt. Die Komponente der Ausweitung des Versichertenkreises führt dagegen noch zu einer Verschärfung des demographieinduzierten Finanzierungsproblems der SPV, wie – neben dem Konzept der Bürgerversicherung – auch am Bürgerpauschalenmodell ersichtlich wird. So ist es alleinig dem Übergang von einkommensabhängigen Beiträgen zu Pauschalen zuzuschreiben, dass hierunter ein gewisser Entlastungseffekt bei den jungen und zukünftigen Generationen erzielt wird, da die Pauschale für die jeweilige Rentnergeneration einer impliziten Beitragserhöhung gleichkommt. Aber auch eine explizite Beitragserhöhung in Form einer Anhebung des Beitragssatzes für Rentner kann – unter Beibehaltung des Versichertenkreises – nicht verhindern, dass es zu einer Zunahme in den impliziten intergenerativen Transfers kommt.

Die Demographieanfälligkeit kann demgegenüber nur durch den Übergang in ein kapitalgedecktes System überwunden werden, da hierunter jeder für die Finanzierung seiner eigenen Leistungen aufkommt. Jedoch ist der Übergang in die Kapitaldeckung mit temporären Mehrbelastungen verbunden, da die momentan im Umlageverfahren vorliegenden Anwartschaften in der Kapitaldeckung nachfinanziert werden müssen. Ob diese Nachfinanzierung der bestehenden Anwartschaften auf viele Kohorten verteilt wird oder von jeder Kohorte selbst vorgenommen wird, hängt dabei von der Ausgestaltung des Übergangs ab. Während das hier aufgeführte Modell der Herzog-Kommission sowie das Auslaufmodell versuchen, den Aufbau des notwendigen Deckungskapitals durch die Beteiligung möglichst vieler Kohorten vorzunehmen, geht das Modell des Kronberger Kreises den radikalsten Weg, indem sofort jegliche intergenerativen Transfers beseitigt werden und jeder Kohorte die Finanzierung ihrer eigenen Pflegeausgaben selbst überlassen bleibt.

In der Realität jedoch ließe sich dieser Vorschlag so nicht umsetzten. Vielmehr würde mit dem Umstieg in die Kapitaldeckung die Installation eines implizites Umlageverfahren kombiniert werden, welches zur Abfederung der Mehrbelastungen bei den älteren Kohorten dient – wiederum ist dies nichts anderes als die Überwälzung des Aufbaus des Deckungskapitals auf mehrere Kohorten. Der Vorteil einer Kapitaldeckung mit dieser Art von Umlageelementen allerdings ist, dass diese über die Zeit immer geringer werden, während die Umlageelemente des Umlageverfahrens immer weiter zunehmen.

Ähnliches gilt auch für den Subventionsbedarf (bzw. dessen Finanzierung), der vor allem im Rahmen der kapitalgedeckten Reformkonzepte, aber auch bei der Pauschalenvariante innerhalb des Umlageverfahrens eine Rolle spielt. So ist der Subventionierungsbedarf bei einer Pauschalenlösung im Umlageverfahren anfänglich zwar relativ gering, allerdings steigt er aufgrund der demographiebedingt steigenden Pauschale ebenfalls an. Umgekehrt verhält es sich für den Subventionsbedarf im Rahmen der Kapitaldeckung. So ist der Subventionsbedarf bei Übergang in die Kapitaldeckung anfänglich zwar vergleichsweise relativ hoch, doch sinkt dieser stetig im Zeitablauf mit sinkender Prämie.

Kapitel 7

Resümee und Ausblick

Im Rahmen der hier vorliegenden Arbeit wurde die Soziale Pflegeversicherung (SPV) eingehend und umfassend unter Verwendung der Methode der Generationenbilanzierung untersucht. Die Analyse diente insbesondere der Feststellung und Quantifizierung des (nicht-)nachhaltigen Zustands der SPV sowie der Beantwortung der Frage, welcher Reformanstrengungen es bedarf, um eine intergenerativ ausgewogene Situation herbeizuführen.

Ausgangspunkt der Betrachtung war die Lage vor Einführung der SPV. Mittels dieser konnte ein Einblick in die Probleme bzw. Ziele gewährt werden, deren Behebung bzw. Erreichung durch die Einführung einer eigenständigen Pflegeversicherung angestrebt wurde. Ein Blick auf die Entwicklung der SPV seit ihrer Errichtung offenbart jedoch, dass sie zwar dem Ziel der Vermeidung einer pflegebedingten Sozialhilfeabhängigkeit gerecht werden und das in der *Hilfe zur Pflege* (HzP) vorliegende finanzpolitische Problem lösen konnte, jedoch nur auf Kosten der Schaffung einer neuen Finanzierungsinstanz und – da basierend auf dem Umlageverfahren – der Aufnahme einer impliziten Schuld.

Wie hoch die (kumulierte) implizite Schuld ist, konnte auf Basis der aktuellen Datenlage mit Hilfe der Generationenbilanzierung quantifiziert werden. Wesentlich für das Ausmaß der impliziten Schuld und zugleich zentrales Ergebnis der Nachhaltigkeitsanalyse ist, dass momentan kein lebender Jahrgang existiert, der bei Beibehaltung des heutigen Beitragssatzes den statistischen Erwartungswert seiner Leistungsinanspruchnahme tatsächlich einzahlt. Alle heute lebenden Generationen sind somit Nettotransferempfänger der SPV. Insofern kann von der SPV auch nicht als Generationenvertrag gesprochen werden. Die aktiven und passiven Teile der Bevölkerung lassen sich die von ihnen in Anspruch genommenen Leistungen wesentlich von den zukünftigen Generationen finanzieren.

Da in der Realität die implizite Schuld in (jährliche) Beitragssatzsteigerungen umgesetzt wird, droht sich der Beitragssatz der SPV – rein demographisch bedingt – binnen der nächsten 50 Jahre mehr als zu verdoppeln. Abgesehen von arbeitsmarktpolitischen Aspekten ist ein steigender Beitragssatz aus intergenerativer Sicht deshalb problematisch, weil mit ihm eine intergenerative Lastverschiebung einhergeht, also eine Umverteilung der Konsummöglichkeiten einer Generation zu Lasten einer anderen Generation stattfindet. In welchem Ausmaß dies der Fall ist, konnte anhand einer Internen-Rendite-Betrachtung veranschaulicht werden: Zwar wird die

Tilgung der impliziten Schuld von allen Generationen vorgenommen, dies aber in unterschiedlichem Ausmaß. So tragen vor allem heutige junge und zukünftige Generationen die Kosten der Alterung der Bevölkerung, was sich in einer sukzessiven Verringerung ihrer internen Rendite niederschlägt. Es konnte außerdem quantifiziert werden, welche Kohorten in welchem Umfang von der Einführung der SPV als Umlageverfahren dadurch profitiert haben, dass sie altersbedingt nicht die komplette Nettobeitragsphase durchlaufen. Der Vorteil ist umso größer, je kürzer die verbleibende Nettobeitragsphase – also am größten für jene Jahrgänge, die sich bei Einführung der SPV bereits in ihrer Nettotransferphase befanden. Des weiteren ließ sich die Frage beantworten, welche Kohorten an der Rückzahlung des "Einführungsgeschenks" beteiligt sind, d.h. welche Jahrgänge mit dem umlagefinanzierten System eine geringere Rendite erzielen werden als es ihnen in einem alternativen kapitalgedeckten System möglich gewesen wäre. Es sind im Durchschnitt die Jahrgänge 1970 und jünger, die mit einer impliziten Steuer belastet sind – Jahrgänge, die eigentlich noch einen Renditevorteil dadurch haben sollten, dass sie nur eine verkürzte Nettobeitragsphase durchlaufen. Die geschlechtsspezifische Betrachtung hat darüber hinaus gezeigt, dass Männer – neben der *inter*generativen Umverteilung – einen Großteil der *intra*generativen Umverteilung tragen.

Die soweit dargestellten Umverteilungsströme ergeben sich lediglich aus den rein demographisch induzierten Umverteilungen. Außen vorgeblieben sind zunächst alle sonstigen Einflussgrößen, die ebenfalls maßgeblich auf die Ausgabenentwicklung einwirken. Aufgrund der spezifischen Ausgestaltung der SPV müssen neben der demographischen Komponente Ausgabeneffekte berücksichtigt werden, die durch Veränderungen in der Inanspruchnahme von Pflegeleistungen, durch die stärkere Berücksichtigung Demenzkranker bei der Leistungsgewährung sowie durch eine adäquate realwerterhaltende Leistungsdynamisierung hervorgerufen werden. Im Einzelnen:

Das in Zukunft zu erwartende veränderte Inanspruchnahmeverhalten ist im Wesentlichen die Folge des (indirekt) demographiebedingten Rückgangs im Pflegepotential. Der Rückgang im Pflegepotential wird verschärft durch veränderte Haushaltsstrukturen und einer Zunahme in der Erwerbsbeteiligung der Frauen. Anhand unterschiedlicher Nachhaltigkeitsindikatoren, hierunter auch dem Beitragssatz, konnte veranschaulicht werden, welche finanziellen Folgen sich allein durch eine veränderte Wahl in der Art der Pflege für die SPV einstellen. So offenbart die notwendige Berücksichtigung des demographisch bedingten Rückgangs im inter- und intragenerativen Pflegepotential – selbst unter Vernachlässigung der Einflussgrößen Haushaltsstruktur und Frauenerwerbsquote –, dass der nicht-nachhaltige Zustand der SPV deutlich gravierender ist, als es der Status quo im hypothetischen Fall eines konstanten Pflegepotentials vermuten lässt.

Ebenfalls erhebliche Auswirkungen auf die Nachhaltigkeit der SPV hat die Gewährung von (weiteren) Betreuungsleistungen für Demenzkranke. Die Politik hat dem Problem gewissermaßen schon teilweise entgegengewirkt, indem sie versucht, die geplanten Leistungsausweitungen nur gekürzt zu gewähren. Dennoch wird damit das Leistungsspektrum der SPV ausgeweitet, wodurch es erneut zu einem Einführungsgeschenk und damit Gewinnergenerationen kommt. Es wird eine weitere implizite Verschuldung erzeugt, die von zukünftigen Generationen zu tilgen ist.

7. Resümee und Ausblick

Durch Berechnung einer kaufkraftstabilisierenden Dynamisierungsrate für die Versicherungsleistungen der SPV, die aus Daten der HzP gewonnen wurde, konnte zum einen aufgezeigt werden, dass es einer über dem allgemeinen Produktivitätsfortschritt liegenden Dynamisierungsrate der Pflegeleistungen bedarf, um einen Realwerterhalt der Leistungen zu gewährleisten. Zum anderen konnte der Zielkonflikt zwischen Kaufkraft- und Beitragssatzstabilisierung dargestellt werden: Wird der Beitragssatz stabil gehalten, so findet eine Abschmelzung der Versicherungsleistung und damit ein Zurückfahren des Basissicherungsschutzes statt, was die Legitimationsbasis der SPV in Frage stellt. Wird demgegenüber versucht, das Niveau der Versicherungsleistungen aufrecht zu erhalten, dann muss mit erheblichen Beitragssatzsteigerungen gerechnet werden. Damit sieht sich die SPV einem deutlich größeren Reformbedarf gegenüber als bislang vermutet.

Obgleich sich alle drei Aspekte auf der politischen Agenda befinden, stehen insbesondere die Vermeidung des Professionalisierungstrends bei der Leistungsinanspruchnahme und damit die Bewahrung des Vorrangs "ambulant vor stationär" sowie die stärkere Berücksichtigung Demenzkranker im Vordergrund der Diskussion. Rein fiskalisch betrachtet kommt jedoch der Leistungsdynamisierung die gewichtigste Rolle zu, da diese die stärksten Ausgabeneffekte bewirkt und damit der SPV langfristig die größten Finanzierungsprobleme bescheren wird. Unabhängig von den jeweiligen Größenordnungen der Ausgabeneffekte sollte grundsätzlich von jeglicher Ausdehnung des Leistungskatalogs im bestehenden System abgesehen werden, da es ohne intergenerative Umverteilungen noch nicht einmal gelingen wird, bestehende Ansprüche zu bedienen.

Während eine Leistungsdynamisierung grundsätzlich stattfinden müsste, da diese lediglich dem Leistungserhalt dient und nicht etwa mit einer Leistungsausweitung gleichzusetzen ist, muss konsequenterweise umso vehementer die Einführung von zusätzlichen Betreuungsleistungen abgelehnt werden. Gleiches gilt für die Angleichung der Pflegesachleistungen. Zwar wird mittels dieser Maßnahme versucht, dem Heimsog-Effekt und in gewisser Weise auch der aus ihm resultierenden Volatilität in den Ausgaben entgegenzuwirken, letztlich entscheidet aber die Höhe der vereinheitlichten Leistungssätze, ob im Durchschnitt eine Leistungsausweitung oder -kürzung realisiert wird. In Anbetracht der Tatsache, dass eine Leistungskürzung politisch nur schwer umsetzbar wäre, besteht auch im Zuge dieser Maßnahme die Gefahr, dass eine – wenn auch nur geringfügige – Leistungserhöhung vorgenommen wird. Da alle drei genannten Komponenten eine Zunahme der intergenerativen Umverteilung bewirken, ist deren Realisierung überhaupt erst unter veränderten Finanzierungsbedingungen gegeben.

Wie eine umfassende Systemreform der SPV auszugestalten ist, wurde anhand unterschiedlicher Reformkonzepte mit Schwerpunkt auf den damit einhergehenden intergenerativen Verteilungswirkungen untersucht. Dabei wurden die Reformmodelle nach ihren langfristigen Finanzierungsverfahren unterteilt. Jene Konzepte, die auf lange Sicht das Umlageverfahren als Finanzierungsform beibehalten, können zwar je nach Ausgestaltung eine Zunahme an impliziten intergenerativen Transfers dämpfen. Sie können unter den gegebenen demographischen Bedingungen jedoch nicht das grundsätzliche Problem steigender impliziter Transfers umgehen. Weder die Ausweitungen des Personenkreises und/oder der Beitragsbemessung, noch die stärkere Beteiligung der Rentner an der Finanzierung der Leistungsausgaben erreichen eine nachhaltige Wirkung für die SPV.

Demgegenüber eliminieren Konzepte, die den vollständigen Umstieg vom Umlageverfahren in die Kapitaldeckung vorsehen, die intergenerativen Umverteilungen vollständig. Jedoch erfordert ein solcher Umstieg die Finanzierung der impliziten Alterungsrückstellungen, was zu einer relativ hohen Mehrbelastung, insbesondere der heute älteren Jahrgänge, führt. Dabei stellt diese Mehrbelastung nichts anderes dar, als die teilweise bzw. vollständige Rücknahme des Einführungsgeschenks. Angesichts der Tatsache, dass durch die bislang geleisteten Beiträge höchstens eine Art "Vertrauensschutz" greift, nicht aber ein "Eigentumsschutz", sind diese impliziten Anwartschaften nur bedingt zu bedienen. Im Unterschied zum Eigentumsschutz verlangt der "Vertrauensschutz" nichts weiter als die Schaffung eines Ausgleichs dafür, dass die jeweiligen betroffenen Jahrgänge im Vertrauen auf einen späteren Leistungserhalt keine anderweitige Vorsorge getroffen haben. Die Gewährung eines Vertrauensschutzes erlaubt es dennoch, auch ältere Kohorten an den "Umstiegskosten" in die Kapitaldeckung zu beteiligen. Unmittelbar an diesen Sachverhalt gekoppelt ist die Handlungsempfehlung, eine Reform der SPV so zeitnah wie möglich durchzuführen, da sich die Ausgangsbasis für eine Systemreform zunehmend verschlechtert: Jegliches Hinauszögern der Reform zieht eine Zunahme der impliziten Anwartschaften nach sich, wodurch der Übergang in die Kapitaldeckung einen immer größer werdenden Deckungsstock erfordert. Hinzu kommt, dass dieses Deckungskapital in steigendem Maße von den heute jungen und zukünftigen Jahrgängen finanziert werden muss, da die älteren Jahrgänge in zunehmendem Maße in den Eigentumsschutz zu fallen drohen. Damit kommt dem Zeitfaktor bei der anzustrebenden Reform der SPV eine wesentliche Rolle zu.

Im Zuge einer umfassende Reform der SPV hin zum Kapitaldeckungsverfahren bietet es sich darüber hinaus an, über mögliche Veränderungen des (Basis-) Leistungskatalogs nachzudenken. Überprüft werden müsste beispielsweise, inwiefern durch eine Flexibilisierung der Leistungen und/oder durch eine weitere Ausdifferenzierung der Pflegestufen eine stärkere Bedarfsorientierung erzielt werden kann, was sich wiederum in einem Absenken der Leistungssätze bei gleichem Versorgungsniveau niederschlagen könnte bzw. bei gleichen Leistungssätzen das Versorgungsniveau erhöhen könnte. Es wäre ferner die Diskussion aufzugreifen, in welchem Maße demenziell Erkrankte stärker bei der Leistungsgewährung Berücksichtigung finden sollten bzw. ob durch die stärkere Bedarfsorientierung überhaupt eine Leistungsausweitung für diesen Personenkreis erforderlich ist. Momentan noch in der Erprobungsphase könnten sich personenbezogene Pflegebudgets eignen, eine bedarfsgerechte Zusammenstellung der benötigten Pflege- und Betreuungsleistungen zu erzielen.[259] Weitere kostensenkende Effekte könnten durch die Schaffung marktwirtschaftlicher Steuerungsmechanismen erreicht werden, die eine Intensivierung des Wettbewerbs erlauben. Zum Beispiel sollte den Pflegekassen die Möglichkeit eingeräumt werden, sich bezüglich ihres Leistungsangebots, der Inhalte und Konditionen voneinander abzugrenzen, um marktwirtschaftlich orientiert um die Versicherten werben zu können – eine Maßnahme die bewirken würden, dass sich die Pflegekassen unternehmerisch verhalten. Instrumente zur Kos-

---

[259]Siehe hierzu ausführlich die Arbeiten von Arntz und Spermann (2005) und Michaelis et al. (2005).

7. Resümee und Ausblick

tensenkung ließen sich besser ausschöpfen, mit der Konsequenz, dass die Beiträge nicht einfach den Kosten folgen würden.

Insgesamt bleibt festzuhalten, dass in der SPV ein Paradigmenwechsel hin zur stärkeren Eigenvorsorge notwendig ist, welcher den Weg für den dringend erforderlichen Systemwechsel ebnet und damit dem in einer alternden Gesellschaft notwendigen Umbau des Sozialstaates unter stärkerer Betonung des Subsidiaritätsprinzips Rechnung trägt. Nur eine solche Neuorientierung trägt entscheidend zur Stärkung des Kittes zwischen den Generationen und damit zum gesellschaftlichen Zusammenhalt bei. Denn eine Solidarität zwischen den Generationen ist nur solange gegeben, als ihr der kategorische Imperativ der Nachhaltigkeit zugrunde liegt.

Anhang A

Tabellen

Tabelle A.1
Interne Rendite der SPV bei alternativen Bevölkerungsvarianten
(Basisjahr 1995, Projektionsjahr 2004)

	g = 1,5 %							
	Variante 3				Variante 7			
Jahrgang	ir	Abweichung von Variante 5	ir_b	Abweichung von Variante 5	ir	Abweichung von Variante 5	ir_b	Abweichung von Variante 5
1935	34,14%	-0,09%	33,91%	-0,06%	34,22%	0,15%	33,96%	0,09%
1940	14,81%	-0,54%	14,46%	-0,41%	15,02%	0,90%	14,62%	0,69%
1945	9,50%	-1,18%	9,10%	-0,90%	9,79%	1,92%	9,32%	1,51%
1950	6,99%	-1,89%	6,53%	-1,41%	7,34%	3,03%	6,78%	2,38%
1955	5,61%	-2,61%	5,06%	-1,86%	6,00%	4,10%	5,32%	3,14%
1960	4,77%	-3,24%	4,11%	-2,11%	5,18%	5,01%	4,35%	3,61%
1965	4,20%	-3,77%	3,42%	-2,06%	4,62%	5,74%	3,62%	3,69%
1970	3,81%	-4,16%	2,89%	-1,60%	4,22%	6,29%	3,04%	3,30%
1975	3,66%	-4,35%	2,58%	-0,58%	4,07%	6,53%	2,65%	2,20%
1980	3,68%	-4,40%	2,38%	1,03%	4,10%	6,57%	2,36%	0,40%
1985	3,69%	-4,43%	2,17%	3,12%	4,12%	6,59%	2,07%	-1,83%
1990	3,70%	-4,45%	1,98%	5,79%	4,12%	6,56%	1,78%	-4,73%
1995	3,70%	-4,40%	1,81%	9,25%	4,12%	6,58%	1,52%	-8,09%
2000	3,70%	-4,42%	1,67%	12,92%	4,12%	6,55%	1,30%	-11,83%
2005	3,70%	-4,44%	1,56%	16,59%	4,12%	6,52%	1,13%	-15,53%
2010	3,70%	-4,44%	1,50%	19,85%	4,12%	6,52%	1,01%	-18,81%
2015	3,70%	-4,44%	1,44%	22,59%	4,12%	6,52%	0,93%	-21,50%
2020	3,70%	-4,44%	1,41%	24,67%	4,12%	6,52%	0,87%	-23,59%
2025	3,70%	-4,44%	1,40%	25,89%	4,12%	6,52%	0,83%	-24,97%
2030	3,70%	-4,44%	1,40%	26,15%	4,12%	6,52%	0,83%	-25,57%

Quelle: Eigene Berechnungen.

Tabelle A.2
Interne Rendite der SPV bei alternativen Wachstumsraten
(Basisjahr 1995, Projektionsjahr 2004)

	Variante 5							
	g = 1 %				g = 2 %			
Jahrgang	ir	Abweichung von Variante 5	ir_b	Abweichung von Variante 5	ir	Abweichung von Variante 5	ir_b	Abweichung von Variante 5
1935	33,51%	-1,93	33,27%	-1,94%	34,83%	1,93%	34,59%	1,94%
1940	14,32%	-3,80%	13,95%	-3,89%	15,45%	3,80%	15,08%	3,89%
1945	9,07%	-5,62%	8,64%	-5,86%	10,15%	5,62%	9,72%	5,86%
1950	6,60%	-7,40%	6,10%	-7,93%	7,65%	7,40%	7,15%	7,93%
1955	5,24%	-9,04%	4,64%	-10,04%	6,28%	9,04%	5,68%	10,04%
1960	4,42%	-10,48%	3,69%	-12,21%	5,45%	10,48%	4,72%	12,21%
1965	3,85%	-11,78%	2,98%	-14,61%	4,88%	11,78%	4,00%	14,61%
1970	3,46%	-12,89%	2,43%	-17,24%	4,49%	12,89%	3,45%	17,24%
1975	3,31%	-13,38%	2,09%	-19,49%	4,33%	13,38%	3,10%	19,49%
1980	3,34%	-13,29%	1,85%	-21,42%	4,36%	13,29%	2,86%	21,42%
1985	3,35%	-13,25%	1,61%	-23,86%	4,37%	13,25%	2,61%	23,86%
1990	3,36%	-13,23%	1,37%	-26,83%	4,38%	13,23%	2,37%	26,83%
1995	3,36%	-13,23%	1,15%	-30,28%	4,38%	13,23%	2,15%	30,28%
2000	3,36%	-13,25%	0,98%	-33,89%	4,38%	13,20%	1,98%	33,89%
2005	3,36%	-13,27%	0,84%	-37,20%	4,38%	13,17%	1,84%	37,20%
2010	3,36%	-13,27%	0,75%	-39,98%	4,38%	13,17%	1,75%	39,98%
2015	3,36%	-13,27%	0,68%	-42,29%	4,38%	13,17%	1,68%	42,29%
2020	3,36%	-13,27%	0,63%	-43,98%	4,38%	13,17%	1,63%	43,98%
2025	3,36%	-13,27%	0,61%	-44,81%	4,38%	13,17%	1,61%	44,81%
2030	3,36%	-13,27%	0,62%	-44,73%	4,38%	13,17%	1,61%	44,73%

Quelle: Eigene Berechnungen.

Tabelle A.3
Entwicklung des relativen Pflegepotentials und des Anteils der Empfänger unterschiedlicher Pflegearrangements bei unterschiedlichen Bevölkerungsvarianten

	Variante 3								Variante 7							
	Relatives Pflege-potential (Index, 2004=100)	Empfänger von Pflegegeld (in Prozent)	Empfänger ambulanter Leistungen (in Prozent)			Empfänger stationärer Leistungen (in Prozent)			Relatives Pflege-potential (Index, 2004=100)	Empfänger von Pflegegeld (in Prozent)	Empfänger ambulanter Leistungen (in Prozent)			Empfänger stationärer Leistungen (in Prozent)		
			Var A	Var B	Var C	Var A	Var B	Var C			Var A	Var B	Var C	Var A	Var B	Var C
2004	100,0	51			16			33	100,0	51			16			33
Szenario 1																
2010	100,0	51			17			32	100,0	51			17			32
2020	100,0	49			17			34	100,0	48			18			34
2030	100,0	48			17			35	100,0	47			17			36
2040	100,0	48			17			35	100,0	46			18			36
2050	100,0	46			17			37	100,0	44			18			38
Szenario 2																
2010	87,1	50	18	33	16	32	33	34	86,5	49	19	18	17	32	33	34
2020	80,3	44	22	36	17	34	36	39	77,0	43	22	19	16	35	38	41
2030	77,9	39	26	39	17	35	39	44	71,3	36	28	22	17	36	42	47
2040	62,3	36	29	41	17	35	41	47	54,3	32	32	24	16	36	44	52
2050	56,1	31	32	44	17	37	44	52	44,8	25	37	27	17	38	48	58
Szenario 3																
2010	84,9	48	20	34	33	32	34	35	84,3	48	20	18	17	32	34	35
2020	76,3	43	23	37	26	34	37	40	73,1	41	24	21	16	35	38	42
2030	70,6	37	28	40	19	35	40	46	64,4	34	30	23	17	36	43	50
2040	56,7	34	31	42	16	35	42	49	49,2	29	35	26	10	36	45	54
2050	50,7	29	34	45	9	37	45	54	40,2	23	39	28	2	38	49	60
Szenario 4																
2010	77,8	44	24	36	16	32	36	40	77,3	43	25	21	17	32	36	40
2020	69,0	38	28	39	17	34	39	45	66,3	36	30	24	18	34	40	46
2030	63,9	33	32	42	17	35	42	50	58,7	30	34	26	17	36	44	53
2040	50,6	30	35	44	17	35	44	53	44,5	26	38	28	17	36	46	57
2050	44,9	25	38	47	18	37	47	57	36,1	20	42	30	18	38	50	62

Quelle: Eigene Berechnungen.

Tabelle A.4
Nachhaltigkeitsindikatoren bei einer Veränderung in der Inanspruchnahme von Pflegeleistungen bei unterschiedlichen Bevölkerungsvarianten
(Basisjahr 2004, g=1,5%, r=3%)

Variante 1

	Status quo (Szenario 1)	Szenario 2			Szenario 3			Szenario 4		
		Var A	Var B	Var C	Var A	Var B	Var C	Var A	Var B	Var C
Nachhaltigkeitslücke (in % des BIP)*	26,8	32,1	33,9	35,8	32,8	34,9	37,0	32,2	34,8	37,4
Abweichung von Var 5	-17,0%	-17,3%	-17,5%	-17,3%	-17,2%	-17,3%	-17,2%	-17,2%	-17,1%	-17,1%
Mehrbelastung zukünftiger Generationen (in Euro)	15.200	18.300	19.300	20.300	18.500	19.800	21.000	18.200	19.700	21.200
Abweichung von Var 5	7,8%	8,9%	8,4%	8,0%	7,6%	8,2%	8,2%	7,7%	8,2%	8,7%
Nachhaltige Einnahmenquote (in % des BIP)	1,31	1,41	1,45	1,49	1,43	1,47	1,52	1,40	1,45	1,50
Abweichung von Var 5	-2,4%	-2,8%	-2,9%	-3,0%	-2,8%	-2,9%	-2,9%	-2,7%	-2,7%	-2,7%
Einnahmeerhöhung (Prozentpunkte)	0,55	0,66	0,70	0,74	0,68	0,72	0,76	0,64	0,70	0,75
Nachhaltige Ausgabenquote (in % des BIP)	0,46	0,42	0,41	0,40	0,42	0,40	0,39	0,43	0,41	0,40
Abweichung von Var 5	2,5%	2,9%	3,0%	3,1%	2,9%	3,0%	2,9%	2,9%	2,8%	2,9%
Ausgabensenkung (Prozentpunkte)	-0,33	-0,37	-0,38	-0,39	-0,37	-0,39	-0,40	-0,36	-0,38	-0,39
Beitragssatz (in %) 2004						1,7				
2015	2,1	2,1	2,1	2,2	2,2	2,2	2,2	2,1	2,2	2,2
2030	2,8	3,0	3,0	3,1	3,0	3,1	3,1	2,9	3,0	3,1
2045	3,6	3,9	4,1	4,2	4,0	4,1	4,3	3,9	4,0	4,2
2060	3,9	4,4	4,5	4,7	4,4	4,6	4,8	4,3	4,5	4,7

* davon explizites Vermögen der SPV: 0,1% des BIP

Variante 3

	Status quo (Szenario 1)	Szenario 2			Szenario 3			Szenario 4		
		Var A	Var B	Var C	Var A	Var B	Var C	Var A	Var B	Var C
Nachhaltigkeitslücke (in % des BIP)*	29,0	35,0	37,0	38,9	35,8	38,1	40,4	35,1	38,0	40,8
Abweichung von Var 5	-10,2%	-9,8%	-10,0%	-10,2%	-9,6%	-9,7%	-9,6%	-9,8%	-9,5%	-9,5%
Mehrbelastung zukünftiger Generationen (in Euro)	10.300	12.400	13.100	13.800	12.700	13.500	14.400	12.400	13.400	14.500
Abweichung von Var 5	-27,0%	-26,2%	-26,4%	-26,6%	-26,2%	-26,2%	-25,8%	-26,6%	-26,4%	-25,6%
Nachhaltige Einnahmenquote (in % des BIP)	1,23	1,33	1,37	1,40	1,35	1,38	1,42	1,31	1,36	1,41
Abweichung von Var 5	-7,8%	-8,5%	-8,8%	-9,0%	-8,5%	-8,7%	-9,0%	-8,4%	-8,6%	-8,8%
Einnahmeerhöhung (Prozentpunkte)	0,48	0,58	0,61	0,64	0,59	0,63	0,67	0,56	0,61	0,65
Nachhaltige Ausgabenquote (in % des BIP)	0,48	0,45	0,44	0,43	0,44	0,43	0,42	0,45	0,44	0,42
Abweichung von Var 5	8,3%	9,3%	9,5%	9,8%	9,2%	9,7%	9,7%	9,3%	9,3%	9,6%
Ausgabensenkung (Prozentpunkte)	-0,31	-0,34	-0,35	-0,36	-0,35	-0,36	-0,37	-0,34	-0,35	-0,37
Beitragssatz (in %) 2004						1,7				
2015	2,0	2,1	2,1	2,1	2,1	2,1	2,2	2,1	2,1	2,2
2030	2,6	2,8	2,8	2,9	2,8	2,9	3,0	2,8	2,8	2,9
2045	3,2	3,5	3,6	3,7	3,5	3,6	3,7	3,4	3,5	3,7
2060	3,3	3,7	3,8	3,9	3,7	3,9	4,0	3,6	3,8	3,9

Quelle: Eigene Berechnungen.

Fortsetzung **Tabelle A.4**

	Variante 7													Variante 9												
	Status quo (Szenario 1)	Szenario 2			Szenario 3			Szenario 4			Status quo (Szenario 1)	Szenario 2			Szenario 3			Szenario 4		
		Var A	Var B	Var C	Var A	Var B	Var C	Var A	Var B	Var C		Var A	Var B	Var C	Var A	Var B	Var C	Var A	Var B	Var C
Nachhaltigkeitslücke (in % des BIP)*	35,7	42,3	44,9	47,4	43,1	45,9	48,8	42,7	46,0	49,3	39,7	47,7	50,5	53,3	48,6	51,7	54,9	47,8	51,5	55,3
Abweichung von Var 5	10,5%	9,0%	9,2%	9,5%	8,8%	8,8%	9,2%	9,8%	9,5%	9,3%	12,9%	12,9%	12,9%	13,1%	12,7%	12,5%	12,8%	12,9%	12,6%	12,6%
Mehrbelastung zukünftiger Generationen (in Euro)	20.200	24.000	25.400	26.800	24.400	26.000	27.600	24.100	26.000	27.900	14.100	17.000	18.000	19.000	17.300	18.400	19.500	16.900	18.200	19.500
Abweichung von Var 5	43,3%	42,9%	42,7%	42,6%	41,9%	42,1%	42,3%	42,6%	42,9%	43,1%	0,0%	1,2%	1,1%	1,1%	0,6%	0,5%	0,5%	0,0%	0,0%	0,0%
Nachhaltige Einnahmenquote (in % des BIP)	1,48	1,61	1,66	1,71	1,63	1,68	1,74	1,59	1,66	1,72	1,40	1,53	1,57	1,62	1,54	1,59	1,65	1,50	1,56	1,62
Abweichung von Var 5	10,3%	10,6%	11,1%	11,5%	10,5%	11,0%	11,4%	10,9%	11,2%	11,6%	4,6%	4,9%	5,2%	5,4%	4,9%	5,1%	5,4%	4,8%	5,0%	5,2%
Einnahmenerhöhung (Prozentpunkte)	0,72	0,86	0,91	0,96	0,87	0,93	0,99	0,84	0,90	0,97	0,65	0,77	0,82	0,87	0,79	0,84	0,89	0,75	0,81	0,87
Nachhaltige Ausgabenquote (in % des BIP)	0,40	0,37	0,36	0,35	0,37	0,35	0,34	0,37	0,36	0,35	0,43	0,39	0,38	0,37	0,39	0,37	0,36	0,40	0,38	0,37
Abweichung von Var 5	-9,4%	-9,7%	-9,9%	-10,4%	-9,6%	-9,9%	-10,4%	-9,7%	-10,1%	-10,4%	-4,4%	-4,6%	-5,0%	-5,1%	-4,7%	-4,8%	-5,2%	-4,6%	-4,9%	-4,9%
Ausgabensenkung (Prozentpunkte)	-0,39	-0,42	-0,43	-0,44	-0,42	-0,44	-0,45	-0,42	-0,43	-0,44	-0,36	-0,40	-0,41	-0,42	-0,40	-0,42	-0,43	-0,39	-0,41	-0,42
Beitragssatz (in %) 2004						1,7										1,7				
2015	2,1	2,2	2,2	2,2	2,2	2,2	2,2	2,2	2,2	2,3	2,1	2,2	2,2	2,2	2,2	2,2	2,2	2,2	2,2	2,2
2030	3,0	3,2	3,3	3,4	3,3	3,3	3,4	3,2	3,3	3,4	2,8	3,0	3,1	3,2	3,1	3,1	3,2	3,0	3,1	3,2
2045	4,0	4,5	4,6	4,8	4,5	4,7	4,9	4,4	4,6	4,8	3,6	3,9	4,1	4,2	4,0	4,1	4,3	3,9	4,0	4,2
2060	4,7	5,3	5,5	5,8	5,3	5,6	5,9	5,2	5,5	5,7	4,0	4,4	4,6	4,8	4,5	4,7	4,9	4,3	4,6	4,8

* davon explizites Vermögen der SPV: 0,1% des BIP

Quelle: Eigene Berechnungen.

Tabelle A.5
Entwicklung der Zahl Demenzkranker im Zeitraum 2010 bis 2050 unter verschiedenen Bevölkerungsvarianten

	Variante 1			
	Zahl der Demenzkranken - insgesamt -	Zahl der PflEG-2.1 - Pflegebedürftigen	Zahl der PflEG-2.2a - Pflegebedürftigen	Zahl der PflEG-2.2b - Pflegebedürftigen
2010	1.175.141	2.201.003	2.132.144	2.215.855
2015	1.330.652	2.438.129	2.360.157	2.454.946
2020	1.469.432	2.639.393	2.553.289	2.657.964
2025	1.590.141	2.813.524	2.720.347	2.833.621
2030	1.681.049	2.953.954	2.855.450	2.975.200
2035	1.773.684	3.075.357	2.971.424	3.097.773
2040	1.917.871	3.260.826	3.148.444	3.285.064
2045	2.090.249	3.504.551	3.382.069	3.530.968
2050	2.208.280	3.679.960	3.550.561	3.707.868

	Variante 9			
	Zahl der Demenzkranken - insgesamt -	Zahl der PflEG-2.1 - Pflegebedürftigen	Zahl der PflEG-2.2a - Pflegebedürftigen	Zahl der PflEG-2.2b - Pflegebedürftigen
2010	1.187.441	2.222.661	2.153.081	2.237.669
2015	1.369.798	2.506.745	2.426.479	2.524.057
2020	1.549.594	2.778.427	2.687.625	2.798.011
2025	1.722.764	3.041.364	2.940.416	3.063.138
2030	1.875.808	3.289.126	3.179.209	3.312.833
2035	2.030.684	3.518.082	3.399.090	3.543.746
2040	2.242.950	3.816.609	3.685.179	3.844.956
2045	2.514.260	4.223.825	4.076.497	4.255.601
2050	2.759.589	4.609.447	4.447.744	4.644.324

Quelle: Eigene Berechnungen.

Tabelle A.6

Nachhaltigkeitsindikatoren bei Umsetzung des PflEG-2-Vorschlags unter verschiedenen Bevölkerungsvarianten

(Basisjahr 2004, g=1,5%, r=3%)

	Variante 1				Variante 3				Variante 7				Variante 9			
	Status quo	PflEG-2.1	PfleEG-2.2		Status quo	PflEG-2.1	PfleEG-2.2		Status quo	PflEG-2.1	PfleEG-2.2		Status quo	PflEG-2.1	PfleEG-2.2	
			PflEG-2.2a	PflEG-2.2b			PflEG-2.2a	PflEG-2.2b			PflEG-2.2a	PflEG-2.2b			PflEG-2.2a	PflEG-2.2b
Nachhaltigkeits-lücke (in % des BIP) *	26,8	30,5	28,9	29,3	29,0	33,3	31,4	31,9	35,7	40,1	38,2	38,7	39,7	44,9	42,7	43,2
Abweichung von Var 5	-17,0%	-16,9%	-17,0%	-17,0%	-10,2%	-9,3%	-9,8%	-9,6%	10,5%	9,3%	9,8%	9,6%	22,9%	22,3%	22,7%	22,4%
Mehrbelastung zukünftiger Generationen (in Euro)	15.200	17.300	16.300	16.600	10.300	11.900	11.200	11.400	20.200	22.700	21.600	21.900	14.100	15.900	15.100	15.300
Abweichung von Var 5	7,8%	8,1%	7,9%	8,5%	-27,0%	-25,6%	-25,8%	-25,5%	43,3%	41,9%	43,0%	43,1%	0,0%	-0,6%	0,0%	0,0%
Nachhaltige Einnahmenquote (in % des BIP)	1,31	1,38	1,35	1,36	1,23	1,31	1,27	1,28	1,48	1,56	1,53	1,54	1,40	1,48	1,45	1,46
Abweichung von Var 5	-2,4%	-2,6%	-2,5%	-2,5%	-7,8%	-7,9%	-7,9%	-7,9%	10,3%	10,4%	10,4%	10,4%	4,6%	4,6%	4,6%	4,7%
Einnahmen-erhöhung (Prozentpunkte)	0,52	0,63	0,60	0,60	0,44	0,55	0,52	0,53	0,69	0,81	0,77	0,78	0,61	0,73	0,69	0,70
Nachhaltige Ausgabenquote (in % des BIP)	0,46	0,43	0,44	0,44	0,48	0,46	0,47	0,47	0,40	0,38	0,39	0,39	0,43	0,40	0,41	0,41
Abweichung von Var 5	2,5%	2,6%	2,6%	2,6%	8,3%	8,6%	8,6%	8,7%	-9,4%	-9,4%	-9,4%	-9,4%	-4,4%	-4,5%	-4,4%	-4,4%
Ausgaben-senkung (Prozentpunkte)	-0,33	-0,36	-0,35	-0,35	-0,31	-0,33	-0,32	-0,32	-0,39	-0,41	-0,40	-0,40	-0,36	-0,39	-0,38	-0,38
Beitragssatz (in %) 2004	1,7				1,7				1,7				1,7			
2015	2,1	2,2	2,1	2,1	2,0	2,2	2,1	2,1	2,1	2,2	2,2	2,2	2,1	2,2	2,2	2,2
2030	2,8	2,9	2,9	2,9	2,6	2,8	2,7	2,7	3,0	3,1	3,1	3,1	2,8	3,0	2,9	2,9
2045	3,6	3,8	3,7	3,7	3,2	3,4	3,3	3,3	4,0	4,3	4,2	4,2	3,6	3,8	3,7	3,7
2060	3,9	4,2	4,1	4,1	3,3	3,6	3,5	3,5	4,7	5,0	4,9	5,0	4,0	4,3	4,1	4,2

* davon explizites Vermögen der SPV: 0,1% des BIP

Quelle: Eigene Berechnungen.

Tabelle A.7
Nachhaltigkeitsindikatoren bei unterschiedlichen Dynamisierungsraten der Leistungen unter verschiedenen Bevölkerungsvarianten
(Basisjahr 2004, g=1,5%, r=3%)

	Variante 1			Variante 3			Variante 7			Variante 9		
	d=1,5% (Status quo)	d=2,5% (Szenario 3)	d=3,19% (Szenario 1)	d=1,5% (Status quo)	d=2,5% (Szenario 3)	d=3,19% (Szenario 1)	d=1,5% (Status quo)	d=2,5% (Szenario 3)	d=3,19% (Szenario 1)	d=1,5% (Status quo)	d=2,5% (Szenario 3)	d=3,19% (Szenario 1)
Nachhaltigkeitslücke (in % des BIP)*	26,8	61,5	84,7	29,0	75,4	107,3	35,7	78,1	107,5	39,7	96,3	136,5
Abweichung von Var 5	-17,0%	-20,2%	-21,5%	-10,2%	-2,2%	-0,6%	10,5%	1,3%	-0,4%	22,9%	24,9%	26,5%
Mehrbelastung zukünftiger Generationen (in Euro)	15.200	34.800	47.900	10.300	26.700	38.100	20.200	44.100	60.700	14.100	34.100	48.300
Abweichung von Var 5	7,8%	4,2%	2,6%	-27,0%	-20,1%	-18,4%	43,3%	32,0%	30,0%	0,0%	2,1%	3,4%
Nachhaltige Einnahmenquote (in % des BIP)	1,31	2,02	2,50	1,23	2,00	2,53	1,48	2,34	2,93	1,40	2,32	2,97
Abweichung von Var 5	-2,4%	-6,0%	-7,7%	-7,8%	-6,9%	-6,5%	10,3%	8,7%	8,2%	4,6%	7,9%	9,8%
Einnahmenerhöhung (Prozentpunkte)	0,52	1,27	1,75	0,44	1,25	1,78	0,69	1,58	2,18	0,61	1,56	2,22
Nachhaltige Ausgabenquote (in % des BIP)	0,457	0,295	0,239	0,483	0,298	0,236	0,404	0,255	0,204	0,426	0,257	0,201
Abweichung von Var 5	2,5%	6,3%	8,2%	8,3%	7,4%	6,8%	-9,4%	-8,0%	-7,5%	-4,8%	-7,6%	-9,0%
Ausgabensenkung (Prozentpunkte)	-0,33	-0,50	-0,55	-0,31	-0,49	-0,55	-0,39	-0,54	-0,59	-0,36	-0,53	-0,59
Beitragssatz (in %) 2004	1,7	1,7	1,7	1,7	1,7	1,7	1,7	1,7	1,7	1,7	1,7	1,7
2015	2,1	2,2	2,3	2,0	2,2	2,2	2,1	2,3	2,3	2,1	2,2	2,3
2030	2,8	3,4	3,7	2,6	3,2	3,4	3,0	3,7	3,9	2,8	3,5	3,7
2045	3,6	5,1	5,8	3,2	4,5	5,1	4,0	5,8	6,6	3,6	5,1	5,8
2060	3,9	6,5	8,0	3,3	5,5	6,8	4,7	7,9	9,7	4,0	6,6	8,2

* davon explizites Vermögen der SPV: 0,1 % des BIP

Quelle: Eigene Berechnungen.

Anhang B

Abbildungen

Abbildung B.1
Leistungen der Arbeitslosenversicherung (*ALVLeist*)

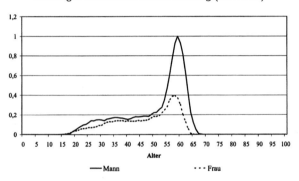

Abbildung B.2
Beitrag zur GRV (*RVBeitr*)

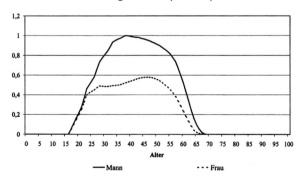

Abbildung B.3
Beitrag zur GKV (*KVBeitr*)

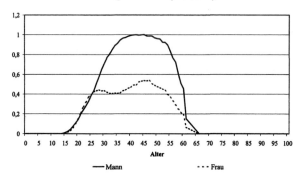

Abbildung B.4
Leistungen der GRV (*RVLeist*)

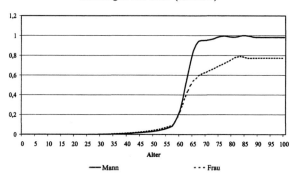

Abbildung B.5
Ambulante Leistungen der SPV der Pflegestufe I (*PflegeAmbu1*)

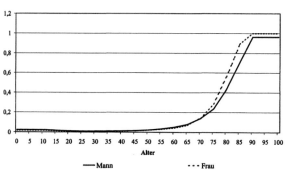

Abbildung B.6
Ambulante Leistungen der SPV der Pflegestufe II (*PflegeAmbu2*)

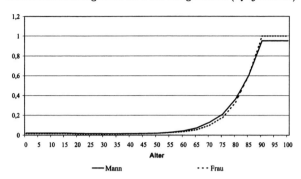

Abbildung B.7
Ambulante Leistungen der SPV der Pflegestufe III (*PflegeAmbu3*)

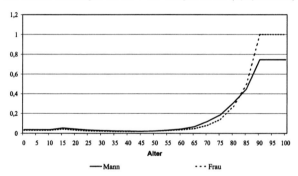

Abbildung B.8
Stationäre Leistungen der SPV der Pflegestufe I (*PflegeStat1*)

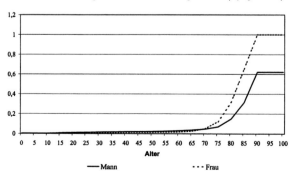

206 Anhang B. Abbildungen

Abbildung B.9
Stationäre Leistungen der SPV der Pflegestufe II (*PflegeStat2*)

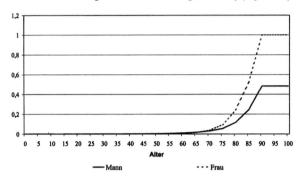

Abbildung B.10
Stationäre Leistungen der SPV der Pflegestufe III (*PflegeStat3*)

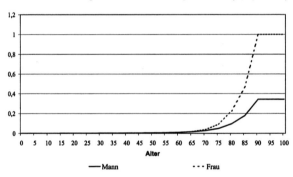

Abbildung B.11
Einser

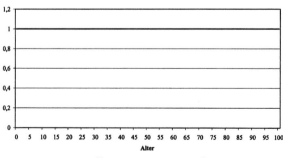

Abbildung B.12
Beitrag zur GKV bei Unterstellung unterschiedlicher Frauenerwerbsquoten (*KVBeitrFEQ*)

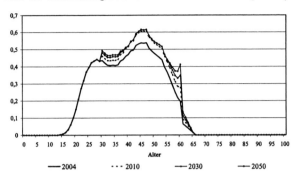

Abbildung B.13
Kapitalsteuer (*KapSt*)

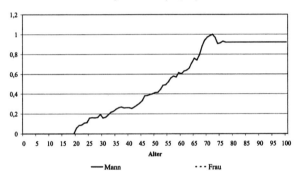

Abbildung B.14
Beitrag zur GKV von Beamten, Selbständigen sowie übrigen Arbeitnehmern (*KVBeitrRest*)

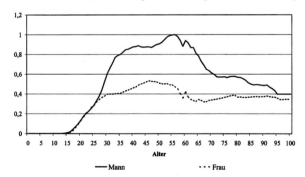

Abbildung B.15
NullEins

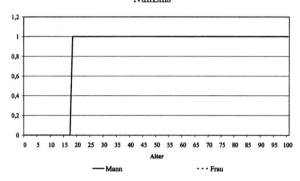

Abbildung B.16
Lohnsteuer (*LohnSt*)

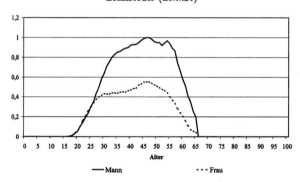

Abbildung B.17
Prämiensubvention im Bürgerpauschalenmodell (*PraemSubPauschale*)

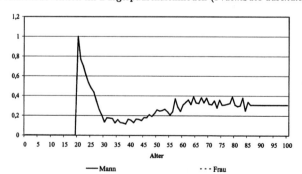

Anhang B. Abbildungen 209

Abbildung B.18
Prämiensubvention im Bürgerpauschalenmodell unter Berücksichtigung einer speziellen Überforderungsgrenze für Rentner (*PraemSubPauschaleRent*)

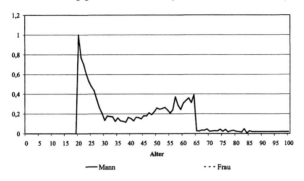

Abbildung B.19
Umsatzsteuer (*USt*)

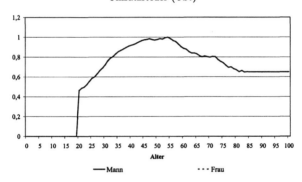

Abbildung B.20
Prämiensubvention im Herzog-Modell (*PraemSubHerzog*)

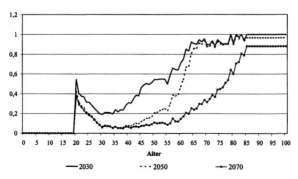

Abbildung B.21
Prämiensubvention im Auslaufmodell (*PraemSubAuslauf*)

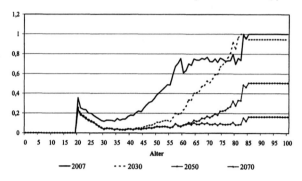

Abbildung B.22
Prämiensubvention im Kronberger-Kreis-Modell (*PraemSubKronberg*)

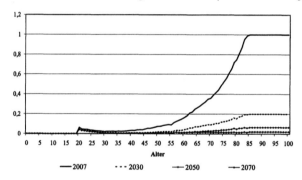

Literaturverzeichnis

Alho, J. und Vanne, R. (2006a). On predictive distributions of public net liabilities. *International Journal of Forecasting*, 22 (4):725–733.

Alho, J. und Vanne, R. (2006b). On Stochastic Generational Accounting. In: Gauthier, A., Chu, C., und Tuljapurkar, S. (Hrsg.), *Allocating Public and Private Ressources across Generations*: 291-303. Springer, Dordrecht.

Arntz, M. und Spermann, A. (2005). Soziale Experimente mit dem Pflegebudget (2004-2008) – Konzeption des Evaluationsdesigns. *Sozialer Fortschritt*, 54 (8):181–191.

Arrow, K. (1963). Uncertainty and the Welfare Economics of Medical Care. *American Economic Review*, 53 (5):941–973.

Arrow, K. (1968). The Economics of Moral Hazard: Further Comment. *American Economic Review*, 58 (3):537–539.

Auerbach, A., Gokhale, J., und Kotlikoff, L. (1991). Generational Accounting: A Meaningful Alternative to Deficit Accounting. In: Bradford, D. (Hrsg.), *Tax Policy and the Economy*, Bd. 5: 55-110. MIT Press, Cambridge, MA.

Auerbach, A., Gokhale, J., und Kotlikoff, L. (1992). Generational Accounting: A New Approach to Understand the Effects of Fiscal Policy on Saving. *Scandinavian Journal of Economics*, 94:303–318.

Auerbach, A., Gokhale, J., und Kotlikoff, L. (1994). Generational Accounting: A Meaningful Way to Evaluate Fiscal Policy. *Journal of Economic Perspectives*, 8 (1):73–94.

Auerbach, A. und Kotlikoff, L. (1999). The Methodology of Generational Accounting. In: Auerbach, A., Kotlikoff, L. und Leibfritz, W. (Hrsg.), *Generational Accounting Around the World*: 31-41, University of Chicago Press, Chicago.

AWO - Bundesvorstand der Arbeiterwohlfahrt (1976). Überlegungen der Arbeiterwohlfahrt zur Neuordnung der Finanzierung der Pflegekosten in der stationären, teilstationären und ambulanten Versorgung Pflegebedürftiger. *Theorie und Praxis der sozialen Arbeit*, 4:156–159.

Barro, R. (1974). Are Government Bonds Net Wealth? *Journal of Political Economy*, 84 (6):1095–1117.

Baumol, W. (1967). Macroeconomics of Unbalanced Growth: The Anatomy of Urban Crisis. *American Economic Review*, 57 (3):415–426.

Baumol, W. und Bowen, W. (1965). On the Performing Arts: The Anatomy of their Economic Problems. *American Economic Review*, 50 (2):495–502.

Beck, B., Naegele, G., Reichert, M., und Dallinger, U. (1997). *Vereinbarkeit von Erwerbstätigkeit und Pflege.* Schriftenreihe des Bundesministeriums für Familie, Senioren, Frauen und Jugend, Bd. 106.1. Kohlhammer, Stuttgart.

Becker, G. (1974). A Theory of Social Interactions. *Journal of Political Economy,* 82 (6):1063–1093.

Benz, U. und Fetzer, S. (2006). Indicators for Measuring Fiscal Sustainability: A Comparison of the OECD-Method and Generational Accounting. *Finanzarchiv,* 62 (3):367–391.

Bergstrom, T. (1989). A Fresh Look at the Rotten Kid Theorem – and Other Household Mysteries. *Journal of Political Economy,* 97 (5):1138–1159.

Bickel, H. (2000). Demenzsyndrom und Alzheimer Krankheit: Eine Schätzung des Krankenbestandes und der jährlichen Neuerkrankungen in Deutschland. *Gesundheitswesen,* 62:211–218.

Blanchard, O. (1990). Suggestions for a New Set of Fiscal Indicators, OECD Working Paper Nr. 79. Paris.

Blinkert, B. und Klie, T. (1999). *Pflege im sozialen Wandel - Studie zur Situation häuslich versorgter Pflegebedürftiger.* Vincentz, Hannover.

Blinkert, B. und Klie, T. (2001). Zukünftige Entwicklung des Verhältnisses von professioneller und häuslicher Pflege bei differierenden Arrangements und privaten Ressourcen bis zum Jahr 2050. Expertise im Auftrag der Enquête-Kommission Demographischer Wandel des Deutschen Bundestages.

Blüm, N. (1994). Die beste Nachricht seit Jahrzehnten. *Bundesarbeitsblatt,* 7:1.

BMF - Bundesministerium der Finanzen (1990). Stellungnahme des Wissenschaftlichen Beirats beim Bundesministerium der Finanzen zur Finanzierung der Pflegekosten, BMF Dokumentation 6/90. Bonn.

BMFSFJ - Bundesministerium für Familie, Senioren, Frauen und Jugend (2002). Vierter Altenbericht zur Lage der älteren Generation in der Bundesrepublik Deutschland: Risiken, Lebensqualität und Versorgung Hochaltriger – unter besonderer Berücksichtigung demenzieller Erkrankungen. Berlin.

BMG - Bundesministerium für Gesundheit (2006a). BMG-Pressemitteilung Nr. 129 vom 13. November 2006: Der Beirat zur Überprüfung des Pflegebedürftigkeitsbegriffs hat seine Arbeit aufgenommen. Berlin.

BMG - Bundesministerium für Gesundheit (2006b). In Zahlen – Daten zur Pflegeversicherung. http://www.bmg.bund.de, vom 21. November 2006.

BMGS - Bundesministerium für Gesundheit und Soziale Sicherung (2003). Nachhaltigkeit in der Finanzierung der Sozialen Sicherungssysteme - Bericht der Kommission. Berlin.

BMGS - Bundesministerium für Gesundheit und Soziale Sicherung (2004a). Die soziale Pflegeversicherung in der Bundesrepublik Deutschland in den Jahren 2001 und 2002. Statistischer und finanzieller Bericht. Bonn.

BMGS - Bundesministerium für Gesundheit und Soziale Sicherung (2004b). Dritter Bericht über die Entwicklung der Pflegeversicherung. Bonn.

BMI - Bundesministerium des Inneren (2001). Zweiter Versorgungsbericht der Bundesregierung. Berlin.

Bohn, H. (1991). Budget Balance through Revenue or Spending Adjustments?, Some Historical Evidence for the United States. *Journal of Monetary Economics*, 27 (3):333–359.

Bohn, H. (2005). The Sustainability of Fiscal Policy in the United States, CESifo Working Paper Nr. 1446, München.

Boll, S., Raffelhüschen, B., und Walliser, J. (1994). Social Security and Intergenerational Redistribution: A Generational Accounting Perspective. *Public Choice*, 81:79–100.

Bonin, H. (2001). *Generational Accounting - Theory and Application*. Springer-Verlag Berlin, Heidelberg.

Bonin, H. und Raffelhüschen, B. (1999). Public Finances in the European Union - Is Convergence Sustainable?, Diskussionsbeiträge, Institut für Finanzwissenschaft der Albert-Ludwigs-Universität Freiburg, Nr. 77.

Borgmann, C., Krimmer, P., und Raffelhüschen, B. (2001). Rentenreformen 1998-2001: Eine (vorläufige) Bestandsaufnahme. *Perspektiven der Wirtschaftspolitik*, 2 (3):319–334.

Bork, C. (2004). Gutachten zur Quantifizierung der Aufkommens- und Verteilungswirkungen ausgewählter Reformansätze im Gesundheitswesen. Wiesbaden.

Börsch-Supan, A. und Spieß, K. (1995). Privathaushalt oder Heim? Bestimmungsfaktoren der Institutionalisierung älterer Menschen, Beiträge zur angewandten Wirtschaftsforschung, Institut für Volkswirtschaftslehre und Statistik der Universität Mannheim, Nr. 516.

Boss, A. und Elender, T. (2004). Vorschläge zur Steuerreform in Deutschland: Was bedeuten sie? Was "kosten" sie?, Kieler Arbeitspapier Nr. 1205, Institut für Weltwirtschaft an der Universität Kiel.

Breyer, F. und Felder, S. (2006). Life Expectancy and Health Care Expenditures: A New Calculation for Germany Using the Costs of Dying. *Health Policy*, 75:178–186.

Breyer, F. und Haufler, A. (2000). Health Care Reform: Separating Insurance from Income Redistribution. *International Tax and Public Finance*, 7:445–461.

Börstinghaus, V. und Hirte, G. (2001). Generational Accounting versus Computable General Equilibrium. *Finanzarchiv*, 58 (3):227–243.

BSTMAS - Bayerisches Staatsministerium für Arbeit und Sozialordnung, Familie und Frauen (2004). Reform der Pflegeversicherung. Pressemitteilung vom 8. Dezember 2004. München.

Buchholz, W. und Wiegard, W. (1992). Allokative Überlegungen zur Reform der Pflegevorsorge. *Jahrbuch für Nationalökonomie und Statistik*, 209:441–457.

Buiter, W. (1997). Generational Accounts, Aggregate Saving and Intergenerational Distribution. *Economica*, 64:605–626.

Bund-Länder-Arbeitsgruppe (1980). Aufbau und Finanzierung ambulanter und stationärer Pflegedienste. Bonn.

Bundesgesetzblatt (1996). Verordnung über die versicherungsmathematischen Methoden zur Prämienkalkulation und zur Berechnung der Alterungsrückstellungen in der privaten Krankenversicherung. Teil 1, Nr. 61. Bonn.

Bundesregierung (1984). Bericht der Bundesregierung zu Fragen der Pflegebedürftigkeit. BT-Drs. 10/1943. Bonn.

Bundesregierung (2005). Gemeinsam für Deutschland - mit Mut und Menschlichkeit. Koalitionsvertrag zwischen CDU, CSU und SPD. Berlin.

CBO - Congressional Budget Office (1995). Who pays and when? An assessment of generational accounting. Washington D.C.

Chiswick, B. (1976). The Demand for Nursing Home Care: An Analysis of the Substitution Between Institutional and Noninstitutional Care. *Journal of Human Resources*, 11:295–316.

Cutler, D. (1993a). Book Reviews on "Generational Accounting: Knowing Who Pays, and When, for What We Spend" by L. Kotlikoff. *National Tax Journal*, 46 (1):61–68.

Cutler, D. (1993b). Why Doesn't the Market Fully Insure Long-Term Care? NBER Working Paper Nr. 4301.

Cutler, D. und Sheiner, L. (2000). Generational Aspects of Medicare. *American Economic Review*, 90 (2):303–307.

Depenheuer, O. (2005). Der verfassungsrechtliche Schutz der Rückstellungen der privaten Pflegepflichtversicherung. Kurzgutachten im Auftrag des Verbands der privaten Krankenversicherung e.V. Köln.

Deutscher Bundestag (1993). Gesetzesentwurf der Fraktionen der CDU/CSU und FDP. Entwurf eines Gesetzes zur sozialen Absicherung des Risikos der Pflegebedürftigkeit. BT-Drs. 12/5262. Bonn.

Deutscher Bundestag (2001). Gesetzesentwurf der Bundesregierung. Entwurf eines Gesetzes zur Ergänzung der Leistungen bei häuslicher Pflege von Pflegebedürftigen mit erheblichem allgemeinem Betreuungsbedarf. BT-Drs. 14/7154. Berlin.

Deutscher Verein für öffentliche und private Fürsorge, Bundesvereinigung der kommunalen Spitzenverbände, Bundesarbeitergemeinschaft der überörtlichen Träger der Sozialhilfe, Bundesarbeitergemeinschaft der Freien Wohlfahrtspflege, und Kuratorium Deutsche Altershilfe (1983). Absicherung des Risikos der Pflegebedürftigkeit. *Nachrichtendienst des Deutschen Vereins für öffentliche und private Fürsorge*, 63:70–71.

Diamond, P. (1996). Generational accounts and generational balance: An assessment. *National Tax Journal*, 49 (4):597–607.

DRV - Deutsche Rentenversicherung Bund (2006). *Rentenversicherung in Zeitreihen 2006*. DRV-Schriften, Bd. 22, Berlin.

Ehrentraut, O. und Heidler, M. (2007). Demografisches Risiko für die Staatsfinanzen? - Koordinierte Bevölkerungsvorsausberechnungen im Vergleich, Diskussionsbeiträge, Forschungszentrum Generationenverträge, Albert-Ludwigs-Universität Freiburg, Nr. 20.

Ehrentraut, O. und Raffelhüschen, B. (2003). Die Rentenversicherung unter Reformdruck – Ein Drama in drei Akten. *Wirtschaftsdienst*, 83 (11):711–720.

Engers, M. und Stern, S. (2002). Long-Term Care and Family Bargaining. *International Economic Review*, 43 (1):73–114.

Enquête-Kommission Demographischer Wandel (2002). *Herausforderungen unserer älter werdenden Gesellschaft an den Einzelnen und die Politik*. Bericht der Sachverständigenkommission zur Ermittlung des Einflusses staatlicher Transfer-Einkommen auf das verfügbare Einkommen der privaten Haushalte. Deutscher Bundestag, Berlin.

Eurostat (2006). Wirtschaft und Finanzen. http://epp.eurostat.ec.europa.eu, vom 6. Juli 2006.

Fehr, H. und Halder, G. (2006). Reforming Long-Term Care in Germany - A Simulation Study. *Applied Economics Quarterly*, 52 (1):75–98.

Fehr, H. und Kotlikoff, L. (1996). Generational Accounting in General Equilibrium. *Finanzarchiv*, 53:1–27.

Feist, K. und Raffelhüschen, B. (2000). Möglichkeiten und Grenzen der Generationenbilanzierung. *Wirtschaftsdienst*, 80:440–447.

Feldstein, M. (1995). Fiscal Policies, Capital Formation, and Capitalism. *European Economic Review*, 39:399–420.

Fetzer, S. (2006). *Zur nachhaltigen Finanzierung des gesetzlichen Gesundheitssystems*. Sozialökonomische Schriften Bd. 28. Peter Lang Verlag, Frankfurt/Main.

Fetzer, S. und Hagist, C. (2004). GMG, Kopfpauschalen und Bürgerversicherungen: Der aktuelle Reformstand und seine intergenerativen Verteilungswirkungen. *Schmollers Jahrbuch*, 3:387–420.

Fetzer, S., Häcker, J., und Hagist, C. (2005). (Teil-)Privatisierung mit sozialer Flankierung - Ein geeignetes Mittel zur langfristigen Sicherung der Gesundheits- und Pflegevorsorge?, Diskussionsbeiträge, Institut für Finanzwissenschaft der Albert-Ludwigs-Universität Freiburg, Nr. 125.

Fetzer, S., Moog, S., und Raffelhüschen, B. (2002). Zur Nachhaltigkeit der Generationenverträge: Eine Diagnose der Kranken- und Pflegeversicherung. *Zeitschrift für die gesamte Versicherungswissenschaft*, 3:279–302.

Fetzer, S., Moog, S., und Raffelhüschen, B. (2003). Die Nachhaltigkeit der gesetzlichen Kranken- und Pflegeversicherung: Diagnose und Therapie. In: Albring, M., und Wille, E. (Hrsg.), *Die GKV zwischen Ausgabendynamik, Einnahmenschwäche und Koordinierungsproblemen*: 85-114. Peter Lang Verlag, Frankfurt/Main.

Fries, J. (1983). The Compression of Morbidity. *Milbank Memorial Fund Quarterly*, 61 (3):397–419.

Gilberg, R. (2000). Hilfe- und Pflegebedürftigkeit im höheren Alter. Eine Analyse des Bedarfs und der Inanspruchnahme von Hilfeleistungen. Max-Planck-Institut für Bildungsforschung, Studien und Berichte, Bd. 36.

Grabowski, D. und Gruber, J. (2005). Moral Hazard in Nursing Home Use. NBER Working Paper Nr. 11723.

Greß, S. und Wasem, J. (2001). Die Abschaffung der Exit-Option für freiwillig Versicherte in der GKV - Realistische Finanzierungsalternative oder Einschränkung von Wahlmöglichkeiten? In: Michaelis, W. (Hrsg.), *Der Preis der Gesundheit: Wissenschaftliche Analysen, politische Konzepte - Perspektiven zur Gesundheitspolitik*: 233-244. Ecomed Verlag, Landsberg.

Greiner, W. und Schulenburg, J.-M. Graf v. d. (1996). Leitlinien für eine Systemkorrektur in der Pflegeversicherung. In: Siebert, H. (Hrsg.), *Sozialpolitik auf dem Prüfstand*: 111-148. Mohr, Tübingen.

Häcker, J. (2005). Discussion on "Reforming Long-Term Care in Germany - A Simulation Study" by H. Fehr and G. Halder, *mimeo*.

Häcker, J. (2007). Zur notwendigen Dynamisierung der Leistungen in der gesetzlichen Pflegeversicherung. *Sozialer Fortschritt*, 56(4):91-97.

Häcker, J. und Heidler, M. (2004). Intergenerational Fairness During Demographic Transition, Diskussionsbeiträge, Institut für Finanzwissenschaft der Albert-Ludwigs-Universität Freiburg, Nr. 121.

Häcker, J., Höfer, M., und Raffelhüschen, B. (2004). Wie kann die Gesetzliche Pflegeversicherung nachhaltig reformiert werden?, Diskussionsbeiträge, Institut für Finanzwissenschaft der Albert-Ludwigs-Universität Freiburg, Nr. 119.

Häcker, J., König, B., Raffelhüschen, B., Wernicke, M., und Wettke, J. (2007). Effizienzreserven in der stationären Pflege in Deutschland: Versuch einer Quantifizierung und Implikationen für die Reform der Gesetzlichen Pflegeversicherung. *Zeitschrift für Wirtschaftspolitik*, erscheint demnächst.

Häcker, J. und Raffelhüschen, B. (2004a). Denn sie wußten, was sie taten: Zur Reform der Sozialen Pflegeversicherung. *Vierteljahreshefte zur Wirtschaftsforschung*, 73 (1):158-174.

Häcker, J. und Raffelhüschen, B. (2004b). Möglichkeiten einer verfassungskonformen Reform der gesetzlichen Pflegeversicherung. *Zeitschrift für Wirtschaftspolitik*, 53 (2):172-180.

Häcker, J. und Raffelhüschen, B. (2005a). Note mangelhaft: Die Bürgerpflegeversicherung. *Gesundheitsökonomie & Qualitätsmanagement*, 10:231-237.

Häcker, J. und Raffelhüschen, B. (2005b). Wider besseren Wissens: Zur Finanzierbarkeit Demenzkranker in der Gesetzlichen Pflegeversicherung, Diskussionsbeiträge, Institut für Finanzwissenschaft der Albert-Ludwigs-Universität Freiburg, Nr. 127.

Häcker, J. und Raffelhüschen, B. (2006a). Die Interne Rendite der Gesetzlichen Pflegeversicherung. *Zeitschrift für die gesamte Versicherungswissenschaft*, 2:267-286.

Häcker, J. und Raffelhüschen, B. (2006b). On the Inclusion of Dementia Patients into Compulsory Long-term Care Insurance - A Sustainable Step? *Swiss Journal of Economics and Statistics*, Special Issue:113-116.

Häcker, J. und Raffelhüschen, B. (2007). Zukünftige Pflege ohne Familie: Konsequenzen des "Heimsog-Effekts". *Zeitschrift für Sozialreform*, 53(4):391-422.

Hagist, C., Raffelhüschen, B., und Weddige, O. (2006). Brandmelder der Zukunft - Die Generationenbilanz 2004, Diskussionsbeiträge, Forschungszentrum Generationenverträge, Albert-Ludwigs-Universität Freiburg, Nr. 12.

Hamilton, J. und Flavin, M. (1986). On the Limitations of Government Borrowing: A Framework for Empirical Testing. *American Economic Review*, 76 (4):808–819.

Harvey, M. (1998). Productivity Gaps and 'Cost Illness': Contributions and Limits of William J. Baumol's Unbalanced Growth Model. *Revue Economique*, 49 (2).

Haug, K. und Rothgang, H. (1994). Das Ringen um die Pflegeversicherung – ein vorläufiger sozialpolitischer Rückblick. *Beiträge zum Recht der sozialen Dienste und Einrichtungen*, 24:1–30.

Haveman, R. (1994). Should Generational Accounts Replace Public Budgets and Deficits? *Journal of Economic Perspectives*, 8 (1):95–111.

Headen, A. (1993). Economic Disability and Health Determinants of the Hazard of Nursing Home Entry. *Journal of Human Resources*, 28:80–110.

Heidler, M. und Raffelhüschen, B. (2005). How risky is the German Pension System? The Volatility of the Internal Rates of Return, Diskussionsbeiträge, Institut für Finanzwissenschaft der Albert-Ludwigs-Universität Freiburg, Nr. 138.

Hinschützer, U. (1992). *Offerten der privaten Versicherungswirtschaft zur Eigenvorsorge bei Pflegebedürftigkeit – Eine vergleichende Darstellung*. Beiträge zur Gerontologie und Altenarbeit, Bd. 86. Deutsches Zentrum für Altersfragen e.V., Berlin.

Hof, B. (2001). Auswirkungen und Konsequenzen der demographischen Entwicklung für die gesetzliche Kranken- und Pflegeversicherung. Gutachten im Auftrag des Gesamtverbands der deutschen Versicherungswirtschaft e.V.und des Verbands der privaten Krankenversicherung e.V. Köln.

Hullen, G. (2003). Projections of Living Arrangements, Household and Family Structures. In: Hullen, G. (Hrsg.), *Living Arrangements and Households – Methods and Results of Demographic Projections*: 7-43. Bundesinstitut für Bevölkerungsforschung, Materialien zur Bevölkerungswissenschaft, Heft 109, Wiesbaden.

Igl, G. (1992). *Leistungen bei Pflegebedürftigkeit: Sozialleistungen, beamtenrechtliche Regelungen, Privatversicherung, Steuerrecht, Ländervorschriften*. Beck, München.

Igl, G. (1994). Entstehungsgeschichte der sozialen Pflegeversicherung - Eine Einführung. *Vierteljahresschrift für Sozialrecht*, 4:261–264.

Igl, G. (1998). Neue Steuerungen im Spektrum der Gesundheits- und Pflegedienste für alte Mensch aus rechtlicher Sicht. In: Schmidt, R., Braun, H., Giercke, K., Klie, T., und Kohnert, M. (Hrsg.), *Neue Steuerungen in der Pflege und sozialen Altenarbeit*. Beiträge zur sozialen Gerontologie, Sozialpolitik und Versorgungsforschung, Bd. 6: 5-24. Transfer-Verlag, Regensburg.

Infratest Sozialforschung (2003). Hilfe- und Pflegebedürftige in Privathaushalten in Deutschland 2002. Schnellbericht. Forschungsprojekt im Auftrag des Bundesministeriums für Familie, Senioren, Frauen und Jugend. München.

Infratest Sozialforschung (2006). Hilfe- und Pflegebedürftige in Alteneinrichtungen 2005. Schnellbericht zur Repräsentativerhebung im Forschungsprojekt "Möglichkeiten und Grenzen selbständiger Lebensführung in Einrichtungen" (MuG IV). Forschungsprojekt im Auftrag des Bundesministeriums für Familie, Senioren, Frauen und Jugend. München.

KDA - Kuratorium Deutsche Altershilfe (1974). Gutachten über die stationäre Behandlung von Krankheiten im Alter und über die Kostenübernahme durch die gesetzlichen Krankenkassen. Köln.

Kleemann, G. (1998). *Verfassungsrechtliche Probleme der sozialen Pflegeversicherung und ihrer Finanzierung.* Erich Schmidt Verlag, Berlin.

Klein, T. (1998). Der Heimeintritt alter Menschen und Chancen seiner Vermeidung. *Zeitschrift für Gerontologie und Geriatrie*, 31 (6):407–416.

Kommission "Soziale Sicherheit" (2003). Bericht der Kommission "Soziale Sicherheit" - Zur Reform der Sozialen Sicherungssysteme. Berlin.

Kotlikoff, L. (1986). Deficit Delusion. *Public Interest*, 84:53–65.

Kotlikoff, L. (1988). The Deficit is not a Well-Defined Measure to Fiscal Policy. *Science*, 241:791–795.

Kotlikoff, L. (1993). From Deficit Delusion to the Fiscal Balance Rule - Looking for a Sensible Way to Measure Fiscal Policy. *Journal of Economics*, 7 (suppl.):17–41.

Kroker, R. und Pimpertz, J. (2005). Mehrwertsteuererhöhung zur Finanzierung versicherungsfremder Sozialabgaben. *Wirtschaftsdienst*, 85 (5):287–290.

Kronberger Kreis (2005). Tragfähige Pflegeversicherung. Schriftenreihe der Stiftung Marktwirtschaft, Bd. 42. Berlin.

Langenus, G. (2006). Fiscal sustainability indicators and policy design in the face of ageing. National Bank of Belgium, Working Paper Nr. 12.

Lauterbach, K., Lüngen, M., Stollenwerk, B., Gerber, A., und Klever-Deichert, G. (2005). Auswirkungen einer Bürgerversicherung in der Pflegeversicherung. *Gesundheitsökonomie & Qualitätsmanagement*, 10:221–230.

Mager, H.-C. (1995). Moral hazard in der (sozialen) Pflegeversicherung? In: Fachinger, U., und Rothgang, H. (Hrsg.), *Die Wirkungen des Pflege-Versicherungsgesetzes*: 115-135. Duncker + Humblot, Berlin.

Manow, P. (2000). Kapitaldeckung oder Umlage: Zur Geschichte einer anhaltenden Debatte. In: Fisch, S. und Haerendel, U. (Hrsg.), *Geschichte und Gegenwart der Rentenversicherung in Deutschland.* Beiträge zur Entstehung, Entwicklung und vergleichenden Einordnung der Alterssicherung im Sozialstaat: 145-168. Duncker + Humblot, Berlin.

Manzke, B. (2002). Zur langfristigen Tragfähigkeit der öffentlichen Haushalte in Deutschland - eine Analyse anhand der Generationenbilanzierung, Diskussionpapier 10/02, Volkswirtschaftliches Forschungszentrum der Deutschen Bundesbank, Frankfurt/Main.

McClellan, M. und Skinner, J. (1997). The Incidence of Medicare. NBER Working Paper Nr. 6013.

MDS - Medizinischer Dienst der Spitzenverbände der Krankenkassen e.V. (1998). Pflegebericht des Medizinischen Dienstes, Berichtszeitraum 1998. Essen.

MDS - Medizinischer Dienst der Spitzenverbände der Krankenkassen e.V. (2000). Pflegebericht des Medizinischen Dienstes, Berichtszeitraum 1999/2000. Essen.

MDS - Medizinischer Dienst der Spitzenverbände der Krankenkassen e.V. (2001). Richtlinien der Spitzenverbände der Pflegekassen zur Begutachtung von Pflegebedürftigkeit nach dem XI. Buch des Sozialgesetzbuches (Begutachtungs-Richtlinien – BRi) vom 22. August 2001. Essen.

MDS - Medizinischer Dienst der Spitzenverbände der Krankenkassen e.V. (2002). Pflegebericht des Medizinischen Dienstes, Berichtszeitraum 2001/2002. Essen.

Meier, V. (1996). Long-Term Care Insurance and Savings. *Finanzarchiv*, 53:561–581.

Meier, V. (1999). Why the Young Do Not Buy Long-Term Care Insurance. *Journal of Risk and Uncertainty*, 8:83–98.

Mello, L. de, Kongsrud, P., und Price, R. (2004). Saving behaviour and the effectiveness of fiscal policy. OECD Economics Department Working Paper Nr. 397.

Meyer, J. (1996). *Der Weg zur Pflegeversicherung: Positionen-Akteure-Politikprozesse*. Mabuse-Verlag, Frankfurt/Main.

Michaelis, J., Arntz, M., und Spermann, A. (2005). Die Reform der Pflegeversicherung - weniger Kostendruck durch Pflegearrangements?, Volkswirtschaftliche Diskussionsbeiträge, Universität Kassel, Nr. 71.

OECD (2005). OECD Gesundheitsdaten 2005 - Statistiken und Indikatoren für 30 Länder. Paris.

Ooghe, E., Schokkaert, E., und Flechet, J. (2003). The Incidence of Social Security Contributions: An Empirical Analysis. *Empirica*, 30 (2):81–106.

Ottnad, A. (2003). Pflegeversicherung – Last Exit. *Wirtschaftsdienst*, 12:777–785.

Pabst, S. und Rothgang, H. (2000). Reformfähigkeit und Reformblockaden: Kontinuität und Wandel bei Einführung der Pflegeversicherung. In: Leibfried, S. und Wagschal, U. (Hrsg.), *Der deutsche Sozialstaat: Bilanzen - Reformen - Perspektiven*: 340-377. Campus Verlag, Frankfurt/Main.

Pauly, M. (1968). The Economics of Moral Hazard: Comment. *American Economic Review*, 58 (3):531–537.

Pauly, M. (1990). The Rational Nonpurchase of Long-Term-Care Insurance. *Journal of Political Economy*, 98 (1):153–168.

Peffekoven, R. (2005). Umfinanzierung der Sozialsysteme aus Steuermitteln? Kopfpauschalen mit Sozialausgleich weisen den Weg. *Wirtschaftsdienst*, 85 (5):279–283.

Pihan, A. (1996). *Politiksequenzen der Pflegeversicherung: Zur Bedeutung von Politiknetzwerken*. LIT Verlag, Hamburg.

PKV - Verband der privaten Krankenversicherung e.V. (1989). Die private Krankenversicherung – Zahlenbericht 1988/1989. Köln.

PKV - Verband der privaten Krankenversicherung e.V. (1994). Die private Krankenversicherung – Zahlenbericht 1993/1994. Köln.

PKV - Verband der privaten Krankenversicherung e.V. (2003). Die private Krankenversicherung – Zahlenbericht 2002/2003. Köln.

PKV - Verband der privaten Krankenversicherung e.V. (2004). Die private Krankenversicherung – Zahlenbericht 2003/2004. Köln.

PKV - Verband der privaten Krankenversicherung e.V. (2005a). Dynamische und demographieresistente Pflegeleistungen für alle Bürger: Kapitalgedeckte Dynamisierung der Pflegeleistungen. Köln.

PKV - Verband der privaten Krankenversicherung e.V. (2005b). PKV Publik 8/2005. Informationen des Verbandes der privaten Krankenversicherung e.V. Köln.

Prinz, A. (1987). *Pflegebedürftigkeit als ökonomisches Problem.* Verlag René F. Wilfer, Spardorf.

Raffelhüschen, B. (1998). Interne Renditen gemäß der Generationenbilanz. In: Deutsches Institut für Altersvorsorge (Hrsg.), *Renditen der gesetzlichen Rentenversicherung im Vergleich zu alternativen Anlageformen*: 36-49. Frankfurt/Main.

Raffelhüschen, B. (1999). Generational Accounting: Method, Data and Limitations. In: European Commission (Hrsg.), *Reports and Studies Nr. 6 - Generational Accounting in Europe*: 17-28. Brüssel.

Raffelhüschen, B. und Risa, A. (1997). Generational Accounting and Intergenerational Welfare. *Public Choice*, 93:149–163.

Reitschuler, G. und Cuaresma, J. (2004). Ricardian Equivalence Revisited: Evidence from OECD countries. *Economics Bulletin*, 5 (16):1–10.

Riedel, H. (2003). Private Compulsory Long-Term Care Insurance in Germany. *Geneva Papers on Risk and Insurance*, 28 (2):275–293.

Roth, G. und Rothgang, H. (1999). Die Auswirkungen des Pflege-Versicherungsgesetzes auf die Entwicklung der Heimentgelte. *Zeitschrift für Gesundheitswissenschaften*, 7 (4):306–334.

Roth, G. und Rothgang, H. (2000). "Angleichung nach oben": Die Entwicklung der Heimentgelte nach Einführung der Pflegeversicherung. *Nachrichtendienst des Deutschen Vereins für öffentlich und private Vorsorge*, 79 (3):85–90.

Roth, G. und Rothgang, H. (2002). Pflegeversicherung und Sozialhilfe: Eine Analyse der Zielerreichung und Zielverfehlung der Pflegeversicherung hinsichtlich des Sozialhilfebezugs. In: Klie, T., Buhl, A., Entzian, H. und Schmidt, R. (Hrsg.), *Das Pflegewesen und die Pflegebedürftigen. Analysen zu Wirkungen der Pflegeversicherung und ihrem Reformbedarf*: 45-76. Mabuse-Verlag, Frankfurt/Main.

Rothgang, H. (1997). *Ziele und Wirkungen der Pflegeversicherung: Eine ökonomische Analyse.* Campus Verlag, Frankfurt/Main.

Rothgang, H. (2001). Finanzwirtschaftliche und strukturelle Entwicklungen in der Pflegeversicherung bis 2040 und mögliche alternative Konzepte, Expertise für die Enquêtekommission "Demographischer Wandel", Endbericht.

Rothgang, H. (2004). Demographischer Wandel und Pflegebedürftigkeit in Nordrhein-Westfalen, Gutachten für die Enquêtekommission "Situation und Zukunft der Pflege in NRW", Endbericht.

Rothgang, H. und Schmähl, W. (1995). Die langfristige Entwicklung von Ausgaben und Beitragssatz in der gesetzlichen Pflegeversicherung. In: Fachinger, U. und Rothgang, H. (Hrsg.), *Die Wirkungen des Pflege-Versicherungsgesetzes*: 155-175. Duncker + Humblot, Berlin.

Rothgang, H. und Vogler, A. (1998). *Die Auswirkungen der 2. Stufe der Pflegeversicherung auf die Hilfe zur Pflege in Einrichtungen – Eine empirische Untersuchung im Land Bremen.* Transfer Verlag, Regensburg.

Rürup, B. und Wille, E. (2004). Finanzierungsreform in der Krankenversicherung. Gutachten vom 15. Juli 2004 (Manuskript).

Schmähl, W. (1992). *Zum Vergleich von Umlageverfahren und kapitalfundierten Verfahren zur Finanzierung einer Pflegeversicherung in der Bundesrepublik Deutschland.* Schriftenreihe des Bundesministeriums für Familie und Senioren, Bd. 10. Kohlhammer, Stuttgart.

Schneekloth, U. und Müller, U. (2000). *Wirkungen der Pflegeversicherung.* Schriftenreihe des Bundesministeriums für Gesundheit, Bd. 127. Nomos, Baden-Baden.

Schneekloth, U., Potthoff, P., Piekara, R., und Rosenbladt, B. v. (1996). *Hilfe- und Pflegebedürftige in privaten Haushalten.* Schriftenreihe des Bundesministeriums für Familie, Senioren, Frauen und Jugend, Bd. 111.2. Kohlhammer, Stuttgart.

Schreyögg, J. (2002). Medical Savings Accounts als Instrument zur Reduktion von Moral Hazard Verlusten bei der Absicherung des Krankheitsrisikos, Diskussionsbeiträge, Technische Universität Berlin, Nr. 5.

Schulz, E., Leidl, R., und König, H.-H. (2004). The impact of ageing on hospital care and long-term care - the example of Germany. *Health Policy*, 67:57–74.

Simon, M. (2003). Pflegeversicherung und Pflegebedürftigkeit: Eine Analyse der Leistungsentwicklung in den Jahren 1997 bis 2001, Veröffentlichungsreihe der Evangelischen Fachhochschule Hannover, P003-001.

Simon, M. (2004). Die Begutachtung im Rahmen der sozialen Pflegeversicherung. *Journal of Public Health*, 12 (3):218–228.

Sinn, H.-W. (2000). Why a Funded Pension System is Useful and Why It is not Useful. *International Tax and Public Finance*, 7:389–410.

Sloan, F. und Norton, E. (1997). Adverse Selection, Bequests, Crowding Out, and Private Demand for Insurance: Evidence from the Long-term Care Insurance Market. *Journal of Risk and Uncertainty*, 15:201–219.

Spillmann, B. und Lubitz, J. (2000). The Effect of Longevity on Spending for Acute and Long-term Care. *Massachusetts Medical Society*, 342 (19):1409–1415.

Statistisches Bundesamt (1970a-2006a). Sozialhilfe, Fachserie 13 Reihe 2. Wiesbaden.

Statistisches Bundesamt (1972b-2006b). Statistisches Jahrbuch für die Bundesrepublik Deutschland. Wiesbaden.

Statistisches Bundesamt (2003c). Bevölkerung Deutschlands bis 2050 - 10. koordinierte Bevölkerungsvorausberechnung. Wiesbaden.

Statistisches Bundesamt (2003d). Einkommens- und Verbrauchsstichprobe 2003. Wiesbaden.

Statistisches Bundesamt (2003e). Leben und Arbeiten in Deutschland - Ergebnisse des Mikrozenzus 2002. Wiesbaden.

Statistisches Bundesamt (2004c). Perioden-Sterbetafeln für Deutschland - Allgemeine und abgekürzte Sterbetafeln von 1871/1881 bis 2001/2003. Wiesbaden.

Statistisches Bundesamt (2004d). Versorgungsempfänger des öffentlichen Dienstes, Fachserie 14 Reihe 6. Wiesbaden.

Statistisches Bundesamt (2005c). Leben und Arbeiten in Deutschland - Ergebnisse des Mikrozenzus 2004. Wiesbaden.

Statistisches Bundesamt (2005d). Statistik der Sozialhilfe. Wiesbaden.

Statistisches Bundesamt (2006c). Bevölkerung Deutschlands bis 2050 - 11. koordinierte Bevölkerungsvorausberechnung. Wiesbaden.

Statistisches Bundesamt (2006d). Volkswirtschaftliche Gesamtrechnungen, Fachserie 18 Reihe 1.4. Wiesbaden.

Stöbener, A. (1996). *Die Pflegeversicherung: ein Lehrstück über Aushandlungsprozesse eines "sozialen Problems" in der Sozialpolitik.* Hartung-Gorre Verlag, Konstanz.

SVR - Sachverständigenrat zur Begutachtung der gesamtwirtschaftlichen Entwicklung (1995). *Im Standortwettbewerb.* Metzler-Poeschel, Stuttgart.

SVR - Sachverständigenrat zur Begutachtung der gesamtwirtschaftlichen Entwicklung (2002). *Zwanzig Punkte für Beschäftigung und Wachstum.* Metzler-Poeschel, Stuttgart.

SVR - Sachverständigenrat zur Begutachtung der gesamtwirtschaftlichen Entwicklung (2003). *Staatsfinanzen konsolidieren - Steuersystem reformieren.* Wiesbaden.

SVR - Sachverständigenrat zur Begutachtung der gesamtwirtschaftlichen Entwicklung (2004). *Erfolge im Ausland - Herausforderungen im Inland.* Wiesbaden.

SVR - Sachverständigenrat zur Begutachtung der gesamtwirtschaftlichen Entwicklung (2005). *Die Chancen nutzen - Reformen mutig voranbringen.* Wiesbaden.

SVRiG - Sachverständigenrat zur Begutachtung der Entwicklung im Gesundheitswesen (2005). *Koordination und Qualität im Gesundheitswesen.* Bonn.

SVRKAiG - Sachverständigenrat für die Konzertierte Aktion im Gesundheitswesen (1995). *Gesundheitsversorgung und Krankenversicherung 2000. Mehr Ergebnisorientierung, mehr Qualität und mehr Wirtschaftlichkeit.* Sondergutachten 1995. Nomos, Baden-Baden.

SVRKAiG - Sachverständigenrat für die Konzertierte Aktion im Gesundheitswesen (1998). *Gesundheitswesen in Deutschland. Kostenfaktor und Zukunftsbranche.* Bd. II: Fortschritt, Wachstumsmärkte, Finanzierung und Vergütung. Sondergutachten 1997. Nomos, Baden-Baden.

SVRKAiG - Sachverständigenrat für die Konzertierte Aktion im Gesundheitswesen (2003). *Finanzierung, Nutzerorientierung und Qualität.* Nomos, Baden-Baden.

Transfer-Enquête-Kommission (1981). *Das Transfersystem der Bundesrepublik Deutschland.* Bericht der Sachverständigenkommission zur Ermittlung des Einflusses staatlicher Transfer-Einkommen auf das verfügbare Einkommen der privaten Haushalte. Kohlhammer, Stuttgart.

VDR - Verband Deutscher Rentenversicherungsträger (2005). VDR Statistik Rentenbestand am 31. Dezember 2004, Bd. 152. Berlin.

Verbrugge, L. (1984). Longer Life but Worsening Health? Trends in Health and Mortality of Middle-Aged and Older Persons. *Milbank Memorial Fund Quarterly*, 62:475–519.

Wagner, G. (2005). Verlässlichkeit einer höheren Steuerfinanzierung der sozialen Sicherung ist die zentrale Frage. *Wirtschaftsdienst*, 85 (5):283–287.

WECD - World Commission on Environment and Development (1987). *Our Common Future*. Oxford University Press, Oxford.

Werblow, A., Felder, S., und Zweifel, P. (2007). Population Ageing and Health Care Expenditure: A School of "Red Herrings"? *Health Economics, erscheint demnächst*.

World Bank (1994). *Averting the Old Age Crisis: Policies to Protect the Old and Promote Growth*. Oxford University Press, Oxford.

Yoo, B.-K., Bhattacharya, J., McDonald, K., und Garber, A. (2004). Impacts of Informal Caregiver Availability on Long-term Care Expenditures in OECD Countries. *Health Services Research*, 39 (6 II):1971–1992.

Zipperer, M. (2003). Gutachten zur Bürgerversicherung im Auftrag des Verbands der privaten Krankenversicherung e.V. (Manuskript).

Zweifel, P. und Strüwe, W. (1996). Long-Term Care Insurance and Bequests as Instruments for Shaping Intergenerational Relationships. *Journal of Risk and Uncertainty*, 12:65–76.

Zweifel, P. und Strüwe, W. (1998). Long-Term Care Insurance in a Two-Generation Model. *Journal of Risk and Insurance*, 65 (1):13–32.

SOZIALÖKONOMISCHE SCHRIFTEN

Herausgegeben von Professor Dr. Dr. h.c. Bert Rürup

Band 1 Marietta Jass: Erfolgskontrolle des Abwasserabgabengesetzes. Ein Konzept zur Erfassung der Gesetzeswirkungen verbunden mit einer empirischen Untersuchung in der Papierindustrie. 1990.

Band 2 Frank Schulz-Nieswandt: Stationäre Altenpflege und "Pflegenotstand" in der Bundesrepublik Deutschland. 1990.

Band 3 Helmut Böhme, Alois Peressin (Hrsg.): Sozialraum Europa. Die soziale Dimension des Europäischen Binnenmarktes. 1990.

Band 4 Stephan Ruß: Telekommunikation als Standortfaktor für Klein- und Mittelbetriebe. Telekommunikative Entwicklungstendenzen und regionale Wirtschaftspolitik am Beispiel Hessen. 1991.

Band 5 Reinhard Grünewald: Tertiärisierungsdefizite im Industrieland Bundesrepublik Deutschland. Nachweis und politische Konsequenzen. 1992.

Band 6 Bert Rürup, Uwe H. Schneider (Hrsg.): Umwelt und Technik in den Europäischen Gemeinschaften. Teil I: Die grenzüberschreitende Entsorgung von Abfällen. Bearbeitet von: Thomas Kemmler, Thomas Steinbacher. 1993.

Band 7 Mihai Nedelea: Erfordernisse und Möglichkeiten einer wachstumsorientierten Steuerpolitik in Rumänien. Dargestellt am Beispiel der Textil- und Bekleidungsindustrie. 1995.

Band 8 Andreas Schade: Ganzjährige Beschäftigung in der Bauwirtschaft – Eine Wirkungsanalyse. Analyse und Ansätze für eine Reform der Winterbauförderung. 1995.

Band 9 Frank Schulz-Nieswandt: Ökonomik der Transformation als wirtschafts- und gesellschaftspolitisches Problem. Eine Einführung aus wirtschaftsanthropologischer Sicht. 1996.

Band 10 Werner Sesselmeier, Roland Klopfleisch, Martin Setzer: Mehr Beschäftigung durch eine Negative Einkommensteuer. Zur beschäftigungspolitischen Effektivität und Effizienz eines integrierten Steuer- und Transfersystems. 1996.

Band 11 Sylvia Liebler: Der Einfluß der Unabhängigkeit von Notenbanken auf die Stabilität des Geldwertes. 1996.

Band 12 Werner Sesselmeier: Einkommenstransfers als Instrumente der Beschäftigungspolitik. Negative Einkommensteuer und Lohnsubventionen im Lichte moderner Arbeitsmarkttheorien und der Neuen Institutionenökonomik. 1997.

Band 13 Stefan Lorenz: Der Zusammenhang von Arbeitsgestaltung und Erwerbsleben unter besonderer Berücksichtigung der Erwerbstätigkeiten von Frauen und Älteren. 1997.

Band 14 Volker Ehrlich: Arbeitslosigkeit und zweiter Arbeitsmarkt. Theoretische Grundlagen, Probleme und Erfahrungen. 1997.

Band 15 Philipp Hartmann: Grenzen der Versicherbarkeit. Private Arbeitslosenversicherung. 1998.

Band 16 Martin Setzer, Roland Klopfleisch, Werner Sesselmeier: Langzeitarbeitslose und Erster Arbeitsmarkt. Eine kombinierte Strategie zur Erhöhung der Wiederbeschäftigungschancen. 1999.

Band 17 Dorothea Wenzel: Finanzierung des Gesundheitswesens und Interpersonelle Umverteilung. Mikrosimulationsuntersuchung der Einkommenswirkung von Reformvorschlägen zur GKV-Finanzierung. 1999.

Band 18 Ingo Schroeter: Analyse und Bewertung der intergenerativen Verteilungswirkungen einer Substitution des Umlage- durch das Kapitalstocksverfahren zur Rentenfinanzierung. 1999.

Band 19 Roland Klopfleisch: Fiskalische Konsequenzen der Europäischen Währungsunion. Die Veränderung des Seigniorage und dessen Bedeutung für die nationalen EWU-11 Haushalte. 2000.

Band 20 Klaus Heubeck, Bert Rürup: Finanzierung der Altersversorgung des öffentlichen Dienstes. Probleme und Optionen. 2000.

Band 21 Manon Pigeau: Der Einfluß der Arbeitszeit auf die Erwerbsbeteiligung von Frauen. Empirische Befunde, mikroökonomische Modellierung und politische Konsequenzen. 2002.

Band 22 Carsten Müller: Existenzgründungshilfen als Instrument der Struktur- und Beschäftigungspolitik. 2002.

Band 23 Stefan Lewe: Wachstumseffiziente Unternehmensbesteuerung. 2003.

Band 24 Robert Coppik: Konzeption eines Transformationsansatzes zur Substitution des kameralen, inputorientierten Budgetkreislaufs der öffentlichen Verwaltung in einen outputorientierten Budgetkreislauf innerhalb des New Public Management.

Band 25 Alexander Meindel: Intergenerative Verteilungswirkung beim Übergang zu einer nachgelagerten Rentenbesteuerung. 2004.

Band 26 Jochen Gunnar Jagob: Das Äquivalenzprinzip in der Alterssicherung. 2004.

Band 27 Tobias Fehr: Recht des außerbörslichen Aktienhandels vor dem Hintergrund des Rechts des börslichen Aktienhandels. Das Kapitalmarktszenario für kapitalmarktaktive Aktiengesellschaften, deren Unternehmensführungen und aktuelle und potentielle Aktionäre und für Wertpapierdienstleister. 2006.

Band 28 Stefan Fetzer: Zur nachhaltigen Finanzierung des gesetzlichen Gesundheitssystems. 2006.

Band 29 Oliver Ehrentraut: Alterung und Altersvorsorge. Das deutsche Drei-Säulen-System der Alterssicherung vor dem Hintergrund des demografischen Wandels. 2006.

Band 30 Martin Debus: Arbeitsmarkteffekte des demografischen Wandels. 2007.

Band 31 Jens Hujer: Regionalökonomische Effekte von Flughäfen. 2008.

Band 32 Zulia Gubaydullina: Nicht-monetäre Inflationsursachen in Russland. Eine empirische Analyse. 2008.

Band 33 Jasmin Häcker: Die Soziale Pflegeversicherung: Eine Generationenbilanz. 2008.

www.peterlang.de

Christian Igel

Zur Finanzierung von Kranken- und Pflegeversicherung

Entwicklung, Probleme und Reformmodelle

Frankfurt am Main, Berlin, Bern, Bruxelles, New York, Oxford, Wien, 2008.
251 S., zahlr., Tab. und Graf.
Allokation im marktwirtschaftlichen System.
Verantwortlicher Herausgeber: Eberhard Wille. Bd. 58
ISBN 978-3-631-57774-5 · br. € 45.50*

Finanzierungsprobleme der Sozialversicherung und hier insbesondere der gesetzlichen Krankenversicherung (GKV) und der sozialen Pflegeversicherung (SPV) stehen seit geraumer Zeit im Mittelpunkt des wirtschafts- und sozialpolitischen Interesses. Diskretionäre Maßnahmen zur Vermeidung von steigenden Beitragssätzen prägen die letzten Jahre. Bedingt durch Gemeinsamkeiten auf der Ausgaben- bzw. Leistungsseite und annähernd gleichen Beitragssystemen unterliegen GKV und SPV derzeit und auch zukünftig fiskalischen Problemen. Die Arbeit befasst sich sowohl mit deren Analyse als auch mit der zielorientierten Betrachtung und Entwicklung von Reformen und Reformalternativen und gibt eine quantitative und qualitative Bewertung derselben.

Aus dem Inhalt: Finanzierungsprobleme der Kranken- und Pflegeversicherung · Derzeit existierende Schwächen · Reformalternativen · Qualitative und quantitative Effekte von Reformoptionen · Gesundheitspauschale · Gesundheitsfond und Reform der Pflegeversicherung

Frankfurt am Main · Berlin · Bern · Bruxelles · New York · Oxford · Wien
Auslieferung: Verlag Peter Lang AG
Moosstr. 1, CH-2542 Pieterlen
Telefax 0041(0)32/3761727

*inklusive der in Deutschland gültigen Mehrwertsteuer
Preisänderungen vorbehalten
Homepage http://www.peterlang.de